災害復興の法と法曹

~未来への政策的課題~
Law and Policy in Disaster Recovery

松岡勝実
金子由芳
飯　考行
［編］

成文堂

はしがき

　東日本大震災から5年を経て、被災地はどれだけの「復興」を遂げたのであろうか。「応急・復旧の時期は過ぎた」とはいえ、現在でも数多くの住民が仮設住宅で避難生活を送っている。復興のためのまちづくりは期待どおりには進んでいない。復興の道筋が見えにくいとの声が強くなってきている。復興には多くの壁が立ちはだかっている。公共事業では、マンパワー、建築資材、用地が不足している。権利関係が複雑で用地取得が遅れている。また被災地の多くはもともと人口の過疎化、高齢化、雇用の問題を抱えてきた地域でもある。復興の過程においてこうした問題はさらに深刻化している。復興には、迅速性と同時に住民が納得し、安心して暮らせる持続可能なまちづくりも必要とされる。

　復興のための「まちづくり」はどうあるべきか。被災地の現場で実際にはどのような問題が生じているのか。都市計画としてのまちづくりが進んでも、コミュニティとしては将来どのような問題が懸念されるのか。

　本書は、災害復興の現場で直接実務に携わってきた行政関係者、弁護士、そして国内外を問わず災害復興の現場をつぶさに観察してきた研究者が集い、災害復興のための望ましい制度論または政策論を現場から発信し現場に還元しようとするものである。

　公刊には、岩手県被災地の現場から津波災害による法律問題を発信していく意図があり、一般的・技術的な法律論や福島をめぐる問題群などに埋もれ等閑視されてきた、大規模津波災害にして地方型災害という今次震災の本質に関わる法律問題を正面から取り上げていく。

　本書は13章で構成されているが3部に分けている。第1部では被災者の生活再建をめぐって調査研究を重ねてきた岩手大学関係者の研究的視点を打ち出す。第2部は被災地現場の実務問題について、国の縦割り的指令と市町村の行財政的利害との板挟みで活動する実務家・法曹の苦悩を伝える。第3部では岩手大学と研究連携を続けてきた神戸大学関係者を中心に、阪神・淡路

大震災との対比や南海トラフ大震災へ向けた事前復興計画への教訓を引き出す。

　第1部は被災者の復興を共通のテーマとして掲げ、岩手大学の研究者がそれぞれのアプローチで復興過程を論じる。松岡は、災害以後の立法を概観し、住宅再建を中心に被災者の復興、そして災害弱者の問題を取り上げる。宮本は、災害で亡くなった遺族の方に支給される弔慰金の制度の歴史をたどり、その法的性格・今日的意義を論じ将来を見据える。深澤は地震免責条項に焦点を当て、その条項の解釈と保険金支払いの可否の帰趨を論じ、問題点を浮き彫りにして改善策を提示する。菊地は、憲法学の議論を基点として、災害サイクルにおける個人像の変化を動態的に捉えようする。被災地での経験を踏まえ、個人―行政―国家との関係を問い直す。河合は、復興のための雇用維持、創出の面から労働契約における不利益変更の有効性を、応急・復旧段階のそれと区別してわかりやすく解説する。

　第2部は、実務に携わっている執筆者が中心である。吉江は、自身の活動体験を通じ、災害復興支援の法制度を概観し、被災地における弁護士の役割と社会的使命を論じる。復興が遅れる原因については松岡論文とも重なる。瀧上は、釜石市で弁護士事務所を開設して取り組んだ支援活動について報告し、併せて津波災害に関する裁判例を分析する。千葉は、災害廃棄物処理の責任の主体について精緻な議論を展開する。岩手県庁職員として実務に直接携わった経験を踏まえ、具体的な提案もなされている。法曹有資格者として、同県庁職員として復興業務に携わった菊池は、従来あまり注目されてこなかった、岩手県の原発損害賠償の法的問題を取り上げる。原発被害の広範性を伝える貴重な記録である。飯は、復興における法的対応を行政サービス、弁護士活動を中心に総括し、震災前から問題視されてきた司法過疎の影響に言及する。

　第3部は、阪神・淡路大震災からの教訓と我が国の法学教育の問題が提示される。金子は、復興における「法に対する不信」から説き起こし、災害法を時間軸と空間軸の視座で分析し問題点を衝く。さらに問題は各論的に展開されるが、その主張は、松岡、吉江、瀧上の研究報告とも通底する。災害によって、「真に人間のための制度とは何か」が今次問われている。本荘は、

行政職員としての実務経験に照らしてこの問題に応答している。神戸市では震災5年後に復興の総括と検証が行われ、復興計画のマネジメントがなされている。残念ながら今次の震災復興では、その動きが見られない。神戸の伝える教訓、価値規範は次なる大災害の備えとなる。終章にて吉田は、弘前大学の災害ボランティア活動に接したことを契機とし、我が国の災害復興システムの問題点を適示して、日本の法学教育の悪循環と法曹養成の危機を強く訴える。

　本書の上梓にあたりあらためて感じることは、災害における、または災害からの復興を学問的に捉えることの難しさである。しかしながら、本書の真のねらいとするところは復興に関する一定の学問的体系を提示しようというものではない。むしろ、各人が専門性を生かしながらも、眼前の課題のために一歩踏み出すことにより、従来の法学研究が届きににくかった分野、つまり法学が得意としてこなかった復興実務との架橋を試み、なんらかの実務への還元をねらい、対内的には細分・分裂化した法学研究の弱点を見つめ克服しようとし、対外的には公共政策に接近し法学研究の新しいモデルを提供しようとしたことである。

　読者の対象は、主として災害復興に携わる法曹関係者、専門研究者、行政関係者および政策立案者を想定するが、復興のあり方に関心のある方々にも広げたい。各章完結型である。関心のあるところから、読んでいただいてかまわない。巻末の索引はその助けとなるだろう。

　本書の執筆者の多くは現場を活動拠点としあるいは現場に足繁く通い、そこで生活している人々との交流がある。被災地の人々にとって必要なのは、無力感や感傷ではない。希望をもって、昨日より今日、そして今日よりは明日へと日々の生活を立て直していくことなのである。読者諸兄と、そうした人々の生活に根ざした制度論構築の意義を少しでも共有できれば幸いである。

　もっとも本書の到達点は、岩手県を中心とした災害復興過程に焦点をおいて、法的な問題を住民目線で論じたという独自性はあるものの、先達の研究成果に依拠する部分が大きく跳躍したものでもない。執筆者一同、今後も本書の研究内容を補い、検証、発展させていくつもりである。本書のねらいが

どれだけ達成されているのか、読者諸兄の忌憚のないご意見、ご批判を待ちたい。

　本書の出版は、当初、成文堂編集部土子三男氏の下で計画されたものであったが、残念ながら同氏は2014年5月2日に霊山へと旅立たれた。ここに謹んで故人を偲び、本書を手向けたい。そして本書の計画を引き継いでくれた同編集部の飯村晃弘氏、松田智香子氏のおふたりには大変お世話になった。両氏の理解と協力なくして、本書を世に問うことはできなかった。ここに深く感謝申し上げる次第である。

　　2016年3月11日

　　　　　　　　　　　　　　　　　　　　　　　　松　岡　勝　実
　　　　　　　　　　　　　　　　　　　　　　　　金　子　由　芳
　　　　　　　　　　　　　　　　　　　　　　　　飯　　　考　行

目次

はしがき

第Ⅰ部　復興過程の被災者をめぐる問題：岩手県被災地からの研究報告

第1章　災害復興の法と政策
　　　──「復興」の過程を大局的に見る──………［松岡勝実］…3

1. はじめに　3
2. 岩手県東日本大震災津波復興計画における政策　5
3. 復興に関する3.11以後の立法　8
4. 個人の生活再建に関する法律　13
5. 住宅の再建──制度が復興を阻む　14
6. だれのための復興か　17
7. 災害復興の概念と政策上の含意　21
8. おわりに　23

第2章　災害関連死問題に対応するための課題
　　　…………………………………………………………［宮本ともみ］…29

1. はじめに　29
2. 災害弔慰金支給法　31
3. 災害関連死問題への対応　42
4. おわりに　52

第3章　地震免責条項における諸問題の検討
　　　──東日本大震災を契機に──……………［深澤泰弘］…55

1. はじめに　55
2. 損害保険契約における地震免責条項の適用に関する問題　56

3 生命保険契約における地震免責条項に関する問題点　*74*
4 結びにかえて　*76*

第4章　防災で問い直される「公」と「個人」
　　　　──自助・共助・公助で求められる「個人」像の変化──
　　　　　　　　　　　　　　　　　　　　　　　　　　　　[菊地　洋]…*79*

1 はじめに　*79*
2 防災で語られる「自助・共助・公助」──災害対策基本法を中心に　*81*
3 被災地で考える「個人」の実態　*90*
4 おわりに──「自助・共助・公助」の曖昧さと「個人」像の変化　*103*
【資料】　*105*

第5章　大規模災害下における労働条件の変更法理
　　　　　　　　　　　　　　　　　　　　　　　　　　　　[河合　塁]…*111*

1 はじめに　*111*
2 労働条件の不利益変更とは　*112*
3 平常時における労働条件の不利益変更　*118*
4 大規模災害時における労働条件の不利益変更　*123*
5 相当期間経過後における労働条件の不利益変更　*130*
6 おわりに　*132*

第Ⅱ部　復興過程の実務的問題：岩手県被災地における法曹・実務の苦悩

第6章　復興支援・住宅再建の法的問題　…………[吉江暢洋]…*137*

1 はじめに　*137*
2 大災害と法　*138*
3 被災地における法律相談の役割　*152*
4 復興支援・住宅再建　*159*

5　おわりに　*166*

第7章　釜石市における法的支援活動
　　　　　及び津波災害に関する裁判例の検討 ……［瀧上　明］…*169*

　　1　はじめに　*169*
　　2　釜石市における3年間の法的支援活動について　*170*
　　3　津波災害の裁判例の検討　*180*
　　4　最後に　*189*
　　資料1 ～ 資料5 　*194～211*

第8章　災害廃棄物の処理責任の所在について
　　　　――東日本大震災津波の際の岩手県の取組みを通じて――
　　　　　………………………………………………［千葉　実］…*213*

　　1　はじめに――本稿のねらい等　*213*
　　2　問題の所在等　*215*
　　3　災害廃棄物の処理責任の所在
　　　　――土地所有者等と行政（国・県・市町村）　*223*
　　4　おわりに――「今後起こり得る災害への備え」に向けて　*237*

第9章　岩手県における原発事故損害賠償の概況
　　　　　………………………………………………［菊池優太］…*239*

　　1　はじめに　*239*
　　2　岩手県における民間損害とその賠償の状況　*241*
　　3　岩手県における自治体損害とその賠償の状況　*258*
　　4　おわりに　*266*

第10章　東日本大震災後の岩手県沿岸部における法的対応
　　　　　………………………………………………［飯　考行］…*269*

　　1　はじめに　*269*
　　2　岩手県の津波被害と行政サービス　*269*

3 野田村の場合 *272*
4 司法過疎と法律サービス *275*
5 災害の法的対応のあり方 *281*

第Ⅲ部 災害復興の制度論：東日本と神戸、そして未来への教訓

第11章 「人間の復興」の制度論
―― 2つの大震災から学ぶ災害復興基本法への宿題 ――
....［金子由芳］…*287*
1 はじめに――法に対する不信を越えて *287*
2 災害法の歴史軸と比較軸 *289*
3 各論的論点――阪神・淡路大震災と東日本大震災からの学び *293*
4 大学関係者・法曹の役割――結びに代えて *302*

第12章 阪神・淡路大震災からの復興の教訓 …［本荘雄一］…*305*
1 はじめに *305*
2 神戸市復興計画の概要とマネジメント *306*
3 阪神・淡路大震災からの復興の教訓 *310*
4 おわりに *323*

第13章 民法学として学ぶべきこと、臨床法学教育、災害ボランティア
―― 弘前大学ワークショップに参加して ――
....［吉田邦彦］…*327*
1 弘前大シンポジウムへの参加 *327*
2 臨床法学教育との比較 *331*
3 今の民法学教育の悪循環と法曹養成の危機 *335*
4 おわりに *338*

索引 *339*

第Ⅰ部

復興過程の被災者をめぐる問題：
岩手県被災地からの研究報告

第1章　災害復興の法と政策
―― 「復興」の過程を大局的に見る ――

松岡勝実

1　はじめに

　2011年3月11日の東日本大震災（以下、3.11大震災）以来、筆者は、若干のボランティア活動をはじめとして、フィールドワークに照らした実証的な研究、海外学術調査などに携わり、災害復興関連の活動を続けている[1]。
　その活動を通じて、筆者は以下のような問題に関心を抱いている。すなわち、大災害から5年を過ぎようとしているが、被災地の復興には時間的な見通しが立てられるのだろうか。被災三県で未だ20万人近い避難者が仮設住宅に住んでいるが、復興途上の現象としてどう理解すべきか。なんらかの制度上の不備はないのだろうか。東北地方の沿岸被災地域は、小規模で、高齢化が進み、個人・自営業者が多く、大都市から離れた孤立した、小規模な自治体・コミュニティが多い。こうした地域が災害によって壊滅的な被害を受けた場合、「本格的な復興」あるいは被災前より良い状態を獲得することは、具体的にどのような状態をいうのか。災害復興過程において鍵となる政策は存在するのか。ほぼ毎年のように国内外のどこかで発生する巨大災害の復興に対して、応用可能な理論枠組みや政策関連性を見出すことはできるだろうか。
　ところで、災害復興過程の研究は、災害管理において注意があまり向けられてこなかった領域である。最近はさまざまな研究手法による文献が増えてきてはいるが、とりわけ4つの災害局面―減災、防災、復旧、復興―において復興分野の研究は揺籃期にある[2]。

---

[1] 松岡 2014a; 2014b; 2013; Matsuoka 2014b.
[2] Kim and Olshansky 2014; Shaw 2014; Olshansky et al. 2012; Smith 2011; Berke 1993.

災害復興学という学問分野が未開拓であるのは様々な理由がある。まず、復興の意味がはっきりしていない。2007年に設立された災害復興学会は、その設立の趣旨において「災害復興学」という学問領域は存在していないということ、「復興」についての定義すら定かではないと表明している（同学会のHP参照）。同様に法律上の定義も確立していない。

そして、災害にも固有の性質があり、復興過程もそれぞれ別異であることである。復興はしばしば既存の諸条件——地形、地場産業、経済、人口形態、歴史、文化など——によって方向づけられる。

確かに、経済力のある大都市が、相対的に小規模な災害を被っても、復旧、復興の回復力（レジリエント）があると想定される。例えば、神戸のような大都市のコミュニティは、「経済・商業のサービスや生産性の再開」や人口の回復の次元については、復興に向けてよりレジリエントであると思われる[3]。これとは対照的に、三陸沿岸の被災地におけるような、小規模でレジリエントに劣るコミュニティ——災害に対して脆弱な地域——が、自然災害によって壊滅的な被害を受けた場合に、いかにして復興していくかはまさに現在問われている課題である。

実際の復興過程は、個人レベル、コミュニティ、地場産業、公共的社会基盤などさまざまな次元に存在し復興の速度も多様である。そこには、制度論のみならず運動論、価値論、および具体的な技術論も絡んでくるであろう[4]。なぜならそうした議論を抜きにしては、復興のための法制度の実効性を発揮させることはできないからである。

災害復興に関する研究はその性質からしても、なんらかの一般理論に基礎づけることが困難であると思われる。なぜなら、復興の部分を含めた災害管理学そのものは、学際的な学問領域であって、法律学、公共政策、都市計画、工学、地理学、歴史学、社会福祉学、文化人類学……などの諸科目を含むからである。

災害復興「学」というものは存在しないのかもしれない。しかしながら災害復興のための研究の「場」をつくることは、学際的な新領域を育てる機縁

---

[3] Aldrich 2012. pp. 6-7：アルドリッチ 2015.
[4] 日本災害復興学会の設立趣旨を参照。

となりうるし、災害危機管理の発展においてなんらかの優位性をもつことができるかもしれない。筆者は法学を専門とする研究者であるが、災害法体系に関する研究や関連の法解釈学の発展を前提とするにしても[5]、復興における諸々の課題に対して法制度がこれまでどれだけ有効であったか、また今後どのように実装されるべきかという議論も必要ではないか。

被災地にあって人々に接し、立法事実を集約して震災後立法改革に結び付けてきた専門家の多くは弁護士たちであり[6]、復興行政に携わる自治体関係者である。法学研究者たちにとっても、被災地で生起している社会的な問題に目を向け、災害復興の政策の是非を問い、「正しい」または「望ましい」法制度の構築のための研究がもっとなされてもよいはずである[7]。

そこで本稿は、冒頭で提示した問題関心を契機に、「復興」に関する基礎的研究の一部として、岩手県の復興計画における復興政策のポイントを抽出し、復興のための立法と関連法を概観し、復興を阻む現行法の問題点について論じ、復興過程において顕在化している災害弱者の問題を取り上げる。そして復興の概念や政策上の含意を論じ、あるべき法制度の方向性ついて若干の示唆を試みようとする。

2 岩手県東日本大震災津波復興計画における政策

岩手県は、2011年8月に、被災地の未来のための青写真として復興計画を策定した。その計画で地域のまちづくりが目指す姿は「いのちを守り、海と大地と共に生きるふるさと岩手・三陸の創造」である[8]。この計画は、基本計画を8年間、2018年度までとして、復興実施計画を、基盤復興期間（2011-2013年）、本格復興期間（2014-2016年）、更なる展開への連結期間（2017-2018年）の3期間に分けている（図1）。第2期間の本格復興期間は同計画の英語版では、full-fledged reconstruction period と訳されている。鳥でいえば羽が生えそろって立派に飛び立つときを指す。2015年現在では、住宅再建は

---

5 鈴木 2015.
6 岡本 2015; 2014.
7 平井 2004, p. 6.
8 岩手県 2014, p. 3.

図1：岩手県東日本大震災津波復興計画

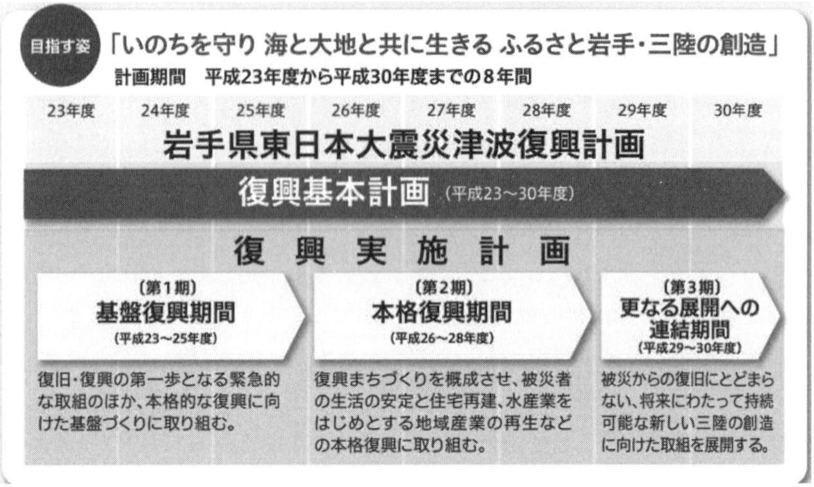
目指す姿
「いのちを守り 海と大地と共に生きる ふるさと岩手・三陸の創造」
計画期間　平成23年度から平成30年度までの8年間
23年度
24年度
25年度
26年度
27年度
28年度
29年度
30年度
岩手県東日本大震災津波復興計画
復興基本計画（平成23～30年度）
復興実施計画
〔第1期〕
基盤復興期間
（平成23～25年度）
〔第2期〕
本格復興期間
（平成26～28年度）
〔第3期〕
更なる展開への連結期間
（平成29～30年度）
復旧・復興の第一歩となる緊急的な取組のほか、本格的な復興に向けた基盤づくりに取り組む。
復興まちづくりを概成させ、被災者の生活の安定と住宅再建、水産業をはじめとする地域産業の再生などの本格復興に取り組む。
被災からの復旧にとどまらない、将来にわたって持続可能な新しい三陸の創造に向けた取組を展開する。

復旧から基盤復興期間の段階にとどまっており、一人前になって飛び立てる「復興」はまだ先である。

復興計画の基礎となっている政策については2点指摘しておくべきことがある。1つは、「災害リスク軽減」（Disaster Risk Reduction：DRR）という意味での防災政策である。阪神・淡路大震災以来、DRRは、国際的には、復旧・復興段階もカバーする強固な制度に基づく優先行動とされてきている[9]。岩手県はこれに対応して、最大規模の災害に対応した防災体制の構築のためには「大規模災害時の被災地支援に有効な広域防災拠点の設置」を第一に提言し、災害復旧段階のフェーズにおいて「地方自治体間が連携する『水平補完』による災害対応支援活動の制度的枠組の創設」を提言している[10]。DRRは減災という意味の訳語としても用いられている。減災という用語は3.11大震災以降さらに注目を集めるようになった。ハード面での対策ではかかる巨大災害には到底太刀打ちできないという思想がはっきりしてきたからである。自助・共助・公助を組み合わせた減災、個人の参加やいわゆるソーシャ

9　UN/ISDR 2007, pp. 6, 12.
10　岩手県 2015a, pp. 10, 54.

ル・キャピタル（社会資本）の強化なども含む[11]。

　東日本大震災復興構想会議による『復興への提言～悲惨の中の希望～』（2011年6月25日）は、「被災地の広域性・多様性を踏まえつつ、地域・コミュニティ主体の復興」を復興の原則の1つとして掲げ、「減災」を、「自然災害に対し、被害を完全に封じるのではなく、その最小化を主眼とすること」と定義し、その手法を、ハード対策（防波堤・防潮堤の整備等）、ソフト対策（防災訓練、防災教育等）の重層的組み合せに求めている。さらに、復興への提言は、「たとえ被災したとしても人命が失われないことを最重視し、また経済的被害ができるだけ少なくなるような観点から災害に備えなければならない」とし、「これまでのように専ら水際での構造物に頼る防御から、『逃げる』ことを基本とする防災教育の徹底、ハザードマップの整備など、ソフト面の対策を重視」するとしている[12]。減災については「津波防災地域づくりに関する法律」との関連で付随的に後述する。

　もう1つは、「より良き復興」（Building-Back-Better：BBB）である。BBBは、2004年12月に発生したインド洋地震による津波で壊滅的被害を受けたインドネシア、バンダア・アチェの復興で国際的に注目されるようになった政策概念である[13]。BBBは、住宅や社会基盤の復興のみならず、地域のコミュニティの強化も含む。つまり、災害以前の状態に復興するという意味でのビルド・バックにとどまらず、「復興の目標は、より良きもの―より安全で持続可能なコミュニティを構築すること」にある[14]。岩手県は、復興実施期間の第3期を「更なる展開への連結期間」位置づけ、「被災からの復旧にとどまらない、将来にわたって持続可能な新しい三陸の創造に向けた取組を展開」しようとしている。

　災害復興に関連する法律はきわめて多数である。本稿では、3.11大震災以降に制定された主要な法律に言及するにとどめる。ただそれらの法律がDRRおよびBBBに十分対応しているかどうかについては批判が出ている[15]。

11　松岡 2013.
12　東日本大震災復興構想会議 2011, pp. 2-11.
13　Fan 2013, p. 9; UN/ISDR 2014.
14　Farber 2006, p. 348.
15　生田 2013; 金子 2014a.

3 復興に関する3.11以後の立法

1 東日本大震災復興基本法（2011年）

　本法の目的は、東日本大震災の被害の甚大性と被災地域の広域性に鑑み、その復興についての基本理念を定め、復興のための資金の確保、復興特別区域制度を定めるとともに、東日本大震災復興対策本部の設置及び復興庁の設置に関する基本方針を定めること等により、震災からの復興の円滑かつ迅速な推進と活力ある日本の再生を図ることである（法1条）。

　同法の基本理念は、BBBの考え方を採用し、「被害を受けた施設を原形に復旧すること等の単なる災害復旧にとどまらない活力ある日本の再生を視野に入れた抜本的な対策及び一人一人の人間が災害を乗り越えて豊かな人生を送ることができるようにすることを旨として行われる復興のための施策の推進により、**新たな地域社会の構築**がなされるとともに、二十一世紀半ばにおける**日本のあるべき姿**を目指して行われるべきこと」と定めている（同法2条2項）。さらに、「少子高齢化、人口の減少及び**国境を越えた社会経済活動の進展への対応等の我が国が直面する課題や、食料問題、電力その他のエネルギーの利用の制約、環境への負荷及び地球温暖化問題等の人類共通の課題**の解決に資するための先導的な施策への取組が行われるべきこと」と定める（同条4項）。

　同法は、その理念に沿って推進されるべき施策として、DRRの政策を反映し、「地震その他の天災地変による災害の防止の効果が高く、何人も将来にわたって安心して暮らすことのできる安全な地域づくりを進めるための施策」を規定する（同条5項イ号）。

　同法は、この他に復興のための施策として、「被災地域における**雇用機会の創出**と**持続可能で活力ある社会経済の再生**を図るための施策」（同項ロ号）、「地域の特色ある文化を振興し、**地域社会の絆の維持及び強化**を図り、並びに**共生社会の実現**に資するための施策」（同項ハ号）を掲げている。

　いずれの施策も、復興を実現していく「新たな地域社会の構築」の施策であることに筆者は同意するものであるが、復興の理念である「日本のあるべき

姿を目指し」、「国境を越えた社会経済活動の進展への対応等の我が国が直面する課題や、食料問題、電力その他のエネルギーの利用の制約、環境への負荷及び地球温暖化問題等の人類共通の課題の解決」に向けるべき施策としての位置づけと考え併せると、いささか復興過程のニーズや実状とかけ離れた、国家の経済発展や繁栄に主眼を置いた復興施策ではないかと危惧されている[16]。

2　東日本大震災復興特別区域法（2011年）

　本法は、先の東日本大震災復興基本法の下で、復興特別区域基本方針、復興推進計画の認定及び特別の措置、復興整備計画の実施に係る特別の措置、復興交付金事業計画に係る復興交付金の交付等について定める。本法により、被災自治体（被災した11道県、227市町村）は、復興特別区域として、復興推進計画を作成し国から認定を受け、復興整備計画を作成、さらに復興交付金事業計画を作成、計画を実施することができる。被災自治体は、建築基準法、農地法、森林法等の規制緩和の特例、課税の特例、地方税の課税免除などの措置を受け、復興交付金により、防災集団移転促進事業、土地区画整理事業、災害公営住宅事業、漁業集落整備事業など、「基幹事業」40事業を実施することができる。

　さらに、基幹事業の効果を促進することを目的とした事業により、各自治体は、被災地域の実情に合わせて柔軟に実施することができる。この事業費は、「復興のステージが高まり、被災地から様々な要望がなされていることを踏まえ、復興交付金の運用の柔軟化により復興を加速化」するために措置されたものである（2013年3月8日復興庁発表）。この事業により、例えば災害公営住宅の整備に当たり、入居者や地域住民によるコミュニティ活動の立上げ支援、災害公営団地と市街地等を結ぶコミュニティ・バスの導入等に交付金を弾力的に活用できることになった。

　復興交付金の対象は、「東日本大震災により、相当数の住宅、公共施設その他の施設の滅失又は損壊等の著しい被害を受けた地域の円滑かつ迅速な復

16　生田 2013, pp. 181-184.

興のために実施する必要がある事業」(同法77条) に限られていたが、効果促進事業により基幹事業と関連のある「まちづくり」の事業にも柔軟に活用できるようになった。効果促進事業の制度要綱では、「個人・法人の負担に直接充当する事業又は事務及び専ら個人・法人の資産を形成するための事業又は事務」は除くとするが[17]、公益性・公共性が認められれば、住宅の耐震改修やエコリフォーム等の補助も可能であると柔軟な運用を許している[18]。

3　津波対策の推進に関する法律 (2011年)

　本法はその前文で示されているように、①津波は、一度発生すると、広域にわたり、国民の生命、身体及び財産に甚大な被害を及ぼすとともに、我が国の経済社会の健全な発展に深刻な影響を及ぼすおそれ、②津波は、国民が迅速かつ適切な行動をとることにより、人命に対する被害を相当程度軽減することができることから、防潮堤や津波避難施設の整備等とともに、教育・訓練の実施等により国民の理解と関心を深めることが特に重要、③津波被害の発生の防止・軽減のための観測体制の充実、調査研究の推進が重要、④津波の広域伝播性から、観測・調査研究に係る国際協力の推進が重要との認識に立ち制定された。そして、ソフト面の努力義務として、国、地方公共団体、研究機関、事業者、国民等の相互間の緊密な連携協力体制の整備 (法4条) ②津波の観測体制の強化及び調査研究の推進 (法5条) ③想定される津波被害に係る、津波の規模及び津波対策施設の整備等の状況ごとの複数の予測の実施、及津波対策への活用 (法6条) ④学校教育等を通じた、映像等を用いた効果的な手法による教育及び訓練 (法7条) 等を規定し、ハード面の努力義務として、①津波対策に係る施設の整備等における、最新の知見に基づく整備、既存の施設の維持・改良、海岸・河川堤防の性能確保・向上、津波避難施設の指定等への特段の配慮 (法10条)、②住宅等の立地の抑制、沿岸部への堅牢建築物の整備等、津波対策の推進に配慮したまちづくりの推進 (11条) 等を規定している。

17　復興庁 2012a.
18　復興庁 2012b.

4 津波防災地域づくりに関する法律 （2012年）

本法は、「減災」対策を重視して、ハード・ソフトの施策を柔軟に組み合わせた「多重防御」の発想、従来の海岸保全施設等の「線」による防御から「面」の発想による河川、道路、土地利用規制等を組み合わせたまちづくり、実効性ある避難・安全対策、および地域住民の生活基盤（都市機能、コミュニティ・商店街、歴史、文化、伝統）を活かしつつ、津波リスクと共存した、地域の再生・活性化を目指して立法化された[19]。

同法は、「津波による災害を防止し、又は軽減する効果が高く、将来にわたって安心して暮らすことのできる安全な地域の整備、利用及び保全」を「津波防災地域づくり」と称し、津波防災地域づくりを総合的に推進することにより、津波による災害から国民の生命、身体及び財産の保護を図るため、国土交通大臣による基本指針の策定、市町村による推進計画の作成、推進計画区域における特別の措置及び一団地の津波防災拠点市街地形成施設に関する都市計画に関する事項について定めるとともに、津波防護施設の管理、津波災害警戒区域における警戒避難体制の整備並びに津波災害特別警戒区域における一定の開発行為及び建築物の建築等の制限に関する措置等について定め、もって公共の福祉の確保及び地域社会の健全な発展に寄与することを目的とする（法1条）。

同法により、国土交通大臣は津波防災地域づくりの推進に関する基本指針（以下「基本指針」）を定める（法3条1項）。

この基本指針は、
1）津波防災地域づくりの推進に関する基本事項（東日本大震災の経験や津波対策推進法を踏まえた対応、最大クラスの津波が発生した際も「なんとしても人命を守る」、「多重防御」「住民意識の向上」など）、
2）基礎調査（海域、陸域の地形、過去に発生した地震、津波に係る地質等、土地利用の状況等を調査）、
3）津波浸水想定の設定（最大クラスの津波を想定し、悪条件下を前提）、
4）推進計画の作成（津波防災地域づくりを総合的に推進するための計画、津

---

[19] 国土交通省 2011, pp. 3-4.

波防災地域づくりの姿を地域の実情に応じて総合的に描く)、および

5) 津波災害警戒区域 (住民等が津波から「逃げる」ことができるよう警戒避難体制を特に整備すべき土地の区域)・津波災害特別警戒区域 (警戒区域のうちで一定の開発行為および建築を制限すべき土地の区域) の指定について指針となるべき事項、

を定める (法3条2項)。

同法は、国及び地方公共団体は、津波による災害の防止又は軽減が効果的に図られるようにするため、津波防災地域づくりに関する施策を、民間の資金、経営能力及び技術的能力の活用に配慮しつつ、地域の実情に応じ適切に組み合わせて一体的に講ずることを責務として定める (法4条)。特に4) の推進計画の策定については、市町村は、基本指針に基づき、かつ、津波浸水想定を踏まえ、単独で又は共同して、当該市町村の区域内について推進計画を作成することができる (法10条)。

5 大規模災害からの復興に関する法律 (2011年)

本法は、2011年の災害対策基本法の改正法の附則及び付帯決議で、「災害からの復興の枠組み等を含め防災に関する制度の在り方について全般的な検討を加え、速やかに必要な措置を講ずること」(附則第2条関係) を承けて成立したものである。

すなわち、本法は、「大規模な災害を受けた地域の円滑かつ迅速な復興を図るため、その基本理念、政府による復興対策本部の設置及び復興基本方針の策定並びに復興のための特別の措置について定めることにより、大規模な災害からの復興に向けた取組の推進を図り、もって住民が安心して豊かな生活を営むことができる地域社会の実現に寄与することを目的」とし (法1条)、「国と地方公共団体とが適切な役割分担の下に地域住民の意向を尊重しつつ協同して、当該災害を受けた地域における生活の再建及び経済の復興を図るとともに、災害に対して将来にわたって安全な地域づくりを円滑かつ迅速に推進することを基本理念」としている (法3条)。

本法は、東日本大震災復興基本法と比較すると、地域社会や地方公共団体との関係、地域住民の意向を尊重することについてより真正面から規定して

いる点で、復興についてより現実的対応をすべく制定された法律であると評価しうる[20]。

4 個人の生活再建に関する法律

以上の諸立法は、復興の「まちづくり」に関するものであるが、復興の実際の過程は、個人の生活再建、地域の生業、コミュニティの再建と維持などさまざまな次元が含まれている。

災害対策基本法（1961年、15年改正）は、東日本大震災復興基本法の一般法として位置づけられる。同法は「国土並びに国民の生命、身体及び財産を災害から保護する使命を有することに鑑み、組織及び機能の全てを挙げて防災に関し万全の措置を講ずる責務」を国の責務としているが（法3条）、この責務の性質は、一般にある種の使命と解されている[21]。同法はその基本理念として、「災害が発生したときは、速やかに、施設の復旧及び被災者の援護を図り、災害からの復興を図ること」と規定するが（法2条の2、6項）、主としては、災害予防、災害応急対策、災害復旧を扱い、復興についてはほとんど注意が向けられていない。

他方、災害救助法、災害弔慰金の支給等に関する法律、被災者生活再建支援法など、復旧・復興段階での法制度が発達してきている。生田は、災害復旧に関する現行法の構造は、「自然災害の復旧等は被災した側の責任で行うべきである」という政策で、災害応急対応として災害救助法が救助の手を個人に差し伸べ、その後は、自力生活再建が原則であったところ、阪神・淡路大震災以後に被災者生活再建支援制度が整備されるに至ったと記述している[22]。

阪神・淡路大震災以来、法学者たちはさまざまな視点から災害復興について議論を続けている[23]。特に注意を要するのは、公共社会基盤（特にハード面）の復旧・応急関連法に比して、個人の生活再建・復興に関する法律はきわめて不十分なことである[24]。金子は、この点について、災害対策基本法が

---

20 佐々木 2012.
21 生田 2013, p. 29.
22 生田 2010, p. 169.
23 e. g. 阿部 1995; 安本 1995; 金子 2014a.

大規模な災害が発生する度に見直しがなされてきたが、「災害復興段階は、災害管理サイクルのなかでも、とくに法的枠組みを欠いたまま場当たり的対応が重ねられてきた領域であり、多くの課題が未解決のままである」と批判する[25]。災害対策について一貫した原則を欠いたままのパッチワークスタイルのような法体制の下で、国家は被災者をどの範囲まで支援するのかはきわめてあいまいなままになっている。つまり、被災者の生活、生業の再建について、公助、共助、自助の範囲が明らかになっていない[26]。

5　住宅の再建——制度が復興を阻む

いうまでもなく、住いが崩壊したり流されたりした人々にとって、復興における最大の課題は住宅の再建である。災害救助法により、都道府県は被災者に対して、応急段階での避難所や仮設住宅を供与する。建築基準法では、非常災害があった場合に「応急仮設建築物」についてはその規制を緩和して、2年以内に限り使用を許可している。復興という観点からは応急住宅から、恒久住宅に移ることが先決であるが、今次の大規模災害では2年以内に避難者が仮設住宅を出るのは実際問題として無理である。「特定非常災害の被害者の権利利益の保全等を図るための特別措置に関する法律」によって、この2年は更に1年を超えない範囲で延長することができる。

岩手県では、2015年11月現在未だ2.2万人以上が、仮設住宅（応急とみなし仮設の合計）で生活している。特に被害の大きかった陸前高田市の仮設住宅住居者数は3,500人を超える。同市の高台移転事業では、現段階では2年以上当初の計画よりも遅れており、その実施計画の見直しもなされている。災害救助法による応急仮設住宅の供与は、実際には、3.11の大震災から5年、6年以上と延長せざるを得ない。この意味で、住宅の再建は未だ応急段階である。

岩手県が2014年に県内居住者5,000人を対象に実施した「岩手県の東日本

24　生田 2010, p. 42；山崎 2013, p 196.
25　金子 2015, p. 1.
26　生田 2010, pp. 40-41.

大震災津波からの復興に関する意識調査」において、「岩手県全体をみて、震災からの復旧・復興が進んでいると感じますか」という設問に対して60.7%の回答者が「（やや）遅れている」と感じている[27]。地域別に見たデータでも陸前高田市を含む沿岸南部は似たような数値で、62.3%であった。また進捗への実感が最も低い項目は「被災者が安心して暮らせる新たな住宅や宅地の供給」であった。

　一般的に、復興の遅れにより、住民にそこで生活することの意義を与えていたコミュニティのつながりが失われ、内陸部の地域に避難移住していた人々は戻らず、被災地からの人口流出が進むことになる。被災3県39市町村で、9.2万人、岩手県の大槌町、陸前高田市では震災前と比べると人口が10%減少している[28]。これらの地域は住宅再建の時期の見通しがはっきりしないところである。

　では、恒久住宅に移行することができないよう要因は何か。様々考えられるが、まず、防災集団移転促進事業や土地区画整理事業の土地は沿岸部では限られているということである。これに加え、労働力の不足、資材の不足・高騰が住宅再建をさらに遅らせる。

　市街化区域では土地の嵩上げ工事が必要なところがある。陸前高田市では気仙川対岸の山を切り崩し、大規模なベルトコンベヤーを設置して盛土工事を実施した。トラックで運搬すると10年近くかかるとところを4年に短縮するという工事である。しかしこの工事ですら、硬い岩盤に阻まれ工期が半年遅れた。以上は地理的・物理的原因である。

　所有権の壁も復興を遅らせている。高台移転するにしても、移転元地を市に買収してもらうためには、相続や抵当権抹消手続きに時間がかかる。地権者の同意が得られなければ、計画そのものも見直しをしなければならなくなる。

　岩手県が2013年11月公表した用地取得に係る権利者調査によれば、共有・相続未処理、抵当権未処理、所有者行方不明が、市町村事業も含めて4,000件、調査中のものが6,400件に上っていた。地元自治体からは、こうした数

27　岩手県 2015b.
28　朝日新聞「被災地　続く人口減」2015年3月9日（朝刊・東京版）.

値の多くが、高台移転の事業や契約が進まない原因として働いている。筆者が岩手県沿岸広域振興局で実施したヒアリングにおいては、ある防潮堤事業工事の対象となる一部の土地が、明治時代に41名の共有地で、所有者の住所の記載のない土地が存在していた。この後、県は41名各自について相続人の所有確認調査（総計601名）を行い、最終的にはこの土地を所有者不明の土地として、復興加速化の1つのモデル事業として土地を収用した[29]。こうした事例は特殊ではなく被災地で散見される。復興に必要な土地が極端に少ない被災沿岸自治体では、「法律手続に縛られて身動きがとれない」と悲鳴を上げている[30]。戦後の相続制度では、私有不動産は相続により共有化し、内部的には遺産分割を可能とし土地利用の実体から離れた権利主張を認めて、権利が細分化する結果となっている。

　四川大地震（2008年）で、被害の激しかった北川県城は1.6万人の犠牲者を出し町全体が崩壊した。中国はその町を震災遺構としてそのまま残し、20kmほど離れた下流に新北川という人口3.5万人の都市をわずか2年ほどで建設した。このような大規模かつ迅速な集団移転事業は、四川大地震でもっとも注目される復興の特徴である。こうした復興は、土地がそもそも私有ではなく国有（個人は50年、70年単位の使用権が許される）または村有（日本で言えば村持の入会的利用が可能）であるという社会システム下ではないと不可能である[31]。

　日本では、権利者が見つからない、見つかっても権利者の意思がまとまらず、土地を処理、取得するのは時間が非常にかかるという事態が生じている。所有者が不明と思われる土地や明治時代に多数の共有名義で保存登記した土地は入会地等での利用形態であったと推測される。つまり地域住民が管理・利用していたものであっても、個人が分割して所有するものではなかったのである。市場での流動化を前提とした不動産の権利関係の処理ではなく、被災した住民の資産を守るという立場で権利を集約化し、復興まちづくりに信託制度活用の可能性を模索する途も考えられるだろう[32]。

29　岩手県沿岸広域振興局 2014.
30　岩手日報「迅速化を阻む現行制度」2013年7月12日.
31　松岡 2014b.
32　石田 2014.

復興加速化は、復興庁の「住宅再建・復興まちづくりの加速化措置」により一応の進展があったと見られる。この措置は、財産管理の円滑な活用、土地収用手続の効率化などのパッケージを提供していた。しかし岩手県では、いずれも既存制度の運用改善では効果が限定的であると見ていた。相続未処理の案件も県の事業で850件もあり、遺産分割協議などは、民事法の分野であるから行政が積極的に関わるには限界がある。そこで、岩手県は岩手弁護士会と連携して、「事業用地の確保に係わる特例制度の創設に関する要望書」(2013年11月27日)を国に提出した。

　この要望は「東日本大震災復興特別区域法の一部を改正する法律」(2014年)の制定を導いた[33]。本法は、土地収用手続の期間短縮や緊急使用制度の特例等、土地収用法の特例が定められている。ただ、要望書の作成を牽引してきた弁護士の吉江は、一定の評価をしつつも、現行法の要件を緩和したものであり、「要望書」で提案している公平性の確保や被災地住民の参加の視点が抜け落ちてしまっていると批判する[34]。

　法律の多くは、平時を想定して作られており、緊急事態や復興の加速化が求められている復興期に対応したものではない。例外的な形で場当たり的に事に当たるよりも、災害大国日本においては平時において、非常時の対策ができる法律の制定または平時の法律自体を非常時にも対応できるように修正をするなり、仕組みを作っておかなくてはならないだろう[35]。

6　だれのための復興か

　復興に関するニーズは、究極的には地域のニーズから個人のニーズに焦点を合わせることである。被災者生活再建支援法は、被災者の「生活の再建を支援し、もって住民の生活の安定と被災地の速やかな復興に資することを目的」(公共目的)で、被災者の住宅の損壊に最大100万円(基礎支援金)、住宅の賃貸・再建に最大200万円(加算支援金)を申請者に支給する。被災自治体

33　本法の成立の軌跡と政策形成過程については、岡本(1995)を参照されたい。
34　吉江 2015, p 26.
35　河上＝安永 2013.

は、これに独自の補助制度（住宅再建支援事業費補助、バリアフリー・県産材利用補助、利子補給、引越費用補助など）を設け、最大1000万円程度の補助が加算される。これらの制度を最大限活用するのは実際上困難であるから、新築のためには、いずれ自己資金を用意するか、ローンを組むことになる。預貯金が無く、年金だけでなんとか暮らしていた高齢世帯にとっては実際上、持ち家としての住宅再建は難しいだろう。

　被災者生活再建支援による支援金は、被災世帯の年齢や年収とは関係なく支給されるので、各自治体が用意する各種補助金を受ける際の煩雑な手続をこなす能力のあることを前提とすれば、自己資金のある世帯、就労可能な若い世代にとっては有利に働く。このような自力再建以外の選択肢として、当面あるいは恒久的に災害公営住宅に移るという方法がある。

　例えば陸前高田市では、災害公営住宅について、家賃は8,200円（一定の条件を満たせば減免措置がある）から、駐車料金1台当たり2,500円、共益費は1,200円である。入居資格には、158,000円の世帯の収入制限があり入居後3年を経過し、世帯の月額所得が158,000円（高齢・障がい者等の世帯については214,000円）を超える世帯は、4年目から割増家賃が発生するとともに、住宅の明渡努力義務が生じる。入居後5年を経過し、2年連続で、世帯の月額所得が313,000円を超える世帯は、6年目からさらなる割増家賃が発生するとともに、住宅の明渡請求が行われる。筆者が行った気仙沼市の「階上地区まちづくり協議会」での聞取りでは、当初住民同士がまとまって災害公営住宅に移る計画を立てていたが、災害公営住宅の家賃は段階的に高くなり、月収によっては最大167,000円になるということを知り、それならば自力再建だということになると、今度は戸建ての建築費が1.5倍から2倍に高騰しているという板挟みの状況に直面している。すでに災害公営住宅に住んでいる人は当面家賃を払い続けるほうが得策と考えるであろうが、家族が多くこれから災害公営住宅に入居して収入も増やして生活設計をしようとする世帯は、慣れ親しんだ土地で恒久住宅を確保するのに困った状況に陥っている。

　さらに問題なのは、筆者が陸前高田市で継続して行っている、住民の聞取り調査を通じて危惧していることである。それは、震災から4年、5年を過ぎて、経済的理由で仮設住宅にそのまま住み続けざるを得ない住民が相当数

いるのではないかということである。例えば、震災前漁業を細々と営みながら国民年金を60才から受給していた世帯が、震災後漁業が再開できなくなると年金だけでは生活は苦しくなる。災害公営住宅での家賃すら払えるかどうかむずかしい、現在の仮設住宅の生活を維持するのが精一杯であるとの声を聞くのはまれではない。

以上を小括すると、恒久住宅移行に向けた復興事業は、まちづくりを全体として見た場合、世界的にもまれな絶対的所有権の壁に復興が遅れ、ミクロ的には、土地所有者を中心に補償的に各種の支援が上乗せされ、「住宅再建資力を有する中間所得者層」に向けた支援事業の性格が色濃く出ている[36]。他方において、現行の法制度では、所有権制度だけでは捉えきれない居住福祉的観点が弱く、災害弱者を復興の枠組み外に放置するという危険性を孕んでいる[37]。

ある被災自治体の首長は、仮設住宅までは公助として住居を確保するが、その先は自助で恒久住宅を確保すべきで生活が困窮しているのであれば、それは生活保護法の下で救済を受ければよいとうのが行政の基本的スタンスであるとしつつも、財政難でその先をどこまで自治体独自の判断で支援できるかがポイントであると話していた。確かに社会福祉と復興政策との棲み分けについて議論はあるが、復興の主体はいうまでもなく被災者であることからすれば、平時の社会福祉的法制度と併行して中・長期的に災害弱者の生活を困窮度に応じてサポートする総合的な法制度が必要ではないか[38]。

複数の研究者が、低所得者、資力の弱い高齢者、退職者など、社会的弱者が災害前のレベルに回復する可能性の低いことを指摘している[39]。阪神・淡路大震災から10年後の復興状況に関するある定性的な研究によると、生活や営業水準が震災前よりも高い水準を示す部分（道路などのインフラ、大企業）がある一方、未だ震災前の水準に戻っていない部分（倒産した企業・店舗、失業した労働者、自宅再建ができない庶民）のあることが示されている[40]。復

---

36 金子 2014.
37 山崎 2013; 吉田 2006.
38 山崎 2013; 津久井 2012.
39 Peacock et al. 2014; Birkmann 2013; Thomas et al. 2013; 塩崎 2009; Farber 2007.
40 塩崎 2009, pp. 11-23.

興政策が社会においてどのような人々に対して向けられるべきかという焦点がずれていると、資源の再配分としても不均衡な結果をもたらすことになるだろう[41]。仙台市内のみなし仮設住宅では比較的豊かな所得層が転居等で住宅再建を果たした一方で、転居できない貧困層が拡大している調査が報告されている[42]。

図2は、大規模災害における回復力（セル上段）と公的の支援の必要性（セル下段）を年齢的な階層と資力の尺度で相関的に示したものである。実際には、子供の多い世帯、家族構成、障がい者の世帯等の他の尺度なども加わるべきであるが、尺度を単純化している。

さて、注目すべきは網かけの部分の被災者の回復である。少なくともこれらの人々の住宅再建支援などについて震災前の水準にもっていかなければ、それ以上の水準─BBB（復興をより良きものにする）─を達成するのは困難である。裏を返せば、このことは復興加速化についても同様である。復興を震災前の通常の状態に戻すためには、失われた社会的福利の総体を取り戻すことが先決であるから、まずもって回復力の弱い層に公的支援が集中すべきである[43]。実際にも、こうした人々を積極的に扱う復興期の政策を通じて災

図2：災害復興における公的支援対象のメトリックス

	就労可能な若者層	40歳以上で15年以上就労可能な年齢層	退職した高齢世代
高所得者層（年金、預貯金、不動産収入等も含む）	とても高い 支援の必要性なし	とても高い 支援の必要性なし （過分になる）	とても高い 支援の必要性なし （過分になる）
中間所得者層	とても高い 支援の必要性なし	高い 支援やや必要	中程度 通常の支援必要
低所得者層	とても高い 支援の必要性なし （自助可能）	中程度 通常の支援必要	とても低い 支援が強く必要

---

41 Farber 2007; Verchick 2012; ベック 1998: Beck 1992.
42 岡田 2015.
43 Howitt 2013.

害弱者の改善を図ることは可能である[44]。憲法理念からも「個人の尊重」を基盤として、自立できるところまで公的支援を行う、「人間の復興」が要請されるはずである[45]。

7 災害復興の概念と政策上の含意

これまで、まちづくりとしての復興、住宅再建とその加速化、および災害弱者の復興の課題について論じてきたが、より大局的に見た復興の意義について考察を進める。

「復興」の学問上の定義が確立していないこと、法律上の定義も存在しないことは本稿の冒頭でふれた。復旧・復興には連続性があるが、復旧を第一段階とすれば、復興は第二段階となる。復旧の法律上の定義は存在する。

「公共土木施設災害復旧事業費国庫負担法」（1951年、99年改正）は、「災害復旧事業」を「災害に因って必要を生じた事業で、災害にかかった施設を原形に復旧する」と規定しており（法2条）、災害対策基本法も「災害復旧事業」の規定を多く含んでいる。復旧は、物理的な意味での「原形復旧」である。これらは予算の確保ができれば、実行可能であり政治的に可視的にも、復旧が確認できる[46]。ところが、復興については議論があり法的枠組みを欠いた状態になっている。

復興を大きくわけて、物理的側面と人間的側面で考えてみる。道路、公共施設、漁港などの社会基盤の物理的復興は可視的であるし評価はしやすいが、人間・コミュニティの復興と持続可能な発展には長期的な視点と、単線型ではない様々な指標が必要となろう。

加えて、復興過程そのものにおいては多くの政策的要素が絡んでいる。ほとんどの自治体職員と政策立案者たちは、復興過程における多くの目標、つまり、復興加速化、復興の質保証、財源の確保、公正かつ適正な手続きの保障、地域経済の再興、BBB、DRRという目標に悩まされている。これらの目

44　Birkmann 2013.
45　津久井 2012.
46　林 2011.

標は互換性が無く、その価値においても重複する部分が少ないからである[47]。

複数の研究者は、復興は1つの終着点ではなく、ある種の過程であると主張している[48]。Phillips は、reconstruction を、物理的な再建（rebuilding）であると定義づけて、復興（recovery）は「家庭や生業が、通常の状態に戻ることに向かうさまざまな動きをする一連の段階において、コミュティと行政担当者を含む1つ過程である」と定義する[49]。生田は、災害復旧を過去の元の状態に戻すことを指し、災害復興は、災害復旧を超えて、被災地に新たに安定的な有機体的集合体を作りあげるための一連の諸活動を指すという[50]。

それではどのようにして復興の過程を評価すべきか。単に災害前の水準に戻すことのみではないことはすでに言及している。いくつかの指標、例えば、社会基盤、地域の生業、恒久住宅、人口動態などは想到できる項目である。しかしながら、それらのみに尽きるわけでもなく、相互の関係や、指標自体の当否も必要になるだろう。例えば、インド洋大津波（2004年）で壊滅的な被害を受けた、インドネシアのバンダ・アチェでは、素早い高台集団移転を成し遂げたが、災害から10年を経て移転先コミュティで人口減少が続きゴーストタウン化している団地がある[51]。阪神・淡路大震災（1995年）後の復興過程では、10年後には「孤独死」やコミュティの崩壊が問題化し、20年後には「借り上げ公営住宅の退去」が問題となっている[52]。沿岸被災地では公営住宅の建設が進んでいるが、せっかく災害公営住宅が完成しても生活に不便だという理由などで空きがあちこちで生じている[53]。

復興加速化は質を伴う。中・長期的に見た場合、復興の速さと物理的な住宅再建のみが、復興の指標とは成りえないことは明らかである。

沿岸被災地では人口流失が止まらない。当初、一時的に内陸移住してみなし仮設で生活していた世帯が仕事や家庭の事情で、「内陸での再建」を決断するケースが増えている[54]。被災前の人口に回復することが困難であれば、

47　Howitt 2013; Johnson and Olshansky 2013; Olshansky et al. 2012.
48　Olshansky et al 2006; Phillips 2009; Howitt 2013.
49　Phillips 2009, p. 509.
50　生田 2013, p. 181.
51　松岡 2015a.
52　塩崎 2014.
53　岩手日報「災害公営住宅入居41％も」2013年9月20日；「ゆれる被災者の意向」2015年10月16日。

「縮退」を前提とした新しいまちづくりを考えなければならない[55]。日本では、関東大震災以来、終戦、高度成長時代、その間の自然災害を経て、災害を契機とした物理的復興により都市が再開発され、近代的都市が人々の生活を豊かにするという支配的な考え方がある。しかし、アメリカでは復興のための都市の再開発が果たして投資に見合うだけの経済効果あるのかどうか、コスト・ベネフィット分析の可能性が論じられている[56]。何をもって復興の効果の標準とするかは1つの課題である[57]。

実際には、被災自治体の復興実施計画、防災集団移転促進事業、および土地区画整理事業等の見直しもしばしば行われている。すでに論じたように用地取得の問題、住民の意向の変化、その他当初予想できなかった事態などによって計画の変更が迫られるからである。復興には半ば不可避の現象である。こうした復興事業は、時間とともに目標が変形する可能性がある。つまり復興計画、目標が変遷することを、復興計画を実施するうえでは織り込んで行かなくてはならないだろう。ただし、復興過程の変遷、計画実施の遅れについては、住民の意向を汲み上げながら十分な説明と情報開示が求められる。

8 おわりに

復興に関する法と政策はいかにあるべきか、検討すべき課題は多い。成功裡の復興を測る指標についてはさまざま考えられる。本稿では、生業の再開・地域ビジネスの復興、経済的な復興については扱っていない。法律による政策推進には限界もある。広域巨大災害によって、人々の生命のみならず、地域の伝統、文化、記憶が失われる。それらを完全に元の状態に戻すのは難しい。巨大災害からの復興は、新しいまちづくり、地域の創生である。

抽象的にいえば、大災害からの復興の法制度は、非常時を想定したうえで、より実践的・経験的知見を踏まえた方向性で発展していくことが期待さ

54　岩手日報「再建、他市町村が2割　震災4年7カ月、内陸移住多く」2015年10月15日。
55　Horney et al. 2014; 佐藤 2011.
56　Farber 2010.
57　Horney et al. 2014.

れる。具体的な処方や施策につついては、未整理であるがこれまでの考察を踏まえ、最後にいくつかの点を強調しておきたい。

復興には多くのプレイヤーが存在する。ただし、復興の主体はあくまでも地域の住民である。東日本大震災復興基本法は国レベルでの目線からの復興に関する規定が目についた。住民の復興ニーズを捉えることができるのは、やはり被災自治体である。財源移譲なども含めて被災自治体の復興自治を重視した政策を推進すべきである。復興の迅速化については、現行法が壁になっていることを指摘した。ただ加速化は物理的な復興だけを対象とするのではなく、住民の生活目線を重視した質を保ったものでなくてはならない。

復興まちづくりは、変わりゆく住民の意見を反映しながらの順応的かつ連続的なものである。場合によっては時間がかかるであろう。長い歴史を通じてできた「まち」をすぐさま創生するのには困難を伴うこともあろう。

その過程において重要なポイントは住民への情報開示である。復興の状況、課題等を常に住民と関係者との間で情報の流れがあることが、復興を推進する大切な手段である。もちろん住民側も情報の流れをつくり自分たちの意見を反映させていく努力も必要である。「復興加速化」が災害復興過程のどの局面においても最重要の目標とはならない。多様な意見が出るといつまでもまとまらないという懸念もある。しかし、完全な合意よりも、情報共有に担保された「納得」の「場」を確保することが、新しいまちづくりの要諦ではないか[58]。

立派な道路や橋が再建されても、災害によって貧困層が拡大・固定化したり、仮設住宅に多くの住民が取り残されたりしている事態が顕在化している。災害弱者の声が復興過程においてうまく反映されていない。被災前の生活水準を回復できない社会的な災害弱者に対して、法制度や政策はもっと敏感でなくてはならない。災害法（学）は、現行法の形式的解釈に固執するのではなく、被災者を救い、復興に向けた多様な手段を用意できる多様でリソースフルなものとして、被災者に寄り添う近い存在でありたいと願う。

災害後の人口減少・流失が止まらない問題も深刻である。10年後、20年後

---

[58] サンデル 2013.

を見据えた、持続可能な復興のための法制度の構築が求められている。

〈参考文献〉
● 日本
阿部泰隆（1995）『大震災の法と政策』日本評論社.
アルドリッチ，D. P.: 石田　裕＝藤澤由和（2015）『災害復興におけるソーシャル・キャピタルの役割とは何か』ミネルヴァ書房.
生田長人（2013）『防災法』信山社.
―――編（2010）『防災の法としくみ』東信堂.
石田光曠（2014）「『まちづくり信託』の創造と課題」信託フォーラム 1 号，pp. 69-75.
岩手県（2014）『いわて復興の歩み―2011-2014　東日本大震災津波からの復興記録』
　　　http://www.pref.iwate.jp/fukkounougoki/joukyou/032129.html
―――（2015a）『東日本大震災津波を教訓とした防災・復興に関する岩手県からの提言』
　　　http://www.pref.iwate.jp/seisaku/bousaikaigi/033141.html
―――（2015b）「『岩手県の東日本大震災津波からの復興に関する意識調査』結果（データ編）
　　　http://www.pref.iwate.jp/dbps_data/_material_/_files/000/000/027/370/h26_isiki_deta.pdf
岩手県沿岸広域振興局（2014）「東日本大震災津波からの復旧・復興事業に関わる用地取得の迅速化の取組について」用地ジャーナル2014年 4 月号，pp. 21-28.
岡田広行（2015）『被災弱者』岩波新書.
岡本　正（2015）「東日本大震災復興特別区域法改正による土地収用法の規制緩和と復興事業用地の確保の軌跡」日本災害復興学会2015年度学会大会予稿集，pp. 24-29.
金子由芳（2015）「アジアの災害復興における私権補償と司法アクセス」国際協力論集22巻 2 ・ 3 号合併号，pp. 1-42.
―――（2014a）「災害復興における国家と私権のゆくえ：東日本大震災とアジア」小柳春一郎『災害と法』国際書院，pp. 49-91.
―――（2014b）「災害復興における参加の手続保障―日本・タイ・インドネシアの比較検討」国際協力論集21巻 2 ・ 3 号合併号，pp. 1-40.
河上正二＝安永正昭「『震災と民法学』を考える」論究ジュリスト2013年夏号（ 6 号）
国土交通省（2011）『津波防災まちづくりの考え方』

http://www.mlit.go.jp/common/000149628.pdf
佐々木晶二（2012）「大規模災害からの復興に関する法律と復興まちづくりについて」Urban Study Vol 57, 10pp.
http://www.minto.or.jp/print/urbanstudy/pdf/u57_04.pdf
佐藤　滋　編（2011）『東日本大震災からの復興まちづくり』大月書店．
サンデル，マイケル（2013）『ハーバード白熱教室　世界の人たちと正義の話をしよう＋東北大特別授業』早川書房．
塩崎賢明（2009）『住宅復興とコミュニティ』日本経済評論社．
鈴木康夫　編（2015）『大規模震災と行政活動』日本評論社．
津久井　進（2013）『大災害と法』岩波新書．
林　敏彦（2011）『大災害の経済学』PHP新書．
東日本大震災復興構想会議（2011）『復興への提言～悲惨の中の希望～』
http://www.kantei.go.jp/jp/singi/fukkouhonbu/dai1/siryou5_1.pdf
ベック，ウルリヒ：東　廉＝伊藤美登里訳（1998）『危険社会』法政大学出版局．
平井宜雄（1995）『法政策学』有斐閣．
復興庁（2012a）『東日本大震災復興交付金制度要綱』
http://www.reconstruction.go.jp/topics/20130322_youkou.pdf
―――（2012b）『東日本大震災復興交付金Q＆A』
http://www.reconstruction.go.jp/topics/120405qa.pdf
松岡勝実（2014a）「防災まちづくり部門研究活動報告」岩手大学地域防災研究センター年報，pp. 34-35.
―――（2014b）「四川大地震復興調査に参加して」岩手大学人文社会科学部教育後援会報38号14p.
―――（2013）「防災まちづくり部門研究活動報告」岩手大学地域防災研究センター年報，2013年12月，pp. 24-25.
―――（2012）「減災と流域圏―復興のためのまちづくりに向けて」水資源・環境研究25号（1）pp. 41-50.
安本典夫（1995）「復興まちづくりと住民参加」ジュリスト1070号，pp. 87-92.
山崎栄一（2013）『自然災害と被災者支援』日本評論社．
吉江暢洋（2014）「復興事業用地確保のための特例法と現状の課題」信託フォーラム2号，pp. 21-27.

● 外国
Aldrich, Daniel P.（2012）*Building Resilience: social capital in post-disaster recovery*,

8 おわりに　27

The University of Chicago Press.
Beck, Ulrich (1992) *Risk Society: Towards a New Modernity*, SAGE Publications.
Berke, Philip R, Kartez, Jack and Wenger, Denis. (1993) "Recovery after Disaster: Achieving Sustainable Development, Mitigation and Equity" *Disasters* vol. 17 (2).
Birkmann, Jörn. ed., (2013) *Measuring Vulneravilty to natural Hazards*, United Nations University Press.
Fan, Lilianne (2013) *Disaster as opportunity? Building back better in Aceh, Myanmar and Haiti*, HPG Working Paper.
　　http://www.preventionweb.net/english/professional/publications/v.php?id=35958
Farber, Daniel A, et al (2010) *Disaster Law and Policy 2 nd ed.*, Aspen Publishers.
Farber, Daniel A. (2007) "Disaster Law and Inequality" 25 *Law & Ineq.* 297-321.
Horney, Jennifer., Philip, Berk., and Van Zandt, Shannon., (2014) *Planning for Post-disaster Recovery Briefing Paper.*
　　https://www.planning.org/research/postdisaster/briefingpapers/
Howitt, Arnold M. (2013) "Perspectives on Disaster Recovery" *presentation slides at CIGS Seminer*, http://www.canon-igs.org/event/report/20130322_1750.html
Johnson, Laurie A. and Olshansky, Robert B. (2013) "The Road to Recovery: Governing Post Disaster Reconstruction" *Lincoln Institute of Land Policy・Land Lines*, July 2013, pp. 14-21.
Kim, Karl.and Olshansky, Robert B. (2014) "The Theory and Practice of Building Back Better" *Journal of the American Planning Association*, Vol. 80 (4), 289-292.
Matsuoka, Katsumi (2015a) "Promptness and Sustainability in Town Reconstruction following the 2011 Great East Japan Earthquake" Yuka Kaneko, Katsumi Matsuoka and Toshihisa Toyoda ed, *Asian Law in Disaster: Toward a Human-Centered Recovery*, Routledge, forthcoming.
Matsuoka, Katsumi (2015b) "The Role of Universities in Reconstruction of the Disaster-Stricken Areas: Connecting the Needs of Afflicted Areas and Seeds of Universities" *Disaster-Stricken Universities Symposium: Community-Based Reconstruction of Society and University Involvement* hosted by Kobe University, Iwate University and Tohoku University at Third UN World Conference on Disaster Risk Reduction Public Forum, 15 March 2015, Sendai, Japan, *Book of Proceedings*, available at UN/IEDR on internet with the same topic. 35-40.
Olshansky, Robert B., Hopkins, Lewis D, and Johnson, Laurie A (2012) "Disaster and Recovery: Process Compression in Time" *Natural. Hazards Review*, 13

(3), 173-178.
Peacock, Walter Gillis., Van Zandt, Shannon., and Highfield, Wesley E., (2014) "Inequities in Long-Term Housing Recovery After Disasters" *Journal of the American Planning Association*, Vol. 80 (4), 356-371.
Shaw, Rajib. Ed. (2014) *Disaster Recovery: Used or Misused Development Opportunity, Springer.*
Smith, Gavin (2011) *Planning for Post-Disaster Recovery: A Review of the United States Disaster Assistance Framework*, Public Entity Risk Institute.
Thomas, Deborah S. K., Phillips Brenda D., et al ed. *Social Vulnerability* 2nd ed. CRC Press.
UN/ISDR (2014) *Progress and Challenging in Disaster Risk Reduction.*
http://www.unisdr.org/files/40967_40967progressandchallengesindisaste.pdf
UNDP (2009) *Lessons Learned: Disaster Management Legal Reform.*
Verchick, Robert R.M. (2012) "Disaster Justice: The Geography of Human Capability" *Duke Environmental Law & Policy Forum* Vol. 23, 23-71.

第 2 章　災害関連死問題に対応するための課題

宮本ともみ

１　はじめに

　2011年（平成23年）3月11日には、巨大津波をともなって東北の沿岸地域を中心に壊滅的な被害を与えた東日本大震災が起きた。それから5年を経過した現在、まだまだ災害法制が不十分であることを痛感させられる。1995年（平成7年）1月17日の阪神・淡路大震災以来、災害問題に取り組んできた津久井進弁護士は、災害法制について、災害が起きるたびに場当たり的に立法してきたため、順序立てた体系が確立されておらず、災害法の全体像はまるで寄せ木細工のように見える、と指摘する[1]。辛い経験を生かして災害に対処するためには、場当たり的な法制度を体系的に整備することが重要である。そのなかで留意すべきことは、個別の災害法も時代とともに趣旨や対象が変化していく場合があるということである。その変化を法の運用に反映させながら、各種の災害法の体系を整えていく必要がある。全体を整えることは容易ではないが、次なる災害への備えとするためには、災害で得た苦しい経験を法制度に生かすことが実のある蓄積につながる。
　本稿では、災害弔慰金の支給等に関する法律（昭和48年9月18日法律第82号。以下、災害弔慰金支給法という。）にもとづいて、災害による直接的な被害による死亡だけでなく、災害にともなう過労や環境悪化等による病死などの内科的死因にもとづいて死亡（いわゆる、災害関連死）した方の遺族に弔慰金を支給する問題（以下、災害関連死問題という。）を取り上げる。災害弔慰金支給法は、地方自治体（市町村）が災害により死亡した住民の遺族に対

1　津久井進『大災害と法』（岩波新書、2012年）「はじめに」参照。

して弔慰金を支給することを定めている。現在、市町村から災害により死亡した方と判断された遺族に支給される弔慰金は、死亡者が支給される遺族の生計を主として維持していた場合は500万円であり、その他の場合は250万円である。阪神・淡路大震災後、災害関連死も同法の適用対象になることが公に認められているが、東日本大震災においては、災害関連死問題への対応について困難が生じ、行政による法の運用に対しては、時々において世間から様々な批判の声が上がった。また、災害関連死の行政による判断に対しては複数の裁判が提起され、現在も係争中の事件が存在する。

筆者は、岩手県内の17被災市町村の委託を受けて災害関連死に関する審査をするために岩手県が設置した災害弔慰金等支給審査会の一委員を務めている[2]。岩手県における災害関連死問題への対応についても、様々な批判が寄せられ、かつ、同審査会が下した災害関連死の判断との関連で2件の訴訟が提起された（2015年（平成27年）6月末現在。1件は、審査会の判断が地裁で覆されて確定している。他の1件は、1審で審査会の判断が認められたが、控訴審で係属している）。今後も起こりうる災害において、今回の批判や裁判紛争の結果は生かされなければならない。

本稿の目的は、これまでの経緯や経験をもとに、将来起こりうる大規模災害における災害関連死問題への対応に生かすための課題を明らかにすることである。次の 2 では、まず、災害関連死問題が登場する以前の、災害弔慰金支給法の制定当時の趣旨およびその後の変化を考察する。続く 3 では、 2 で考察した変化が、災害関連死問題の登場と相まって同問題への対応に困難をもたらした要因となったことを明らかにし、現時点での到達点について私見を提示する。最後の 4 では、災害復興における法整備と法律家との関係に触れて、総括する。

---

[2] 岩手県の取組については、拙稿「災害関連死の審査について―東日本大震災における岩手県の取組から―」アルテス リベラレス（岩手大学人文社会科学部紀要）第92号67頁以下を参照いただきたい。

2 災害弔慰金支給法

1 法律制定当時の趣旨
(1) 法律制定の経緯

　災害弔慰金支給法は、1967年（昭和42年）に起きた羽越水害で両親と3人の子どもを亡くした佐藤隆氏が、参議院議員となり本法の法律制定に尽力し、議員立法により制定された[3]。同法の制定に至るまでには、次のような経緯があった[4]。

　戦後のわが国は、毎年のように豪雨被害を受けていた。とくに、被害の大きかった1959年（昭和34年）9月26日の伊勢湾台風を契機に、防災行政の在り方について国会での審議が進み、災害対策基本法（昭和36年11月15日法律第223号）の制定に至る。他方、個人災害に対する国の救済措置を制度化することに係る国の基本姿勢は、「個人災害に対して政府が特別の補償をするとかいうことは、昔からいろいろ議論にはなっております。われわれもそういうことに頭から反対するものではございませんが、財政の状況、その他公平の原則等から、なかなか案が見当たりにくいのでございます。……個人災害に対して抜本的な政府の補償ということは、今のところなかなか困難ではないか」[5] というものであった。

　しかし、その後も個人災害救済制度の創設に向けての要望が一層高まり、1968年（昭和43年）10月には、政府側も関係省庁連絡会議を設けるなどして制度創設に向けての検討に着手する。当時、個人災害共済制度について全国的な調査・検討が行われたが創設に至らなかった[6]。

---

[3] 津久井進「災害関連の法制度と弁護士」『現代法律実務の諸問題〈平成23年度研修版〉［日弁連研修叢書］』（第一法規、2012年）869頁以下。

[4] 以下は、八木寿明「被災者の生活再建支援をめぐる議論と立法の経緯」レファレンス平成19年11月号31頁以下および災害救助実務研究会［編］『災害弔慰金等関係法令通知集―平成26年版―』（第一法規、2014年）「Ⅰ　制度の概要」に依拠した。

[5] 当時の池田勇人内閣総理大臣による公式な答弁である（第39回国会衆議院災害対策特別委員会議録第8号（昭和36年10月17日）2頁、注4の八木36頁も参照）。

[6] 総理府は、1970年（昭和45年）9月に個人災害共済制度について行った全国的なアンケート調査に引き続いて、翌年8月には実質強制加入方式を前提とする「個人災害共済制度要綱案」を作成して予算要求を行っている。しかし、関係各省庁等で検討した結果、ア　強制加入方式を採用

他方、1967年（昭和47年）2月には、災害弔慰金構想案が衆議院災害特別委員会に報告され、政府は同年10月に「市町村災害弔慰金補助制度要綱」を決定する。その内容は、大規模な自然災害を受けた市町村が、当該災害による死亡者の遺族に対して支給する災害弔慰金について、一件10万円を限度として政府が補助を行うというものであり、同年度より実施された。同制度に対する政府の見解は、「国が直接に弔慰金を支給いたしますことは適当でないという考え方を持ち続けてまいりました。しかし、現実には、こういった場合に、地方公共団体におきましては、そういった死亡者に対しまして、自主的な判断でこの種の弔慰金を支給する市町村がふえてまいりましたこともまた事実でございます。……市町村が自然災害によってなくなられた方に対して弔慰金を支給する、その場合、国がこれに補助をいたしますことは、十分に意義のあることだと考えます」[7]としていた。

その後も、制度整備の検討が重ねられ、翌年9月に、「災害弔慰金の支給及び災害援護資金の貸付けに関する法律」（法律名称は、第5次改正で災害見舞金の支給が増設されたことにより、「災害弔慰金の支給等に関する法律」と改められた。）が成立するのである。同法は、二つの点で、上述の市町村災害弔慰金補助制度を拡充している。一つは、市町村が災害により死亡した方の遺族に対して支給する弔慰金を、市町村と都道府県と国が負担するという点である。二つは、弔慰金の支給とは別に、災害援護資金の貸付け制度を創設した点である。すなわち、市町村は、災害により世帯主が重症を負い、または住居家財に相当程度の損害を受けた世帯に対して、生活の立て直しに資するため、都道府県および国による原資手当てを得て、災害援護資金を貸し付けることができる制度を整えた[8]。

(2) 制定当時の法律内容

ここでは、災害弔慰金支給法制定当時の趣旨が反映されていると推察でき

するに値するだけの「公益性」は認め難いこと、イ　災害の発生頻度の地域的相異が大きすぎるため、負担と給付の不均衡が生じること、ウ　他の公的共済、社会保障制度との調整をどうするか、等の基本的な問題点が指摘され、任意加入方式の方向でさらに検討することとなった（注4の災害救助実務研究会9-10頁参照）。

[7]　当時の砂田重民総理府副長官による公式な答弁である（第68回国会衆議院災害対策特別委員会議録第5号（昭和47年5月24日）2頁、注4の八木38頁も参照）。

[8]　第71回国会衆議院災害対策特別委員会議録10号（昭和48年8月30日）2-3頁。

る四つの内容を上げる。

　第一に、法律の目的および構成である。同法は、「災害により死亡した者の遺族に対して支給する災害弔慰金及び災害により被害を受けた世帯の世帯主に対して貸し付ける災害援護資金について規定するもの」（第1条）とし、災害弔慰金の支給についても災害援護資金の貸付けについても、市町村が条例の定めるところにより行うことができるとしている（第3条第1項、第8条1項）。この点について、当時の通達[9]では、一般事項として、法律の目的を「自然災害により死亡した者の遺族に対し弔意のために災害弔慰金を支給するとともに、被災世帯の世帯主に対して生活の立て直しに資するため災害援護資金の貸付けを行うこと」とし、基本的構成については、「災害弔慰金の支給及び災害援護資金の貸付けについては、市町村が条例を制定して行うこととされ、法律及び政令に定める範囲内で、市町村の自主的な運営を前提とした構成になっている」としている。

　第二に、弔慰金の支給額である。同法は、「災害弔慰金の額は、死亡者一人当たり50万円以内」（第3条第3項）と定めている。「以内」とされている点については、市町村が自治事務として条例を定めて実施することにかんがみ、自主的に適切な額を規定することができるようにしたものと説明されている[10]。なお、災害弔慰金支給の費用負担は、国が2分の1、県が4分の1、市町村が4分の1（第7条）であるが、都道府県や市町村の負担については、特別交付税をもって財政措置が行われている[11]。

　第三に、弔慰金支給の法的性質についてである。当時の通達[12]では、「災

---

[9]　厚生事務次官通知「災害弔慰金の支給及び災害援護資金の貸付けに関する法律の施行について」（昭和49年1月7日厚生省社第15号）。
　なお、災害弔慰金支給法の制定当時、同法にもとづく事務を所管する中央行政庁は、厚生省であった。その後、厚生労働法の所管を経て、2013年（平成25年）10月1日より、内閣府に移管した。厚生労働省から内閣府へ移管した理由は、「被災者に必要な支援を避難段階から生活再建に至るまで適切に提供するなど、被災者支援の総合的な実施を図るため、災害救助法及び災害弔慰金法に基づく事務並びに国民保護法に基づく避難住民等の救援に関する事務の所管を厚生労働省から災害対策基本法や被災者生活再建支援法を所管する内閣府に移管することとした。」とされている（内閣府事務次官通知「改正災害救助法等の施行及び災害空除法等に基づく事務の厚生労働省から内閣府への移管について」平成25年10月1日府政防第937号）。
[10]　注4の災害救助実務研究会13頁。
[11]　注1の津久井65頁、注4の災害救助実務研究会15頁。
[12]　厚生省社会局長通知「災害弔慰金の支給及び災害援護資金の貸付けに関する法律等の施行につ

害弔慰金の支給は、受給権に基づき支給されるものでなく、自然災害による死亡という事実に対し、市町村の措置として支給されるものである。したがって市町村が、被害の状況、遺族の状況等必要な調査を行って支給するものとし、申請書の提出、支給の決定の通知等の手続きは必要ないものである。」としている。

　第四に、対象となる災害の規模である。同法は、適用される災害については政令で定めるとしており（第3条第1項）、政令[13] は、「1の市町村……の区域内において生じた住居の被害が厚生大臣が定める程度以上の災害その他これに準ずる程度の災害として厚生大臣の定めるもの」（制定当時）[14] と定めている（第1条第1項）。そして、当時の厚生大臣の定め[15] では、「1の市町村の区域内において住居の滅失した世帯の数が5あること」としている。これは、他の災害立法に比べて、比較的小さな災害をも対象としており、個人救済という行政目的が反映されてのこととされている[16]。

（3）小括

　上述（1）から、議員立法に端を発した災害弔慰金支給法は、もとはといえば、被災者に対して国が個人補償をしないとしても、見舞金なら支給できるのではないかという観点から制定されたものといえる[17]。

　また、上述（2）からは、次のことがいえる。災害弔慰金の支給額の上限は50万円とされており、市町村の事情によっては、弔慰金支給について金額の設定を行うことも可能であった。そして、生活の立て直しについては、弔意のための弔慰金支給とは別に、災害援護金の貸付け制度を備えている。さらに、比較的小規模な災害に対する個人救済を想定していたことがうかがえる。

　以上から、制定当時の災害弔慰金支給法における弔慰金の支給については、地域に起きた比較的小規模な災害で犠牲となった住民の遺族を想定し

　　いて」（昭和49年2月28日社施第34号）。
13　「災害弔慰金の支給等に関する法律施行令」（昭和48年12月26日政令第374号）。
14　現行政令は、「厚生大臣」を「内閣総理大臣」と改正している。
15　当時の厚生省による告示を見つけることができなかった。注12の厚生省社会局長通知による。
16　注4の八木38-39頁、注4の災害救助実務研究会12頁。
17　法令解説資料総覧122号25頁以下［衆議院法制局第4部第2課　奥克彦］も参照。

て、市町村が弔意を表するために自主的に金銭を支給することに対して、国が財政的に支援するという趣旨であったといえる。

2　法律制定後の変化
(1)　法律の目的および構成

　制定当時の災害弔慰金支給法は、災害弔慰金の支給および災害援護資金の貸付けを定めており、その目的については、前者は「弔慰のため」であり、後者は「生活の立て直しに資するため」と書き分けられていた。しかし、次の（2）で述べるように、数次の改正で弔慰金の支給額を引き上げることにより、同法にもとづく災害弔慰金の支給にも実質的に遺族の生活の立て直しに資する意味合いが付与されてきた。さらに、第5次改正（昭和57年8月6日法律第70号）では、新たに災害障害見舞金の支給が増設された。

　災害障害見舞金は、災害により負傷し、または疾病にかかり、その結果、精神または身体に著しい障害がある方に対して支給するものである。この災害障害見舞金の支給についても、災害弔慰金の支給および援護資金の貸付と同様に、市町村が条例の定めるところにより支給するものとし、障害者の世帯における生計維持の状況を勘案して政令で定める範囲で支給を行うことができる。法律制定当初、見舞金は一人当たり150万円を超えない範囲内とされていたが、第6次改正（平成3年9月26日号外法律第88号）で限度額が250万円に引き上げられている。国会では、「重度の障害を受けた者は、その障害の程度から見て、一般の社会経済活動に参加しようとしてもできない状況にあり、日常生活も極度に制限されるなど、死亡した者に匹敵するような物的、社会的環境に置かれております。したがいまして、このような現状にかんがみ、これらの障害者についての生活環境の改善を図ることの一助とするため」と趣旨が説明されている[18]。ここでは、障害者の生活環境の改善を図ることの一助とするため、すなわち、生活の立て直しに資するという目的を読み取ることができ、なおかつ、それは災害による死亡者と同様であると説明しているのである。

18　第96回国会衆議院災害対策特別委員会議録第6号（昭和57年5月13日）1頁。

以上から、災害障害見舞金の支給を増設する時点で立法府は、もはや災害弔慰金支給法は、弔慰金の支給にも、障害見舞金の支給にも、援護資金の貸付けと合わせて、全体として生活再建のための支援制度と位置づけることを意図していたことがうかがえる。

（2） 弔慰金の支給額

災害弔慰金支給法の改正においては、災害が起きる折々に、同法第3条第3項が定める弔慰金の支給額「50万円以内」が引き上げられ、平成3年の法改正で500万円となり、現在に至っている。深刻な災害のたびに弔慰金の支給金額が引き上げられてきたのは、国が自然災害による個人補償を否定する姿勢を貫く一方で、「弔慰金」という文言のなかに、遺族の生活再建を支援する意味合いを付与してきた結果と思われる[19]。

災害弔慰金支給法は、制定後、現在に至るまで8回の改正を重ねているが、災害弔慰金の支給額に係る改正は、第1・2・3・4・6次改正である。以下に、災害弔慰金の支給額を引き上げた改正法律の内容を示す。最初の改正を除き、各改正法律は直近に発生した災害に遡及適用されている。＊は、当該改正の直近に発生した災害を示し、（ ）内は警察白書による被害者数等を示している。

- 第1次改正（昭和50年1月23日法律第1号）

   第3条第3項中「50万円」を「100万円を超えない範囲内で死亡者のその世帯における生計維持の状況を勘案して政令で定める額」に改める（政令では、死亡者が生計を主として維持していた場合は100万円、その他の場合は50万円）。

- 第2次改正（昭和51年10月26日法律第74号、昭和51年9月7日以降の災害に遡及適用）

   第3条第3項中「100万円」を「150万円」に改める（政令では、死亡者が生計を主として維持していた場合は150万円、その他の場合は75万円）。

---

19 ちなみに、1991年（平成3年）の雲仙・普賢岳噴火災害を契機として、いわゆる雲仙特別立法をもって救済すべきという世論が強まっていたが、国が自然災害における個人補償を実現することは困難と考えるなかで特別立法は行われずに、災害弔慰金支給法の支給金額を引き上げる改正だけが行われたとされている。なお、災害弔慰金法改正における金額の引上げ幅は、過去においては年金支給額の上昇率により算定されており、それによれば同年の改正では400万円への引上げに相当したが、政府と与野党との調整の結果500万円とされたという。注17の奥25頁以下参照。

＊台風17号（死者・行方不明者167人、負傷者421人）
・第3次改正（昭和53年3月31日法律第6号、昭和53年1月14日以降の災害に遡及適用）

　　第3条第3項中「150万円」を「200万円」に改める（政令では、死亡者が生計を主として維持していた場合は200万円、その他の場合は100万円）。
＊伊豆大島近海地震（死者25人、負傷者139人）
・第4次改正（昭和56年4月10日法律第22号、昭和55年12月14日以降の災害に遡及適用）

　　第3条第3項中「200万円」を「300万円」に改める（政令では、死亡者が生計を主として維持していた場合は300万円、その他の場合は150万円）。
＊五六豪雪（死者119人、負傷者885人）
・第6次改正（平成3年9月26日号外法律第88号、平成3年6月3日以降の災害に遡及適用）

　　第3条第3項中「300万円」を「500万円」に改める（政令では、死亡者が生計を主として維持していた場合は500万円、その他の場合は250万円）。
＊雲仙・普賢岳噴火災害（死者・行方不明者43人、警戒区域・避難勧告区域等に居住する住民は長期間の避難生活）

　さらに、次のような変化も見て取れる。災害弔慰金支給法の制定当時、災害弔慰金の支給については、市町村が自主的に適切な額を規定することができるとされており（上述1（2）を参照）、市町村が弔慰金を支給するかどうか、支給するとして額をどうするかを条例で自由に定めることができる設計であった。しかし、運用の実態について、市町村は概ね厚生労働省が示すモデル条例（災害弔慰金支給法の上限額を条例の支給額としている）どおりに制定していると指摘されるなかで[20]、次の（3）で述べるように、現在、弔慰金の受給は権利としての性質をもつと考えられるようになっている。さらに後述（4）で触れるように、災害弔慰金支給法は大規模災害にも適用される。そうであれば、権利の平等性および各地の被災者間の公平性を思慮すると、市町村が独自財源を充てて法律よりも高額を支給する条例を定めることはよいとしても[21]、逆に、市町村が災害弔慰金支給法の上限額を下回る額を自由

20　注17の奥27頁。

に定めることには疑義がある。現在、災害弔慰金の支給額は、厚生労働省のHPでも内閣府のHPでも、生計維持者の方が死亡した場合は500万円、その他の方が死亡した場合は250万円と公表している。

(3) 弔慰金を受給する法的性質

災害弔慰金支給法の制定当時の通達[22]では「災害弔慰金の支給は、受給権に基づき支給されるものでなく、自然災害による死亡という事実に対し、市町村の措置として支給されるものである。」とされていた。

しかし、この点について、災害弔慰金の支給に関する裁判では、通達とは明確に異なる判断が示されている。最初に通達と異なる判断を示したのは、阪神・淡路大震災に際して、芦屋市が災害弔慰金不支給決定を下したことに対して遺族が決定の取消を求めた事件である（神戸地裁1997年（平成9年）9月8日判決）。本件では、災害弔慰金支給法および条例にもとづく災害弔慰金の不支給決定を受けた遺族が、決定に対して取消訴訟を提起する法律上の利益を有するか否か、ということも一つの争点となった。この点について裁判所は、「法及び条例は、支給を行う遺族の範囲……及び支給金額……を明確に規定している。以上のような規定に鑑みれば、右各規定の要件に該当する遺族は、災害弔慰金の給付を受ける権利を有するというべきであり、……被告が不支給決定をした場合、右遺族は、同決定の取消訴訟を提起する法律上の利益を有すると解するのが相当である。」としている。さらに、「被告は、通達の規定を根拠に災害弔慰金は被告の裁量による行政上の措置から支給されるものであり、受給権に基づき支給されるものではないから、原告に右決定の取消訴訟を提起する法律上の利益は認められない旨主張する。しかし、通達は、上級行政庁がその内部権限に基づき、下級行政庁に対して発する行政組織内部の命令にすぎず、市民はこれに拘束されないので、これを根拠に災害弔慰金の受給権の存在を否定することはできないから、被告の右主張は採用できない。」と述べて、災害弔慰金の支給が市町村の裁量による行政上の措置という捉え方を明確に否定している[23]。

---

21 注1の津久井65頁は、独自財源を充てて法律よりも広く支給する市町村があることを指摘している。
22 注12参照。
23 この点については、控訴審の大阪高裁1998年（平成10年）4月28日判決も同旨であり、最高裁

その後、東日本大震災に際して提起された同種の事件についても、いずれも裁判所は行政処分取消訴訟として取り上げている。いくつかの裁判所は、法律および条例等の関係法令に災害弔慰金支給の申請権およびその手続を定めた規定がない旨を指摘したうえで、それでもなお次のように言及している。「災害弔慰金に当たらないとの決定は、公権力の行使として直接国民の権利を制限することが法律上認められているものといえる」（福島地方裁判所2014年（平成26年）5月27日判決）、あるいは「遺族には災害弔慰金を支給すべき旨を求める申請権が法令により付与されているものと解するのが相当であり、それに対して支給しないとすることは、遺族の法律上の地位に影響を及ぼす」（盛岡地方裁判所2015年（平成27年）3月13日判決、同2015年（平成27年）4月24日判決も同旨）と[24]。

　さらに、国会における認識にも変化が及んでいる。災害弔慰金支給法の第8次改正（平成23年8月30日号外法律第100号）は、東日本大震災を機に、災害弔慰金および災害障害見舞金について差押えの禁止等をしたものである。なお、同改正と合わせて、被災者生活再建支援法にもとづく支援金及び東日本大震災関連義援金についても同様の法的対応が行われた。これについて、国会では制度趣旨を次のように説明している。

　「……被災者の苦しみや負担を社会全体で分かち合い、支え合う仕組みとして、被災者生活再建支援法があります。被災者らの生活再建のために、この法律に基づいて最高額三百万円の被災者生活再建支援金……が支払われます。また、同趣旨の災害弔慰金の支給等に関する法律に基づき、最高額五百

は、2002年（平成14年）12月9日に上告不受理の決定を下し、大阪高裁の結論を維持している。
24　注4の災害救助実務研究会298-299頁は、いくつかの裁判例が下されたのちの発行であるが、依然として、「災害弔慰金及び災害障害見舞金の支給は、受給権に基づき支給されるものではなく、自然災害による死亡・負傷という事実に対し、市町村の措置として支給されるものであり、不支給の判断が直ちに遺族等の権利を侵害するものとは言えない」と説明している。しかしながら、次のように述べて異議申立てについては認めている。すなわち、「行政不服審査の対象となる「処分」は、公権力の行使にあたる事実上の行為とされているところであり、当該遺族等は、不支給の判断に異議がある場合には、行政不服審査法に基づき、当該市町村に対して異議申立てを行うことができる。」としたうえで、「具体的には、不支給と判断されたことを知った日の翌日から60日以内（平成26年6月13日公布の行政不服審査法等の施行後は3か月以内）に、書面により行政不服審査法に定められている事項を記載して、当該市町村に提出することになる。」と述べている。

万円の災害弔慰金……や、災害障害見舞金……が支払われます。さらには、人々の善意が赤十字や県、市町村等を通じて義援金として被災者に届けられます。

　言うまでもなく、支援金、弔慰金、見舞金に関しては制度の目的に、義援金に関しては寄附者の意図に照らして、被災者みずからにおいて、被災者らのあすへの第一歩のために使っていただくべきお金です。被災者の多くが二重ローンに苦しむ中、その趣旨に反して、銀行や金融機関、サラ金や高利貸しが被災者に対する債権を回収するために、差し押さえて、横取りしてしまうことは、私たちの正義に反します。

　ところが、現行法においては、これら支援金、弔慰金、見舞金、義援金に対する差し押さえが禁止されていません。それゆえに、これら金銭の受給権を差し押さえ禁止債権とし、受給権に基づいて現実に被災者らの手元に届いた現金を差し押さえ禁止動産としようとするのが両案の趣旨です。」[25]

　ここでは、弔慰金および見舞金は被災者らの明日への第一歩のために使う金銭であり、それは受給権にもとづくものであると明言しているのである[26]。

（4）対象災害の規模

　災害弔慰金支給法は制定当時、適用対象となる災害が比較的小規模なものと想定していたことをうかがわせる。しかし、現実には大規模災害に見舞われることも多く、そのたびに災害弔慰金支給法が活用されてきた。

　そういうなかで、1995年（平成7年）1月17日に起きた阪神・淡路大震災による被害は、兵庫県・大阪府を中心に死者6,434人、行方不明者3人、負傷者4万3,792人に及び、災害弔慰金支給法の制定以来、類をみない大災害となった[27]。その後、国は災害弔慰金の支給が行われる災害の範囲に関する告示において[28]、これまでの「1の市町村の区域内において住居の滅失した

---

[25] 第177回国会参議院災害対策特別委員会会議録第12号（平成23年8月9日）1頁、同国会衆議院災害対策特別委員会議録第14号（平成23年8月23日）2頁。

[26] 参議院法制局による法令解説でも、「受給権について差押え等を禁止する以上、対象となる受給権が存在すること（権利性があること）が前提となっている」とされている（法令解説資料総覧367号15頁［参議院法制局第二部第一課　後藤類、第二部第二課　源河真規子］、法令解説「災害弔慰金・災害障害見舞金・被災者生活再建支援金・東日本大震災関連義援金の差押禁止等」時の法令1904号10頁［参議院法制局第二部第一課　後藤類］）。

[27] 数字は、消防庁の「阪神・淡路大震災について（確定報）」（平成18年5月19日）による。

世帯の数が 5 あること」に加えて、「被害が発生した市町村をその区域に含む都道府県の区域内で生じた災害であって、住居の滅失した世帯の数が 5 以上の市町村が 3 以上存在するもの」、「被害が発生した市町村をその区域に含む都道府県内の区域において生じた災害であって、災害救助法……に規定する救助（以下「救助」という。）が行われたもの」および「救助が行われた市町村をその区域に含む都道府県が 2 以上あるもの」を明示した。このことは、複数の市町村あるいは都道府県にまたがる広域に及ぶ大規模災害が災害弔慰金支給法の対象となることを、国が明確に想定したことを示している。

その後、2011 年（平成23年）3 月11日には東日本大震災が発生する。東日本大震災は、東北地方の太平洋沿岸地域を襲った巨大津波をともない、福島第一原発事故をも引き起こし、死者19,225人、行方不明者2,614人、負傷者6,219人[29]という甚大な被害をもたらした。

（5）小括

以上みてきたことから、災害弔慰金支給法は制定当時に比べると、次の点で変化しているといえる。第一は、幾たびかの法改正をとおして、法律の目的が弔慰のための金銭給付から生活再建支援のための金銭給付へとシフトしている。第二は、弔慰金の受給は受給権にもとづくものであり、権利性を有している。第三は、弔慰金は広く一般に法律の定める上限額を支給して運用されてきたが、弔慰金の受給が権利性を有するようになったことからすると、もはや市町村が弔慰金の支給額を自由に減額できると解することはできない。第四は、制定当時の想定をはるかに超える巨大な災害にも適用される[30][31]。

---

28 「災害弔慰金の支給が行われる災害の範囲等」（平成12年 3 月31日厚生省告示第192号）。
29 2015年（平成27年）3 月 9 日14時現在。（総務省消防庁 HP より。）
30 災害弔慰金の支給対象者については、東日本大震災を機に法改正があったので、ここで紹介する。東日本大震災当時の災害弔慰金支給法によれば、弔慰金の支給対象者は、配偶者（婚姻の届出をしていないが事実上婚姻関係と同様の事情にあった者を含み、離婚の届出をしていないが事実上離婚したと同様の事情にあつた者を除く。）、子、父母、孫及び祖父母であった（第 3 条第 2 項）。このために、兄弟姉妹の場合は一緒に生活していても弔慰金が支給されなかった。この点について、東日本大震災において弁護士会が中心となって取り組んだ被災地の法律相談で、「私は、弟と二人暮らし。二人で建築業を営んでいた。弟は仕事場にいて津波で流されて亡くなった。弟を喪っても弔慰金は出ないと聞いたが、私は遺族ではないのか」という相談を受けた岩手県遠野市の亀山元弁護士は、有志の弁護士達と連携して法律改正を求める運動を展開した。その

3　災害関連死問題への対応

1　災害関連死問題の登場

　災害弔慰金支給法は、「市町村は、条例の定めるところにより、災害により死亡した住民の遺族に対し、災害弔慰金の支給を行うことができる」と定めている（第3条1項）。つまり、弔慰金支給の対象となるのは「災害により死亡」した住民の遺族である。「災害により死亡」した住民について、従来の解釈・運用は必ずしも明らかでないが、一般的には、災害に直結する物理的な被害に起因する死亡を対象としていたようである。

　しかし、1995年（平成3年）1月17日に発生した阪神・淡路大震災において、災害にともなう過労や環境悪化等による病死などの内科的死因にもとづく死亡者が、災害弔慰金支給法にもとづく災害弔慰金の受給対象者として初めて公に認められ、それが広く知られるようになる。このために、災害弔慰金支給法の対象となる「災害関連死」は、阪神・淡路大震災で初めて生まれ

　　成果として、第7次改正（平成23年7月29日号外法律第86号）が実現した。本改正により、災害弔慰金の支給対象者に「兄弟姉妹（死亡した者の死亡当時その者と同居し、又は生計を同じくしていた者に限る。）」が加えられたが、同時に「ただし、兄弟姉妹にあっては、当該配偶者、子、父母、孫又は祖父母のいずれもが存しない場合に限る。」というただし書も加えられた。注1の津久井66頁、拙稿「人の死をめぐる法律問題」法学セミナー685号21-22頁も参照。
31　法律の目的が変化したという点との関連で、災害弔慰金の支給対象者として、近親者が優先されるのか、それとも、同居し、または生計を同じくしていた者が優先されるのかという問題も検討の余地がある。
　　前注30に上げた第7次改正によれば、兄弟姉妹は同居して生計を同じくしていたとしても、法律条文に掲げられた他の近親者がいる場合には、たとえその近親者が死亡した者と離れた土地で別居しており、かつ生計を同じくしていない場合であっても優先されることになる。
　　兄弟姉妹の問題ではないが、先順位の近親者よりも同居の親族を優先する判決を下した、次のような裁判例がある。2012年（平成24年）12月、東日本大震災にともなう津波により石巻市で死亡した長女（当時15歳）について、石巻市は災害弔慰金を同居していた祖母に支給する決定をし、離婚をして別居していた母親に不支給の決定を行った。これに対して、母親が石巻市を相手取り、不支給決定処分の取消を求めて仙台地裁に提訴した。2014年（平成26年）10月16日、仙台地裁は、長女を15年間養育してきた祖母との関係のほうが密接で、祖母に弔慰金を支払うことが制度の趣旨にも沿うとし、訴えを棄却した。当時の石巻市の条例によると、災害弔慰金の支給順序は母親が祖母よりも先順位であった（朝日新聞2013年（平成25年）11月19日付、同2014年（平成26年）10月17日付、毎日新聞2014年（平成26年）10月17日付参照）。
　　現在、石巻市の条例では、兄弟姉妹は除かれているものの、その他の近親者間では同居の親族が先順位となっている。

た概念だと言われている[32]。

これ以降、災害関連死問題への対応は、全国市町村の課題となったのである[33]。

2 東日本大震災における災害関連死問題
(1) 災害弔慰金支給法の運用に対する国の考え方

2で前述したとおり、災害弔慰金支給法の制定当時は、市町村で起きた災害で犠牲となった住民の遺族に対して、市町村が弔慰を表すために自主的に金銭を支給することに対して、国が財政的に支援するという制度趣旨であった。このために、国としては、災害弔慰金の支給は市町村の自治事務として、市町村が自主的に制度運用することを想定しており、法の施行にあたって国から地方自治体に発出した通達等では、法の趣旨を損なわないための必要最小限の対処方法を示すのみであった。

このような国の姿勢は、阪神・淡路大震災が発生したのちも変更されていない。国は、2000年（平成12年）に災害弔慰金支給法が広域に及ぶ大規模災害にも適用されることを明示した告示（前述2（4）を参照）に関する通達[34]

---

32 最初は、神戸協同病院の上田耕蔵院長が「震災関連死」と名付けたとされている。上田院長は、阪神・淡路大震災で病院に運び込まれる患者対応のなかで、医療環境の悪化、避難による疲労、ストレスなど、生活環境の変化により死亡したとみられる患者が大勢いたことに愕然としたという。そして、関連死は震災後の混乱が少しずつ収まっても減らなかったため、避難に起因する死亡を「震災関連死」と名付け、研究を始めた。上田院長の指摘以降、震災関連死は社会問題となり、行政が後に災害弔慰金支給法にもとづく弔慰金の支給対象に避難後の被災者の死亡を認めるなど、制度の弾力的運用のきっかけとなったとされている。福島民報平成25年（2013年）12月19日 http://www.minpo.jp/pub/topics/jishin2011/2013/12/post_8854.html 参照。

33 内閣府 HP の防災情報のページに掲載されている「阪神・淡路大震災教訓情報資料集」の人的被害という項目の5つ目に、以下の記載がある。
「05. 震災に伴う過労や環境悪化等による病死などの二次的犠牲者も多く発生したが、これらの内科的死因に基づく死亡も「震災関連死」として認められた。
　01) 震災に伴う過労、病死など、二次的・内科的原因による死者などが「震災関連死」として認められ、災害弔慰金の支給対象となった。
　02) 「震災関連死」として認定された死者数は約900人にのぼったが、死亡統計の解析などからはさらに多い可能性も指摘されている。
　03) 「震災関連死」の認定基準が明確でなかったため、神戸、尼崎、西宮など6市では認定のための委員会等が設置され、医師・弁護士などによる判定が行われた。
　04) 災害関連死の多くは心疾患・肺炎であり、高齢者が多かった。」

34 厚生省社会・援護局長通知「災害弔慰金の支給が行われる災害の範囲等の施行について（通知）」（平成12年3月31日社援第868号）。

においても、「自治事務については、国は必要な処理基準を法律又はその委任を受けた政令若しくは告示で定め、法律の規定に基づく場合を除いてこのほかの関与を行わず、地方公共団体が当該基準に基づき当該事務をその判断により実施するということが分権一括法の趣旨である。」としている。

そのような国の考え方のなかで、3-1で前述したように、阪神・淡路大震災では、災害関連死が災害弔慰金支給法の対象となることが公に認められた。しかし、災害が起きていない地方自治体は、災害弔慰金支給法における災害関連死がどのような問題であるかをほとんど認識していなかった。巨大な災害をもたらした東日本大震災においても、発災後はじめて、被災自治体が災害関連死問題を認識したといってよい。そのため、東日本大震災では、被災自治体が災害関連死問題に対応するに際して、大きな困難をともなうこととなった。

(2) 東日本大震災における困難

巨大津波をともなって甚大な被害をもたらした東日本大震災において、国は比較的早い段階で、災害関連死の扱いについて被災地に混乱をもたらすことを察知したのであろう。厚生労働省（当時の所管行政庁）は、東日本大震災が発生して2か月経っていない2011年（平成23年）4月30日に、各都道府県宛に「災害関連死に対する災害弔慰金等の対応（情報提供）」[35]を通知している。その本文は、「標記の件について、別紙のとおり、過去の災害における災害関連死に係る災害弔慰金の支給判定に関する事例について情報提供します。ついては、今回の震災における災害弔慰金等支給事務に際して参考にするとともに、管内市町村に対して周知を図られるよう願います。」というものである。そして、別紙資料として、①災害弔慰金支給審査委員会設置要綱（例）、②災害弔慰金支給審査委員会における委員構成等、③関連死認定基準（例）、および④中越地震における死者一覧（新潟県中越地震の例）が付されている。①は、自治体が審査委員会を設置するための要綱案である。②は、阪神・淡路大震災および新潟県中越地震の際に設置された災害弔慰金の支給審査委員会等の概ねの構成を示しており、具体的には、委員の総数は4

---

35 http://www.mhlw.go.jp/stf/houdou/2r9852000001b0qj-img/2r9852000001baag.pdf

〜7人、委員構成職種等として医師、弁護士、市職員、その他（大学教授等、医療ソーシャルワーカー、ソーシャルワーカー）を挙げている。③は、2004年（平成16年）10月23日の新潟県中越地震の発災後、長岡市が災害関連死の審査のために作成した基準である（ちなみに、長岡市の死者は22人である）。そして④は、新潟県中越地震の死者68人について、消防庁の調べにもとづく、ごく簡単な死因が記されている（たとえば、34歳男性が建物外壁の下敷きになり死亡、65歳女性が地震によるショックにより死亡）。

　東日本大震災においては、以上のような国からの情報提供によって初めて、条例で災害関連死の審査委員会の設置を定めた市町村がほとんどである。災害関連死を知らないという現実が存在した。そういうなかで、被災自治体は、迅速に対応する必要に迫られたのである。被災自治体としては、公平さも担保しなければならない。そのためには、災害関連死の判定基準の作成が不可欠である。緊迫した状況のなかで、国が参考資料として示した長岡市の基準が役立ったのは確かである。しかし、東日本大震災は、同基準が作成された新潟県中越地震とは、災害規模の点でも広域にわたる巨大な津波あるいは福島第一原発事故をともなったという点でも大きく異なっている。長岡市の基準だけでは不十分であった。東日本大震災がどれくらいの被害を生むか予想もつかないなかで、被災自治体が災害関連死の判断基準を作成することには困難がともなった。

　他方、大津波によって公務員や庁舎を含む壊滅的な被害を受けた市町村は、審査委員会を設置することすら困難であった。そういうなかで、2011年（平成23年）6月17日になると、厚生労働省が各都道府県災害弔慰金等担当主管部（局）長宛に「災害弔慰金の支給に係る審査会等の設置について」[36]を通知している。ここには、「審査会については、それぞれの市町村が単独で設置する方法のほか、……市町村が都道府県との協議により規約を定め、都道府県に審査会の設置及び運営を委託することも可能であるので、その旨了知の上、管内市町村に対し周知いただくとともに、管内市町村における災害弔慰金等の円滑な支給に対して、今般の東日本大震災の被害の甚大さにも鑑

36　http://www.mhlw.go.jp/stf/houdou/2r9852000001fxb8-att/2r9852000001g8kj.pdf

み、市町村の負担を軽減する視点から、特段のご配慮をいただくようお願いする。」としている。この通知により、災害弔慰金の支給は市町村の自治事務であるけれども、災害関連死の判定は県等に委託してよいということになった。しかし、このときも地方自治体の措置と捉える国としては、審査手続や審査基準について何も提示することはなかった。

こういう事情のもとで、独自に審査会を設置して判定する市町村もあれば、県等に審査会の設置を委託した市町村もあった。審査手続も審査基準もないなかで、各市町村あるいは委託を受けた県等の審査会が、手探り状態で独自に対応しなければならなかった。手続も基準もばらばらであることから、自治体や審査会に対して世論やマスコミあるいは被災地住民から様々な点で批判の声が上がった（迅速さ、公平さ、認定率、不明確な基準、審査のあり方、周知等々）。そして、災害関連死に関する多くの訴訟が提起され、現在も複数の事件が係争中である。

(3) 裁判紛争の状況

災害関連死の認定に関する災害弔慰金不支給取消訴訟の状況は、2015年6月末現在で、以下のとおりである[37]。

ここでは、係属している裁判紛争もあるので、個別の紛争に踏み込むことは避ける。とはいえ、災害関連死問題を考えるにあたり、これまでの裁判紛争において見逃すことのできない二つの重要な考察点を見出すことができる。

i 災害関連死の認定は行政処分

第一に重要なのは、多くの裁判紛争のなかで、裁判所は、災害弔慰金は市町村の措置として支給されるという国の指示を明確に否定して、災害弔慰金支給法にもとづく災害関連死の認定は直接国民の権利にかかわる行政処分と認めている点である。この点で、行政裁量の意義は大きく変化する。

災害弔慰金支給法にもとづく災害関連死の判定が市町村の措置として行われるのであれば、「災害による死亡」をいかに捉えるかという範囲や基準は各自治体の自由裁量の問題であり、裁判所が立ち入る問題ではない。しかし、災害関連死の認定が行政処分ということになれば、法律が定める「災害

---

37 判決文の入手には、岩手県復興局生活再建課の協力をいただいた。ここに謝意を表する。

3　災害関連死問題への対応　47

災害弔慰金不支給取消訴訟の状況（平成27年6月30日現在）

	市町村 (処分行政庁)	県への委託	死亡日 (年齢・死因)	原告	不支給決定日	訴訟提起日	判決日	主文 (裁判所)	上訴等
①	福島県 いわき市	無	平成24年5月29日 (65歳・自殺)	妻	平成24年9月5日 (平成25年2月5日 異議申立棄却決定)	平成25年 7月18日	平成26年 5月27日	請求棄却 (福島地裁)	確定
②	宮城県 仙台市	無	平成23年10月20日 (76歳・胃がん)	妻	平成25年5月13日 (同年8月23日 異議申立棄却決定)	平成26年 2月17日	平成26年 9月9日	請求棄却 (仙台地裁)	控訴
③	宮城県 美里町	有	平成23年3月18日 (99歳・急性呼吸不全)	妻	平成24年10月3日 (平成24年2月2日 最初の不支給決定、その後再審査申立)	平成25年 4月2日	平成26年 12月17日	処分取消 (仙台地裁)	控訴
④	宮城県 仙台市	無	平成23年8月7日 〈85歳・播種性血管内凝固症候群〉	内縁の夫	平成24年6月28日 (同年10月2日 異議申立棄却決定)	平成25年 3月29日	平成26年 12月9日	処分取消 (仙台地裁)	確定
⑤	宮城県 美里町	無	平成23年7月29日 (76歳・肺炎)	夫	詳細不明	詳細不明	平成27年 1月21日	請求棄却 (仙台地裁)	控訴
⑥	岩手県 陸前高田市	有	平成23年12月28日 (65歳・急性心筋梗塞の合併症である室中隔穿孔)	妻	平成25年7月1日 (平成25年7月1日 最初の不支給決定、その後再審査申立)	平成25年 11月27日	平成27年 3月13日	処分取消 (盛岡地裁)	確定
⑦	岩手県 釜石市	有	平成24年3月26日 (80歳・胆のう腫瘍)	妻	平成25年2月26日 (同年5月30日 異議申立棄却決定)	平成25年 11月27日	平成27年 4月24日	請求棄却 (盛岡地裁)	控訴
⑧	宮城県 仙台市 (上記④の控訴審)						平成27年 6月25日	控訴棄却 (仙台高裁)	確定

　による死亡」に該当するか否かの判断が国民の権利を左右することを意味する。すなわち、「災害による死亡」は災害関連死に該当するための法律要件ということになり、法律解釈の問題ということになる。したがって、法律解釈は裁判所の専権事項であるので、行政庁による「災害による死亡」（災害関連死を含む）の認定は、法律解釈によってその内容を埋める法規裁量ということになる。その場合、行政庁が法規裁量を誤ることは法律解釈の誤りを意味するために、その当否は全面的に裁判所の審理の対象となるのである。

ii 「災害による死亡」の法律解釈

　第二に重要なのは、災害関連死の判断基準となる「災害による死亡」という法律要件が、あまりにも解釈の幅が広いということである。災害関連死の判断にあたっては、災害と死亡との間に相当な因果関係があれば関連性ありと判断されるが、相当な因果関係という要件は画一的でない。つまり、何を相当とするかについては各自治体によって（あるいは人によって）判断が異なる可能性を大いに含んでいる。各自治体は、災害関連死について相当な因果関係を判断した。しかし、各自治体が行った判断は、裁判所によって肯定されたものもあれば（訴えの棄却）、誤りが指摘されたものもある（行政処分の取消）。あるいは、なお控訴審で係争中のものもある。

　それでは、「災害による死亡」を解釈する裁判官の判断は統一的であるかといえば、裁判官の判断が分かれる可能性も指摘されている。災害関連死をめぐる裁判官の判断については、元最高裁判事の泉德治氏[38] が、次のように述べている。「行政庁は大量のケースを公平な内容でできるだけ画一的に判断しようとする傾向があります。これは行政庁としては仕方のないことだと思います。けれども、裁判官はそれをやっちゃいけない。一つひとつの事件で要件にあたるかどうかを慎重に見るべきです。……抽象的には……簡単に口にできますが、一つひとつの事件は難しいと思います。……「どうしても分からない」という場合が出てくると思います。そういう場合に、これは考え方が分かれるかもしれませんが、……すべての証拠を見て「震災による死亡であることを否定できない」ということであれば、それは「震災による死亡」と考えるべきだろうと、ぼくは思います。けれども、それはちょっと個性（個々の裁判官の考え次第という側面）があって、そうすべきとは言えませんね。多少の個性が出てくるかもしれませんね。……最後の部分（被告の行

38　泉氏は、最高裁判事として、阪神・淡路大震災の際の災害関連死の判断に関わっている。関わったのは、芦屋市から災害弔慰金不支給決定を受けた遺族が、芦屋市に対して決定の取消を求めた事件である。第1審の神戸地裁1997年（平成9年）9月8日判決では、遺族（原告）が敗訴したが、これに対する控訴審の大阪高裁1998年（平成10年）4月28日判決では、一転して遺族（控訴人）が勝訴、芦屋市（被控訴人）が敗訴した。芦屋市は上告したが、最高裁は、2002年（平成14年）10月19日、大阪高裁判決を是認して上告不受理の決定を下した。このときの裁判長が泉氏であった。当該事件でも、地裁と高裁の判断は異なったが、最高裁は高裁の判断を是認したのである。

政庁の側が出してきた資料を見ても「災害による死亡」を否定できないという場合には「災害による死亡」と認定すべきであるという考え方）はいろいろ考え方がありうるでしょう」と[39]。

現在、災害弔慰金の支給は、各市町村が措置として自由裁量のなかで判断するのではなく、法律の要件である「災害による死亡」にもとづいて判断しなければならない。しかし、「災害による死亡」は、あまりにも解釈の幅が広く、裁判官によっても判断が分かれる可能性が指摘されている。難しい案件は、裁判紛争のなかで長い時間をかけて主張・立証を尽くして判決が下されている。つまり、「災害による死亡」については法律解釈の基準が不確かな欠缺があるために、裁判所がそれを埋めているのである。

3　現在の到達点

上述2で示したとおり、災害弔慰金支給法にもとづく弔慰金の受給は、複数県にまたがる大災害にも適用され、かつ、権利性を有するに至っている。そして、阪神・淡路大震災後は、災害関連死も弔慰金の支給対象に含まれる。こういうなかで、東日本大震災においては、災害弔慰金問題への対応に困難を生じた。その主な原因は、被災自治体が災害関連死問題をほとんど知らないなかで、対応するための判断基準や手続が存在しないということにあった。自治体の判断に対しては、多くの裁判が提起され、現在でも複数が係争中である。このような状況は、被災地に一定の基準および手続を示すことがなければ、再び繰り返されることになろう。基準づくりは、今後の課題であるが、ここでは、これまでの到達点として、思うところを述べる。

国が災害弔慰金支給法を制定した当時の運用のあり方は、法律制定当時の国（関係事務を所管する上級行政庁）からの通達に表れている。下級行政庁である地方自治体は、これまで通達にしたがって、災害弔慰金支給法を運用してきたので、そこでの考え方を出発点とし、そのうえで、災害弔慰金支給法の変化を考慮して、出発点のあり方に反映させていくことが、法の発展に則しているといえよう。以下では、法律制定当時の通達のなかから、同法の運

---

[39] 奥山俊宏「震災関連死「行政の判断を尊重せず、司法の判断を」と元最高裁判事」法と経済のジャーナル Asahi Judiciary（http://judiciary.asahi.com/fukabori/2015011300002.html）

用のあり方に関する基本的な点を上げる。そして、現時点でどのようなことが言えるのか、個人的に思うところを述べる。

(1) 法律制定当時の通達[40]にみる運用のあり方

ここでは、審査体制あるいは死亡の判定に関連する部分を拾ってみる。

①支給の方法

これについては、「市町村が、被害の状況、遺族の状況等必要な調査を行って支給するものとし、申請書の提出、支給の決定の通知等の手続は必要ないものであること。しかしながら、その支給にあたっては、公平、迅速に行うよう留意するとともに、災害弔慰金の性格にてらし、形式的処理にならないよう配意すること。」とされている。

上記のような対応の理由は、「受給権に基づき支給されるものでなく、自然災害による死亡という事実に対し、市町村の措置として支給されるものである。」とされている。

②実施体制の確保

「本制度は、相当規模の自然災害の発生時に対応する制度であり、災害被災直後の極めて困難な状況の下で、迅速、的確に事務を遂行する必要がある。したがって、あらかじめ、事務担当者を定めておくとともに、各種の事態に対応して円滑な処理が行えるよう連絡体制、事務処理手続の周知徹底等について十分配慮し、市町村の指導の徹底を図られたいこと。」としている。

③弔慰金支給の対象となる死亡

これについては、「自然災害による死亡であるか否かの判定は、災害弔慰金の支給を行う市町村長が行うこととなるが、事実関係が明白でない場合には、警察、消防等の各機関の情報等により十分調査確認のうえ判定することとされたいこと。」とする。

④自然災害による死亡者本人の故意または重大な過失

災害弔慰金支給法第5条が定める「災害弔慰金は、その災害による死亡がその死亡した者の故意又は重大な過失によるものである場合……支給しない。」について通達は、「法第5条の規定により、自然災害による死亡が本人

---

40 注12の厚生省社会局長通知。

の故意又は重大な過失による場合は、支給が不適当な場合として災害弔慰金を支給しないことになるが、市町村長がこれに該当すると判定するにあたっては、慎重に取扱われたいこと。」としている。

(2) 私見

以下は、個人的に思うところである。

ⅰ 公平、迅速、そして簡易な手続（上述（1）①、②および③関連）

災害被災直後の極めて困難な状況の下にあるので、被災市町村に即時に対応できるような具体的な基準や手続が示されること、そして、被災市町村が被災住民にどこに何を提出したらよいのかを周知することである。この点について①では、申請書の提出、支給の決定の通知等の手続は必要ないものとしているが、今日では弔慰金支給の認定は行政処分と解されているので、一定の手続は必要である。行政窓口に書類のひな型を用意しておくことも重要である。

ⅱ 「災害による死亡」の判断が困難なケース（上述（1）③関連）

専門の審査会が、慎重に、時間をかけて、判定する必要があろう。判断が困難なケースは、判断が容易なケースよりも一層詳細な調査等が必要となる。その際、判断が容易なケースと、そうでないケースとで手続が異なることを周知しておくことも大事である。なお、判断が困難となるのは、死亡原因が不明あるいは災害発生から比較的長時間を経て死亡するケースである[41]。

ⅲ 実施体制について

原則、上述（1）②で述べられているとおりである。今回は、災害関連死が周知されていないなかで、壊滅的な被害を受けた市町村もあり、次善の策として審査会の設置を県等に委託する方法がとられた。しかし、弔慰金支給の判断に適しているのは被災した地元市町村である。というのは、住民の状況あるいは被災地の現状を肌身で感じているからである。市町村は、いちい

---

[41] 復興庁の「東日本大震災における震災関連死の死者数（平成27年3月31日現在調査結果）」によると、震災からの時期別で災害関連死者が存在する最長期は、岩手県が震災から2年半～3年以内の3人、宮城県が3年～3年半以内の3人である。原発事故をともなった福島県の場合は、帰宅できる目途の立たない被災地域において複数回の避難移動や長期の避難生活を強いられているというなかで、3年～3年半以内に亡くなられた31人の方が災害関連死と認定されており、3年半～4年以内も8人が災害関連死と認定されている。なお、数字は復興庁による調査時点のもので、今後も変化する可能性がある。

ち委託先の審査会に資料を送り判断を仰ぐことよりも、よほども迅速に医療機関や福祉施設などに必要な調査を行うことができる。また、住民にも直接説明をすることができる。住民の感情面でも、委託先の審査会の判断というのと、地元自治体の判断というのでは受け止め方が異なる。とくに、災害発生から時間的に間もない判定の容易なケースについては、被災自治体自身が迅速に判断することが法の趣旨に適合する。災害被災直後の困難な状況においても、具体的な基準や手続が示されれば、被災市町村が対応することは可能であろう。

ⅳ 自然災害による死亡者本人の故意または重大な過失（上述（1）④関連）

　災害弔慰金を支給しないとする、本人の故意または重大な過失による死亡については、判断基準の作成にあたって一定の枠組みを示す必要があるように思う。ちなみに、自殺は、新潟県中越地震の長岡市の基準でも、東日本大震災の関連死問題でも排除されていない。自殺が「災害による死亡」であるか否かの判定にあたっては、精神科医等の知見にもとづいて、判断材料を示す判定シートなどを作成しておくことが、自殺の原因を調査するに際しても、判定を行うに際しても有益であろう。

ⅴ その他

　一定の基準を示すのが困難であると予想されるのは、ストレスが影響して死亡するケースおよび災害住宅に入居後に災害から時間を経て体調を崩して死亡するケースである。この点は、被災の種類（地震か、津波か、原発か等）や地域の状況あるいは被災者個人の置かれている状況によっても異なる。相当な因果関係をどこまで認めるのか、非常に難しい判断が求められる。過去の事例を類型的に示すことが、審査の困難を軽減し、先例をもとにした速やかな判断に役立つことは間違いない。困難なケースにこそ、これまでの災害関連死の経験を一層生かすことができる。

4　おわりに

　本稿では、災害関連死問題を取り上げてきた。東日本大震災で対応を迫られた災害関連死問題は、災害法制の整備がまだまだ不十分なわが国におい

4 おわりに

て、法律家の役割が多面的に反映された問題であるように思う。法律家の役割は、自然災害によってもたらされる被災地の悲劇に対して、救済・復興・防災の法体系を形作っていくことである。法を整備していくために、被災地における被災者の立場、被災者に対応する行政の立場、法律解釈の司法の立場、そして、立法・改正を行う立場、いずれにおいても法律の専門家の視点が欠かせない。それぞれの立場から活動していく、それが未曽有の被害をもたらした東日本大震災における災害関連死問題にも反映されている。具体的には、弁護士を中心とする被災者の生の声に耳を傾けることを重視する立場からは、東日本大震災・大津波との関連死問題に対して相談・広報・声明・意見書あるいは訴訟に携わって、広く災害関連死を周知する活動を展開した。災害関連死の審査に携わる立場にある法律家は、公平さを担保しつつ様々な批判に応えるべく努めてきた。裁判官は、訴訟のなかで「災害による死亡」について存在する不確かな基準の欠缺(けんけつ)補充を行っている。立法府に関与する法律家も、現場の声を吸い上げて災害弔慰金支給法の一部改正を迅速に実現した。それでも、法整備はいまだ不十分である。法が未整備ゆえに災害において法律家から上がった様々な声は、将来に向けて生かしていかなければならない。災害弔慰金支給法の趣旨変化あるいは災害関連死という新しい概念の登場により、以下のことが明らかになった。

いまや、災害弔慰金支給法にもとづく受給権は権利性を有している。しかも、大規模災害が発生すれば、受給権者は複数の市町村や都道府県にまたがり広域に存在することになる。それぞれの地方自治体が作成したまちまちの基準で弔慰金の支給を行うことは、権利の平等性に疑問を抱かせる。さらに、災害関連死を判断する地方自治体としては、当然、住民に対する公平さをも考慮しなければならない。権利の平等性および地方自治体の公平な判断を担保するためにも、住民に周知して説明するためにも、基準を作成して公表することが重要である[42]。その際、裁判所の解釈[43]および医学界の知見[44]を活

---

42 見渡してみると、新潟県中越地震の際の長岡市および東日本大震災の際の岩手県災害弔慰金等支給審査会は災害関連死の判断基準を公表しているが、その他の地方自治体や審査会の判断基準は容易に見つけることができない。とはいえ、どこの地方自治体あるいは審査会であっても各自の基準にもとづいて判断してきたはずである。経験を生かした一定の基準を示すために、各地方自治体や審査会の基準のすり合わせをすることも求められる。

かすことも欠かせない。また、これまでに対応した行政機関の手続上のノウハウを集約してマニュアル化することも、災害時に窓口となる市町村の困難を回避させることにつながる。これらができるのは、上級行政庁である国であろう。

　現在、首都直下型地震や南海トラフ地震に備えた防災が声高に唱えられている。被災者の不遇の痛みを軽減する法発展のためには、苦い経験から認識された課題を先延ばしにしないことが肝要である。災害関連死問題に対応するための課題は、国がこれまでの蓄積を生かして一定の基準および手続を作成し、それを全国どこの市町村にも即座に示すことができるように、将来の災害に備えておくことである[45]。

43　ちなみに、岩手県災害弔慰金支給等審査会は、災害関連死に関係して争われた裁判のうち確定した判決については、判決内容に沿って審査請求のあったすべての事例を再検討し、災害関連死の可能性がある事例情報を当該市町村に提供して対応を促している。

44　医学界においても、阪神・淡路大震災や新潟中越地震などの分析をもとにした医学的な観点からの研究が始まっている。たとえば、神戸協同病院HPに掲載されている「震災関連死の実態とその対策」http://www.kobekyodo-hp.jp/images/material/disaster-related_deaths_and_countermeasures.pdf、上田耕蔵（神戸協同病院）「東北関東大震災における関連死（坂総合病院にて講義、2011年3月19日）」http://www.kobekyodo-hp.jp/images/material/shinsai_tohoku.pdf参照。

45　日本弁護士連合会「震災関連死の審査に関する意見書　2013年（平成25年）9月13日」も、「国は、……審査基準につき、被災地の市町村に一任することなく、災害発生後速やかに一定の基準を示すべきである。その際、……少なくとも過去の判例を類型的に整理し、過去における支給例の参考事例を具体的に示すべきである。」としている。

第3章　地震免責条項における諸問題の検討
―― 東日本大震災を契機に ――

深澤泰弘

1　はじめに

　保険制度は、私有財産制度と自己責任主義の下に経済生活を営む各個経済主体が、ある種の偶然な出来事の発生の可能性により脅かされている経済生活の不安に対処するための制度である[1]。平成23年3月11日に発生した東北地方太平洋沖地震（東日本大震災）により、多くの被災者が一家の大黒柱である家計の担い手や生活の基盤である住宅・家財、そして移動手段として欠かせない自動車等を奪われ、経済的困窮状態に陥ることとなった。まさに本来であれば、このような状況のときにこそ保険制度は救いの手となり、不幸にも被災した者たちの経済的な支援として大いにその役割を果たすべきであろう。

　しかしながら、私保険制度においては地震やそれにより引き起こされる津波等による損害については保険者を免責とするのが通常である。この理由としては、①被害地震の発生頻度や損害の規模では大数の法則が十分に機能しないこと、②地震災害がときとして巨額の損害をもたらす可能性があること、③逆選択のおそれが大きいこと等が挙げられている[2]。したがって、通常の火災保険、自動車保険または傷害保険等の保険約款には地震等による損害を保険者免責とする条項（いわゆる地震免責条項）が存在している。そして、損害保険においては大きな地震が起こるたびに、保険契約者側と保険者側とで地震免責条項に関して様々な形で紛争が生じており、東日本大震災に

1　大森忠夫『保険法〔補訂版〕』3頁（有斐閣、1985年）。
2　岩崎稜「地震損害と保険」石田満＝宮原守男編『現代損害賠償法講座（8）』55頁（日本評論社、1973年）、損害保険料率算出機構『日本の地震保険　平成26年7月版』25頁（2014年）等参照。

おいても例外ではなく、地震免責条項の適用に関し特徴的な訴訟が提起された。そこで、本稿ではまず損害保険における地震免責条項に関する紛争を類型化し、特に東日本大震災において地震免責条項における「地震」の意義に関して争いとなった東京高判平成24年3月19日判時2147号118頁（以下「東京高判平成24年」という。）と、その原審である東京地判平成23年10月20日判時2147号124頁（以下「東京地判平成23年」という。）の検討を中心に、損害保険における地震免責条項に関する諸問題について検討を行う。

他方で、生命保険に付帯する災害関係特約においても地震免責条項は存在するが、今回の震災において地震免責条項は適用されなかった。すべての生命保険会社においてなされたこのような対応は今回が初めてではなく、阪神・淡路大震災においても同様に地震免責条項は適用されず、遡れば関東大震災や第二次世界大戦においても適用されていないようである[3]。このような生命保険会社の決断は、東日本大震災に被災し経済的困窮に苦しむ被災者にとっては大変望ましいことであるが、損害保険会社とは大きく異なるこのような取扱いには何の法的問題もないのであろうか。また、多くの犠牲者を出してきた現在までの幾度の大震災等の状況においても適用されることがない地震免責条項に存在意義があるのだろうか。むしろ地震免責条項が存在することによる弊害が生じないのだろうかといった疑問が生じる。そこで、以上のような観点から、本稿では生命保険に付帯する災害関係特約における地震免責条項のあり方についても検討を行う[4]。

２ 損害保険契約における地震免責条項の適用に関する問題

1 序

損害保険（特に火災保険）における地震免責条項についての争いはこれまでも大きな地震が起こるたびに生じており、紛争を類型ごとに分類すると主に以下の4つに分類することができる。

---

3 明田裕「震災と生命保険」ニッセイ基礎研究所研究員の眼2013年4月15日号1頁。
4 同様の問題意識を有する先行研究として、星野豊「大震災時における生命保険の機能と社会的役割」筑波法政53号1頁以下（2012年）。当該論文では詳細な分析・検討がなされており、大いに参考にさせていただいた。

①地震免責条項それ自体の有効性
②地震免責条項における説明義務
③地震免責条項にいう「地震」の意義
④地震免責条項にいう「地震によって」の適用範囲

そこで、以下ではこの順に検討を試みる。特に③については若干詳細な検討を行う。

2　地震免責条項の有効性

①については、関東大震災を契機に被災者救済の見地から、地震免責条項を無効にすべきであるという見解[5]も少なからずなされていた。しかし、保険契約者側が火災保険における地震免責条項は民法90条の公序良俗に反し無効であると主張して争われた大判大正15年6月12日民集5巻495頁[6]は、地震免責条項には保険技術的上の合理的な理由があるとしてその有効性を明示した。そして、その後も地震免責条項の効力につき法廷で争われた事例[7]は存在するが、いずれの判決においても当該条項を有効と解し、現在では判例として確立するに至っている。また、学説においても、当該条項を有効と解するのが通説[8]である。したがって、地震免責条項の有効性についてはもはや争いの余地のないものになっているといえる。

3　地震免責条項における説明義務

②については、保険者には地震免責条項につき保険契約者側に説明する義務があったにもかかわらずそれを怠ったため、保険者側の説明があったのな

5　黒木松男『地震保険の法理と課題』250頁（成文堂、2003年）注6の参考文献参照。田村祐一郎「地震火災と裁判所（3）―弁護士花岡敏夫―」流通科学大学論集―流通・経済編―第20巻第1号1頁以下（2007年）も参照。
6　本判決については、遠藤美光「判批」鴻常夫＝竹内昭夫＝江頭憲治郎編『商法（保険・海商）判例百選（第2版）』別冊ジュリスト121号54頁以下、大澤康孝「判批」鴻常夫＝竹内昭夫＝江頭憲治郎＝山下友信編『損害保険判例百選（第2版）』別冊ジュリスト138号90頁以下等参照。
7　大判大正15年6月12日民集5巻495頁、大判昭和2年12月22日新聞2824号9頁。
8　大森・前掲注1　205頁、西島梅治『保険法〔第3版〕』254頁（悠々社、1998年）、石田満『商法Ⅳ（保険法）〔改訂版〕』223頁（青林書院、1997年）、山下友信『保険法』131頁（有斐閣、2005年）等。

らば加入していたであろう地震保険に加入できなかったとして、保険者側の説明義務違反を理由として、地震保険金相当額の損害賠償を求めるという形で争いになってきた。地震保険への加入方式は、住宅についてのすべての火災保険につき、保険契約者が地震保険に加入しない旨の意思表示をしない限り付帯されるという原則付帯方式となっており、火災保険契約時に必ず意思確認をする（すなわち、申し込まない場合には、地震保険は申し込みませんとの記載のある欄に押印する）ことになっているが、実際には意思確認が適切に行われていなかったとして問題となるものである。これまでに地震保険金相当額の損害賠償を認めた裁判例は存在しないが、地震免責条項につき説明義務があることを認めた事例（函館地判平成12年3月30日判時1720号33頁[9]（以下「函館地判平成12年」という。）。ただし、説明義務違反については否定している。）、説明義務違反を認めた事例（大阪高判平成13年10月31日民集57巻11号2057頁（以下「大阪高判平成13年」という。）。ただし、説明義務違反と損害との因果関係は否定した。本判決では保険契約者側から主張された慰謝料請求の一部を認容した。）。説明義務違反による慰謝料請求を否定した最高裁判決（最判平成15年12月9日民集57巻11号1887頁[10]、大阪高判平成13年の上告審判決）等がある。

　このような火災保険における地震免責条項に関する事例では、募集文書に地震免責条項に関する説明の記載があることや、損害保険業界による地震免責条項に関する一般的な情報提供等から、地震免責条項については一般的な社会通念と乖離している等とはいえなくなっているとして、保険契約者の主張するような類の地震免責条項についての説明義務・情報提供義務を否定している[11]。したがって、保険募集の際に不実表示等が行われたわけではなく、保険契約の内容について募集文書で一通りの説明がなされている場合に

9　当該判決については、黒木松男「判批」判例評論506号41頁以下（2001年）、河上正二「判批」ジュリスト臨時増刊1202号97頁以下（2001年）、出口正義「判批」ジュリスト1215号179頁以下（2002年）、木下孝治「判批」私法判例リマークス26号106頁以下（2003年）等参照。
10　当該判決については、竹濱修「判批」ジュリスト臨時増刊1269号117頁以下（2004年）、黒木松男「判批」判例評論549号34頁以下（2004年）、山下典孝「判批」私法判例リマークス30号94頁以下（2005年）、志田原信三「判例解説」法曹時報58巻1号356頁以下（2006年）、黒木松男「判批」山下友信＝洲崎博史『保険法判例百選』別冊ジュリスト202号16頁以下（2010年）等参照。
11　山下・前掲注8　181頁。

は、免責条項など保険契約者に重大な不利益をもたらす契約条項についてことさらに口頭などで説明をしなかったとしても、説明義務違反による不法行為責任の成立を認めることは困難であるというのが判例の現状である[12]。

地震免責条項における説明義務違反が主な争点となった裁判例は阪神・淡路大震災や北海道南西沖地震に関連するものが多く、平成16年以降は今回の震災を含め何度か大きな地震があったにもかかわらず、このような説明義務違反を理由に訴訟に至るケースは見られない。これは、火災保険における地震免責条項はさすがに今日では公知性が高い、すなわち、今日では地震による火災によって生じた損害については地震保険に加入していないと保険金が支払われないという事実が広く一般に認識されているという事情から、地震免責条項に関する説明が十分になされていなかったという理由で争われることはなくなってきたからであると思われる。逆に新種の保険で一般人になじみがなく、しかも一般人の予期しにくい重大な免責事由があるような場合においては、説明義務違反に基づく不法行為責任が成立する余地が皆無というわけではないといえる[13]。

今回の震災で特徴的であったことの一つとして、津波により地方における主要な（「必要不可欠な」と言っても過言ではない）移動手段である自動車の損害が多かったことが挙げられる。津波による自動車の流失は40万台を超えると推定されている[14]。自動車自体の損害について車両保険があることは周知の通りであるが、車両保険にも地震免責条項が付されているのが通常である。したがって、通常の車両保険だけでは地震または津波による損害に対して保険金を受け取ることができない。ただし、車両保険においても、地震噴火津波車両損害補償特約というものがあって、この特約を付けておけば地震または津波による車両損害においても保険金を受け取ることができた[15]。今回の震災においてこのような特約の存在が説明されなかったことにより、特約を付けることができなかったとして争いとなっている裁判例は今のところ

12　山下・前掲注8　181頁。
13　山下・前掲注8　181頁。
14　日刊自動車新聞2011年4月11日付記事による推計値では41万6千台であるとされる。
15　東京弁護士会法友会東日本大震災復興支援特別委員会編『「3・11」震災法務Q&A』74頁（2011年、三和書籍）。

ないようである。そもそもこの特約は支払金額の半分を国が負担している地震保険法における地震保険とは異なり、全額保険会社が引受けをしているため、保険会社により商品の内容も区々で、保険会社としても積極的に販売していなかったようであり、通常のパンフレット等にも記載していなかったようである。それだけにこのような特約の存在を知らせてくれれば、という主張が保険契約者側から出そうなものであるが、今のところそのような主張によって保険会社が訴えられたり、相談センターに問合せがなされたりするといったことはないようである。もちろん、仮にそのような主張により訴訟になったとして、保険会社側がどの程度この特約に関して説明しなければならなかったのかについては正直不明である。顧客から問合せがあったのに説明しなかったのであれば、説明義務違反が認められる可能性がないわけではないかもしれないが、当該特約につき当時の付帯状況がかなり低かったという状況を考えると、そのような特約を説明し勧めなかったということで説明義務違反が認められるということはないのではないだろうか。

　ちなみに、東日本大震災後は、この特約を引き受けている保険会社はわずかなようであり、多くの会社はこの特約の引受けを停止している。その代わりに、各保険会社は2012年1月から「地震・噴火・津波車両全損時一時金特約（地震・噴火・津波車両全損時定額払特約などともいう。）」を販売している。この特約の特徴は以下の通りである[16]。

・契約金額は50万円が上限
・契約金額50万円の場合、年間保険料5000円
・保険金が支払われるのは地震により所定の損害が生じた場合

　特に注意すべきは3点目であり、特約のネーミング通り「全損時」しか保険金が支払われない点に注意が必要である。そのため、例えば地震により建物から物が落下してきて自動車の一部に傷がついたという程度では保険金は支払われない。また、すべての車両保険に付帯できるわけではなく、この特約は「一般条件」の車両保険、いわゆるオールリスクの一番補償の広い車両保険でなければ付帯できない。

16　当該特約の開発の経緯およびその内容については、信岡良典「「地震・噴火・津波危険車両全損時一時金特約」の開発」保険学雑誌619号281頁（2012年）参照。

今回の震災で地震または津波による自動車損害の問題は国民に大きく認識されることになり、地震または津波による自動車損害における事前の備えに対する関心は以前に比べ高いものになっていると思われる。したがって、今後はこの特約の存在を周知させる必要があるのではないか。そのときに、この特約の内容については顧客に誤解を生じさせないような工夫が必要となるのではないかと思われる。もちろん、自動車保険を結ぶ際には必ずこの特約の存在について説明しておかないと説明義務違反になるかといえばそうはならないと思われるが、状況によっては説明をしておく必要があったという場合は起こり得るものと思われる。

4　地震免責条項にいう「地震」の意義

③については、地震免責条項にいう「地震」という文言を限定的に解釈すべきであるか否かが問題となる。今回の震災においてこの点が争点となる事例が生じた。そして、原審である東京地判平成23年は従来にはない判断を下し、それが非常にインパクトのあるものであったため、新聞報道でも取り上げられるほど注目を浴びることになった。そこで、以下では今回の震災でこの論点につき問題となった東京地判平成23年[17]とその控訴審である東京高判平成24年[18]について、やや詳細な分析・検討を行う。

（1）東京地判平成23年及び東京高判平成24年の事実の概要と判旨

X1（第1審原告、被控訴人）は、東京都杉並区所在のマンション（以下「本件マンション」という。）の504号室の居住者、X2（第1審原告、被控訴人）はその区分所有者であり、X3（第1審原告）はX2の妻である。また、Z（第1審被告、X1・X2補助参加人）は、504号室の階上にある603号室の区分所有者であり、損害保険会社であるY社（第1審被告、控訴人）との間で603号室を保険の目的とするホームオーナーズ保険（個人財産総合保険）契約（以下

17　当該判決については、渡邉雅之「判批」NBL965号8頁以下（2011年）参照。
18　当該決については、渡邉雅之「判批」NBL976号8頁以下（2012年）、星野・前掲注4　4−9頁、土岐孝宏「判批」法学セミナー692号129頁（2012年）（以下「土岐①」という。）、武田俊裕「判批」共済と保険2012年8月号120頁以下（2012年）（一般社団法人日本共済協会HPから取得）、潘阿憲「判批」ジュリスト1454号99頁以下（2013年）、後藤元「判批」損害保険研究75巻1号179頁以下（2013年）、土岐孝宏「判批」私法判例リマークス47号98頁以下（2013年）（以下「土岐②」という。）、窪幸治「判批」総合政策15巻2号201頁以下（2014年）等参照。

「本件保険契約」という。）を締結していた。本件保険契約にはＺが603号室の所有、使用または管理に起因する偶然な事故等により、他人の身体の障害または財物の滅失、毀損もしくは汚損に対して法律上の損害賠償責任を負担することによって損害を被った場合に、Ｙが保険金を支払う旨の個人賠償責任総合補償特約が付されていたが、その約款には、地震によって生じた損害に対しては保険金を支払わない旨の地震免責条項が設けられていた。

平成23年3月11日、東日本大震災の発生により、本件マンションでは最大震度5強の揺れを観測した。この直後に、603号室の専有部分に設置されていた電気温水器の室内への配水管に亀裂が生じ、そこから漏れた水が504号室にまで及ぶ水漏れ事故（以下「本件事故」という。）が発生した。

そこで、X1らは、①Ｚに対し、土地の工作物の設置・保存に瑕疵があったと主張して、民法717条1項に基づき損害賠償請求を、②Ｙに対し、Ｚの損害賠償責任につき本件保険契約に基づき保険金の支払義務を負うと主張して保険金請求をしたのが本件である。

原審である東京地判平成23年は、Ｚに対する請求につき、土地の工作物の設置・保存に瑕疵があり、本件事故によりX1は慰謝料10万円、X2は工事代金104万円余の損害を被ったとして、上記各損害賠償請求を認容し、Ｙに対する請求につき、地震免責条項は、「戦争、噴火、津波、放射能汚染などによって生じた損害と並んで、地震によって生じた損害に対して保険会社が保険金を支払わないことを定めている…。このような約款の規定を全体として評価解釈すれば、地震免責条項は、通常有すべき耐震性を有しなかったことにより地震により損害が生じ、これにより保険契約者が民法717条による土地の工作物責任を負うことになった場合であっても、地震によって生じた損害であるとして保険会社の免責を認める趣旨の規定ではないと解するのが相当である。すなわち、地震免責条項にいう「地震」とは、同様に免責される戦争、噴火、津波、放射能汚染と合わせて考えると、それは通常の想定を超える巨大かつ異常な自然ないし社会の事象によって、広範囲において同時多発的に大規模な災害が生ずる事態を予定した規定であると解されるからである。ところで、戦争、噴火、津波、放射能汚染などとは異なり、日本では地震が多発することが社会一般に認識されているため、本件保険契約におけ

る保険の目的である建物については、ある程度の地震による振動は、社会一般において通常備えるべき危険と認識され、これに対する耐震性は建物が通常有すべき性質であると認識されている。そうであるとすれば、地震免責条項にいう「地震」とは、社会において通常備えるべき危険と認識されている程度の地震をいうのではなく、戦争、噴火、津波、放射能汚染などと同じ程度において、巨大かつ異常な地震、すなわち社会一般ないし当該保険契約の契約者において通常想定される危険の範囲を超えて大規模な損害が一度に発生し、保険契約者の拠出した保険料による危険の分散負担が困難となるような巨大な地震について、これによる損害から保険会社を免責することにより、当該保険の制度設計において想定した保険による危険の分散が可能な範囲に保険会社の責任を制限しようとしたものにすぎないと解されるからである。」とし、「比較的耐震性の高かった本件マンションにおいて、同様のマンションであれば震度5強程度の地震では配水管の亀裂というような被害は通常生じないはずであるのに、Zの管理する603号室については通常有すべき耐震性すら有していなかったために電気温水器の配水管に亀裂が生じたと認められる以上、配水管の亀裂の原因となった本件マンション付近における最大でも震度5強程度のゆれは、地震免責条項にいう「地震」にはあたらないと解するのが相当である。」として、地震免責条項の適用を否定した。

これに対して、Yが控訴した。なお、Zは控訴せず、控訴審において、X1らのために補助参加した。

控訴審である東京高判平成24年は以下のように判示し、Yに対するX1らの請求を棄却した。

Ⅰ 「本件保険契約の個人賠償責任総合補償特約の約款…は、Yが保険金を支払わない場合につき、「地震もしくは噴火またはこれらによる津波」と規定しており、免責の対象となる地震の意義ないし範囲等につき何ら限定を付していない。」「また、地震は、我が国を含む地球上で頻繁に起こる自然現象（地殻又はマントル内に自然に起こる急激な変動及びこれによって生ずる地殻の弾性波により地面が動揺する現象。広辞苑〔第6版〕参照）であり、社会通念上「地震」の語の意義は明確であって、保険事故の原因となった現象が地震であるかどうかにつき紛れが生じることはないと考えられる。」「したがっ

て、上記約款の文言上、「地震」の語をその強度、規模等によって限定的に解釈することはできず、地震と相当因果関係のある損害であれば地震免責条項の対象となると解するのが相当である。」

Ⅱ　1「地震による損害については、地震保険に関する法律が制定されており、一般的な損害保険契約においては本件と同様の免責条項を設けて保険金を支払わないとする一方、地震保険契約によって所定の要件の下で損害をてん補するという制度が整えられている。そうすると、同法及び地震免責条項の対象となる地震の範囲は同一と解するのが相当というべきところ、同法に地震の定義規定はないが、単なる地震と大規模な地震を区別していること（同法4条の2）、同法が被災者の生活安定への寄与を目的とすること（同法1条）からすると、強さや規模等のいかんにかかわらず、社会通念上『地震』と認識される現象は広く同法の対象になるとみるのが相当である。したがって、地震免責条項にいう地震についても、これと同様に解すべきものとなる。」「なお、地震保険の対象になるのは住居用の建物等に生じた損害に限られるので（同法2条2項1号）、本件のように他人に対する損害賠償責任を負担することにより被った損害を目的とする責任保険においては、地震免責条項により保険金が支払われない場合に備えて地震保険を付することはできないことになる。しかし、地震保険の対象とならない場合につき地震免責条項を限定的に解釈し、小規模な地震による損害には保険金を支払うこととしたのでは、一定の要件を満たす場合に地震保険による保険金を支払うものとして被災者の保護を図った同法の趣旨に反すると考えられる。したがって、本件が責任保険であることは地震免責条項の解釈に影響しないというべきである。」

2「原判決は、地震免責条項にいう地震が巨大かつ異常なものに限られると解釈すべきことの根拠として、本件保険契約の約款…が戦争、津波、噴火、放射能汚染等と並んで地震を免責事由と定めていることを挙げている。しかし、上記約款の3条は、3号において「地震もしくは噴火またはこれらによる津波」と規定する一方、1号において保険契約者等の故意、2号において戦争、外国の武力行使、革命等、4号において核燃料物質の放射性に起因する事故等をそれぞれ免責事由と定めており、各号は独立したものとみら

れるから、戦争や放射能汚染等との対比から地震の意義を限定することは相当ではない。しかも、戦争、津波、噴火、放射能汚染等についても、その規模や被害の及ぶ地理的範囲等とは無関係に、これらによる損害であれば保険金は支払わないとされている。したがって、地震がこれらと並んで免責事由として規定されていることは、限定解釈の根拠にならないと考えられる。」

3「原判決のように事故発生地点での個別具体的な揺れの程度や建物の耐震性等を考慮して地震免責条項の適用の有無を判断するとしたのでは、保険金請求時にこれらの点について事実認定をめぐる争いが多発すると予想される上、保険契約の加入時にも建物の耐震性等についての審査が求められることになり、保険実務上の混乱を招くことになりかねない。また、原審のように考えるとすると、巨大地震により損害を受けた者が同一の保険に加入していた場合に、震源地に近く被害が大きい地域では保険金の支払を受けられないのに対し、震源地から遠く被害が小さい地域ではその支払を受けられることになり得るが、このような結論は保険契約者間の公平を欠くものと解される。」

(2) **本事例の意義**

本事案は、東日本大震災により生じた水漏れ事故による損害賠償責任に関する責任保険金請求について、個人財産総合保険契約中の個人賠償責任総合補償特約における地震免責条項の意義および解釈が問題となった事例である。東京地判平成23年は「地震」の意義を異常かつ巨大な地震と限定的に解釈して、地震免責条項の適用を否定したのに対し、東京高判平成24年はそのような限定解釈をとらずに保険者の免責を認めた。

地震免責条項における「地震」の意義が争われた事例は、後述のとおり阪神・淡路大震災や北海道南西沖地震に関するものが見られるが、これらにおいてはいずれも「地震」の意義を限定的に解釈することを否定し、地震免責条項の適用が肯定されている。本事例は責任保険における地震免責条項の「地震」の意義が問題となった初めての事例であるとともに、東京地判平成23年は「地震」の意義を限定的に解釈することにより地震免責条項の適用を否定した初めての公刊裁判例として意義のあるものである[19]。

東京地判平成23年に対しては先行研究のほとんどが反対の立場を示し、中

には東京地判平成23年の「地震免責条項の解釈は、地震保険制度そのものの根幹をゆるがしかねないものであった」との批判[20]がなされているものもある。しかし、本件はあくまでも責任保険に関する事案であり、地震保険法に基づく地震保険制度とは直接関係がない。東京地判平成23年の判旨が責任保険に明確に限定されてはいないため、このような批判を招いてもやむを得ない面もあるが、東京地判平成23年の分析に当たっては、責任保険に関する事案であったという本件の特徴に留意する必要がある[21]。以下、従来の裁判例・学説の整理を簡単に行った後、本事例の検討を行う。

(3) 従来の裁判例・学説の動向

　本事例以前に、損害保険の約款における地震免責条項の「地震」の意義が争点となった裁判例としては、阪神・淡路大震災に関するもの（火災保険に関して、神戸地判平成11年4月28日判時1706号130頁、大阪高判平成13年11月21日LEX/DB28071197、神戸地判平成14年1月29日LEX/DB28071317、神戸地判平成14年3月26日LEX/DB28071007、神戸地判平成14年9月3日LEX/DB28080062等、盗難保険に関して、神戸地判平成10年2月24日判時1661号142頁（以下、「神戸地判平成10年」という。））、及び北海道南西沖地震に関するもの（火災保険に関して、函館地判平成12年）がある。

　その中でも、阪神・淡路大震災に関する神戸地判平成10年は、盗難保険における地震免責条項に関する事例であるが、当該裁判所は地震免責条項が設けられている理由を「ひとたび大地震が発生すると、社会秩序の混乱により盗難が多発し、その損害額が膨大なものになると予測されるところ、これを保険者においててん補するとなると、保険料が高額となり、かえって保険契約者の合理的意思に反するとともに、保険集団を形成することが不可能になり、保険制度として成り立たなくなってしまうからである」とし、「本件免責条項の適用のある盗難とは、保険事故の発生率を高める危険状態の下で発生した盗難を意味する」が、「単に通常の危険状態から少しでも危険が高まれば足りるとするのは相当でな」く、「右危険状態の具体的内容としては、

19　後藤・前掲注18　185-186頁。
20　渡邉・前掲注18　9頁。
21　後藤・前掲注18　186頁。

地震の規模、周辺地域の被害状況、治安状態、当該盗難の発生時期、発生場所、防犯設備の破壊の程度、防犯監視体制の有無といった諸要素を総合的に勘案したうえで、著しい社会秩序の混乱及び治安の悪化が認められることが必要であると解すべきである」と判示して、一定の限定解釈を行っているものの、「本件免責条項が適用されるためには、法秩序が混乱し、刑罰法規が遵守されないような状況になり、現実に保険事故が多発して保険制度が成り立たなくなるほどの損害が発生することが必要である」との保険契約者の主張を「文理から著しく離れた限定解釈であるとともに、前述のような地震免責条項の趣旨を没却するもの」であるとして否定し、地震免責条項の適用を認めている[22]。

また、北海道南西沖地震に関する函館地判平成12年では、保険契約者らは、「地震免責条項は、地震損害の巨大性、予測不可能性がもたらす結果から損害保険会社の経営基盤を保護するというところにその存在意義がある。」「したがって、地震免責条項は、火災被害が損害保険会社の経済的基盤を崩壊させ、正常な保険業務が不可能となるに至った場合、すなわち、「保険数理崩壊型地震」の場合にのみ適用され、それに至らないような本件地震程度の局地的、小規模な地震の場合には適用されないと解すべきである。」と主張したが、当裁判所は、「生命保険契約約款、建物更生共済規約の場合とは異なり、保険会社の経営基盤において影響を及ぼさない限りは火災保険金を支払うとの文言は一切存在しない地震免責条項の解釈において、原告ら主張のように限定的に解釈すべき合理的な理由は存在せず、原告らの主張は採用することができず、本件地震及びこれによる津波が地震免責条項の「地震またはこれによる津波」に該当することは明らかである。」と判示し、原告ら主張の限定解釈を認めなかった。

学説においては、上記裁判例と同様、文理解釈上無理があるという理由で明確に限定解釈を否定する見解[23]がある。これに対して、函館地判平成12年の原告が主張したのと同様に、生命保険の傷害特約のように支払能力の範囲

---

[22] 当該判決に関して、山下友信「判批」私法判例リマークス20号116頁以下（2000年）。
[23] 石田満「動産総合保険約款の『地震免責条項』の解釈」102頁。黒木・前掲注9　45頁。小林道生「震災と保険訴訟」損害保険研究64巻2号114頁（2002年）等。

で支払うという趣旨で解釈すべきであるとする見解[24]など限定解釈を肯定する見解も存在する[25]。

(4) 検討

東京高判平成24年は、①地震の意義ないし範囲等を限定する文言がないこと、及び地震の意義の明確性（判旨Ⅰ）に加えて、②地震保険制度及び地震免責条項の対象となる地震の範囲を同一と解すべきであること（判旨Ⅱ1）、③免責に関する各号は独立したものであるから戦争や放射能汚染等との対比から地震の意義を限定すべきではないこと、及び戦争等についてもその規模や被害の及ぶ地理的範囲等とは無関係に免責とされていること（判旨Ⅱ2）、④東京地判平成23年のような限定解釈を採用すると、保険金請求時に具体的な揺れの程度等について事実認定をめぐる争いが多発するうえ、保険契約加入時にも建物の耐震性等についての審査が必要となり、保険実務上の混乱を招くこと、及び保険契約者間の公平を欠くこと（判旨Ⅱ3）を理由に、原審である東京地判平成23年が示した地震免責条項における地震の意義の限定解釈を否定している。そこで、以下では東京高判平成24年が示した各理由について検討を行う。

まず理由①について、本件約款は、単純に、「地震によって生じた損害」については保険者免責となる旨を規定しているだけである。したがって、ここにいう「地震」にはすべての地震が含まれると解するのが文言の解釈として自然ではないだろうか[26]。なぜならば、我々は「地震」という用語から必ずしも東日本大震災のような大地震だけを想定するわけではなく、身体にわずかに感じる程度の地震であっても、それを「地震」であると認識するからである。したがって、東京高判平成24年の判旨がいうとおり、地震の語は明

---

24 安井宏「地震約款の拘束力についての一試論―最近の下級審判例を素材として」法と政治49巻4号1頁（1998年）。
25 その他、関東大震災のような大災害の場合は、地震免責条項を有効にしなければ会社の存続が危うくなり、他の契約者が害されるという公益上の考慮が働くが、局部的地震で火災被害の比較的小さい場合になどについては、地震免責条項を無効とする解釈が妥当であるとする見解などもある。谷口知平『注釈民法（13）債権（4）』75頁（有斐閣、1966年）［谷口知平］。
26 土岐②・前掲注18　100頁。この点において、後藤・前掲注18　187-188頁は、東京地判23年は「「地震」の意義の不明確さに限定解釈の根拠を求めているわけではなく、そして、必ずしも不明確とは言えない約款規定の意義が解釈により限定されることは、これまでもなかったことではない」と分析する。

確であって、約款作成者不利の原則を適用しなければならないような場面でもない[27]。また、このような文言解釈を行うことで、保険契約者側に予期せぬ不利益が生じることもないものと考える。保険契約は、契約内容を定めてからその条件で保険料の計算を行うことから、約款に明確に地震を免責とすると規定した時点で、それを前提とした保険料計算が行われているため、保険契約者からは地震を補償するための対価は支払われていない[28]。したがって、保険契約者は地震リスクに対する保険料を支払っていない以上、その補償を受けなかったとしてもやむを得ず、地震免責については重要事項説明書等で一応の説明がなされているため、保険契約者に予期せぬ不利益が生じているとはいえないであろう[29]。したがって、東京高判平成24年の理由①については妥当な判断であったといえる。

東京高判平成24年は文言解釈に加えて理由②から理由④により原審判決を覆している。これらの理由について学説では必ずしも賛成する立場ばかりではない。理由②については、地震保険法が「地震保険契約によって所定の要件の下で損害をてん補するという制度を創設したものであり、同法の対象とされる地震と地震免責条項にいう地震とを同一に捉えるのが妥当」であるとして判旨に賛成の立場[30]もあるが、そもそも本件で問題となっている責任保険に関しては地震保険制度がないため、地震保険法の趣旨を強調したところで説得力は得られないとの批判的な立場[31]も存在する。確かに判旨のこの点に関しては理由付けとして必要がなかったのではないだろうか[32]。

---

27 土岐②・前掲注18 100頁。これに対して、星野・前掲注4 8頁は、「本件契約における「地震」意義が「明確」になるのは、東京高判のように解釈して初めてそうなるに過ぎず、東京地判の解釈と比べて、理論的に優越性が明らかであるとは言えない」と指摘する。
28 土岐②・前掲注18 100頁。
29 土岐②・前掲注18 101頁。土岐教授は、リスク補償の対価(すなわち保険料)すら支払っていない被保険者に、何ら法律上の根拠もなく保険金が支払われてしまうことの方が問題であると指摘しており、同感である。
30 潘・前掲注18 101-102頁。
31 土岐②・前掲注18 101頁。星野・前掲注4 8頁。
32 この点に関し、武田・前掲注18 125頁は「原審の示した地震免責条項の制限的解釈が、個人賠償責任総合補償特約に限って適用されるものと理解したとしても、1つの保険約款において同一の文言で規定されている複数の箇所の解釈が異なるとすると、契約内容に関する一般人の認識と乖離したものとなり、保険契約者側の予測可能性を損なうとともに、保険者側の恣意的な解釈・運用に途を開くおそれもあり、望ましくない」と指摘する。

理由③については、前段の免責に関する各号は独立したものであるから、戦争や放射能汚染等の対比から地震の意義を限定すべきではないという点に関して、独立性があるとは即断できず、反対に異常危険除外という共通項での実質的一体性があると見る余地もあるから、疑問が残るとの批判的見解[33]が示されているものの、後段の戦争や放射能汚染等についてもその規模や被害が及ぶ地理的範囲等とは無関係に免責されているから、地震の意義を限定的に解することは妥当ではないという判旨については支持する見解が多い[34]。これに対して、前段・後段の両方につき、「個々の免責規定の趣旨や合理性ではなく、それが号として独立しているという規定の形式や、戦争や放射能汚染等にかかる免責規定が規模や被害範囲等を限定していないという「横並び論」を論拠としたことに疑問が残る」という批判[35]や、前段の判旨は説得力がなく、かつ、後段の判旨と実質的に矛盾するものであるとの批判[36]もある。確かに前段の理由には説得力がないように思われる。各免責事由は各々別個のものというよりは異常危険除外という共通性があるからこそ列挙されているのではないだろうか。したがって、前段の理由付けには賛成できない。これに対して、後段の理由付けは妥当だといえるのでないだろうか。東京地判平成23年が、地震と他の免責事由とを比較する際に、他の免責事由の規模や範囲を大きなものと限定しているが、文言からだけでは他の免責事由に関しても大規模なものや広範囲なものに限定しているとはいえないとする先行研究が指摘するとおりであろう[37]。したがって、後段の理由付けについては賛成する。

最後に、理由④については、（1）保険金請求時の事実認定をめぐる紛争の多発、（2）契約時における建物の耐震性等の審査の必要性による実務上の混乱の発生、（3）保険契約者間の公平性の欠如に分類することが可能である。この点、（1）については、被保険者の損害賠償責任の成否に関連し

---

33 土岐②・前掲注18　101頁。窪・前掲注18　206頁も同旨か。
34 土岐②・前掲注18　101頁、潘・前掲注18　101頁、渡邉・前掲注17　9頁。
35 武田・前掲注18　126頁。
36 星野・前掲注4　8頁。
37 この点に関し、後藤・前掲注18　188頁は「地裁判決の本音は、戦争免責条項等も地震免責条項と同様に限定解釈すべきであるということにあるように思われる」と分析する。

て地震による揺れの程度等がいずれにせよ問題となるので、東京地判平成23年の立場をとったからといって新たな紛争が多発するとはいえないとの批判[38]があるが、（2）については判旨に賛成の立場[39]が多い。これに対して、（3）については、「震源の近くで被災することもあれば遠くで被災することもあり得るという保険契約者の立場の互換性を考えれば、公平を欠くとまでいいきれるかは疑問である」といった見解[40]や、責任保険の場合、東京地判平成23年の立場によれば、地震免責条項が適用される通常の想定の範囲を超える地震が生じた場合には、土地工作物の設置・保存の瑕疵がない、または不可抗力であるとの理由によって、被保険者が損害賠償責任を負担することがなく、損害が生じないため不公平さは問題とならないとの見解[41]が示されており、先行研究のほとんどが賛成しない立場を示している[42]。確かに、（1）に関しては、限定解釈をしない立場をとったとしても、地震と損害の因果関係の有無に関して地震による揺れの程度等が問題となるのであるから、限定解釈をしたからといって紛争が多発するとはいえないし[43]、（3）に関しても、東京高判平成24年が指摘するような不公平さはこのような地震免責の場面に限ったことではないこと[44]を考えると、地震の意義を限定解釈することで特段問題が深刻になるわけではないと思われるので、理由としては妥当ではないといえる。これに対して、（2）の理由のように、限定解釈をすることで契約締結時における建物の耐震性等の審査の負担が大きくなることは十分にありえ、それは保険者のみならず保険契約者にとっても社会全体にとっての望ましいことではないので、理由付けとしては妥当であるといえる。

　以上でみたように、東京高判平成24年の判旨については一部疑問があるも

38　後藤・前掲注18　190-191頁、窪・前掲注18　206頁。
39　土岐②・前掲注18　101頁、武田・前掲注18　126頁（両者とも（1）の理由付けにも賛成）。後藤・前掲注18　191頁も（2）の理由については反対の立場ではない。これに対して、窪・前掲注18　206頁は（2）の理由付けについても反対する。
40　土岐②・前掲注18　101頁。
41　後藤・前掲注18　191頁。
42　その他にも、潘・前掲注18　102頁、窪・前掲注18　206頁、星野・前掲注4　9頁等も反対の立場を示す。
43　後藤・前掲注18　191頁。
44　星野・前掲注4　9頁。

のの、本件地震免責条項の文言解釈及び趣旨から考えると、東京地判平成23年のような限定解釈をとることはできず、結論としては妥当であったということができる。

5 地震免責条項にいう「地震によって」の適用範囲

以上のように、地震免責条項の「地震」については限定解釈をしないとするのが裁判所の立場であるといえる。そうすると今回のような大震災はもとより、身体に揺れを感じるか感じないか程度の地震[45]であっても、この地震の範囲に含まれることになる。しかし、このような規模の小さな地震にすぎない場合においても、保険者により「地震」による損害であるからといわれ、保険金を支払ってもらえないのでは納得いかないであろう。そこで、このような場合は地震免責条項における「地震」を限定的に解釈すべきであるという形で争うのではなく、地震「によって」生じた損害であるといえるか否かで争うことになる。すなわち、因果関係の問題である。

損害保険法における因果関係論は、①保険事故の原因たる危険事情と保険事故との間、及び②保険事故と損害との間の異なった2つの局面の問題であるとされる[46]。そして、地震免責に関連して前者の因果関係が問題となった事例は、火災保険の事例において存在する。火災保険の約款には、①地震によって生じた火元の火災が保険の目的に与えた損害（第1類型）、②地震によって発生した火災が延焼または拡大して保険の目的物に与えた損害（第2類型）、③発生原因のいかんを問わず火災が地震によって延焼または拡大して保険の目的に与えた損害（第3類型）については、保険金を支払わない旨の地震免責条項がおかれている。

このうち第3類型で免責が争われる事案では、地震と延焼・拡大との間に因果関係が認められれば、発生した損害の全部免責を認める事例（例えば、函館地判平成12年、大阪高判平成13年）が存在する。また、地震以外にも延

---

[45] 日本国内で発生した有感地震（体に感じる揺れを伴う地震、震度1以上）は、大きな地震の後の余震や、群発地震などの影響を受けている時期を除いても、毎月50〜100回、年間1000回もの地震が発生している。ちなみに、東日本大震災が発生した2011年は年間10,000回を超える地震が発生した。
[46] 土岐孝宏「判批」山下友信＝洲崎博史『保険法判例百選』別冊ジュリスト202号37頁。

焼・拡大の原因があったとし、補完的因果関係の割合的判定という手法をもって、部分的填補責任を導くことは可能であるとする事例（大阪高判平成11年6月2日判時1715号86頁[47]）等も存在する。

今回の震災においては、東京高判平成24年において、地震と損害との間に相当因果関係が認められるとして、地震免責条項が適用されると判断された。より正確には地震によって本件保険事故が生じたか否かが争点となったわけであり、Zは本件事故の原因は配水管の劣化であり、地震がなくてもいずれ漏水が発生する可能性は十分にあったから免責は認められない旨主張したが、配水管の劣化の程度、亀裂が生じた機序等は不明であり、地震がなくても亀裂が生じたと見ることは困難であるとしてZの主張を排斥した。

さて、上記のような地震と保険事故との間の因果関係についてはなかなか困難な問題が生じそうであるが、今回の震災のように津波と保険事故との間の方がより複雑な問題が生じるのではないだろうか。特に津波により保険の目的物（例えば、被保険自動車等）が流されてしまった後では、保険事故が地震や津波によるのではないこと（例えば、結果として津波によって被保険自動車が流されることになったが、その前に既に地震や津波とは関係なく事故を起こし、当該自動車が全損または分損状態であった場合等）を証明することは困難になると思われる[48]。今回の震災でこのような争点につき訴訟になっているケースは存在しないようである。しかし、本来であれば免責とならないようなケースが存在している可能性は十分にあると思われる。因果関係の問題については本稿では問題点を指摘するに留め、詳しい検討は別の機会に譲る。

---

47 当該判決については、安井宏「判批」判例評論506号37頁以下（2001年）、黒木松男「判批」創価法学31巻1・2号391頁以下（2001年）参照。

48 今回、一部損の保険契約者のうち、一定の契約対象について、保険契約者の自己申告に基づく書面調査のみで保険金を支払い、また福島第1原発の警戒区域等においては、損害調査のための立入が制限されているために、特例措置を設けたうえで、一時帰宅時に保険契約者による被害状況の確認と申告のみにより保険金を支払ったようである。甘利教授は、このような自己申告による保険金の支払については、迅速な支払という要請に応えるということでは大いに貢献したと思われるが、自己申告とは異なる損害認定が後日なされたときに保険金の返還を求めることができるのかや、保険契約者間の平等という原則に反しないかといった問題があることを指摘する。甘利公人「大震災と保険契約の諸問題」保険学雑誌619号169-170頁（2012年）。

3　生命保険契約における地震免責条項に関する問題点

　火災保険などの損害保険契約では基本的に前述のような地震免責条項が存在するのに対して、生命保険契約ではそもそもその主契約には地震免責条項はなく、単に災害関係特約において、地震や噴火、津波等による死亡または高度障害状態となる被保険者の数の増加が当該特約の計算の基礎に影響を及ぼすときに限り、保険金を削減して支払うか、保険金を支払わないとされている。そして、今回の震災においても、我が国における生命保険会社全社がこの免責条項等を適用せず、災害保険金等を全額支払った。このような生命保険業界における対応が、社会的・人道的観点から望ましく、被災者やその遺族にとって好感をもって受け入れられるものであることは間違いないが、法的な問題もないわけではない[49]。例えば、今回も生命保険各社は削減払いをしないと決断したがその基準や過程については開示されておらず、保険契約者から見ると不透明な感は否めない[50]。判断基準が不明確では、地震や津波等の際に、約款の規定に従い、保険金を削減されたり払ってもらえなかったりするのか否かが分からず、保険契約者側を不安な状態にさせることになる。また、今回は削減払いがなされなかったが、次に大震災が起こったときに削減払いがされるとしたら、同じ保険種類の契約者間に差が生じることになるが、判断基準が不明確な状況においてその際に合理的な説明をすることができるのだろうか[51]。

　さらに、以下のような点も問題となる。災害関係特約は生命保険に付帯した傷害保険契約である。損害保険会社においても自動車保険の人身傷害補償保険等の傷害保険を販売しているが、そのすべてに地震免責条項が含まれていて、当然に免責とされた。そもそも生命保険と損害保険とでは、その法律上の定義からしても、そして保険の対象となる事項や社会において果たすべき機能ないし役割からしても、異なるものであるのは確かであるが、同じ傷

49　星野・前掲注4　1頁。
50　甘利・前掲注48　164頁。
51　甘利・前掲注48　165頁。

害保険であるのに全く別の取扱いがなされるということは、消費者の目から見てわかりにくいことは否めない[52]。実際に今回の震災においても、金融庁や各保険会社に対して、なぜ生命保険金は地震が原因の場合でも支払われるのに、火災保険では地震が原因の場合は支払われないのかといった問合せがマスコミや消費者から寄せられたようである[53]。

以上のような問題に対して、まずは損害保険の約款規定と災害関係特約の約款規定の違いを消費者に周知させるべきであると考える。両者の規定は明らかに違うので、そのような違いがあることを消費者に正しく認識してもらうような工夫が必要であると思われる。そして、生命保険会社は免責条項を適用せず全額支払うとした判断基準の開示をすべきであると思われる。ただし、以上の点は今後も災害関係特約に地震免責条項を残す場合の話である。実際にこれまでの大災害、例えば阪神・淡路大震災や今回の東日本大震災、遡れば関東大震災や第二次世界大戦においても、すべての生命保険会社で地震免責条項は適用されておらず、災害死亡保険金は全額支払われている。そうであるのならば、当該特約の計算の基礎に影響を及ぼす場合とはどのような場合を想定しているだろうか、またそのような場合が起こる可能性がどの程度あるのだろうかという素朴な疑問が生じる。そのような場合が起こる可能性がほぼないのであるならば、混乱を招く元となる災害関係特約における地震免責条項は削除してもよいのではないだろうか[54]。仮に約款規定をなくした後に想像をはるかに超えた大規模な地震が起きたことにより支払準備金に影響を及ぼすような事態が生じたとしても、それは、例えば事情変更の法

---

52 明田裕「巨大災害・巨大リスクと生命保険の課題」保険学雑誌620号頁（2012年）。
53 鮫島大幸「東日本大震災における保険当局の対応」保険学雑誌619号15頁（2012年）。
54 明田・前掲注52　127頁も削除に肯定的である。これに対し、星野・前掲注4　33頁は「地震それ自体について、敢えて一律に保険金支払の免責の対象とする必然性は、少なくとも理論上はないように思われる」としつつも、その脚注において「現実の状況においては、地震の発生等によって精神を疲弊させ、それが原因となって自殺を図るような場合や、地震の発生後、危険の増した場所に近づき、後続する災害によって死亡する場合等、保険金の支払原因としての妥当性が問われる事態も少なからず予測されるため、一般論として地震による死亡に対しては保険者の判断による保険金支払の免責の可能性があることを告知し、保険事故の発生自体を抑制するよう働きかけることにも、一定の合理性があると考えることは可能である」とする。しかし、私見としては、このような場合に保険者免責にしないと保険者の支払能力に影響を及ぼすような場面がどの程度あるのかについて疑問があるし、論者が懸念するような状況は保険法または保険約款の規定において対応することが十分可能であると思われるので賛成できない。

理等の民法の一般原則によることで、しかるべき保険金額の支払いを行えばよいことになるのではないかと考える。

4 結びにかえて

　以上で、今回の東日本大震災を契機に浮き彫りとなった地震免責条項に関する法的諸問題について概観し、検討を行った。以上から言えることは以下の点である。まず、地震免責条項の有効性を肯定することや「地震」の文言に限定解釈を加えないという裁判所の立場はほぼ確立されたものといえる。したがって、地震によって損害が発生または拡大したか否かが微妙である事例では、因果関係の問題として争うしか方法はないといえる。しかし、実際に因果関係がないこと（換言すると、保険事故が地震等以外で生じたこと）を証明することが相当に難しい局面に出くわすことがあること、そしてそもそも因果関係を否定できない場面（すなわち地震等により損害が生じた場面）のことを考えると、地震や津波による損害に備えるためには、やはり地震保険に加入するしかなく、地震保険がない分野、またはあったとしても保険料等の関係から加入しない場合については、地震や津波による損害について保険でカバーするということは諦めるしかないというのが現状である。したがって、このような状況を消費者に理解してもらえるためのより一層の努力が保険者側に求められる。すなわち、地震保険の存在やその必要性を十分に消費者に理解してもらうような工夫をし、納得した上で地震保険に加入しないという決断を消費者にとってもらうようにすることが、不必要なトラブルを防ぐ一番の方法であると考える。現状において、保険会社によるそのような努力や工夫がなされていないとはいわないが、実際に紛争が生じている以上はより一層の努力や工夫が求められるのではないかと考える。

　また、仮に地震保険等が存在する分野であるにしても、地震保険でカバーされる範囲は限定的であり、震災後の生活の再建において地震保険があれば十分であるとは言い難い状況にある。そもそも地震保険が存在しない分野も多い。このような状況は望ましくなく、地震国家である我が国においては早急に改善が図られる必要がある。しかし、限られた財源でどこまでこのよう

4 結びにかえて

な地震等の損害に対する国民の生活を補償するかは非常に政策的な問題であり、民間の保険会社だけでどうにかなる問題ではないであろう。官民一体となって対策を立てていく問題であり、今後もさらに議論をしていく必要があるものといえる。

　一方で、生命保険における災害関係特約における地震免責条項は、消費者に無用な混乱を生じさせないためにもその削除が望ましいものと考える。

[付記] 本研究は、科学研究費助成金（基盤（A）・課題番号24243018、代表・東北大学大学院法学研究科稲葉馨教授）「大規模災害と法」における分担研究者としての研究成果の一部である。

第4章　防災で問い直される「公」と「個人」
── 自助・共助・公助で求められる「個人」像の変化 ──

菊地　洋

1　はじめに

　3.11の震災では、東北地方の太平洋沿岸部を中心に甚大な被害を生じさせただけでなく、日本に住む私たちに大きな衝撃を与えた。この衝撃は、自然に対して私たち人間が無力であることを再認識させただけでなく、日常の暮らしを支える社会システムそのものが脆弱なものであることを露呈させたといえる。特に、3.11以降に発生した近年の度重なる大規模な自然災害（例：2013年10月の伊豆大島土砂災害、2014年8月の広島豪雨災害）は、私たちの住んでいる日本では、どこに住んでいようと自然災害を被る可能性があることを再認識させている。他方、災害が起こるたびに、「被災者を支援するのが当然」という感情に基づく『絆』や『連帯』という言葉が示すように、私たちが意識しているかどうかににかかわらず、共同体主義または同調圧力といったものが日本社会に蔓延し、この雰囲気によって我々の行動が規定されることも事実である[1]。被災された人々の何か役に立ちたいという「災害ボランティア」といった活動がまさにその例であろう。一方で、大規模自然災害に対する国家の初期対応の不十分さを経験した私たちは、「公助」に頼らず、自らで備えようとする「自助」、あるいは地域コミュニティで備えようとする「共助」という認識を高めてきたのかもしれない。確かに、国家がすべての自然災害を食い止めることは不可能であり、誰もが日頃から一定の備えをしておくべきだという意味で私たちの防災意識を高めることは必要である。

---

[1]　震災当時の「絆」の意義と人間の関係性を憲法学的な理論化を試みるものとして、岡田順太「大震災における『絆』と人権論」、石村耕治・市村充章編『大震災と日本の法政策』（丸善出版、2013）所収がある。

しかし、災害に対して国や地方公共団体の役割としての「公助」とは何か、私たちが担うべき「自助」とは何か、その中間を担うであろう「共助」とは何かが不明確なまま、「自助・共助・公助」という言葉だけが一人歩きしているとはいえないだろうか。

　国家権力と個人との対抗関係において、国家権力を制限し人権を保障することを前提にしてきた憲法学は、自然災害の発災に対して無力と言わざるをえない。憲法が存在することで国家権力から人権が脅かされないとしても、巨大津波や突発的に起こる自然災害から身を守る術として憲法を持ち出すことは現実的に難しいのである。

　最近の憲法学の議論では、ドイツにおける「基本権保護義務」という考え方を日本にも類推適用し、国家は国民の基本権を保障するために自然災害を防ぐことに対して何かしらの作為をする義務があるという考え方もある。しかし、基本権保護義務という考え方では、基本権侵害に対する事前予防として国家の責務を問うことは可能であるが、予測不能な事故や災害に対して、特に発災後の被災者支援という場面で基本権保護義務を用いて国家の責務を論ずるのは難しく別の論じ方をしなければならない。それゆえ、自然災害において基本権保護義務論を類推適用することにはおのずと限界がある[2]。むしろ、既存の憲法学の枠組みである人権論や統治論からアプローチするならば、発災後における被災者の生活再建に関して国家としてどのような責務を負うべきであるのか（人権保障の枠組みか福祉施策の枠組みかという議論は残るが）や、緊急事態時における国家権力の行使のあり方の検討、さらには被災した自治体がどのように民意を反映し町を復興させるのかという住民参加の地方自治などが、憲法学としての関心といえるだろう。

　他方、防災に対する備えについては、目に見えぬ自然災害から身を守るための備えをする必要性については誰も異論がないと思われるが、誰がどこまでの責務を負うべきなのかについては明確さに欠けると言わざるをえない。何かあったら国（行政）が何とかしてくれるだろうと思う住民と、住民の生

---

[2] 自然災害と基本権保護義務について論じたものとして、棟居快行「大規模災害と権利保障」公法研究第76号（2014）43頁以下参照、山崎栄一『自然災害と被害者支援』（日本評論社、2013）215頁以下参照。

活を守るとしてもどのような根拠に基づき、何をどのように／どの程度まで、どこがその責務を担うのかがあいまいな国（行政）という関係が描けるかもしれない。それにもかかわらず、防災において想定される個人とは、例えば3日間の食料を備えた生活を送ることや、地域の人々と力を合わせて何かしらの行動に寄与することを想定された個人像が当然のごとく想定され[3]、私たちが無意識のうちに、本来「公助」として国家が担うべき責任を「自助」や「共助」へ転嫁させているようにも感じられるのである。

そこで、防災において想定される個人像と憲法学が想定している個人像との比較を手がかりにしながら、防災で語られる「自助・共助・公助」について憲法学の立場から考察を試みるのが本稿の目的である。

2 防災で語られる「自助・共助・公助」
——災害対策基本法を中心に

自然災害の発災から国民を守ると考えられている国家が担うべき役割とはどのようなものなのか。昭和36年に制定された災害対策基本法は、制定の主な目的のひとつに、それまで明確にされていなかった防災に関する国などの責任の所在を明確にすることが挙げられていた[4]。同法の第1章では、国、都道府県、市町村、指定公共機関、住民等の責務が規定されている。現行の災害対策基本法によれば、国には「国土並びに国民の生命、身体及び財産を災害から保護する使命」を有し、「組織及び機能のすべてをあげて防災に関し万全の措置を講ずる責務」を有するという（第3条）。そして、この責務を果たすため、内閣府に「中央防災会議」が設置（第11条）され、防災基本計画の作成及び公表（第34条）がなされ、この『防災基本計画』において災害に対する措置についての国や地方公共団体など公的機関が担うべき役割が示されてきた。

しかし、東日本大震災において、市町村の行政機能が麻痺するに至り、災害被害を最小限度にとどめるには公的機関の防災対策の充実だけでは限界が

---

3 『防災基本計画』（中央防災会議、平成26年1月）には、住民に対する（防災意識の）普及啓発として、3日分の食料、飲料水、携帯トイレ、トイレットペーパー等の備蓄が記されている。
4 野田卯一『災害対策基本法』（全国防災協会、1963年）177頁。

あることが明らかになった。そこで、平成25年改正において、住民自らが防災対策の主体であることを認識し、日頃から災害について備え適切な対応をとることが重要であるとして「自助」ともに、地域コミュニティにおける「共助」による防災活動の推進の観点からの規定が盛り込まれるに至った。

本節では、平成25年改正法や同法に基づいて修正された「防災基本計画」（平成26年1月）および平成26年3月に施行された「地区防災計画制度」、そして平成26年改正法などを手がかりに、防災における自助・共助・公助の役割や位置づけについて概観したい。

1　防災における公助

私たちは、自然災害に対する予防、発災した後の被災者の救援や復旧・復興のすべてを国家に期待してきた[5]。私たちの期待に応じるかたちで、災害対策基本法では、国は「国土並びに国民の生命、身体及び財産を災害から保護する使命を有することに鑑み、組織及び機能の全てを挙げて防災に関し万全の措置を講ずる責務を有する」（3条）と示したうえで、その責務を果たすために、「災害予防」（46～49条）「災害応急対応」（50～86条）「災害復旧」（87～90条）の段階における国および地方公共団体等の役割が示されている。

「災害予防」としては、8条2項において、国及び地方公共団体の一般的な災害予防行為について努力義務として掲げる一方で、46条の各号で規定する災害予防行為の実施について責任を有する者に対しその実施義務が課されている。46～49条で規定される内容としては、防災に関する組織の整備、防災教育の実施、防災訓練義務、防災に必要な物資及び資材の備蓄等の義務、円滑な相互応援の実施のために必要な措置や物資供給事業者等の協力を得るために必要な措置、指定緊急避難場所及び指定避難所の指定、避難行動要支援者名簿の作成などが規定される。

5　内閣府の「防災に関する世論調査」（2014）によると、重点を置くべき防災対策において「公助」と答える割合が、前回調査（2002年9月）22.9％から今回調査（2013年12月）8.3％へ激減した。一方で、「公助、共助、自助のバランスのとれた対応をすべき」と答える割合が、前回調査37.6％から今回調査56.3％へと増加した。このことは、私たちが災害時対策を「公助」に依存しすぎてきたことを反省していることを示している。しかし、実際、共助・自助として担うべき内容については、この調査では不明なままである。

「災害応急対応」として50〜86条で規定される内容は、警報の伝達等、事前措置及び避難、応急措置、被災者の保護―生活環境の整備・広域一時滞在・被災者の運送・安否情報の提供等、物資等の供給及び運送などである。これらの実施については、第一義的には災害が迫る現場を管轄する市町村長が対応するものとして、必要な権限を付与している。しかし、3.11のように応急対応を実施する市町村が壊滅的被害を受けたことを踏まえ、平成25年改正で垂直的支援の充実として国の役割の強化が図られた。

「災害復旧」として規定されている内容は、災害復旧の実施の責任や事業費の決定等などの災害復旧事業を規定する4つの条文にとどまり、被災地において必要となる災害復旧計画がどのように計画され推進されるかについては明確ではない。

実際、災害対策基本法上の規定から国や自治体が「公助」として担う役割を読み解くことは難しい。これは同法がもともと行政の責務、組織、作用等に関する規定であったことに起因する。また、法律上の責任として、具体的にどこまでのことが含まれているのかという点も必ずしも明確ではない。それゆえ、同法を具体化した「防災基本計画」に示される内容に重ね合わせて概観すると、個人や地域コミュニティだけでは担うことのできないハード（例：災害情報収集体制の構築、老朽化した公共施設のメンテナンス）、ソフト（例：防災に必要な物資等の備蓄、他の地方公共団体や民間団体等との協定等との人的・物的協力）を担うものといえる。それと同時に、防災予防として、防災教育、防災訓練等を通じた国民・住民への啓発や防災組織等の育成強化、ボランティア活動の環境整備等を通じて、自助・共助との連携・調整を意図しているともいえる。

しかし、仮にこのような内容を「公助」として語ることができるとしても、それを担う行政、特に住民の生命・身体及び財産を災害から保護する第一次的責務を負う市町村は、政策能力・財政状況にはばらつきがある。同じ国民でありながら、居住地域によって行政が提供できる「公助」に差が生じるのは問題があるといえる。そこで期待されるのが、災害ボランティアやNPOなどの多様な主体である。特にボランティアについては、阪神・淡路大震災において発災から半年で約130万人（延べ人数）[6]が参加し活動を行った

ことを踏まえ、平成7年改正でボランティアに関する規定がはじめて盛り込まれ、平成25年改正でも行政とボランティアの連携（第5条の3）が規定されるなど、行政だけでは補えない部分を提供する担い手として重要な存在として認識されるに至っている。しかし、「公助」として担われるべき内容が曖昧なまま、「公助の限界」の受け皿としてボランティアなどの「共助」または「自助」へと主体を緩やかに移行することで、行政として担うべき住民の安全に対する責務を他者へ転嫁しているのではないかという疑念が残る。また、「公助」を代替するボランティア・NPO等が住民に提供する支援に対して、行政としてどこまで責任を問うことができるのかといった問題も生じる[7]。さらには、通常であれば、行政の活動は議会がチェックすることが可能だが、ボランティア等が担う行為に対して民主的な手続きによるチェックは可能なのかという問題もある。

2　防災における自助

　本来、自由主義社会とは、国民には自由な行動が認められると同時に、国家は国民生活に積極的には介入しないとされてきた。日本も個人の自由な意思決定を許容する民主社会である。国家が私たちの生活に入り込むというこ

6　阪神・淡路大震災一般ボランティア活動者数（H7.1～H12.3）の基礎情報（兵庫県HP）http://web.pref.hyogo.jp/wd33/wd33_000000144.html

7　典型的な例として、東日本大震災発災直後、岩手県山田町の緊急雇用創出事業を受託したNPO法人「大雪りばぁねっと。」による事件を挙げることができる。北海道旭川市に本部を置く「大雪りばぁねっと。」は、震災直後に山田町に入り支援活動をしたことをきっかけに、山田町から2011年5月に緊急雇用事業を委託。山田町から11年度12年度合わせて12億円程の補助金を受領し、入浴施設「御蔵の湯」などの事業などを行ってきたが、12年12月に資金枯渇を理由に事業が停止。後に乱脈経理や放漫経営といった「大雪りばぁねっと。」のずさんな会計が明らかなった。この事件で設置された第三者委員会の報告書では「いくら混乱のさ中であっても、地方自治体として守るべき最低限の注意義務があったはずである（原文まま）」として、委任前に「大雪りばぁねっと。」がどのような団体であるかの調査をしなかったことや、23年度末の「未払金」などを見抜けなかった町の責任を指摘する。http://www.town.yamada.iwate.jp/osirase/daisansha-iinkai/houkoku-gaiyou.pdf

　この事件は、国の緊急雇用創出事業という100％国費で賄われた事業であったことから、町・県とも事業の適正管理に厳格性を欠いたことも否めない。雇用創出という緊急性があったことは事実だか、このような委託に町議会のチェックという民主主義的手続きがなかったことも問題といえる。このように、発災後に住民の生活を守るという緊急性と行政に求められる慎重さなどをどのように勘案しながら作業を進めるかが今後の課題であろう。

とは、それだけ私たちは「自由」を国家に譲り渡している、すなわち「自由」が国家によって制約されているとも考えられる。このように考えに基づくのであれば、国家が国民の安全の確保に対して何らかの責務を負うにしても、現行の法制度では急迫不正の危険が明らかな場合を除き、国家は災害の未然防止を理由として個人の日常の行動には介入していない以上、国民は自らの行動に責任を持つことが必要と考えられる。これが、構造改革のもと雇用や社会保障の分野で過度に唱えられるようになった「共助」「自助」の概念と重なり、特に、3.11以降に防災においても「自助」の必要性が強調されるようになったと感じられる。

平成25年改正の災害対策基本法7条（住民等の責務）では、①食糧・飲料水等の生活必需物資の備蓄などの手段を講じること、②防災訓練その他の自発的な防災活動への参加、③過去の災害から得られた教訓の伝承等による防災への寄与、この3点が規定された。

これらの規定は、安心・安全を確保するためには、防災に対しての個々人の自覚を促すと同時に、災害時において自分の安全は自らの責任で行うことが意図されている。その意味では、安心・安全は国によって与えられるものではなく、個々人の不断の防災意識や備えによって成り立つことを示したものといえる。この延長として、政府や自治体のHPでは、「自らの安全は自らで守る」ことが「自助」であり、普段から家族で災害について話し合いましょうと呼びかける内容が記載されている[8]。

また、同法に基づいて策定される各地方自治体の「防災条例」では、3日から1週間程度の生活必需品の備蓄を自助の内容として掲げる条例が存在する。この生活必需品の備蓄は、あくまで、住民の責務として要請されるものであって何かしらの法的義務が課されるものではない。特に、近年の実質賃金の低下や貧困層の拡大などからも明らかなように、生活にゆとりのない人々が年々増加するなかで、災害に備えて生活必需品の備蓄を責務として一律に住民に課したとしても実現は難しい。むしろ、行政による生活弱者への

---

8 例えば、政府広報オンラインでは、「災害時に命を守る一人一人の防災対策」として、災害時に一番大事なのは自分の身の安全を守る「自助」であるとして、「家の中の安全対策」や「ライフラインが停止や避難に備えておく」、「安否確認の方法を家族で決めておく」などの内容が記載されている。http://www.gov-online.go.jp/useful/article/201108/6.html

支援等なども併記することで、住民の担うべき責務については緩急を設けるべきとも考える。

3　防災における共助

3.11のような大規模広域災害においては、まず自分自身で自分の命や安全を守ることが重要であり、その上で地域コミュニティでの相互の助け合い等が重要とされる。そこで、平成25年改正では、基本理念として「公共機関の適切な役割分担及び連携協力の確保」、「住民自らが行う防災活動の促進」だけでなく、「自主防災組織等地域における多様な主体の自発的防災活動の促進」が規定された。ここでいう多様な主体とは、地域住民や自主防災組織のほか、ボランティア、NPO、事業者等を含む概念である（第2条の2第2号）。また、3.11を経験し身近な「地域コミュニティ」における共助の重要性が強く意識されたことを踏まえ、市町村内の一定の地区の居住者及び事業者（地区居住者等）が行う自発的な防災活動に関する地区防災計画制度が新たに創設された（第42条3項、第42条の2）。

従来、地域コミュニティの防災については、民間の人々による協働としての消防団や青年団が地域の安全を担ってきた。また、子どもを守るという視点から、各地域に存在するPTAも地域の安全を担ってきた。しかし、これらは各地域の一部の志の高い人々の自己犠牲によって成り立つところが大きい。特に、消防団においては、主力とされている30～40代の年齢層が昼間地域を離れることから、団員の高齢化および減少が問題視されていた。

それに対して、平成25年改正法では「地区防災計画制度」が創設され、地域コミュニティの住民が居住する市町村の防災会議に対して、地区防災計画について提案できるようになった。ここでいう「地区防災計画」は、あらゆる地区の地区居住者を対象にしており、その範囲も自治会、町内会、小学校区、マンション単位等多様なものが想定されている。また、活動主体である地区居住者等として、地域住民、自主防災組織、企業、地域の協議会、学校、病院、社会福祉法人等様々な者が想定されている。地域コミュニティ主体のボトムアップ型の計画が可能になることで、地域密着型の防災計画となり、これまで以上に地域防災力のアップにつながるとされる。

確かに、私たちは、現実社会において居住地域にとどまるだけではなく、場面ごとに職場や学校といった様々な組織に属して生活を営んでいる。それゆえ、自らが属するそれぞれの場において防災活動の担い手となり得ることは意識しておく必要はある。その意味で、これまで意識の薄かった職場等での防災計画を策定することはそれなりの意義はある。しかし、個々の地域で「地区防災計画」が作成されるとしても、担い手となる人々に意識の差が生じるのは自明のことであり、またそれぞれの地域の人口・年齢構成によって、同じ国民として享受されるべき安全・安心の内容に大きな差が生じる可能性もある。この隙間を誰がどのように調整するのかという議論は十分になされているとは言い難い。この点については、防災における国の責務との関係も含め、今後更なる検討が必要となるだろう。

地域コミュニティに着目する場合、上述のような主体としての「地域住民」とそのつながりだけでなく、その地域で育まれてきた「文化」も重要な要素である。防災においてこの点を意識した条項が、平成25年改正の災害対策基本法7条（住民等の責務）における「③過去の災害から得られた教訓の伝承等による防災への寄与」といえる。各地域に残る伝承などには、その土地の地理的特徴や先人が経験した自然災害に対する行動規範などの内容が含意されていることが多い。しかし、地方では過疎化や、都市部では宅地開発にともなう新住民の流入などによって、各地域における地理的特徴や伝えられてきた行動規範を次の世代へ語り継ぐ機会が減り、過去と現在との断絶が生じ、自らの住む地域のことを知らない住民が多くなってきた。それゆえ、防災の観点から、それぞれの地域の伝承を見直し、地理的特徴や行動規範を地域住民で「文化」として共有するだけでなく、日々の生活を通じて伝えることが重要であろう。

例えば、三陸沿岸において伝承されてきた「津波てんでんこ」は、津波の場合には直ちに逃げることという行為規範が地域の文化として住民に共有され、家族それぞれがこの行為規範に従うものと信頼しているからこそ、家族が離れ離れの状況でも各自がてんでんこ（＝バラバラ）に逃げることが可能となる[9]。この行為規範と防災意識が日常の生活で定着していたことが、岩手県釜石市では1000名以上が犠牲になった中でも、全児童生徒の99.8％に当

たる2921人が津波から避難して無事だった「釜石の奇跡」と呼ばれる事例を生み出すことに繋がった。

このように、教訓や防災意識を育んできた各地域の「文化」を共有する地域コミュニティの主体となる「住民」等の担い手を育成することが、「共助」の前提として想定されているのかもしれない。

4　改正災害対策基本法が想定する「国家」と「個人」の関係

ここで災害対策基本法と関連施策によって想定される「国家」と「個人」について整理しよう。

仮に自然災害で被災した場合、被災者は行政による何かしらの支援（例：避難所、仮設住宅の提供）を期待する。被災者側に立つならば、自然災害によって自律的な生を営めなくなったわけであるから、身体の自由または生命を守るための具体的給付や施策を国家に請求する、いわゆる国務請求権的側面から人権保障を国に要求するわけである。確かに、従来の災害対策基本法からは、被災した国民を支援する国家（行政）の責務は読みとることは可能であるが、法律の性質上そこで想定される「個人像」は判然とはしない。この限りでは、国民の安心・安全を担う「国家」という存在と、国家による後見的立場からの見守り（＝「公助」）によって生活を営むという「個人」という2つの関係性が漠然と描かれているにすぎない。

3.11を受けた平成25年改正災害対策基本法のもとでは、従来の漠然とした「国家」と「個人」の関係において、保護の対象としての「個人」ではなく、防災に対して主体的に行動する「自律した個人」へと個人像を転換しているといえる。特に、平成25年改正の災害対策基本法7条（住民等の責務）で示される内容は、従来の防災に対して受益者としての個人ではなく、防災に主体的にかかわると同時に一定の責務を課せられる個人が想定されているとは明らかである。また、平成25年改正で創設された地区防災計画制度のもとで計画に参画することになる地域住民も同様である。

一方で、諸個人が防災に対して主体的にかかわることを想定するのである

9　矢守克也「『津波てんでんこ』の4つの意味」（『自然災害科学』第31巻1号（2012））参照。

ならば、諸個人には災害の危険を判断するための情報を行政より提示される必要がある。これは諸個人が適切に自己決定権を行使して当該地域に住み続けるための前提条件でもある。

例えば、2014年8月の広島で発生した土砂災害においては、広島は地質的に土砂災害が起こりやすいという認識は住民にあったものの、被害を受けた多くの地区が土砂災害防止法に基づく土砂災害の危険区域に指定されていなかったことで、住民へ土砂災害の危険性を十分に伝えられなかったことが問題とされている。また、災害対策基本法第5章第2節で規定される「警報の伝達等」や第3節で規定される「事前措置及び避難」に照らすと、この土砂災害で74名の尊い生命が失われた広島市としては、土砂災害が迫る状況において、どの時点で避難勧告を出し、どのように住民へ周知させるのが適切であったのかについて、今後の検証がまたれる[10]。

この事例を踏まえるならば、従前のように、国家は住民を災害の危険から遠ざけることを主たる目的にして、住民を保護の対象として捉えるだけでは、公助として担う防災には限界がある。そこで、自助・共助という名のもとに、従来の公助として担っていた責務を、災害から自らの身を守る主体的判断のできる個人又は地域コミュニティへと緩やかにシフトさせることを念頭においた制度設計へと転換を図ろうとしている。しかし、防災における「自助・共助・公助」という概念は、個人や地域コミュニティ、行政の役割を示すものであったとしても、それぞれがその中で完結するものではなく、相互に依存した関係であることに留意すべきである。そのように考えるならば、防災で想定されうる「個人」とは、単に被災により自律した生を送ることに支障をきたした受け身の「個人」に限定されるものではない。公助としての災害予防や避難のための予警報等の情報の提供を前提に行動する「個人」であると同時に、「地区防災計画」などに参画する地域コミュニティの責務の一翼を担う「個人」でもある。このような多面性を持つ「個人」に対して、現行の災害対策基本法および関連法規では保護・支援の対象としての

---

10 平成27年1月に提出された報告書では、「豪雨の中で夜間の避難は被害拡大の可能性があり、適切な勧告時期を示すことは難しい」という結論であった。「平成26年8月20日の豪雨災害避難対策等に係る検証結果」（8.20豪雨災害における避難対策等検証部会）参照。

側面ばかりが目立ち、自らの周囲で生じる危険の判断や地域の防災に参加といった災害対策における主体性（または主体性の育成）については十分に整備されているとはいえない。「自助」「共助」といった住民一人一人の役割を重視する方向へ政策転換するのであるならば、住民の主体性を育む（＝災害に対して合理的な行動・活動を促進させる）ために、災害対策基本法の条文を改正するだけにとどまらず、関係立法や具体的な施策を通じて、諸個人に防災について学ぶ機会や、地域コミュニティと「個人」との関係を学ぶ機会を提供する必要があるといえる。これは、単に「個人」に地域に潜む防災上の危険を理解させることだけではなく、国家が下支えとなり地域コミュニティを担う「個人」を創出することも意味する。

このように、災害対策基本法において想定される「個人」像は、保護される存在から、災害に対して自ら予防や地域の一員として活動を行うといった自律した存在へと転換しているといえる。しかしながら、このような立法者意思にもかかわらず、私たちは自然災害に対してどのような備えをする必要があるのか、充分に理解できているとはいえない。立法者意思と国民の認識に大きなずれがあるのが現状なのではないだろうか。

3 被災地で考える「個人」の実態

前章では、災害対策基本法における「個人」像の変化について取り上げたが、実際に自然災害に見舞われた「個人」がどのような行動をとるのだろうか、また被災地における経験から「個人」にはどのようなことが求められるのか。岩手県の3つの自治体の実例を交えながら考えてみたい。

1　釜石市鵜住居地区防災センターの事例

3.11で甚大な被害を受けた三陸沿岸自治体のひとつである岩手県釜石市では、市北部の沿岸地域に位置する鵜住居地区において、多数の住民が避難していた拠点避難所「鵜住居地区防災センター」が津波にのまれた。

二階建ての建物の天井まで津波が襲い34名が救出されたが、後日69名の遺体が収容され、最終的には200名を超える住民が犠牲になったと推測されて

3 被災地で考える「個人」の実態 91

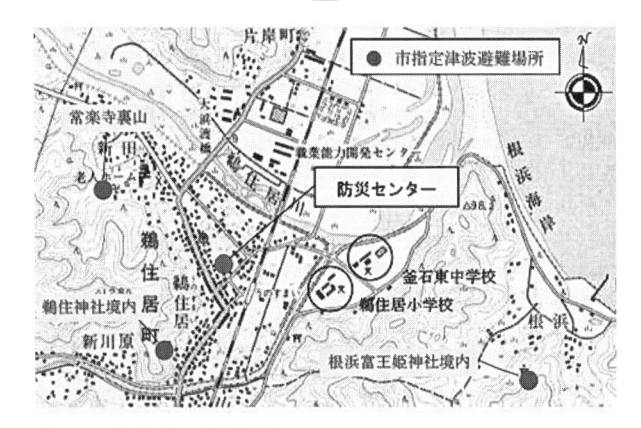

図：釜石市鵜住居地区付近
(『釜石市鵜住居地区防災センターにおける東日本大震災津波被災調査報告書』より引用)

写真①：鵜住居地区防災センター（側面）（2013年10月25日撮影）

いる。同町内でより海岸線に近くに位置する鵜住居小学校と釜石東中学校にいた児童・生徒約600名が高台に避難して津波の難を逃れていたことと対照的な結果となった。

このような多くの犠牲者を生じた背景として、「市の防災計画ではこの施設を津波の一次避難所として指定していないにもかかわらず、この施設に

写真②：鵜住居地区防災センター（２階避難室（ホール））（2013年10月25日撮影）

写真③：鵜住居地区防災センター（２階天井部分）（2013年10月25日撮影）

『防災センター』という名称をつけ、避難訓練においてこの施設を避難場所として使用していたことが、この施設を避難場所として住民に誤解を与えることに繋がった」とする行政の責任を問う報告書が釜石市の設置した被災調査委員会により平成26年3月に提出されている[11]。同施設は「防災センタ

ー」と呼ばれているが、いわゆる一次避難場所とは異なり、津波がひいた後に避難者が中長期的に暮らす拠点としての拠点避難場所という位置づけであった。それにもかかわらず、行政側が立案した防災計画が十分に住民へ周知されず、また地域防災計画に基づく避難訓練でも高齢者に配慮し同施設を一次避難所として使用するなど、住民に誤解を与えるきっかけを与えた行政の責任は問われるべきであろう。しかし、この建物は津波浸水予想範囲の外側に位置していたが、より高台に逃げた人々の多くが助かっているという事実を踏まえるならば、行政だけの責任として語られるべき問題とは言い切れない。行政と地域住民、地域住民同士の意思疎通が十分ではなかったことも、多くの犠牲者を生じさせてしまったひとつの要因といえるのではないだろうか。

　実際、鵜住居地区に住む子供たちは、鵜住居小学校・釜石東中学校において実施されてきた防災教育やハザードマップ作成などを通じて、『ここまで来れば大丈夫』と決めつけずに自らが判断し、そのときおかれた状況下で最善の行動をとることによって、多くの命が救われている[12]。その一方で、地域住民は、定期的な避難訓練が仇となり、鵜住居地区は海岸から陸地に向かい平坦な土地が広がっているため、災害時には高台へ逃げることが賢明であるにもかかわらず、「2階までは波は来ないであろう」「津波が来てもここに逃げれば大丈夫」という思い込みが、防災センターへの避難行動へとつながり被害を増幅させてしまったといえる。確かに地域の高齢者などの要援護者をどのように避難させればよかったのかという検討事項はあるにしても、防災に関する行政の施策（「防災センター」の建設、ハザードマップによる浸水想定区域情報等の提供、想定された避難訓練など）だけに満足し、防災を行政に依存し自らの命を守るために主体的な行動がとれなくなっていたことに問題があるともいえる。つまり、行政が提供した事前予防による「災害イメージの固定化」が個人の避難行動に悪影響を与えたということがいえるだろう。

11　『釜石市鵜住居地区防災センターにおける東日本大震災津波被災調査報告書』（平成26年3月）参照 http://www.city.kamaishi.iwate.jp/kurasu/bosai_saigai/oshirase/detail/__icsFiles/afieldfile/2015/02/25/20140312-130741.pdf
12　震災当時の釜石の子どもたちの避難行動については、片田敏孝『子どもたちに「生き抜く力」を―釜石の事例に学ぶ津波防災教育―』（フレーベル館、2012）に詳細に記載されている。

この点で、災害予防としての行政施策（＝公助）における限界と同時に、災害から身を守るために的確な判断のできる「個人」をどのように育てるのか（＝自助）、或いは要援護者をともなう避難を地域コミュニティでどのように行うのか（＝共助）といったことが問い直されなければならないといえる。

（追記　ここで紹介した鵜住居地区防災センターは、2013年12月に解体され、現在は釜石市のHPにおいて映像アーカイブで閲覧可能である。http://www.city.kamaishi.iwate.jp/kurasu/bosai_saigai/detail/1191307_2221.html）

2　大槌町における事例

沿岸被災地のひとつであり釜石市鵜住居地区に隣接する岩手県大槌町において、岩手大学のプロジェクトチームが2011年9月〜11月に「仮設住宅住民調査」を実施した。この調査は、大槌町仮設団地48団地に入居していた18歳以上の人々を対象に個別配票・郵送回収法で実施されたものであり、4000票中1308票の回収（約33％）であった。この調査結果は、『大槌町仮設住宅住民アンケート調査報告書〜大槌町の人と地域の復興のために〜』（2012年3月　岩手大学震災復興プロジェクト）[13]として公表されている。この調査結果の一部に、沿岸被災地における住民像を垣間見ることができるデータがいくつか存在する。このデータを紐解きながら、災害時に求められる「地域コミュニティ」における「個人像」について検討していくことにしたい。

この調査では、32の項目について質問がなされた。この中で、地域コミュニティと個人の関係を検討する際に参考となるのは、〈地域での役職について〉（問18）と〈避難時のことについて〉（問19、20、21）である。

まず、〈地域での役職について〉（問18）の質問と結果をみてみたい。

---

[13] 『大槌町仮設住宅住民アンケート調査報告書〜大槌町の人と地域の復興のために〜』（岩手大学震災復興プロジェクト、2012年3月）。http://www.iwate-u.ac.jp/reconstruct/file/otsuchi_question.pdf

〈地域での役職について〉

> 問18　地域内の団体や組織で、役職についていましたか。(あてはまるものすべてに○を)
> a　町内会・自治会の役員（具体的に：　　　　　　　　）
> b　消防団　　c　PTA・子ども会　　d　漁協・農協
> e　その他の同業者組合・商店会　f　民生委員・保護司・青少年育成員
> g　長寿会・女性部会・青年部会　　h　ボランティア・NPO
> i　その他（具体的に：　　　　　　　）

　この質問で震災時の地域コミュニティにおける「役職」に着目しているのは、何らかの役職を持つことによって何かしらの地域リーダーとしての役割が期待されうることによる。この調査では、「町内会・自治会の役職」を答えた人の割合がいちばん高く13.7％、次いで、「PTA・子ども会」が6.5％などとなっている（図表Ⅱ-5-1）。

　この結果を年齢3区分で分析したものが以下のものとなる（図表Ⅱ-5-

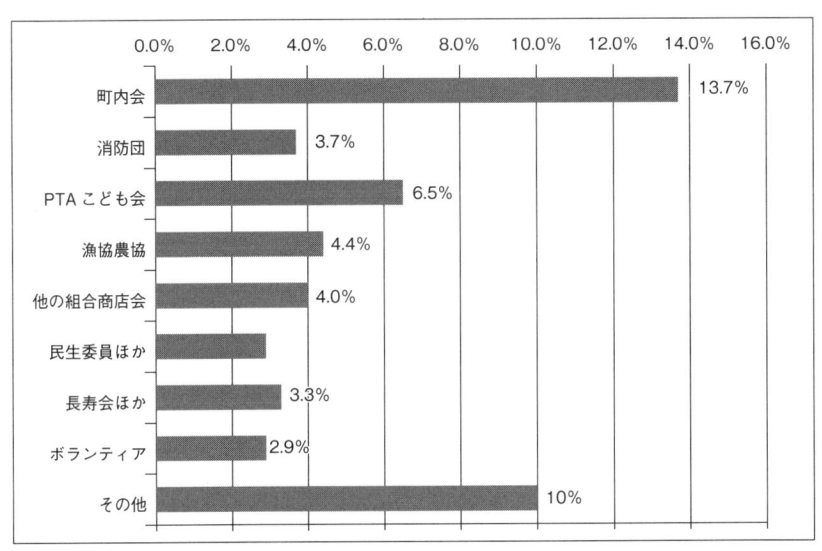

項目	割合
町内会	13.7%
消防団	3.7%
PTAこども会	6.5%
漁協農協	4.4%
他の組合商店会	4.0%
民生委員ほか	
長寿会ほか	3.3%
ボランティア	2.9%
その他	10%

図表Ⅱ-5-1　地域での役職（複数回答）
注) %は無回答・非該当を除く回答者数に対する割合（有効回答数＝520）

図表Ⅱ-5-2　地域での役職─年齢3区分分類（複数回答）

年齢	回収数	町内会	消防団	PTA子ども会	漁連農協	他の組合商店会	民生委員ほか	長寿会ほか	ボランティア	その他
18歳以上～30歳未満	73	0.0%	8.0%	4.0%	0.0%	0.0%	0.0%	0.0%	4.0%	0.0%
30歳以上～65歳未満	674	14.1%	5.9%	11.9%	2.6%	4.8%	1.5%	2.6%	3.0%	8.6%
65歳以上	519	14.7%	0.5%	0.0%	7.1%	3.8%	5.2%	4.7%	2.8%	13.3%
無回答	42	13.3%	0.0%	6.7%	6.7%	0.0%	0.0%	0.0%	0.0%	6.7%
合計	1308	13.7%	3.7%	6.5%	4.4%	4.0%	2.9%	3.3%	2.9%	10.0%

2）。若い年齢層（18～30歳未満）における役職では、「消防団」（8.0％）、「PTA・子ども会」（4.0％）、「ボランティア」（4.0％）であるが、中高年齢（30～65歳未満）では、「町内会」（14.4％）、「PTA子ども会」（11.9％）の順で高く、「消防団」（5.9％）、「他の組合商店会」（4.8％）など、地域の役職をまんべんなく担っていることがわかる。また、高齢層（65歳以上）では、「町内会」（14.7％）がいちばん多く、次いで「漁協・農協」（7.1％）、「民生委員」（5.2％）といったように、地域コミュニティと何らかのかたちで接点を持っている地域であることがわかる。このデータからは、中高齢層が全般的な地域コミュニティの役職を担っているが、地域防災の要といえる消防団の役職は若年層から中高年齢層が中心に、町内会・自治会などの役職は中高齢層から高齢層が中心と役割分担がなされていることがうかがえる（図表Ⅱ-5-2）。また、子どもを介して「PTA・こども会」の活動にも役職として一定程度の人々が参加していたともいえる。このデータから読みとることのできない一般住民も加味するならば、それなりの人々が地域と何かしらのかかわりをもって生活していたことが容易に想像できる。

　次に、住民と地域コミュニティとのかかわりが、避難行動や避難所生活に何かしらの影響を与えたのかを検討してみたい。

3 被災地で考える「個人」の実態　97

〈避難時のことについて〉

> 問19　地震発生直後に、避難されましたか。
> 1　避難しなかった
> 2　避難した（イ　指定避難所　ロ　指定外の避難場所　ハ　個人の住宅・事業所　ニ　その他（具体的に：　　　　））

　地震発生直後に避難したかどうかについては、約9割の人々が避難したと回答した（図表Ⅱ-5-3）。そうじて避難意識の高い地域であったことがうかがえる。しかし、高所や海岸から離れた場所に居住している場合、避難をした人の割合が全体よりも若干下回る。また、多くの方が避難した地域でも、犠牲者を多く出している地域もある。各地域別データの分析は本文では割愛するが、避難意識に地域差があったことも事実である（図表Ⅱ-5-4）。このことについて、調査報告書では、「地区防災計画だけの問題ではなく、津波警報の問題、堤防が与えた安心感の問題、浸水危険区域での宅地開発の問題など、これまでの都市基盤整備の問題点を浮き彫りにしているといえる」と述べられている。

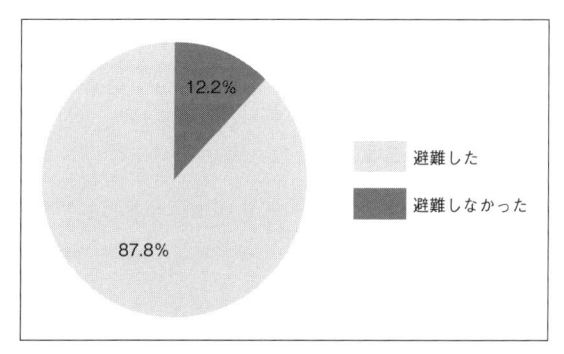

図表Ⅱ-5-3　地震発生直後に避難したか

- 避難した：87.8%
- 避難しなかった：12.2%

注）％は無回答・非該当を除く回答者数に対する割合（有効回答数＝1236）

図表Ⅱ-5-4　地震発生直後に避難したか―地区別

前住所	有効回答数	避難しなかった	避難した
町方	577	12.7%	87.3%
桜木町・花輪田	46	13.0%	87.0%
小枕・伸松	14	7.1%	92.9%
沢山・大ケ口	107	22.4%	77.6%
安渡	259	6.9%	92.7%
赤浜	65	15.4%	84.6%
吉里吉里	167	7.8%	92.2%
浪板	0		
小槌	19	21.1%	78.9%
金沢	0		
上記に含まれない町内	17	17.6%	82.4%
町外	12	41.7%	58.3%
その他	0		
無回答	4	0.0%	100.0%
合計	1287	12.2%	87.7%

上記の表で「沢山・大ケ口」や「小槌」地区で避難した人の割合が低いのは、「海から少し離れた地域にまで津波が押し寄せるとは考えにくい」と考える人が少なくなかったと思われる。また、多くの方が犠牲になった「町方」や「安渡」でも9割の方が避難している。犠牲となった方の多くも高い防災意識をもっていたと思われる。

〈避難時のことについて〉

> 問20　指定避難所の場所や避難経路について
> 1　よく知っていた　　2　ある程度知っていた　　3　あまり知らなかった　　4　ほとんど知らなかった

　指定避難場所や避難経路について、この調査結果からは、住民の多くが知っていた様子がうかがえる（図表Ⅱ-5-5）。昔からの津波被災地域であるからこそ、住民の意識が高かった結果といえるだろう。しかし、津波の規模が想定を超えていたことから、沿岸部の避難施設は津波におそわれた。避難計画の見直しはもちろんであるが、津波に対する意識の高い大槌町の住民であっても1割以上の人々が避難先をよく知らなかったという結果を踏まえて、

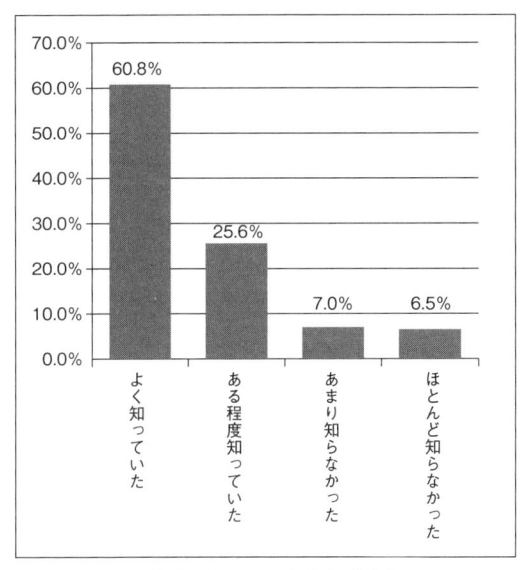

3　被災地で考える「個人」の実態　99

図表Ⅱ-5-5　指定避難所や避難経路を知っていたか

- よく知っていた：60.8%
- ある程度知っていた：25.6%
- あまり知らなかった：7.0%
- ほとんど知らなかった：6.5%

如何に防災情報を住民へ周知させ、避難を徹底させるのかが今後の大きな問題となる。

〈避難時のことについて〉

問21　震災および津波発生後に、あなたは、他の人のために、次のような行動をとりましたか。（あてはまるものすべてに○を）
a　避難・誘導にあたった　　b　救出・救助にあたった
c　安否確認をとった　　d　捜索にあたった・捜査に協力した
e　物資の調達に動いた　　f　物資の配給　　g　地域の防犯
h　避難所運営に加わった　　i　道路整備・環境整備をした
j　はげましあった　　k　その他（具体的に：　　　　　　　）

地震・津波発生後にとった他の人たちのための行動（愛他的行動）では、一番多かったのは「はげまし」（48.7%）であるが、次いで「安否確認」（34.1%）「避難誘導」（20.9%）「物資調達」（17.6%）「避難所運営」（17.4%）「物資配給」（15.8%）などと続く（図表Ⅱ-5-7）。性別でみると、女性で多

100　第4章　防災で問い直される「公」と「個人」

```
                 0.0%   10.0%  20.0%  30.0%  40.0%  50.0%  60.0%
避難誘導         ████████████ 20.9%
救出救助         ████████ 14.2%
安否確認         ████████████████████ 34.1%
捜索             ██████ 10.7%
物資調達         ██████████ 17.6%
物資配給         █████████ 15.8%
地域防犯         ██ 2.8%
避難所運営       ██████████ 17.4%
道路整備         ███ 5.6%
はげまし         █████████████████████████████ 48.7%
その他           ██████ 10.1%
```

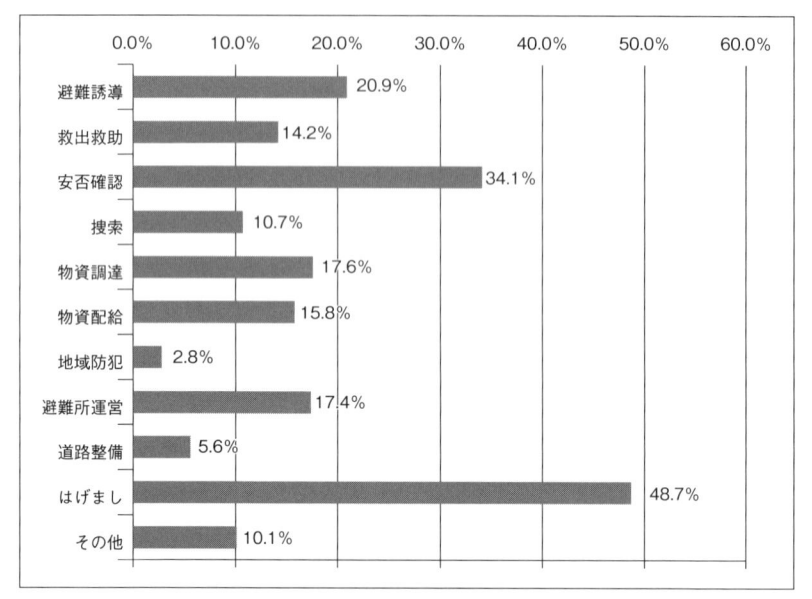

図表Ⅱ-5-7　他の人たちのための行動（複数回答）
注）％は無回答・非該当を除く回答者数に対する割合（有効回答数＝1079）

図表Ⅱ-5-8　他の人のための行動（複数回答）―男女別

性別	避難誘導	救出・救助	安否確認	捜索	物資調達	物資配給	地域防犯	避難所運営	道路整備	はげまし	その他
男	26.6%	21.9%	41.2%	17.8%	26.6%	21.7%	6.4%	22.5%	11.5%	37.1%	7.2%
女	16.6%	7.9%	28.1%	4.7%	10.5%	11.2%	0.0%	13.3%	0.5%	58.8%	12.7%
無回答	5.6%	5.6%	33.3%	5.6%	0.0%	5.6%	0.0%	11.1%	5.6%	38.9%	5.6%
合計	20.9%	14.2%	34.1%	10.7%	17.6%	15.8%	2.9%	17.4%	5.6%	48.7%	10.1%

いのは、「はげまし」（58.8％）であり、女性に比べて男性で特に多いのは、「救出・救助」（26.6％）「捜索」（17.8％）「道路整備」（11.5％）「地域防犯」（6.4％）である（図表Ⅱ-5-8）。しかし、その一方で、「避難・誘導」や「安否確認」「物資調達」「物資配給」「避難所運営」では、男性が比率は高いものの、男女とも共同して関わっていた様子がうかがえると報告書では分析されている。この結果を見る限り、性別にかかわらず、誰もができることを率先して行っていたと読み取ることができるのではないだろうか。それがこの

ような数値に現れているものと思われる。

　さて、この4つのデータを読み解くにあたっては、都市部と異なり比較的お互いのことをよく知っている地域コミュニティにおける調査結果であることを注意しておく必要がある。問18の回答分析からも読み取ることができるように、若年層〜中年層は「消防団」や「PTA」を通じて、高齢層では「漁協・農協」「民生委員」などを通じて、年齢層で担う役割が異なるにしても、地域コミュニティと結びつきを持っている。ここで示されたデータは「役職」に限定されているが、一般の構成員も含めると、地域の多くの人々が地域コミュニティと結びついていることは想像に難くない。何代にもわたりこの地域に居住し、地域のことをよく知っている人々であるからこそ、津波被害の恐ろしさを理解しており、問19で示されるように直ちに避難という行動や、問20で示される避難場所・経路の熟知、そして避難後には問21で示される愛他的行動として「はげまし」だけでなく、安否確認・避難誘導などの行為を率先して実施に移すことが可能であったと思われる。その意味では、このような地方の地域コミュニティには、長年にわたり暮らすことによって、そこで暮らすために必要な知識や生活習慣を習得し、期待されるべき「個人」像へと育くむ素地があったといえる。一方で、都市部の地域コミュニティには、地方でみられるようなその地域での生活に必要な知識・習慣等を次世代へ伝え、その地域に求められる人材を育成するだけの素地があるといえるのだろうか。地域コミュニティとそこに集う人々の構成を考慮せずに「地区防災計画」を策定するのは危険と言わざるを得ない。地域コミュニティの活性化と地域防災力の向上をどのようにリンクさせればよいのか、各地域の実情に応じて検討しなければならないだろう。その際に、大槌町の住民のコミュニティへのかかわりと避難行動の関係は、1つの考慮すべき素材を提供するものと考えられる。

3　遠野市の防災基本条例について

　岩手県の南東部の北上高地の中心に位置する遠野市は、岩手県の内陸と沿岸の中間地点に位置し、内陸にも沿岸にも通じる道路網が整備された結節点

となっている。この地理的条件もあり、東日本大震災においては、沿岸被災地への後方支援の拠点となった。この震災支援の教訓を活かし、市民等の防災に関する意識の醸成を図ることを目的として、平成26年4月に「遠野市防災基本条例」が施行された。震災後、岩手県内の自治体では初めての「防災基本条例」である。この条例では、「自助・共助・公助」としての取り組みの内容が明確化されただけでなく、第5章の「他の地方公共団体等への支援」では、大規模災害時の他の地方公共団体への支援（水平連携）と遠野市に拠点をおいて活動を行う機関、団体に市の施設を提供するなどの後方支援について定義していることが特徴といえる。ここでは、この条例について、「自助・共助・公助」を中心に概観する（なお、同条例については、資料として文末に添付する）。

　そもそも、市民の意識を高めるという趣旨で自治体が制定するものとしては、宣言または憲章、あるいは条例が考えられる。市民の防災意識を高めるのであれば、宣言や憲章という手法も考えられる。しかし、この2つは法的拘束力がないことや、一度発表すると変更ができないなどの問題も多い。一方、市の最高法規である「条例」として定めることは、防災対策の政策が継続されることが法的に担保され、予算措置も講じやすくなる。また、将来の社会情勢などに応じて、内容を変更することも可能である。遠野市では、市長の公約に「防災に強いまちづくり」が掲げられていたこともあり、市が主導するかたちで条例づくりがなされた。

　さて、この条例では、自助（第2章）、共助（第3章）、公助（第4章）としての役割（努力目標）と責任を規定し、それぞれ相互の連携強化を図ることにより、安全安心な地域社会を目指すものである（基本理念、第3条）。災害対策基本法では、行政の「公助」が中心で、個人・事業者の「自助」や地域の「共助」については限定的な内容であるのに対して、防災基本条例とは、各主体が一体となった総合的な防災対策を推進するための規範としての内容である。その意味では、防災予防を基礎に置き、条例等を通して市民の防災・減災に対する意識を持たせることが主たる目的であると同時に、災害時の地域力をどのように育むのかかが問題になる。そのひとつの可能性として、「自主防災組織」（第8条）の役割が期待される。遠野市の場合、9つの

町が合併して現在の市を形成した歴史的経緯があり、現在でも旧行政区割に沿って90もの自治会があり、それぞれに自主防災組織が設けられている。しかし、活動には温度差があり、各地域のリーダー育成や活動の活性化を促すことは市の役目（公助）ともいえるだろう。地域力の育成は災害対策にも重要な要素となるからである。

このように考えるならば、この条例で想定される「個人」とは、保護されるべき受動的な「個人」像ではなく、地域へ積極的にかかわりを持つ能動的な「個人」像といえる。能動的な「個人」が各自で自らの生命の安全を守る「自助」を行う。能動的な人々が一定程度集うことで担うことになるのが地域コミュニティにおける「共助」といえる。そして、「共助」を如何に活性化させるのかという手法は「公助」が担うことになる。この３つをどのようにうまくかみ合わせるのかは、最近よく聴かれるようになった「新しい公共」という概念も踏まえ、それぞれの自治体で議論を深める必要があるだろう[14]。

4 おわりに
——「自助・共助・公助」の曖昧さと「個人」像の変化

これまでの議論で明らかなように、災害対策基本法と岩手における３つの事例を比較すると、防災で議論されるべき「個人」像が変化していることが理解できる。被災直後は保護される被災者という位置づけにおかれるが、復旧・復興過程に入ると保護されるだけでなく主体的な「個人」と行政の関係を前提にした議論へとシフトする。ゆえに、想定される「個人像」も下図のように消極的地位としての「個人」ではなく、積極的まちづくり等に発言する能動的な個人像を想定し、そのような住民を支える行政のあり方を検討す

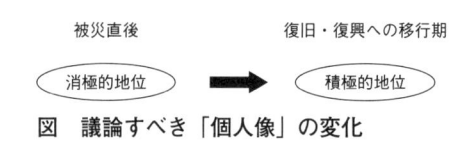

被災直後　　　　　　復旧・復興への移行期
消極的地位　→　積極的地位

図　議論すべき「個人像」の変化

14　国家と国民は緊張関係・対立関係にあると考える憲法学では、行政と市民が協働しあいながら共生社会を築くと考える「新しい公共」という概念には慎重にならざるをえない。

る必要があるだろう。

　ただし、この能動的個人をどのように育てるのかについては、充分に議論できているわけではない。大槌などの地域コミュニティがしっかりと機能しているところでは、生きる術として様々な知識・経験（例：地震が発生すると直ちに高台へ）を伝承することが可能であろう。しかし、都会のように地域コミュニティ力が衰えている地域では、その伝承は学校教育だけに委ねられてしまうことになりかねない。確かに、個人等が自己の防災行動を決定するにあたっての判断の基準を告知する義務は行政側にあるとしても、それを読み解く力をどのように付けさせるのかは、地域社会・国家として考えるべき問題ともいえるだろう。

　一方、法学的視点からは「自助・共助・公助」の境界は必ずしも明確というわけではない。特に、国家と個人との関係を考える憲法学では、「共助」という領域がいまだに曖昧さを残している。確かに、東日本大震災を経験して「公助の限界」については理解が深まったといえる。しかし、「共助」については、「自助」で賄えない部分を補うかたち（＝自立した諸個人の集合領域）で考えるのか、「公助の代替機関」として考えるのかで、領域の性質は異なるものと考えられる。特に、防災基本条例などで規定される内容が、本来行政が実施すべきものを協働という名の下で「共助」へ委ねる可能性もあり、今後注意する必要がある。その意味では、東日本大震災の経験によって周囲からの「同調圧力」を無意識に受けてきた私たちは、防災において問われる「個人」像を通じて、憲法で保障される「自由」と国家との関係を改めて問い直されているとも考えられる。

【資料】遠野市防災基本条例　　平成26年3月19日条例第4号

目次
　前文
　第1章　総則（第1条-第4条）
　第2章　自助（第5条・第6条）
　第3章　共助（第7条-第9条）
　第4章　公助（第10条-第21条）
　第5章　他の地方公共団体等への支援（第22条・第23条）
　第6章　雑則（第24条）
　附則

　平成23年3月11日に発生した東日本大震災をはじめとして、これまでに発生してきた幾多の災害は、多くの生命と財産を一瞬にして奪い、自然が持つ圧倒的な力の大きさと防災の重要性を私たちに突き付けたところである。

　これらの災害を教訓として、いつ発生するか分からない災害から市民の生命と暮らしを守り、災害に強い地域社会を築くためには、市と市民等の責務と役割を明らかにするとともに、官民一体による連携の下、災害を未然に防止することはもとより、減災の理念に基づいた防災対策を講ずることが必要不可欠である。

　また、広域的な災害が発生した場合には、被災した地方公共団体を他の地方公共団体が支援する協力体制を構築することが重要である。

　ここに、市と市民等との適切な役割分担を図りながら、自助、共助及び公助を基本理念として、市民が安心して暮らすことのできる災害に強い地域社会を築き上げることを決意し、この条例を制定する。

　　第1章　総則
（目的）
第1条　この条例は、市民の生命、身体及び財産を災害から守るため、防災対策に関し、基本理念を定め、並びに市民、事業者、自主防災組織（以下「市民等」という。）及び市の責務を明らかにするとともに、災害予防、災害応急対策及び災害復旧に関する基本的な事項を定め、並びに防災対策に係る地域間の連携の強化を図ることにより、防災対策を　総合的に推進

し、もって災害に強い地域社会を構築することを目的とする。
(定義)
第2条　この条例において、次の各号に掲げる用語の意義は、当該各号に定めるところによる。
　(1) 災害　暴風、豪雨、豪雪、洪水、地震その他の異常な自然現象により生ずる被害をいう。
　(2) 防災　災害を未然に防止し、災害が発生した場合における被害の拡大を防ぎ、及び災害の復旧を図ることをいう。
　(3) 市民　市内に住所又は居所を有する者をいう。
　(4) 事業者　市内で事業を営む法人その他の団体及び個人をいう。
　(5) 自主防災組織　市民が防災活動に取り組むため、相互扶助の精神に基づく自発的な防災組織をいう。
　(6) 災害時要援護者　高齢者、障がい者その他の災害時に必要な情報を迅速かつ的確に把握し、及び自ら避難することが困難な者であって、その円滑かつ迅速な避難の確保を図るため特に支援を要するものをいう。

(基本理念)
第3条　防災対策は、災害が発生した場合における被害を最小化するため、自己の責任により自らを守る自助、地域において相互に助け合う共助並びに市及び関係機関が講ずる公助を基本として、市と市民等が相互に連携して実施されなければならない。

(地域防災計画への反映)
第4条　災害対策基本法(昭和36年法律第223号。以下「法」という。)第16条第1項の規定により設置する市の防災会議は、地域防災計画を作成するに当たっては、前条に規定する基本理念(以下「基本理念」という。)を反映させなければならない。

　　　　第2章　自助
(市民の自助)
第5条　市民は、自助の理念にのっとり、防災対策のため、次に掲げる事項について、自ら災害に備えるよう努めなければならない。

（1）自らが居住し、又は使用する建築物その他の工作物の安全の確保を図ること。
（2）家具の転倒、物品の落下等の防止のための措置を講ずること。
（3）出火の防止のための措置を講ずること。
（4）災害時の初期対応に必要な用具の準備を行うこと。
（5）飲料水、食料等の災害時に自らが必要とする物資の備蓄を図ること。
（6）避難場所、避難経路及び避難方法を確認すること。
（7）災害時の連絡先及び連絡方法を確認すること。
（8）防災対策に関する知識の習得及び情報の収集を行うこと。
（9）前各号に掲げるもののほか、日常の防災対策に関し必要な事項

（事業者の自助）

第6条　事業者は、自助の理念にのっとり、従業員及び事業所を来訪する者（以下「従業員等」という。）の安全を考慮し、防災対策のため、次に掲げる事項を実施するよう努めなければならない。

（1）事業活動で使用する建築物その他の工作物の安全の確保を図ること。
（2）事業活動で使用する物品の転倒、落下等の防止のための措置を講ずること。
（3）出火の防止のための措置を講ずること。
（4）災害時の初期対応に必要な用具の準備を行うこと。
（5）避難場所、避難経路及び避難方法の確認を行い、並びにその内容を従業員等に周知すること。
（6）防災対策に関する知識及び技術を従業員等に周知するとともに、定期的に防災訓練を実施すること。
（7）災害時における情報の収集方法及び伝達方法を確認し、並びに確保し、その内容を従業員等に周知すること。
（8）前各号に掲げるもののほか、日常の防災対策に関し必要な事項

2　事業者は、災害時に事業を中断しないよう、又は中断した場合においてはできる限り早期に事業を再開することができるよう体制の整備に努めなければならない。

第3章　共助

（市民の共助）

第7条　市民は、地域社会の一員としての責任を自覚し、共助の理念にのっとり、市が実施する防災対策に関する事業に協力するよう努めるとともに、災害から生命、身体及び財産を守るため、自主防災組織の活動に積極的に参加するよう努めなければならない。

（自主防災組織の共助）

第8条　自主防災組織は、共助の理念にのっとり、消防団、婦人消防協力隊、事業者等と協力し、地域における防災活動を実施するとともに、市民の安全確保に努めなければならない。

（事業者の共助）

第9条　事業者は、社会的責任を自覚し、共助の理念にのっとり、市民との連携による防災活動に協力し、及び参加するよう努めなければならない。

　　第4章　公助

（市の責務）

第10条　市は、基本理念にのっとり、災害から市民の生命、身体及び財産を守り、その安全を確保するため、市民等と協働して災害予防、災害応急対策及び災害復旧に関する必要な施策を推進しなければならない。

（自主防災組織への支援及び防災活動の啓発）

第11条　市は、自主防災組織の活動の促進を図るため、自主防災組織に対して必要な研修を行い、並びにその活動を担う人材の育成及び確保について必要な支援を行うよう努めるとともに、市民の自主的な防災活動の推進に資する啓発に努めなければならない。

（災害時要援護者への支援）

第12条　市は、災害時要援護者への情報の提供及び避難の支援が円滑に行われるよう体制の整備に努めなければならない。

（防災知識の普及及び防災訓練の実施）

第13条　市は、防災に関する知識の普及に努めるとともに、市民等及び関係機関と連携して積極的に防災訓練を実施するよう努めなければならない。

（物資の備蓄）

第14条　市は、災害の発生に備え、必要な物資を計画的に備蓄しなければならない。

（情報の提供）

第15条　市は、災害の発生に備え、災害に関する情報、避難場所、避難経路その他円滑な避難のために必要な情報を市民等に対し提供しなければならない。

2　市は、災害が発生し、又は発生するおそれがある場合は、気象に関する情報その他の必要な情報を速やかに把握するとともに、市民等が当該情報を収集することができるよう必要な措置を講じなければならない。

（災害応急対策の実施体制の確立）

第16条　市は、災害が発生し、又は発生するおそれがある場合は、法第23条の2第1項の規定により設置する災害対策本部（以下「災害対策本部」という。）を中心とした災害応急対策を実施するための体制を確立しなければならない。

（ボランティアとの連携）

第17条　市は、災害が発生した場合におけるボランティアによる被災者への支援活動の円滑な実施を確保するため、ボランティアの養成を図るとともに、当該活動の拠点となる施設の確保、防災に必要な物資の提供その他の必要な支援及びボランティアを受け入れるための体制の整備に努めなければならない。

（応急医療体制の整備）

第18条　市は、災害の発生に備えて医療の提供体制を整備するものとし、災害が発生した場合には、市民等及び医療機関と連携協力して、負傷し、又は疾病にかかった者の救護を行わなければならない。

（避難所の開設及び運営）

第19条　市は、災害が発生し、又は発生するおそれがある場合において、必要があると認めるときは、速やかに避難所を開設し、及びその運営を行わなければならない。

（施設又は設備の復旧要請）

第20条　市は、災害により電気、通信、交通その他の市民の生命又は日常生

活の維持に必要な施設又は設備が破損した場合は、当該施設又は設備を管理する事業者に対し、その速やかな復旧を要請するとともに、当該施設又は設備に係る情報提供を的確かつ迅速に行うよう求めるものとする。

（災害復旧の推進）

第21条　市は、災害により甚大な被害が発生した場合は、市民生活の早期の再建を図り、及び都市機能の回復に資するため、速やかに災害復旧を実施するための体制を確立するとともに、国、他の地方公共団体その他の関係機関及び市民等との連携を確保し、これに取り組まなければならない。

第5章　他の地方公共団体等への支援

（他の地方公共団体への支援）

第22条　市は、災害により甚大な被害が発生した他の地方公共団体に対し、災害応急対策又は災害復旧に関する支援を行うよう努めるものとする。

（災害応急対策等の活動を行う機関等への支援）

第23条　市は、災害により他の地方公共団体に被害が発生した場合において、本市を拠点として当該地方公共団体における災害応急対策又は災害復旧に関する活動を行う機関又は団体に対し、市の施設の提供その他の当該活動を円滑に行うために必要な支援を行うよう努めるものとする。

第6章　雑則

（委任）

第24条　この条例に定めるもののほか、この条例の施行に関し必要な事項は、市長が別に定める。

附則

この条例は、平成26年4月1日から施行する。

第5章　大規模災害下における労働条件の変更法理

河合　塁

1　はじめに

　2011年3月11日に発生した東日本大震災、そしてそれに起因する福島第一原子力発電所の事故に見られるように、大規模な自然災害（以下、大規模災害）は、甚大な人的・物的被害と同時に、雇用や労働に関してもさまざまな問題を突きつけることとなる。特に雇用・労働に関する問題（以下、雇用・労働問題）、企業間取引の停滞や消費減少といった、被災（地）企業ないし被災地域経済とも密接に関わりながら展開するという意味で、非常に深刻かつ難解な問題といえよう。

　さて、大規模災害に伴う雇用・労働問題としてまず思いつくのは、「被災者ないし被災地域における、雇用の維持・創出ないし継続」といったことではないだろうか。そしてそれらに対しては、法の創設・改正ないし現行法の運用（労働行政による対応）といった、立法ないし政策的側面からの対応が主として展開されることになる。

　もちろん、そのような対応が必要不可欠であることは当然である。ただ、雇用・労働問題は、そういった側面からの対応だけで事足りる、というものでもない。なぜなら、個々の企業（使用者）、あるいは個々の従業員（労働者）に目を向ければ、そこで展開される雇用・労働問題は「労働契約の展開」に伴う法的な問題、すなわち、使用者－労働者間の契約（労働契約）の解釈に委ねられる（あるいは、解釈が重要となる）問題として顕われてくるからである。本論文は、このような観点から、そのような法的問題の1つである「労働条件の不利益変更（以下、単に「不利益変更」とも称する）」に着目し、大規模災害との関連で展開する不利益変更について、法的側面からの考

察を試みるものである。

　ところで、不利益変更の問題については、厚生労働省が2011年4月に発出した「東日本大震災に伴う労働基準法等に関するQ＆A（第3版）」の中でも触れられてはいる。ただ内容的には、一般的な労働法上の不利益変更ルールの説明に概ね留まっており、「具体的に大規模災害との関連で、どのような特殊な問題があるのか」ということについてはあまり深くふみ込んでいない印象を受ける。これは、「大規模災害の場合であっても、基本的には従来どおりの不利益変更ルールで対応しうる」ということなのかもしれないが、仮にそうであったとしても、現実の大規模災害との関連では、不利益変更はさまざまな背景から、さまざまな形で展開するものであるため、現実の場面における不利益変更法理の具体的な判断要素およびその適用のあり方については、もう少し丁寧に分析することが必要ではないだろうか。たとえば時系列的に見ても、平常時に「大規模災害が起きる前の、事前の備え」という視点からなされる場合、災害発生直後に「緊急避難的」な視点から「当面の扱いとして」なされる場合、災害発生からある程度の期間が過ぎた時点で、「当面の事実上の扱いを、ルールとして明確化する」という形でなされる場合では、それぞれ不利益変更の背景も異なるし、したがってその展開も異なりうるからである。

　そのような観点から本論文では、まず ２ にて、労働条件の決定・変更に関する一般的な労働法上の法理を概説した上で、３ ～ ５ にて、労働条件の不利益変更が、時系列的に見てどのような問題として具体化するのか、それについていかなる観点から検討すべきかを、具体的なモデル事案の検討を通じて述べていくこととする（なお本稿では以下、労働基準法を労基法、労働契約法を労契法と称する）。

２ 労働条件の不利益変更とは

1　序論

　そもそも「労働条件」とは何か。法的な定義があるわけではないが、一般には「労働契約関係における労働者の待遇の一切」[1]と解されており、賃金、

労働時間、安全衛生、人事異動（配置、昇進等）、服務規律などといった狭義の労働条件のみならず、「それら条件・基準に基づいて現実に行われる措置」[2]をも含む広い概念として把握される。ここでは、次章以降の検討の前提のために、そもそも「労働条件」が、法的にはどのように決定・変更されるのかという、一般的な労働法上の法理をまずは確認しておこう。

2 労働条件の決定ルール

まず、労働条件がどのように決まるのかというルール（法的には「労働条件が、労働者の権利・義務となる過程」ということ）についてである。厳密にはいくつかのパターンがあるが、大雑把にいえば、労働条件は①最終的には「労働契約の内容」という形で決まる、②そしてそれは労働者（従業員）の法的な権利・義務となる、③ただしその契約の内容は、法令（労働基準法、最低賃金法等）や就業規則を下回ったり、労働協約に反したりするものであってはならないといった制約を受ける、と説明できよう。

ここでは、典型的な労働条件決定の流れとして、就業規則による労働条件決定と、個別合意による労働条件決定の2つについて簡潔に触れておく。

（1）就業規則による労働条件決定

わが国の場合、常時10人以上を使用する使用者は、一定の労働条件について記載した「就業規則」の作成義務を負っており（労基法89条）、また労契法7条が、（後述する一定の要件の下で）「労働契約の内容は、…就業規則で定める労働条件による」としていることもあって、就業規則に規定された労働条件が、そのまま従業員の労働契約内容となっているというケースが大半である。もちろん（2）のように個別合意によって決めるケースもなくはないが、個々の従業員ごとに労働条件を決めることは現実には煩雑であるため、「統一的な労働条件を定め、それを一律に適用している」というこのパターンが実際には多いのである。

ただし、「就業規則に規定がありさえすれば、それがそのまま労働契約の

---

[1] 菅野和夫『労働法（第10版）』（2012）165頁参照。
[2] その結果、たとえば解雇なども労働条件として含まれることとなる。土田道夫『労働契約法』（2008）69頁参照。

内容として労働者の権利・義務となる」というわけではない。労契法7条は、就業規則で定められた労働条件が合理的な内容であり、かつ、その就業規則が労働者に周知されている場合に、「労働契約の内容は、その就業規則で定める労働条件による」として、一定の要件を課している。なお、就業規則で規定されている労働条件よりも有利な条件での個別合意があれば、そちらが契約内容として優先する（逆に個別合意による労働条件の方が不利であれば、就業規則で定める基準によることとなる。労契法7条但書・12条）。

（2）個別合意による労働条件決定

これに対し、「使用者と労働者との個別合意によって決定した労働条件が労働契約の内容となっている」というケースもある。就業規則が整備されていないケース、あるいは就業規則に規定されている条件を上回る条件が個別に合意されているようなケースなどの場合である。

個別の合意によって労働契約の内容を決定すること自体には法的には問題はない（労基法2条1項、労契法6条）。ただ、その内容が、労基法や最低賃金法などの法令を下回ること（労基法13条、最低賃金法4条）、就業規則の内容を下回ること（労契法12条）、労働協約に反すること（労働組合法16条）は許されず、その場合には、法令や就業規則、労働協約がそれぞれ労働契約の内容となる。

3　労働条件の変更ルール

さて、労働条件がどのようにして決まるのかについて見てきたが、本当に問題となるのは、「そのように決定された労働条件が、どのような場合にどう変更され、かつそれがどのような形で労働者を法的に拘束するのか」という点である。そしてこれは特に、労働者に不利益な形で変更される場合（不利益変更）に問題となる。なお、一般的にはあまり「不利益変更」の論点として把握されていないものの、実態としては不利益変更に相当する、ないしそれに近い問題性を有するようなものもある。以下では、そういったものも含めて少し広い角度から、不利益変更のパターンを整理しておきたい。

（1）既存契約の範囲内での不利益変更

労働条件の中には、あらかじめ包括的な形で決められており、その中で運

用されているというものが少なくない。勤務場所や職種は、その代表的なものといえる（もちろん、それらを特定した形で労働契約関係に入るケースもありうるが、一般的な新卒採用においては稀であろう）。上述のとおり、それは多くの場合、就業規則の中に、たとえば「会社は、業務上の必要に応じて、従業員に配置転換・転勤を命ずることができる」といったような包括的な規定が置かれており、その規定を根拠とした業務命令によって、勤務場所や職種がその都度特定されているのである。

そして、就業規則のこのような条項に基づいて、労働者の勤務地や職種が変更されることは珍しくないが、法的には、就業規則や労働契約自体が変更されるわけではない（現在締結されている労働契約の権利義務の範囲内[3]での労働条件の変動）ため、法的にはこれを不利益変更の問題としてとらえることは少ないであろう。しかしながら、実態としては労働条件を大きく変動させるものであり、しかも、それが従業員にとって望ましいものでなければ、不利益変更に近い機能を持っていることは間違いないのであるから、広い意味では不利益変更と捉えてもよいのではないだろうか。

いずれにせよ、この点に関する法的規制は実はそれほど明確ではないのだが、少なくとも、「就業規則にそのような規定がありさえすれば、使用者は常にそれに基づいて自由に業務命令を出せる」というわけではない。当然のことながら、規定自体、あるいは規定の運用が強行法規や公序良俗（民法90条）に反する場合には、信義則（労契法3条4項）や権利濫用法理（労契法3条5項）に照らして無効ないし違法と評価されることになる。

(2) 就業規則の変更あるいは合意による変更

さて、一般的に不利益変更という場合、通常は、賃金の減額や休憩時間の短縮化など、法的権利としての労働条件そのものが不利益に変更されるケースを指して用いられる（狭義の不利益変更）。これにはいくつかの方法があるが、もっとも典型的なものは、就業規則の変更を通じた不利益変更、あるいは、労使の個別合意に基づく不利益変更であろう。

まず前者については、就業規則の変更手続きとして、従業員のいわゆる過

3　毛塚勝利・米津孝司・脇田滋『アクチュアル労働法』(2014) 75頁。

半数代表の意見を聴取した上で、変更後の就業規則を労働基準監督署長に届け出る必要がある（労基法90条）が、さらに変更後の就業規則の規定が、労働契約の内容として労働者を拘束するといえるためには、労契法の要件を満たす必要がある。労契法は、労働者の合意を得ないで、就業規則の変更によって労働条件を不利益変更することを原則的に否定（9条）としつつ、就業規則の変更が「合理的なもの」であり、かつ労働者に「周知」されている場合には、（反対する労働者も含めて）労働条件は、変更後の就業規則によるものとする（10条）としている。

次に後者については、就業規則に定まっていない労働条件が個別に合意されている場合、あるいは就業規則を上回る条件での労働条件が合意されている場合の不利益変更である。このような、就業規則の変更を伴わない労働条件の変更については労契法8条に規定があり、そこでは「労使の合意」を要件としている。要するに、不利益変更に際しては、労使で合意することが必要となる（合意がなければ、不利益には変更できない）が、逆にいえば、合意さえあればよいのか（形式的な合意でも、黙示の合意でもよいのか）ということが問題となりうる。

この「合意さえあればよいのか」という点は非常に難しい問題であり、また前者の議論とも交錯する（労契法9条の「合意」）ところであるが、少なくともその「合意」が、労働者の「真の自由な意思」によってなされたものである（あるいはそれと同様だと評価できる）ことは必要であると考えられるため、その意味で、黙示の承諾だけで合意があったとはまず認められないであろう。なお、仮に「合意」が、上記のような視点から正当なものと評価されるものであったとしても、就業規則を下回る内容の条件での合意が、労働契約の内容として労働者を法的に拘束することはない（労契法12条）。

（3）新たな労働条件の設定

就業規則に新たな規定を設けたり新たに労使で合意をすることで、これまで許されていたことを制約したり、あるいは新たに労働者に義務を課す、という場合もありうる。

これは一見すると、あくまでも新たな労働条件の「設定」であり不利益「変更」ではない、といえなくもなさそうであるが、現実には「設定」なの

か「変更」なのか微妙なケースが多いであろうし、たとえば就業規則に新たな規定を置くような場合は、労契法7条自体が「労働者及び使用者が労働契約を締結する場合」と規定しているため、労契法7条ではなく、9条ないし10条に照らして判断することとなる[4]。また個別合意についても、労契法8条の問題となる。したがって（3）についても、基本的には（2）と同様と捉えてよいであろう。

(4) 変更解約告知

少し特殊なケースではあるが、使用者がいったん労働契約を終了させ、新たな（従来よりも低い）労働条件での再契約を提案したり、「不利益変更に応じなければ解雇する（退職してもらう）」という提案をしたりすることがある。このように、何らかの形で、使用者による労働条件変更の申込みと労働契約の解約とがセットになった意思表示は、一般的には変更解約告知といわれる。

使用者側の不利益変更の申出に応じないで解雇がなされた場合の法的な考え方としては、①「変更解約告知」という独自の概念を認め、それが許容されるための要件を検討するという構成（ドイツの解雇制限法等）、②そのような独自の概念を認めない構成（その場合は、単に、労働条件変更の拒否を理由とする解雇、として解雇の問題となる）とがありうる[5]が、裁判例の立場は確立していない（学説では、ドイツの解雇制限法をもとに、不利益変更の有効性を裁判等で争うことを留保しつつ、とりあえず不利益変更に応じるという「留保付き承諾」が選択肢として認められることを条件に、変更解約告知を認めるものが有力であるが、裁判例では、民法528条等を根拠にこれを否定するものがある（日本ヒルトン事件・東京高判2002・11・26労判843号20頁）。

もっとも、不利益変更との絡みでいえば、「解雇の圧力を背景として、労働条件の変更を事実上強要する」「応じなければ解雇となってしまうため、しぶしぶ応じた」という実態的な面が問題となる。要するに、「留保付き承諾」という概念が認められない限り、労働者は、不利益変更に同意するか、解雇となった上でその有効性を争うしかないため、本心に反して不利益変更に応じる、ということが実際には少なくないということである。

---

4 『新基本法コンメンタール 労働基準法・労働契約法』(2013) 351頁（野田進執筆部分）参照。
5 西谷敏『労働法（第2版）』(2013) 424頁参照。

法的には、このようなケースは、就業規則の変更によるものではないため、「変更の合理性」を要求する労契法10条ではなく、労契法8条による変更と評価されよう[6]。したがって、「労使の合意」が法文上は唯一の要素となるが、上述のとおり、このような場面での「合意」は、法的には労働者が「真の自由な意思」で合意をしたとは言いがたい、と評価されうるケースが現実には少なくないといえよう。

4　小括

ここまで、労働条件の決定・変更のパターン、そしてそれに伴う労働法上のルールについて概説してきたが、それらはあくまでも労働条件変更に関しての、労働法上の一般的な法理を確認したものにすぎない。「大規模災害」との関連で生ずる具体的な「労働条件の引下げ」に際して、この法理がどのような形で交錯するのかについては、それを出発点としつつも、もう少し丁寧な掘り下げが必要であろう。そこで以下では、いくつかの具体的なモデル例を通じて、この点を検討していくこととしたい。

3　平常時における労働条件の不利益変更

1　序論

平常時（平時）とは、文字通り何も発生していない時点、要するにここでは、「特に具体的な大規模災害が起きていない時点」である。この時点においても、東日本大震災のような大規模災害を契機として、「（特に現時点で大規模災害による被害が生じているわけではないが）将来災害が起きたときのために、あらかじめ新たな規定を設けるなど、就業規則を整備しておく」といったことはありえよう。実際、東日本大震災での知見を踏まえ、災害時における事業継続計画（BCP）の策定・整備や企業設備の防災対策に取り組んだ企業は少なくないであろうし、逆にBCPの未整備や企業設備の防災対策を十

6　「退職」と「再雇用」とが明確に別のタイミングでなされている場合など、契約形態としては不利益変更とは言いがたいケースもあり現実にはより複雑であるが、何らかの形で契約の連続性が認められれば、不利益変更の問題として捉えるべきであろう。

分にしていない場合、将来実際に大規模災害が発生し、業務が大きく停滞するようなことがもし起これば、取締役の善管注意義務（会社法429条）違反、土地の工作物等の所有者責任（民法717条）、安全配慮義務違反（労契法5条）等が問われる可能性もある。その意味では、予防的な観点から、就業規則を整備しておきたいという使用者側のニーズは十分理解できるし、むしろそのことが法的に必要という面もあるのだが、他方で、その整備内容によっては従来は「義務」でなかったことが労働者の義務となりうることもあり、それが労働者にとって「不利益」な側面を持つ場面も否定できないであろう。

多くの場合、平常時における不利益変更は、就業規則への規定の新設（Ⅱ3（3））という形で行われるであろうが、それが法的に有効となるかについては、上述したとおり、労契法10条による合理性判断、すなわち具体的には、不利益変更の（使用者側の）必要性、不利益の程度、変更後の就業規則の内容の相当性、代償措置その他関連する他の労働条件の改善状況、労組等との交渉経緯、他の労組・従業員の対応、同種事案に関するわが国社会における一般的状況等（第四銀行事件・最判1997・2・28民集51巻2号705頁）といった要素から総合的に判断されることとなろう。そこで以下では、特に問題となりそうな、必要性、不利益の程度、変更後の内容の相当性に着目して検討する。

2　具体的事例
（1）「大規模災害時における業務命令遵守義務」の明記

> 【モデル事案1-1】
> 　A社は、災害発生時における対応として、企業の業務命令に包括的に従うこと、および、それに従わない場合の懲戒処分規定が就業規則に明記された。

まず、変更（ここでは規定の創設）の必要性についてであるが、大規模災害が実際に発生した場合には、その状況に応じた対応（ケガ人の救助や、事業用設備（機械等）の復旧・修理・片づけ等）が必要となることは明らかである[7]。労働契約関係が組織的に展開するものであり、また、使用者には、上で触れたような防災体制の運用が求められることになるため、そのような場

合の業務命令の根拠や、それに従わなかった場合のペナルティを明確にしておくことについて、一般的には「必要性は高い」といえそうである。

では、従業員の被る「不利益の程度」はどうであろうか。もちろん、「規定すること自体が、従業員にとって不利益である」という見方もできなくはないであろうが、規定された時点では、具体的な業務命令や、その義務の不履行を理由とする懲戒処分がなされていないため、「不利益の程度」を判断することは現実にはなかなか難しいといえる。また、「変更後の規定内容の合理性」についても同様であり、たしかに、このような白紙委任的な規定自体、従業員にとって少なからざる不利益を及ぼす可能性があるものとしてそもそも合理性を欠く、ともいえそうだが、他方で、実際に大規模災害が起こった際にどのような業務が必要となるのかを事前に判断することは困難である。したがって、「拡大しようとする業務命令の内容と幅とが、災害への対応として具体的に、たしかに必要とみなしうる範囲」[8]に留まるものであるべきことが望ましいのは当然であるが、現実にはある程度包括的・抽象的に規定せざるをえない、という面も否定しがたい。

このように、従来の不利益変更法理にそのまま照らすと、なかなか判断が難しそうであるが、次のように考えれば、不利益の程度や変更の合理性は、結論的にはあまり問題とならないとも考えられる。

まず、抽象的・包括的な形での規定の設定については、上述のとおりある面ではそのこと自体が「使用者の権限を無限定に創設する」ものとして、不利益性が大きいという見方もできなくはなさそうだが、本当にそうであろうか。包括的な権限を使用者に留保するように見える規定であっても、大規模災害の時点におけるその規定の適用、すなわち実際の業務命令が、信義則（労契法3条4項）や権利濫用（同法3条5項）に照らして問題となるほど、必要以上に従業員を拘束したり不利益を与えるものであれば、そのような業務命令は無効と評価されうる[9]（必ずしも、「就業規則に規定さえ置いておけば、

---

[7]　労基法33条も、災害等により臨時の必要がある場合には、行政官庁（労働基準監督署長）の許可を受けて、時間外労働や休日労働をさせうる旨を規定している。
[8]　野川忍『Q＆A　震災と雇用問題』（2011年）187頁参照。
[9]　現実の運用が濫用的であれば、その時点で、その根拠規定が合理性を欠き労働契約内容となっていない、という評価もありうるであろう。

使用者はそれを根拠に自由に従業員に業務命令を発することができる」わけではないのである)。逆に、そのような規定がなくとも、大規模災害時においては、従業員は、契約上の信義則上の付随義務として、使用者の対応に協力する(あるいは妨害しない)といった義務を負う(労契法3条4項)と考えられよう。結局のところ、このような規定は、新たな義務を創設するというよりは、大規模災害時に一定の範囲で従業員が企業に協力するという(もともと労働契約に付随している)義務を確認的に規定したものとして考えられるものであり、それ自体が不利益の程度が大きいとか、相当性を欠くということを問題視する必要は乏しいであろう(繰り返しになるが、それによって、使用者に白紙委任的な業務命令権が委ねられるわけではないからであるし、それが軽視されてはならないことは当然である)。

　なお、これは「平常時」というよりは、大規模災害の際に問題となる論点だが、この規定に基づく業務命令違反を理由としてなされた懲戒処分の有効性については、基本的には就業規則上の規定の存在と、合理性および周知の有無から判断されることとなろう(労基法89条9号、労契法7条。フジ興産事件・最判2003・10・10・労判861号5頁)。その意味では、想定の創設自体に不利益性があるともいえようが、これについても、当該業務命令がそもそも妥当な範囲のものであったか、妥当な範囲であったとしても懲戒処分が重すぎないか、といった観点から歯止めがかかる(労契法15条)。そう考えれば、これも不利益性や規定内容の相当性を、過度に問題視する必要はなく、このような規定を設けること自体の(不利益変更法理における)合理性は、基本的には認められることになると思われる。

(2) 帰宅許可制の創設

【モデル事案1-2】
　B社は、大規模災害発生時における対応として、従業員の安全確保の観点から、「従業員は、会社の許可なく帰宅することができない」旨を就業規則に明記した。

　大規模災害時においては、危険性が去っていない状況下で従業員が帰宅した結果、津波や余震に巻き込まれたり、落下物で負傷する等の被害が生じる

可能性は否定できない。これもモデル事案1-1と同様に広い意味での「労働条件の変更」事案ではあるが、こちらはどちらかというと、「従業員の安全確保」という観点からの規定整備といえよう。

使用者は、労働契約上、安全配慮義務として、「労働者が…生命、身体等の安全を確保しつつ労働することができるよう、必要な配慮」をする義務を負っている（労契法5条）。このため、大規模災害発生時において、上記のような状況下の帰宅を黙認ないし放置し、その結果として従業員の負傷等につながった場合、「使用者が尽くすべき義務を果たしていなかった」として安全配慮義務違反を問われる可能性もありうる。その意味で、そのようなことが大規模災害時において発生しないよう、就業規則に従業員の行動規範を明確化しておくことの使用者側のニーズは高いし、法的必要性も、モデル事案1-1以上に高いといえよう。

そう考えると、モデル事案1-2にかかる不利益変更の合理性（すなわち、このような規定を設けることの合理性）に関しては、基本的には認められると考えてよいであろう。とはいえ、その適用の段階で問題となる場合も、もちろんありえよう。たとえば、「上記の規定に関わらず、大規模災害時に、（そのような規定の存在を知りつつ、あるいは上司が止めたにも関わらず）無断で帰宅した従業員をこのような規定に基づいて懲戒処分する」といったような場面では、より慎重に判断されるべきであろう。たしかに、使用者の側からすると、従業員の勝手な行動は企業秩序を乱すものとして厳しく処したい、ということもあるだろうが、大規模災害の際には、自己の判断で一刻も早く帰って自宅や家族の安否を確認したい、というのも無理からぬことであり、従業員のそのような希望は、仕事と生活の調和（労契法3条3項）の観点から、できる限り尊重されるべきであろう。したがって、「使用者が、帰宅は危険である旨を説明・説得しても、従業員が帰宅してしまった」という場合は、それは懲戒処分を基礎づける要素としてではなく、使用者の安全配慮義務の履践の程度を判断する要素（すなわち、使用者としては、安全配慮義務を果たしていたということの一つの要素となる）として評価されるべき性質のものであり、事情や程度にもよるであろうがそれに違反したことを理由に、懲戒処分まで課すことは基本的には許されないと解すべきである。もっとも、その

時点での帰宅が客観的にみて明らかに危険だと予見しうるものであった（あるいは、危険だという情報が容易に入手しえた）という場合には、帰宅を黙認することが安全配慮義務違反となる可能性がある[10]ため、懲戒処分を背景として帰宅禁止の業務命令を出すことも許容されようが、逆に懲戒処分が許容されるのは、そのくらい限られた場面に限られるのではないだろうか。

3　小括

以上のように、平常時における労働条件の不利益変更のパターンとしては、主として「大規模災害が発生したときに柔軟に対応しうるよう、あらかじめ就業規則に規定を明確化しておく」というものであろう。

以上のとおり、基本的には不利益変更としての性質が皆無ではないものの、「そのような規定を就業規則に置くこと」自体が、合理性を欠くと評価されることはないと思われる。しかしながらそのことによって、実際の適用のレベルにおいても、常に認められるということではない。業務命令や、それに違反したことを理由とする懲戒処分などは、場合によっては信義則違反ないし権利濫用として、結果的に無効となる（従業員を法的に拘束しない）ということも十分にありうる、ということである。

4　大規模災害時における労働条件の不利益変更

1　序論

大規模災害直後からしばらくの間（概ね1年以内くらいであろうか）においては、企業に直接・間接に何らかの被害が生じたことを契機として、労働条件を引き下げたいという要請が登場しよう。大規模災害下での不利益変更としては、これがもっとも典型的なパターンといえるかもしれない。

こういった場面での不利益変更については、たとえば大規模災害によって

10　損害賠償請求事件・仙台地判2014・2・25判時2217号74頁は、東日本大震災に際して使用者による銀行の支店屋上への避難命令に従った結果、津波が屋上に到達して行員が死亡したことの安全配慮義務違反が問題となったが、判決は、自然災害からの保護も使用者の安全配慮義務の一環としつつ、予見が困難であったこと、津波が10m以上になることについてのテレビ等の修正情報を入手するのは困難であったこと等から、安全配慮義務違反が否定されている。

工場が損壊したり、製造設備が完全に不能になる等、それが企業の存亡に関わるほどの経営悪化につながることが明らかな（あるいは結果的に、既に経営が悪化している）場合には、一般的には不利益変更法理でいうところの「必要性」は認められやすいと考えられる[11]。しかし実際には、大規模災害と経営悪化との因果関係（どこまでが大規模災害を原因とする経営悪化なのか）が分かりにくい場合（取引先や仕入先の被災等）も少なくないであろうから、大規模災害との関連で、一概に「必要性」が肯定されるというわけでは当然なく、あくまでもケースバイケースである。

このように、大規模災害時においては、労働条件の不利益変更が幅広いかたちでなされうるが、一般的な不利益変更の場合と比べれば、緊急性、という意味で、変更の必要性が認められやすい、ということは指摘できよう。したがってこのような場面での不利益変更については、そのような観点も加味しつつ考える必要がある。大規模災害の場面における労働条件変更としては、既存の労働契約の中で可能な範囲の労働条件変更や、あるいはそれでは足りない場合の、就業規則ないし合意内容の、一時的（緊急避難的）な変更、が多いのではないだろうか。そこで本章では、それを踏まえた2つのモデルケースを念頭において以下で見ていくこととする。

2 具体的事例
（1）大規模災害時における勤務先の変更

【モデル事案2－1】
　Ｃさんは、Ｄ社甲支店で事務職をしていたが、大規模災害によって現在の勤務先の支店が操業不能となったことから、単身赴任を伴う他県の乙工場への配転（労務職）を命じられた。なお、就業規則には「会社は、業務上の必要性に応じ、配転を命ずることができ、従業員は正当な理由がない限り、これを拒むことはできない」と規定されている。

　配転（配置転換）とは、一般的には「同一企業内で職種（および基本的な職

11　ここでは指摘のみに留めるが、そのような労働条件の引下げが、整理解雇有効性の判断時における、解雇回避努力の履践の一要素として評価されることもありえよう。皆川宏之・原昌登「雇用契約と大規模災害」ジュリストNo.1427（2011年）85頁。
12　奥田香子「配転」『労働法の争点（新・法律学の争点シリーズ7）』（2014年）54頁参照。

務内容）や勤務地を変更する人事異動の一種」[12]と説明され、転居を伴う配転が、俗に「転勤」と呼ばれる。配転は、就業規則の規定に基づく業務命令としてなされることがほとんどであろうが、特に転勤は、労働者の私生活に及ぼす影響が大きいため、問題となりやすい。配転命令の法的根拠について学説は分かれているが、東亜ペイント事件判決（最判1986・7・14労判477号6頁）以降の裁判例は、（勤務場所や職種を限定する合意が存在しない限り）おおむね、就業規則等による配転命令条項の存在や労働契約締結の経緯・内容等の諸事情から使用者の配転命令権の存在を幅広く認めたうえで、その行使が権利濫用とならないか否かを具体的事案ごとに判断する、という枠組みをとっている。

このような転勤自体を「労働契約そのものの変更」と見る学説もないわけではないが、一般的には、あくまでも労働契約の範囲内での労働条件の変更と捉えられるであろう。ただ、転勤や単身赴任は、人によっては、実質的な意味では通常の不利益変更以上の「不利益」だといえるかもしれない。

さて、配転をめぐる訴訟においては、上述の枠組みに従う限り、配転命令権の濫用（労契法3条5項）にあたるか否かが主たる論点となるが、そこではおおむね、業務上の必要性があるか、（必要性はあったとしても）不当な動機・目的に基づくものではないか、配転を命ずることが（当該労働者に対し）「通常甘受すべき程度を著しく超える不利益を負わせるもの」といえないか、といったことから権利濫用性が総合判断されている。もっとも、これまでの裁判例においては、単に単身赴任や通勤時間が増えるというだけでは、「労働者が通常甘受すべき程度を著しく超える不利益」とはいえない、とする傾向が強い（帝国臓器製薬事件・最判1999・9・17労判768号16頁、ケンウッド事件・最判2000・1・28労判774号7頁）[13]。

さて、それを踏まえてこのモデル事案を見ると、「業務上の必要性」の有無、そして「甘受すべき不利益」といえるか、が判断ポイントとなろう。

業務上の必要性については、一般的な配転の場合には比較的ゆるやかに解

---

13 権利濫用と判断されているのは、家族に重度の疾病・障害があり、看護・介護が不可欠な場合など、限られている（明治図書出版事件・東京地決2002・12・27労判861号69頁、NTT東日本事件・札幌高判2009・3・26労判982号44頁等）。

されることが多いが、職種の変更（特に事務職から労務職）を伴う場合には、裁判例通説は「特段の合理性があり、かつこれらの点についての十分な説明がなされた場合でなければ、一方的に配転を命じえない」[14]との立場を取る。その意味では、モデル事案2-1も職種変更を伴うものであり、厳格に判断される可能性が高いが、従来の勤務先かつ職種では雇用の維持が困難だというような場合であれば、広い意味での「業務上の必要性がある」として、結論的には認められる可能性が高いと思われる（ただしそれは、「経営上の危機が、明らかに転勤や職種の変更によってしか乗り切れないという程度に達していること」が必要であり、そこまでに至っていなければ、通常どおりの「業務上の必要性」から厳しく判断されることとなろう）。

次に、「通常甘受すべき程度を著しく超える不利益」といえるか、である。上述したように、単に単身赴任というだけでは不利益性はなかなか認められておらず、とりわけ、上記のように「必要性」が高い場面であれば、モデル事案2-1のようなケースでは、配転を拒むことは難しい、ということになりそうである。もっとも、近年の学説では、仕事と生活の調和（ワーク・ライフ・バランス）を謳う労契法3条3項等を根拠に、配転にあたって使用者は労働者の家庭生活への配慮を勘案すべきとの主張が有力であり、裁判例の中にも、転居を伴う配転命令については仕事と家庭の調和に対する影響が大きいものであるから存否の認定判断は慎重になすべき旨を述べるものが登場してきている（仲田コーティング事件・京都地判2011・9・5労判1044号89頁[15]）。このような観点からすると、仮に「必要性」が高い場合であっても、転居あるいは職種変更を伴わない配転は難しいのか、他に転勤可能な従業員はいないのかといった検討や、当該従業員に対しての丁寧な説明・協議の存在、代償措置の提案の有無等が、総合判断の要素として考慮される可能性はある。

とはいえ、このような転勤があくまでも緊急避難的になされた（当面の対応として、あくまでも「とりあえず」なされた）という場合には、ある程度配

14　西谷敏『労働法（第2版）』(2013) 222頁。なお直源会相模原病院事件・東京高判1998・12・10労判761号118頁（最決1999・6・11労判773号20頁）参照。
15　なお、この事件では、配転命令は解雇回避努力の一環であり広く認められるべきとの会社側主張が退けられている。

転命令が柔軟に認められてもよいように思われる。もっともそのためには、一定期間経過後には、従来の職場が復旧次第復帰できること、あるいは、本人の従来の職種に近い職種に戻れること等が求められよう（この点は後述）。緊急避難的な対応としての配転であるにも関わらず、一定期間が経過し、その状態を継続する必要性が低下した状態でもなお、そのままにしておけば、場合によっては使用者の権利濫用となる可能性もあるものと思われる。

【モデル事案2-2】
　E社は、大規模災害による被害のために急激に経営状況が悪化したことから、①正規雇用労働者（正社員）の半数は一応正社員としての雇用を継続するが、とりあえずしばらくの間、給料を2割減とする、②残りの半数については1年契約の有期雇用労働（時給制、賞与なし）に切り替える（応じない場合には退職してもらう）こととなった。
　これによって、①Fさんは、正社員としての地位は維持されたが給料が2割減になり、②Gさんは、有期雇用労働者として仕事を続けている。

　まず①のFさんのケースは、先が見えない経営悪化の中、「とりあえずしばらくの間」、給料（賃金）を抑制することで雇用を維持したいという要請に基づくものである。このような要請も少なくないであろう。
　これについては、基本的には通常の不利益変更法理（労契法8～10条。すなわち、就業規則の不利益変更法理による「高度の合理性」を有するか、労働条件が就業規則で定められていない場合であれば労働者との「合意」があるか等）から判断されることとなろうが、実務的な観点からして、就業規則によって給料が決められている場合に「当面の対応なので、就業規則を変更するのは面倒くさい。就業規則はそのままで、しばらくの間労働者の賃金を下げたい」ということは可能なのだろうか。
　企業の側からすると、「緊急時だし、その位よいではないか」「労働者の同意を取れば別によいのではないか」ということになりそうだが、労契法12条は、就業規則を下回る労働条件での労働契約を例外なく無効としているため、このような場面であっても、就業規則を変更して、労働条件を変更する（この例では給料の2割減）しかない（もちろんその場合も、その変更自体が合理

性の要件（労契法10条）を満たすものでなければならない）。この点は、「大規模災害」という緊急性の高い場面においては、企業側にはやや酷であるといえなくもないが、現行法の下ではそう解するしかないであろう。

　他方で労働者の側からすると、仮に就業規則の変更が適正になされたとしても、「しばらくの間」を経過した場合に、従来の条件に戻してもらえるのか、ということが当然気になるところであろう（就業規則に、減額の期限が明記されていれば、その期間満了を以て従来の給料に戻ることになるが）。これについては、本論文の最後に触れることとしたい。

　次に②のGさんのケースは、これも企業の側からすれば、雇用の維持が困難な中で、契約形態の転換（いわゆる正規雇用→有期雇用）によって当面の危機を乗り切りたい、というニーズは十分ありえようし、従業員にとっても、単に雇用の場を失うことを思えば「まし」であるといえなくもないが、とはいえ、有期雇用に切り替えられることで賃金の低下や地位継続の不安定性（雇止めの不安）が付きまとうこととなれば、極めて不利益性が高いといえよう。これを法的にはどう考えるべきか。

　これを労働条件の不利益変更の問題だと捉えれば、就業規則変更を伴う労働条件変更ではないため、労契法8条に照らしてその正当性を考えることとなろうが、8条では「合意により、労働契約の内容である労働条件を変更することができる」としか規定されていない（10条のような、変更内容の「合理性」が要件となっていない[16]）ため、「従業員が合意して、有期雇用契約への切り替えに応じている以上、仕方ない」ということになってしまう可能性がある。労契法のコンメンタールにおいても、労契法9条の合意については「10条の要件の程度までは求められないとしても、これに準ずる程度に合理性を備える必要があると解すべき」であるが、「8条の文意には、労働条件の変更について合意の存在を要件とする以上の趣旨はない」と説明されてい

16　ちなみに、労働者の合意を得た上で、就業規則の変更によって労働条件を変更することは、労契法9条による変更となる。学説の中には、その場合にも、9条の反対解釈によって、10条の要求する「合理性」等の充足はやはり不要と解するものが多いが（土田道夫『労働契約法』（2008年）514頁）、合意があったといえるかどうかについては慎重に判断すべきと見るものも有力である（西谷敏『労働法（第2版）』（2013）170頁）。裁判例には、反対解釈による不利益変更の可能性を認める立場を認めつつ、適切・十分な説明のなされた上での合意であること等を希求し、結果的に合意の成立を否定したものがある（協愛事件・大阪高判2010・3・18労判1015号83頁）。

る[17]。

　しかしながら、「合理性を備える必要」に関してはそのような説明が成り立ちうるとしても、労契法8条における「合意」が、とりあえず（形式的なものであっても）ありさえすればよい、と解すべきではない。労契法3条1項は、「対等な立場における合意」を求めており、それは8条の「合意」についても当然に当てはまるものだからである。したがって、この場面での不利益変更についても、「対等な立場における合意」と評価しうるか、すなわち少なくとも当該合意が従業員の真意に基づくものと評価できるだけの説明・協議等があったことが求められるべきであり[18]、そのような経緯がなければ、変更の合意自体が成立していないということになろう[19]（さらに近時では、労働関係の公的性格から、合意があっても合理性を満たす必要があるとの学説が有力になりつつある）。なお、労使の力関係の格差を考えれば、いくら十分な説明・協議があったとしても、労働条件変更の受け入れを従業員の側が拒むことは現実には難しい（とりわけ、拒んだ場合には退職せざるをえない、ということになれば、なおさらである）ものであることからすれば、このような契約形態の変更についても、そのような契約変更が企業の経営存続のためやむを得ない手段である場合に限定されること、かつその場合であっても、労働者の不利益をできるだけ緩和させるような配慮がなされていること等が望ましいことはいうまでもない。なお、契約変更後の仕事も従来の仕事と変わらないのに、処遇が大幅に下がる場合は、労契法3条2項（均衡処遇）、同20条（有期雇用であることによる不合理な労働条件の禁止）等が問題となる点は留意が必要であることも指摘しておく。

3　小括

　以上のように、大規模災害時においては、契約自体の変更を伴わない配転のようなケースや、逆に契約そのものの形態の変更を伴うケースなど様々なパターンが想起されるが、この時期における労働条件の不利益変更は、何ら

---

[17] 『新基本法コンメンタール　労働基準法・労働契約法』（2013）359・358頁（野田進執筆部分）参照。
[18] 「労働契約法逐条解説」労旬1669号（2008）39頁（根本到執筆部分）参照。
[19] 東武スポーツ（宮の森カントリー倶楽部）事件・東京高判2008・3・25労判959号61頁。

かの「緊急避難的な対応」という側面を伴って展開することが多いであろう。

この段階で生じる不利益変更についても、基本的には上述のとおり、従来の労働法理における枠組みにそって判断することになろうから、したがって、大規模災害が甚大であればあるほど、そのような企業側の対応の必要性が広く認められ、不利益変更も正当化されやすい、ということになろう。

ただ、「緊急避難的な対応」という点を重視するならば、不利益変更が恒久的なものなのか、あるいはまさに「緊急避難的」なものなのか（要するに、緊急的な状況を脱すれば従来の労働条件に復する可能性はあるのか）という点が、判断にあたっては重視されるべきであろう。この点は、従来の労働法理における「不利益の程度」の中でも判断しえようが、本当に緊急避難的な対応であり、かつ、その後従来の労働条件に復することが明確になっていれば、一時的に就業規則を下回る労働条件となっても、その有効性が否定されないというような立法論的な対応も、検討の余地はあるかもしれない。

5 相当期間経過後における労働条件の不利益変更

1 序論

大規模災害直後の緊急的な状況を脱し、ある程度将来的な経営の見通しがたってきた時期（概ね2年〜数年以内か）において、大規模災害を理由に改めて労働条件を引き下げる、ということはあまりないであろう（そのような時点でなされる不利益変更は、通常は大規模災害との関連が薄いであろうから、通常の不利益変更法理に照らして判断すれば足りよう）。

したがって、この時点を切り出して論ずる意義は、他の2つに比べればそれほどあるわけではないが、それでも、「当面の（緊急避難的な）対応として、暫定的に認められてきた（従業員に有利な）運用が排除される」、あるいは「暫定的に停止されていた制度が、就業規則の中で明確に（将来に向けても）排除される」というような形で問題となることはありうる。後者も実際には大きな問題ではあるが、ここでは、前者の問題を取り上げて論じておく。

2 具体的事例

【モデル事案3-1】
　H社では、大規模災害の後、仮設住宅に住む従業員に対しては、当面の対応として、冬場の「燃料費」として、月額1万円を社長の裁量で払ってきた（就業規則上の規定はない）が、大規模災害から3年たったところで、必要性が縮減してきたこと、H社の経営状況も依然として芳しくないことから、2014年11月から燃料費の支払いをやめることとした。ただ、H社の従業員には、未だに仮設住宅暮らしを余儀なくされている者も少なくないため、従業員の一部からは不満の声も出ている。

　このような形で、就業規則に明記しないまま、「当面の対応」として、従業員に有利な対応が行われることもあろうが、それが大規模災害からある程度経ったことで、必要性の観点から、あるいは経営上の見直しの観点から、縮減ないし廃止される、というケースである。

　このように、労働契約ないし就業規則に明記されていない（あるいは契約と異なる）制度や行為が職場において反復継続され、それが一定のルールとして機能している場合、そのようなルールは「労使慣行」と称される。これを廃止することも実態としては紛れもなく不利益な変更ではあるが、そもそも、労働契約にも就業規則にも規定されていないような「慣行」が法的にどのような効力を持つのか、という点が問題となる。

　労使慣行については、裁判例では、①同種行為・事実の長期間の反復継続、②当事者が明示的に排斥していないこと、③「慣行による」ことについての使用者の規範意識が明確であるということを要件として「事実たる慣習」（民法92条）として法的効力を認めうる（労働契約の内容となりうる）、との立場が概ね定着しているが、特に就業規則や労働協約の規定の趣旨に反するような慣行については、労使慣行の認定には、かなり消極的といえる（商大八戸ノ里ドライビングスクール事件・大阪高判1993・6・25労判679号32頁等）。上記のモデル事案は、就業規則の規定にない条項であり、かつ就業規則の趣旨に反するとはいえない[20]ので、一応「労使慣行」として効力を有するといえそうであるが、では、それを取りやめることについては、どのような法的

制約があるのだろうか。

　この点について、近時の裁判例の中には、賞与（一時金）の金額を年6か月分とすることが（労使慣行として）労働契約の内容となっていたとしたうえで、その変更について、「必要性及び内容の両面からみて、それによって労働者が被ることになる不利益の程度を考慮しても、なお当該労使関係における当該変更の合理性を有する必要がある」とし、就業規則の不利益変更に準じた合理性判断を行っている（立命館事件・京都地判2012・3・29労判1053号38頁。結果的に合理性を否定）。このような考えに立てば、このモデル事案についても、燃料費を廃止するだけの必要性、それによって従業員が被る不利益の程度、従業員への説明・協議等から判断されることとなろう。

　もっとも本件のように、社長が裁量で払っていたようなケースであれば（労使慣行といえども）規範意識は認められやすいであろうが、「遅刻や早退について、多少は大目に見る」といった扱いが現場でなされていた、というようなケースであれば、労使慣行の法的効力そのものが認められにくいということは問題として残るであろう。

3　小括

　大規模災害から相当期間を経て労働条件を引き下げる、ということはそれほど多くはないかもしれないが、このような形で、暫定的に認めてきた制度が、その後の環境の変化を踏まえて、一方的に縮減されるということはありうるであろう。なお、ここでは、就業規則に明記されていない中での事実上の不利益変更をモデル事案として提示しているが、就業規則の不利益変更や、あるいは（明らかに労働契約となっていた）個別合意の変更、という場合であれば、それぞれの法理に沿って判断されることはいうまでもない。

6　おわりに

　大規模災害と関連する不利益変更は、基本的には従来の（一般的な）労働

20　このように、就業規則等の基準の有無およびそれの趣旨との関係から、労使慣行の法的効力を考えるものとして、東京中央郵便局（休息権）事件・東京高判1995・6・28労判686号55頁）。

6 おわりに

法理における不利益変更の判断基準に沿って判断することで足りるとしても、以上のとおり、不利益変更そのものがかなり色々な形で展開しうるため、実際にはそれなりに細かく見ていく必要がある。本論文で取り上げたモデル事案も、そのごく一部にすぎないし、現実には、それ以上に複雑かつ理論的にも困難な形で展開しうることは言うまでもない。

その意味では本稿の検討もなお素描に留まっている部分が少なくはないが、その中で、従来の議論にはあまり見られなかった観点を、最後に試論的に2点示しておきたい。

ひとつは、本稿の中で随所で触れた、「当面の対応」、つまり、急場をしのぐという観点での労働条件変更については、それがあくまでも「当面の対応」に留まっている限りは、一般的な労働条件変更よりも柔軟にみとめられてよいのではないか、という点である。もっともこれは、基本的な不利益変更法理に沿って考えても、「不利益の程度」が相対的に小さいと評価されればそのような方向性になるであろうから、特段目新しいというほどのものではないかもしれない。ただ、現実には、いつまでが「当面」なのかは難しく、不利益変更が事実上「恒久的」になされるという危険もあることから、その場合には、労働者側には信義則（労契法3条4項）を媒介として、契約内容変更請求権[21]が認められると解すべきであろう。

いまひとつは、本稿の中ではほとんど触れなかったが、「ワーク・ライフ・バランス」の視点をふまえた検討の可能性である。一般的にはワーク・ライフ・バランスは「仕事と生活の調和（労契法3条3項）」として、育児・介護支援や女性の就労支援、あるいは長時間労働の抑制などの文脈で理解されていることが多いため、このような理解を前提とする限り、不利益変更と直接交錯する可能性はあまりないようにも思われるが、筆者は、ワーク・ライフ・バランスをそのようにさまざまな意味合いを包含して把握する一般的な理解に対しては、各々の論点の重要性を曖昧にする（いわばワーク・ライフ・バランスのインフレ状態）のみならず、特定の政策誘導の道具に用いられ

---

[21] 一般的な不利益変更についてであるが、変更権のあり方や法的構成を論じるものとして、毛塚勝利「労働契約法における労働条件変更法理の規範構造」法学新報119巻5・6号（2012年）489頁以下がある。

る危険すらあるという意味で極めて問題があり、むしろ労基法1条1項にいう「労働者が人たるに値する生活」を営むためにふさわしい働き方や私生活（個人の幸福追求に根ざしたもの）を考えるべき概念として再構成すべき[22]と考えている。もし、ワーク・ライフ・バランスをこのような形で再構成するならば、ある不利益変更が、その労働者の「人生」（人格といってもよいかもしれない）にとってどうかという視点が、判断法理に入り込んでくる可能性があるし、また、それが必要であるように思われる。ただ、このような構成もなお試論の域を出ていないため、この点の具体的な展開については、今後の検討に委ねることとしたい。

---

[22] この点については、未だ試論的なものではあるが、河合塁「大規模災害下における雇用・労働の法政策―ワーク・ライフ・バランスという視点からの考察―」アルテスリベラルス No. 95（2015年）68頁以下も参照。なお、労契法3条3項の「仕事と生活の調和」も、そのような観点から捉えることが望ましいであろう。

第Ⅱ部

復興過程の実務的問題：
岩手県被災地における
法曹・実務の苦悩

第6章　復興支援・住宅再建の法的問題

吉江暢洋

1　はじめに

　私は、平成12（2000）年から盛岡で弁護士をしています。平成23（2011）年の震災時には盛岡におりました。それ以降、被災地に行って相談活動等をしております。平成24年度から岩手県弁護士会の副会長という立場になりまして、被災地で活動する弁護士を支えるような活動もしております。

　現在は岩手だけではなくて、日本弁護士連合会で災害対策本部、災害復興支援委員会という委員会がありまして、そういった中でも活動をして、被災地からの情報提供ですとか、あるいは実際に必要な法律を作ってほしいということで国に働きかけをするような活動もしております。

　今日の話の大きな流れとしては災害時にはどんな法律があるのか、その後、被災地における法律相談活動という内容にふれ、災害復興あるいは住宅再建の現場における法的な問題点ということをお話しします[1]。

　まず、「災害時における法律」と言えばどんな法律があるのでしょうか。日本にはたくさんの法律があります。六法全書というのをご覧になったことがあるでしょう。市販されている携帯用の六法だけでも随分と分厚いです。それを開けて見ると、ものすごく薄い紙に二段組になっていて、表と裏にびっしり全部印刷してあります。しかし実際これは法律全体の一部なのです。

　法律全部を紙にしたものが公の機関等にあります。それは本棚がいくつ有っても足りないくらいあるわけです。その中で災害にふれている法律がどれぐらいあるでしょうか。例えば建物を建てるというと、建築基準法という法

1　本稿は、筆者が2014年6月4日に岩手大学で法学を学ぶ学生を対象に行った講義を基に加筆・修正したものである。

律があります。敷地面積に対してのどれくらいの建物が建てられるのか、逆に建物の規模に対してどれくらいの土地の広さが必要なのか。建ぺい率といいますが、そのようなことが規定されています。その中で耐震基準というのが決められています。「これぐらいの強さで作らなきゃいけない。」という、まさに災害のための規定を置いているわけです。このように何かしらのかたちで災害に触れているものは、数え方にもよりますが1150を越えるそうです。主要な法律だけでも数えると100を越えるそうです。これは私が数えたわけではなく、長く災害に携わってこられた方が数えたものです。それ全部に触れようとするのはとても無理なので、今日はその中でも主要なもの4つに絞ることにします。

2　大災害と法

1　災害対策基本法

　災害対策基本法、災害救助法、災害弔慰金の支給に関する法律、被災者生活再建支援法です。それから被災ローン対策ということにも触れます。

　まず災害対策基本法というものです。これは名前の通り、災害対策の基本を定めた法律ということになります。この法律の一条には法律の目的が書いてあります。

　「この法律は国土、ならびに国民の生命身体および財産を災害から保護するため、防災に関し基本理念を定め、国、地方公共団体およびその他の公共機関を通じて、必要な体制を確立し、責任の所在を明確にすると共に、防災計画の作成、災害予防、災害応急対策、災害復旧および防災に関する財政金融措置、その他必要な災害対策の基本を定めることにより、総合的かつ計画的な防災行政の整備および推進を図り、もって社会の秩序の維持と公共の福祉の維持に資する事を目的とする」とありますが、長いですし、何を言っているのかわかりづらいですね。

　簡単に言うと「いざ災害が起きた時に、国民や国土を守るために、用意しておくべきことはこういうことですよ。あるいは実際に災害が起きた時の応急対策についてはこういうふうにやりなさいよ。」ということが書かれてい

特にこの法律の中で書かれている大事なこととしては、「災害が起きた時の国や都道府県や市町村の立場、それから責任を明確にしている」ということです。

 基本的には災害の応急対応というのは一次的には市町村が負うことになっています。都道府県は市町村の後方支援とか、市町村毎の様々な調整をやるということになっていて、国は更にその後方支援をするということになっています。

 これはどういうことかというと、災害に対応するのは災害が起きた場所です。現場主義といいますが、こういった現場主義の考え方から、被災者に最も近い市町村が第一次的に責任を負うということです。

 それから防災に関しては、今度は国の防災中央会議というものを作りなさいよ、それから都道府県でも防災会議を作りなさい、市町村でも防災会議を作りなさいよということが書かれていて、特に国は組織や機能の全てを挙げて防災に関して万全の措置を講じなさいということになっています。

 つまり、防災という観点では国が一番中心にあって、国が第一に防災のことを考えます。それを伝えて都道府県にも必要なことをやらせます。更にそれを伝えて市町村にも必要なことをやらせますという作りになっていますね。

 つまり、実際に災害が起きて対応しなきゃいけない応急的な対応の時には、現場の市町村が第一、それを補佐するのが都道府県、それを更に補佐するのが国です。これから起きるべき災害に対しては、国が中心にいて都道府県や市町村がその周辺にいます。だから実際に起きた時にやることと、それに対して準備しておくことが、逆になっています。その結果、ちぐはぐな対応しかできなくなっているという問題があるわけです。

 そういった問題がありつつもこの基本法を前提に、様々な防災対策がなされています。ただ、今回の震災では、例えば大槌町は庁舎が完全に流されてそこで働いていた町長はじめ庁舎にいた半分くらいの方が亡くなっているわけですね。その状態で第一次的な応急対応を市町村がやりなさいと言っても、町自体が機能していないですからできるわけはないですね。

 そうなると、この災害対策基本法で定めてある「まず市町村がやりなさ

い。都道府県はそれを補佐します」ということが成り立たなくなります。

　元々この法律の中では、市町村ができなければ都道府県がやりますよ、都道府県ができなければ国がやりますよということが書いてありますが、東日本大震災の後は、そういった市町村の機能をより明確に国や都道府県が代替できるように法改正がなされました。なので、少しは役に立つようになってきたといえるでしょう。

　これが一応日本の防災や災害応急対策の基本のところになってきています。災害における一般法とよばれています。一般法と特別法という区別はご存じでしょうか。私法でいえば民法は一般法で、商業に特化すれば商法になりますし、労働に特化すれば労働法になります。最も基本的なものが一般法で、特別な場面に特化したものが特別法という関係になります。災害対策基本法というのは災害における一般法だということになります。

　それで、ここからが災害における特別法です。具体的な場面で使っていく法律ということになります。

2　災害救助法

　まず、「災害救助法」です。これは、災害が起きた時に、被災者を救済保護するための法律です。災害の救助としてどんなことをするのか、誰がその救助をするのか、その費用は誰が払うのか、というようなことが決められています。この法律には具体的にやるべきことが書かれていますので、それをざっと見ていきたいと思います。

　救助としてすべきこととして、「避難所および応急仮設住宅の供与」というものがあります。例えば、1995年に発生した阪神・淡路大震災では、都市部に大きな被害が生じました。当然ながら被災者のみなさんは居住場所を失いました。東日本大震災でも津波被害が激しくて、そういった方々を中心にとりあえずの居住場所を必要とする人が非常に多かったです。

　このような場合に必要になってくるのが「避難所」というものです。被災者に対してはとりあえず「衣食住」を提供しなければなりませんが、この避難所というのは「住」の部分を確保することになります。そういう意味では、避難所というのは避難生活をおくる場所ということですが、それだけで

はなくて、例えば市町村の連絡が避難所に集まってきたりだとか、避難所周辺の情報を発信する拠点となったりするので単なる生活場所というだけではなくて、他に非常に重要な機能を持ちます。

　学校の体育館とか公民館が避難所になることが多いのですが、時にはホテル、旅館などといったものが避難所になることもあります。東日本大震災の時には内陸に避難された方も多かったので、例えば花巻の温泉街のホテルが避難所になったり、盛岡でも繋の辺りのホテルが避難所になったりということがありました。阪神・淡路大震災では、例えば兵庫県弁護士会が避難所になったり、東日本大震災では一時、裁判所が避難者を受け入れたりしました。

　避難所ができれば、とりあえず避難所に行って、一応そこで生活をするわけですが、やはりいつまでも避難所で生活できるものではありませんね。そのため、災害で家を失った被災者の方には「仮の住まい」が必要になってきます。そこで出てくるのが「応急仮設住宅」というものです。普段のニュースでは「仮設住宅」と言われていますけれども、法律上は「応急仮設住宅」と言います。

　この「仮設住宅」というのは、被災者のために急いで準備しなければならないですね。それから新たに住居を用意するための仮の住まいです。ですから、その建築基準というのは大幅に緩和されて簡単に建てられるようになっています。

　ただしその反面、簡単に建てられる建物ですからとても弱いのです。いつまでもそこに住んでいると危険が大きくなるので使用できる期間は限られています。一応、法律上は2年以内となっており、状況に応じて延長することになっています。

　一般的には「軽量鉄骨プレハブ」といいますが、「プレハブ長屋型」といって幾つのも家が1つの建物に何個も入っているという形での仮設住宅が多いです。東日本大震災では、岩手の住田町で、木造の仮設住宅が造られていて全国的に注目されました。

　こういった「避難所」や「応急仮設住宅」というものは災害救助法によって造られて運営されているということです。

　次に「食」の話です。「炊き出しその他による食品の供与及び飲料水の供

給」（同条2号）をしますよということになっています。例えば、避難所に自衛隊が来て炊き出しをして被災者の方々に食事を配るというようなことが行なわれていました。

　それから衣食住の「衣」ですね。「被服、寝具、その他生活必需品の供与または貸与」（同条3号）というものがあります。必要な服や寝具をきちんと渡すということです。これで衣食住が揃うということになります。

　あとはこの他に、「命を守る」という話があります。「医療及び助産」とありますが、災害時においてもきちんとした医療が受けられるようにしましょうということ、あるいは、赤ちゃんが生まれるというような時にきちんと対応しましょうということになっています。災害時医療の問題に関しては、DMAT（ディーマット：災害派遣医療チーム）といって、最近テレビドラマでもありましたが、そういった活動が注目されていて岩手でも行なわれていました。

　いずれ機会があったらDMATの専門の方にお話を聞くとおもしろいと思います。いかに国や自治体が住民の命を軽んじていたかということが良く分かると思います岩手のDMAT関係では「ナインデイズ」という本が出版されています。岩手の災害対策本部の中で何があったのか。緊急医療の関係で国（厚生労働省ですね。）とどんなやりとりがあったのか、とても具体的に書かれています。その本のモデルになった先生が岩手医大にいらっしゃいます。

　それから「被災者の救出」ですね。これも当然やらなきゃいけません。警察、消防、自衛隊がその任に当たっていましたが、元々被災者の救出というのは、災害救助法に記載されている通り、自治体の仕事ですから自治体の職員も被災者を救出しなければなりません。

　「被災した住宅の応急修理」というものもあります。住宅の被害が少しの場合、つまりちょっと修理すれば使えるという程度であれば、そこを応急修理して住むことができます。避難生活から早く脱出するには自宅を直して使える物なら直して使うために、「応急修理」というものが定められています。

　この「応急修理」はあくまでも自治体が修理しますよということなのですね。なので、自治体が建築業者と契約をして個別の方々の家を修理するということになっています。現在は一般基準として修理費用は上限52万円と決められていて、更に修理の対象の部分も居室、炊事場及び便所等、日常生活に

必要最小限度の部分というふうにされています。

　なおかつこれは、自分では修理できない方のための制度となっていて、お金をたくさん持っている人は使えません。「資力要件」といいますが資力のある人は使えないということになっています。「応急修理」については問題があり、後述します。

　さらに「生業に必要な資金、器具または資料の給与または貸与」というものがあります。これは例えば、漁師さんがいろいろ道具等流されて漁業ができない場合に、漁に必要な網を用意して貰うとかというようなことです。

　「学用品の給与」とは勉強するのに必要な物のことですね。

　それから「埋葬」、「死体の捜索及び処理」（災害救助法施行令）というようなことが述べられています。避難者の救出は当然として、亡くなっている方もいるので、その方々に関しては死体の捜索や、見つかった死体についての処理をすることが必要です。処理というのは、災害ですから例えば、亡くなった方は汚れている場合もあるわけですね。それをきちんときれいに洗って差し上げるとか、必要があれば埋葬まですることになります。

　東日本大震災では、遺族も被災して逃げていたり、あるいは流されてしまったりしているので、見た目で個人を特定できないということがありますね。それで、その亡くなった方が果たして自分の家族かどうか見ても分からないということがありますので、医療情報で個人を特定できれば特定します。できない場合はDNA検査をしておきます。冬の間は寒いのでまだ良いのですが、だんだん暖かくなってくると保存が大変ですから。当事は体育館等に見つかったご遺体を並べていました。私達が相談などをしている横の体育館にはたくさんのご遺体が並べられていて、ご遺族の方々がここに家族の遺体が無いだろうかと訪ねて来てそこで探すわけですね。

　そのようなことがだんだん難しくなってくると、埋葬、火葬して供養して置いておくというような形での処理をしていました。そういった死体の処理等が「災害救助法」「災害救助施行令」で定められています。

　その他の救助の種類として「災害によって住居またはその周辺に運ばれた土石、竹木等で、日常生活に著しい支障を及ぼしている物の除去」も書かれています。

これだけ見ると、土石とか竹木等と書いてあるので、自然の物だけのように思えますが、そうではありません。東日本大震災ではまず「がれきの撤去」というものが行われました。例えば自動車なんかが自分の家に流れてきて、置きっぱなしになっているというような時には、そうした自動車の撤去というようなことも行なうことができます。

それから例えば2013年でしたか、8月に豪雨災害が岩手でも発生したと思います。その時に、被害場所は玉山とか雫石とかそういう辺りだったと思いますが、多くの水が流れてきたせいで、住居の軒下に泥が溜まっちゃったというようなことがあります。これも障害物の除去という形で泥の掻き出しなどをすることになります。ですからこれらは行政の仕事だということです。

ただ、実際には泥出しはボランティアに頼っている状態が続いています。社会福祉協議会がボランティアの活動拠点になって、集まったボランティアが被災地域をまわって行政がやるべきことを代わりにやっているというような状態です。

こういう形で「災害救助法」には「こういう事をします」ということと、「誰がします」ということが書いてあるわけです。

3　災害弔慰金の支給等に関する法律

問題点は後でまとめてお話するので、次に「災害弔慰金の支給に関する法律」というものに入っていきます。正確には「災害弔慰金の支給等に関する法律」と「等」が入ります。

この法律には、3つのことが書いてあります。「災害で家族を亡くされた方（遺族）に対して災害弔慰金を支給しますよ」、「災害で重い障害を負った方には災害障害見舞金というのを出しますよ」、「被災者に対して災害援護資金というお金を貸し付けますよ」ということです。

「災害弔慰金」というのは、災害で家族を亡くされた御遺族にお金を払いますよというものです。いくら支給されるのかというと、亡くなったのが家族の生活を支えていた方（生計維持者）の場合500万円。それ以外の方が亡くなった場合は250万円です。例えば、災害でご両親を亡くされたお子さん等には、お父さんの給料で生活していましたという場合には、お父さんが亡く

なったことに関しては生計維持者が亡くなっているので500万円、お母さんに関しては生計維持者以外の方ですので、お母さんが亡くなったということに関しては250万円ということで、合計750万円支給されます。

このような支給を受けられる人はどういう人かというと、まず亡くなった方の配偶者、それから子ども、父母、さらに孫、祖父母ということになっています。

元々はここまでだったのですが、東日本大震災の後で、同居または同一生計を営んでいた兄弟姉妹というのも含まれることになりました。同じく東日本大震災の後ですが、こうした弔慰金というのは被災者の生活再建にとっては必要なお金ですねということで差し押さえは禁止します、という法律もできました。

2つめの「災害障害見舞金」というのは災害によって重い障害を負った方に支給されるというものです。これも同じように生計維持者が重い障害を負った場合は250万、それ以外の方には125万というお金が出ることになっています。

ただし、この支給の対象になる方は「重い障害を負った方」に限られています。

「重い障害」ってどの程度だと思いますか。片腕1本全体を失った場合は「重い障害」でしょうか。「重い」と思いますよね。ただこの法律の中ではそれは「重くない」のです。

この法律の中で定められている「重い障害」というのは「両目の失明」とか「神経系統の機能または精神の著しい障害のために常に介護を要する」とか極めて重い障害に限定されています。

「幼馴染が、今回の災害で片足を挟まれてしまい片足を失いましたが、見舞金はもらえますか。」という相談がありました。生活に大変な支障をきたすわけですけれども、残念ながら片足では現段階では支給の対象になりません。「貰えないです。」と答えざるを得ません。それだけ重い障害に限定されているということです。

それから3つめの「災害援護貸付」というものは、生活の立て直しに資するため、住居や家財の損壊程度、あるいは世帯主の怪我の程度などによって

150万円〜300万円の貸付が受けられますよという制度になっています。

　これには所得制限があって、あまり所得が多いと借りることができません。普通、銀行等でお金を借りようとすると「所得が少ないから借りられない」のですね。そういう方は返せるかどうか分からないですから、あまり収入の低い人はお金を借りられないのです。しかし、この制度は逆であまり収入が多いと借りられません。要するに生活が困窮している人を助けるための制度だということです。

　一応法律で決まっている利率は年3％、償還期間が10年。ただし据え置き期間が3年あり、3年間は返さなくて良いですよ、3年後から返し始めれば良いですよということになっています。更に「保証人は付けて下さい」ということになっていますが、償還期間限度の時、つまり10年経った時に死亡していたりすると償還は免除させるということになっています。

　しかし、これは東日本大震災についてはかなり緩和されていて、保証人無しでも利率は年1.5％、償還期間13年、据え置き期間も6年に延ばされています。それから期限到来の時に死亡していなくても資力がない、無資力の状態であれば免除できることになっています。これは東日本大震災だけの特例です。このような形でお金が借りやすくなっているということになります。

　これが「弔慰金の支給に関する法律」というものです。ただ、この「災害弔慰金」というものに関しては1つ問題があります。

　先ほど災害で亡くなった御遺族に対してのものと言いました。例えば、この制度は津波で亡くなった方の御遺族には確実に支給されるわけですが、その後、避難生活している中で体力が衰えてしまって亡くなったという方はどうなるでしょう。この場合、災害で亡くなったのか、そうではないのかということを考えなくてはなりません。

　災害で亡くなったということが言えれば災害弔慰金支給の対象になりますが、災害で亡くなったのではないということになれば弔慰金支給の対象にはなりません。

　このように災害で亡くなった（災害関連死）のかどうかという事が非常に大きな問題になります。災害関連死と認定されれば「災害弔慰金支給」となります。

これに関しては明確な基準がないなどの理由で、災害関連死にあたるのか当たらないのかということで激しく争われる場合があります。また後でも触れますが、この「災害弔慰金の支給に関する法律」にはこのような問題があるということを分かっておいて下さい。

4　被災者生活再建支援法

　被災者生活再建支援法は、住宅を失った方に対する支援策です。この法律は比較的新しい法律で、この法律ができるまでには関係者の大変な苦労がありました。

　従来、国は「生活再建はあくまで被災者個人の問題で、国や自治体がそこに公金（公のお金）を出すのはおかしい」という考え方を持っていました。例えば「家を建て直すのに国が支援します。」ということになると、「特定の人が自分の財産を作るのに、税金を出す。」ということになるので、それはできないというふうに考えていました。ただ、そんなことを言っていると復興が進まないのは明らかです。個々の方々の家が再建されなければ、結局、町が元通りにはならないわけですから、それは全然復興に繋がらないということになります。

　復興が進むか進まないかというのは、もう個々の被災者の住宅再建がどうだっていう問題ではなく、町ができるかできないかという問題になるわけですから、それを含んだ国全体の問題です。そうなってくると、復興が進むか進まないかというところに国がお金を出すということは何にもおかしくないはずですね。

　しかし国というのはそういう広い目で見ないでもっと小さい範囲でものを見て、一般の方が家を再建するところに国のお金は出せませんということを言ってきたわけです。今でも言っています。

　ところが、それでは全然進まないでしょということで、色々な方のご尽力が実り、この法律が制定され、2回ほど改正を経て今に至っています。

　下表「被災者生活再建支援法の支給額」を見ると現在の支給というのはこのようになっています。支援金というのは2種類になっていまして、1つは「基礎支援金」というもので、これは住宅の被害程度によって支給されるも

のです。全壊ということになると100万円、大規模半壊ということになると50万円の支給がなされるということになります。

それから、「加算支援金」。これは住宅再建の方法ですね。どうやって住宅を再建するかという方法によって変わってくるものです。

新しく家を建てます、あるいは家を買いますという方については200万円、また大規模半壊などで家を直してそこに住みますという方には100万円、それから家を借りますという方については50万円の支援金が出るということになっています。

それで全部に括弧書きの数字が入っておりますが、この括弧内の数字は被災時に世帯の人数が1人だった場合の金額です。

たまたま被災した時に1人だった方はもらえる額が少なくなるということです。被災したときに家族がいなかったかどうかで、住宅が被害度は変わらないはずなのですが、一応1人だったら家族で住むより狭い所で大丈夫でしょうということで金額に差が出てきているということです。

なので、これを見て頂くと分かる通り、まず「基礎支援金」に関しては住宅の被災の程度が評価されるということになります。

災害が起きると市町村が住宅の被災の程度を調査して、罹災証明書という書類を発行します。その中に被災の程度が書いてありますが、それが全壊なのか、大規模半壊なのか、ただの半壊なのかということで、これだけ額が変わってくるので非常に重要な問題だということになります。

この認定に関しては災害直後に行なわれたということもあって、被災者は混乱していますから、調査とか認定は慎重に行なわなければいけません。一度罹災証明が出ても内容について異議が出て、再調査がけっこう行われました。当然、私達も大分相談を受けました。壊れ方を見たらどう見ても大規模半壊でしょうという所がただの半壊になっていて、「これでも大規模じゃないんですか。」との申し出に対して、「ああやっぱり大規模ですね。」と評価が変わったりすることもありました。しかし逆もありました。「うちは半壊なのに何で隣は同じ程度なのに大規模半壊なんだ。」との申し出に対して、市役所が再調査したらその隣が半壊に評価が下がったという話もありました。ですから結構シビアな問題になっていきます。一旦重く認定したものを

被災者生活再建支援法の支給額

基礎支援金		加算支援金		
住宅の被害程度		住宅の再建方法		
全壊等	大規模半壊	新築・購入	補修	賃貸
100万円 (75万円)	50万円 (37.5万円)	200万円 (150万円)	100万円 (75万円)	50万円 (37.5万円)

下げるということになると、これもまた問題になるので、そういったところの慎重さが自治体には求められます。

　後の「加算支援金」というのは住宅の再建方法に従って支給されます。例えば家を賃貸して、その後購入、建築（又は補修）した場合はトータルで200万円（又は150万円）までは貰えます。

　なので、家を建てる前にとりあえず賃貸住宅借りて、そこに住もうということにして、まず50万貰います。その後お金をためて新築しようということで家を建てたら、200万円の内50万円は貰っているので、あと150万円は支給されますよということです。被災者の方が支援金を貰うことを躊躇しないような仕組みになっているということです。ではこれだけ支給されれば建物は建てられるでしょうか。

5　被災ローン対策

　そこで「被災ローン問題」に言及します。被災をする前に抱えていたローンがあるという場合に、被災したことで、もう一回被災から復旧して再建していこうということになると、例えば工場などを所有していて、工場を作るのに借金して作ってやっていましたという場合、工場は流されたので再建しなければならないということになると、前に工場を建てる時に残っているローンがある上に、新しく工場を建てるためにまたローンを組まなければいけません。こうなると二重のローンになり、とてもじゃないがやっていけない、というような事態になるわけです。それで、再建したって無駄だから、再建するのを止めようということになると被災地からそういった事業体がどんどん減っていくということになってしまいます。

それからもう1つは個人の問題です。同じような話になりますが、例えば住宅ローン組んで家を建てていましたが、津波で家は流され住宅ローンは残っているという場合です。

このような時にもう1回家を建てようとするとまた住宅ローンを組まなければなりません。だけど、「前のローンがあるのに新しくローンを組むなんてできませんよ。」ということになるともう新しい家は建てられません。そうすると、被災者の方々がその後、新しく家を建てて町を形成していくことができなくなります。被災前に抱えていたローンについて、どうにかそこを解消するような方法はないかということになりました。

そこで事業に関しては2つの制度、「東日本大震災事業者再生支援機構」と「産業復興機構」が作られました。この2つの制度は内容はほとんど同じですが、作った役所が違うので制度が2つあります。

これらは被災した事業者に対するローンをこういった機構が買い取って、この機構の人たちが債権者になり、返済しやすい程度の金額まで返済金を下げたり、あるいは事業の経営状況を見て返済を免除したり、そういった形で事業者が再建に向けて力を入れられるようにいろいろ調整をやっていくというようなことをします。それだけではなく事業に対するアドバイスなどもします。この制度により、かなりの件数の事業者が救われているという状況です。

一方、個人向けローンは「個人版私的整理ガイドライン」（被災ローン減免制度）というのができました。

この個人に関しての制度は、被災後しばらくしてからできました。被災直後に寄せられた質問の中で「住宅ローンを組んで家を建てていたんだけど、家が流されちゃって無くなったんですが、ローンは無くならないというんですよ。どうしたらいいんでしょう。」というような相談がものすごい数あったのです。

「これをどうにかしなきゃいけないね。」ということで日弁連ですとか、仙台弁護士会、岩手弁護士会が協力して署名をたくさん集めて、国に署名を持って行ったわけです。それでやっと制度ができました。「法律を作ってください」という要求だったのに法律にはならなくて「ガイドライン」というのができあがりました。これは被災者と債権者全員の合意によって債務の一

部、あるいは全部を免除するというような制度です。

　当初は1万人程の利用が見込まれていましたが、現在は利用件数が低迷していて最終的には1,300件程度で終わるのではないかと予想されています。こういった形で被災ローン対策ということが東日本大震災の後ようやく実現しました。

　この制度は「阪神・淡路大震災」の頃からずっと求められてきて、ようやく今の形で実現しました。

6　その他の災害関連法

　この他にも重要な災害関連の法律はたくさんあります。

　例えば災害発生時に、市町村や県に対して国が大幅な財政支援を行なったりとか、あるいは被災工事に助成を行なったりという類ですね。国が「指定」をしてそれが激甚災害だということになると、そこに対して国がたくさんお金を出せるということです。そのための「激甚災害に対処するための特別の財政援助等に関する法律」という名前の法律を作りました。

　それから、復興を進めるのに普段の法律の枠組みの中で進めるとなかなか進まないという問題があります。そのために、ある程度復興しなければならない地域だけは法律の規制を緩和しましょうとか、あるいは税金を普通どおり取っているとなかなか事業が進まないので、この地域の人たちだけはとりあえず税金を下げましょうだとか、そういった形で税制上の優遇措置を設けるために、ある地域を「ここは復興する所だから、いろいろ緩くします」と指定するために「特別区域」を設けることがあります。東日本大震災であれば「東日本大震災復興特別区域法」といって「特区法」と呼ばれています。

　阪神・淡路大震災も、中越、中越沖地震もそうですけれど、今までたくさん大きな災害が起きてきました。そこで、これに関して「国としてきちんと対応していかなくちゃいけないね。」ということで「大規模な災害からの復興」ということに特化して「大規模災害からの復興に関する法律」というものも作られました。

　以上、特に被災直後から段階的にできた重要な法律を紹介しました。

　さて、こういった法律がたくさんあるにせよ、被災者の方々はこれを知り

ません。法律に不備があるのに、それに気づかず何も手当てがされないことがあるわけです。あるいはまた法律に基づいて、行政からいろいろな情報提供がありますが、被災者の方々がそれをきちんと理解するのはなかなか難しいし、自分の要望が法律上どうなるのかを判断することも容易ではありません。

そこで重要になってくるのが「被災地における法律相談活動」です。

3 被災地における法律相談の役割

「災害時における法律相談の役割」ということについて、まず岩手弁護士会が何をしてきたかということを紹介します。

岩手弁護士会の場合は、平成23年の3月22日から電話相談を、29日から避難所相談を始めました。避難所相談は、震災直後ですからそもそも法律相談というレベルなのかという思いも当然あるわけです。そこで私達は沿岸の弁護士にそちらの状況を聞き、避難所で相談活動ができるかどうかを沿岸の弁護士に確認をして避難所巡回相談を始めました。

けれども、そのほとんどの相談というのは、いわゆる法律相談、つまり何らかの法的な紛争があってその解決の道を知るために相談に来るのではなくて、もっと事実上の問題でした。

「○○が無くなりどうなりますか。」というもの、例えば「土地の権利書が流されたので私の土地は無くなりますか。」というような相談が非常に多かったです。それから、「国や県は被災者を助けてくれるのでしょうか。」というような不安、訴えなどが非常に多かったです。災害直後というのはなかなか情報が入ってこないので、何も分からなくて不安なわけです。

私たちは事前に、どういう制度があるのかを調べてから行きますので、聞かれれば、「これからこういう制度が動き始めますよ。」とか「あと何日かすれば市町村からこういう問い合わせが来ると思いますから、それに答えればお金が出ると思いますよ。」とかそういった話ができるわけです。それが大変喜ばれました。

ところがだんだん時間が経ってくると、そういった現実的な話から法律的な問題についての質問が出てきました。例えば震災前から問題になっていた

事が再燃して普通の法律相談が増えてきました。

　震災前まで離婚の話をしていた夫婦が被災して、「一緒になって頑張って逃げよう。」などと、少し持ち直したりして避難所ではある程度仲良くできたけれども、仮設住宅に移ったらまた元に戻って、元々被災前に話し合っていた離婚問題が再浮上して相談に来るとかですね。そうしていわゆる普通の法律相談というものが増えてきました。

　また、一方で少し落ち着いてきて復興のことが考えられるようになると、住宅再建という問題がたくさん出てきました。そうなってくると私たちに対する相談というのも、「住宅を再建したいが、どういうお金が下りるのか。」というような話になります。先ほどのローンの相談は時期を問わず、ずっとある相談でした。そういった形で時間の経過によってだんだん変化してくる被災者のニーズというのもありますし、ずっと変わらない問題っていうのもあります。

　そうしたニーズに応えて被災者が抱える不安に対処していくことは非常に重要でして、被災地における法律相談活動というのはそこにこそ意義があると思います。

　そういった活動の中である程度、相談活動の機能というのが見えてきました。

　阪神淡路大震災では、被災地での法律相談には3つの機能があると言われました。「紛争防止機能」「精神的支援機能」「パニック防止機能」の3つです。

　そして東日本大震災においては、これに加えて更に「情報提供機能」「立法事実収集機能」の2つが挙げられるようになりました。

1　紛争防止機能

　それではそれぞれの機能について簡単に触れます。

　まず「紛争防止機能」です。例えば、阪神・淡路大震災の被災地というのは市街地、首都圏の直下型地震になりますので、その中では賃貸借に関する相談が非常に多かったそうです。

　「家を借りていたが地震で潰れた。その後も家賃を払うべきか。」、反対に

「土地を貸していたが地震で建物が潰れたので土地は返してもらえるのか。」など、そういった形で非常に多かったのです。

　その際に弁護士はそれぞれに対して必要な法的な知識を提供します。それに加えて、「向こうも被災しているみたいだから、そのへんを考えてお互いに話し合いしたら。」と勧めることもします。借手も貸手もそれぞれ法律相談に行きますから、それぞれ法的な知識を持って帰ってくるわけですね。その上で話し合いをするのに、二人とも被災したという共通の思いがあるので、非常にスムーズに話し合いによる解決が進んだそうです。

　当時の阪神・淡路大震災の時は相談件数が何万件もあったと言われています。ところが、相談件数が増加に対して、裁判所の紛争件数は激減しています。

　法律相談を通じて、災害時においてもきちんとしたルールが示されることで、市民の方々が独自に様々な法律の問題を解決してきたというような状況があって、問題をこじらせずに紛争が防止されてきたのです。

2　精神的支援機能

　次に「精神的支援機能」というのがあります。

　当然ながら被災者というのは被災後不安な状態でおられます。法律相談によってそうした方の心配事に対して明確に答えを出してあげることによって、その心配事を取り除くことができます。

　そうなれば当然、精神的な支援になるわけです。さらに、それだけではなくて、被災地の方というのは周りには話せない悩みというものをたくさん抱えています。

　特に避難所等で生活していると、周りは被災者なので、避難生活への不満だとか、辛さだとか、そういったことに関してはみんな抱えているから、こぼせないのですね。

　自分だけ辛いわけじゃないのでなかなかこぼせなくて、それがどんどん溜まっていくとその方のストレスになって、それを抱え込んじゃって精神的にかなり大変な事になっているというようなことがあります。

　そこに全くの第三者としての弁護士が入っていって「何でも話を聞きますよ。」というような事をやると、普段なかなか周りの人に話せないようなこ

とを、「この人被災者じゃないから。」ということで話ができます。そうすると、気を使わずに愚痴をこぼすことができてストレス発散になったり、溜め込んだものを吐き出したりして、精神的に軽くなるという、一種のカウンセリング的な機能でしょうか、そういう機能があるということです。法律相談そのものではありませんが、実際に相談の場面で重要な機能だと思います。

3　パニック防止機能

それからもう一つ「パニック防止機能」ということも期待されています。

被災地で様々な情報が飛び交う中で、当然ながら、その中に嘘が含まれたり、大げさな話になったりすることがあります。そういう嘘の情報に操られると、極端な事態に発展する事もありうるわけです。関東大震災の時には、「朝鮮人が暴動を起こしている。」「朝鮮人が井戸に毒を入れている。」といったデマが流れ、朝鮮人が殺されたという話があります。法律家が早い段階で被災者の中に入って嘘の情報を指摘して、事前にそうしたパニックを防止するということに役立つこともあるのです。

もう一つは被災者にとってみると、被災地に弁護士が来て法律相談していると、被災して異常な状態の中でも、なんとなく法律に従って事が運ぶ、法律はきちんと生きているなということを認識できるわけです。これが「パニックの防止機能」であると言えます。

4　情報提供機能

以上のような、機能に加えて東日本大震災で意識されたのが「情報提供機能」というものです。東日本大震災の場合には自治体の機能もかなり被害を受けてしまったので、本来自治体が各被災者に伝えなければならない情報等もなかなか行き渡らないということがありました。自治体にもそこまでの余力が無いのだという状態が続きました。

私達、岩手弁護士会では、被災者の方々が求めているだろうという基本的情報を、被災者に直接伝える方策として「岩手弁護士会NEWS」というA3サイズのものを作りました。これを、自治体に配ったり、避難所に配ったり、あるいは被災者の方が買物に来るスーパーに大きく印刷して張り出し

たりして何とか被災者に伝えるようにしました。

　ここで示すNEWSはVol.2の第2弾です（下図参照）。第1弾は、3月29日から避難所回りをしているので、その頃には作成しておりました。その後、時期に応じて第2弾、第3弾、第5弾くらいまで作ってその時々の情報を配って歩きました。あるいは第1弾と第2弾を表裏に印刷して、新聞の折込みに入れて被災地で新聞をとっている人には全員に行き渡るようにしました。

　そうすると、市町村の窓口では対応しきれないような被災者の数がいましたので、そういった方々からの問い合わせ等も、弁護士の法律相談の中で答えるようなこともできましたから、それによって被災自治体の業務も軽減されるという面も出てきました。

　ある市町村は大変な被害を受けましたので、役所にたくさん相談に来ても対応しきれないことがありました。岩手弁護士会と話をして、支援制度などに関しては「こちら（法律相談窓口）に回して良いですよ。」ということにしていたので、役所の窓口からこちらの法律相談の方にどんどん回ってきて、問題にお答えするということもよく行われていました。

　いわゆる法律相談というものにこだわらないで、被災者が必要としていることを実現するというスタンスで活動したことで、法律相談活動の新たな機能が明確になってきたというようにも思われます。当然ながら、今後大きな災害が起きた時には、こうした情報提供活動というのは法律家に期待されているということがいえると思います。

　このNEWSを各地がモデルにして、同じような「ニュース」を作成しています。例えば静岡県は、静岡県弁護士会と防災協定を結んでいます。災害発生時には、その市町村の事業として弁護士が法律相談活動を行なうということが予め約束事として決まっています。

　その中で、被災時に避難所に設置をして、被災者に配る物のリストというのがあって、その中にこの「ニュース」が入っています。災害がおきたら、このニュースを配るということが自治体レベルで決められているというわけですので、情報提供というのは、これからの法律家に求められている機能だと言えます。

3　被災地における法律相談の役割　157

岩手弁護士会ＮＥＷＳ Vol.2

○どんなことでも結構です。悩み、分からないこと、聞いてみたいことがありましたら、お電話下さい。
　ご利用いただきやすいように、通話料無料のフリーダイヤルを設置しました。
→岩手弁護士会被災者ホットダイヤル　月～金の午後1時～4時　0120-755-745（携帯電話からもご利用いただけます。）
　面談による相談をご希望の方は　019-623-5005でご予約を。
　連日、避難所等での巡回相談に伺っています。是非、ご利用下さい。

1　ご家族を亡くされた方への支援

○**災害弔慰金（災害弔慰金の支給等に関する法律）**
→災害により、生計を維持していた方が亡くなった場合、最大500万円、その他の方が亡くなった場合、最大250万円を、ご遺族に支給する制度です。
　支給の順位は、①配偶者、②子、③父母、④孫、⑤祖父母であり、具体的な金額は市町村が決定します。
　支給を求める窓口も市町村です。

○**生命保険**
→今回の震災により、生命保険をかけていた方が亡くなった場合、ほとんどの生命保険会社は保険金を支払うことを決定しています。保険会社が分からない場合は、生命保険協会「災害地域生保契約照会センター」に確認して下さい。
0120-001-731（月～金の午前9時～午後5時）

○**労災保険**
→震災が起きた際に仕事中だった、あるいは通勤中だった方で、被害にあわれた方は、労災保険制度により給付が得られる場合があります。
　お近くの、労働基準監督署、労働局が窓口になります。

○**亡くなった方が、住宅ローンの支払途中だった。**
→ほとんどの金融機関では、住宅ローンを組むときに、「団体信用生命保険」という保険への加入を義務付けています。住宅ローンの支払の途中で亡くなった場合には、この団体信用生命保険により、住宅ローンがなくなることがあります。
　住宅ローンの契約先に確認してみて下さい。

2　その他の色々な支援制度

○**被災者生活再建支援制度**
→災害による住宅が全壊するなど、生活基盤に著しい被害を受けた世帯に対して支援金を支給する制度です。
　二つの支援金が支給されます（震災当時、世帯人数が1人の場合は、各該当額の金額が4分の3になります。）。
　①住宅の被害程度に応じて支給する支援金（基礎支援金）　②住宅の再建方法に応じて支給する支援金（加算支援金）

	住宅の被害程度	
	全壊等	大規模半壊
支給額	100万円	50万円

	住宅の再建方法		
	建設・購入	補修	賃借
支給額	200万円	100万円	50万円

※賃借には、公営住宅を借りた場合を含みません。

例えば、住宅を全壊で失った方には、基礎支援金として100万円が支給されることに、その方が、新たに家を建てる場合には、加算支援金として200万円が支給されます。
一旦住宅を賃借した後、自ら居住する住宅を建設する場合の加算支援金は、まず賃借により50万円が支給され、その後建設により、合計して200万円になるまで支給されます。
住宅が全壊又は大規模半壊した世帯が対象になります。「全壊等」とは、住宅が半壊、又は住宅の敷地に被害が生じた場合で、当該住宅の倒壊防止、居住するために必要な補修費等が著しく高額となる場合を含みます。
申請期間は、市町村です。申請期間は、基礎支援金が災害発生日から13ヶ月以内、加算支援金が災害発生日から37ヶ月以内です。

○**災害障害見舞金（災害弔慰金の支給等に関する法律）**
→災害により、生計を維持していた方が重い障害を受けた場合には最大250万円、それ以外の方が重い障害を受けた場合には最大で125万円を支給する制度です。
　重い障害とは、両眼が失明、神経系統の機能又は精神に著しい障害を残し、常に介護を要する、胸腹部臓器の機能に著しい障害を残し、常に介護を要する、両腕をひじ関節以上で失った、両腕の用を全廃した、両脚をひざ関節以上で失った、両脚の用を全廃した、等の場合を言います。
　窓口は市町村です。

○**災害救助法に基づく給付**
→災害救助法では、避難所の設置や食事の提供のほか、被服、寝具その他の生活必需品の給与又は貸与、災害にかった者の受託の応急修理、生業に必要な資金、器具又は資料の給与又は貸与、学用品の給与、埋葬というような支援が定められています。
　例えば、学用品の給与は、災害で学用品を失った児童・生徒に対して、教科書、文房具、通学用品を支給して、給与します。
　現物給与が原則ですが、知事が必要に応じて、金銭を支給して給付することができます。
　窓口は、県、市町村です。

3　労働関係に関する支援

○**雇用保険の失業等給付制度による支援（お勤めの方への支援）**
→労働者の方が失業して、給料を得ることができなくなった場合等に、生活及び雇用の安定並びに就職の促進のために、求職者給付、就職促進給付、教育訓練給付、雇用継続給付を一定の要件を満たした方に支給する制度です。
　事業所が災害を受けて休止・廃止したため、休業を余儀なくされ、賃金を受けることができない状態にある方は、実際に離職していなくても、失業等給付を受給することができます。
　岩手県内に所在する事業所に雇用されている方で、事業所が災害を受けたことで休止・廃止したため、一時的に離職を余儀なくされた方については、事業再開後に再雇用されることが予定されていても、失業等給付を受給することができます。
　お近くの公共職業安定所（ハローワーク）が窓口です。

○**雇用調整助成金制度（事業者の方への支援）**
→休業等を実施することにより、労働者の雇用の維持を図った事業主に休業手当等の一部を助成する制度です。
　今回の地震に伴って、交通手段が途絶したことで原材料の入手や製品の搬入ができないとか、損壊した設備の早期の修復が不可能であるといった、経済上の理由により事業活動が縮小した場合は、雇用調整助成金及び中小企業緊急雇用安定助成金が利用できます。
　助成金を受給するには、休業等実施計画届けを提出する等の支給要件を満たす必要があります。
　お近くの公共職業安定所（ハローワーク）にご相談下さい。

4　ご家族が行方不明の場合

○**死亡認定制度**
→津波等の災害が去った際、状況から、亡くなっている可能性が極めて高い場合に、官公署が認定により、死亡を推定する制度です。
　警察が死亡の報告をすることで、戸籍上、死亡したものとすることができます。これまで、1年ほど時間がかかっていたようですが、今回の災害に関しては、3ヶ月ほどで認定できるよう、国が制度を検討しているようです。

○**失踪宣告制度**
→津波の危難が去った後、1年間生死不明である場合に、裁判所の決定により、死亡したものとみなす制度です。
　これにより、死亡に基づく支給が発生し、相続が開始します。仮に、実際には生きていたという場合には、失踪宣告を取り消す手続をとる必要があります。

岩　手　弁　護　士　会
（平成23年4月11日現在の情報です）

5　立法事実収集機能

　もう一つは、「立法事実収集機能」です。これも東日本大震災で意識されたものです。現地で相談活動をしていると、同じような相談がたくさんあるというようなことにぶつかるのですね。場所が変わっても同じような相談が来るのです。そうするとこれはたぶん被災者全体に同じような問題が生じているのだというようなことが分かるわけです。

　あるいは数は多くなくても、話を聞いて「どう考えてもおかしいね。」という問題もあります。調べてみると法律上は、どうもそうせざるを得なくなっているわけですが、「それってやっぱりおかしいね。」というような問題が出てくるのです。

　そういった現場の声というのは、当然自治体とか国を動かす大きな原動力になります。現場で被災者が困っているという状況が国を動かす原因になるわけですね。なので、そうした被災者の声を集約して然るべき所に繋いでいくということが、相談活動の大きな機能というふうに認識されるようになりました。

　東日本大震災以降で、法律相談をきっかけに法律改正に辿り着いたという例はいくつもあります。例えば、先ほど災害弔慰金のお話をして対象者に兄弟姉妹まで含まれましたという話をしたと思います。これは岩手県内での法律相談がきっかけです。

　岩手県の弁護士が相談の中で、「自分はお兄さんと二人暮らしをしていた。自分には障害があって、お兄さんの生計に頼ってずっと生活してきたのに、災害弔慰金支給の法律に兄弟姉妹が入っていないという理由だけで自分は何も貰えない。この先、自分はそもそも生活していくのが大変だ。生活がしていけない。」という話があって、「変な話ですね。子どもとか夫婦であれば簡単に貰えるのに、なぜその様に兄弟姉妹に頼って生活していた方が貰えないのだろうか。」というような問題がでてきたわけです。これをきっかけに相談を受けた弁護士が活動をはじめて、それに全国の弁護士が協力をして署名を集めたりして活動したことで、実際に災害弔慰金の支給に関する法律が改正されて、兄弟姉妹にも支給されることになりました。

　それから先ほどの「被災ローン対策」として「個人版私的整理ガイドライ

ン」ができたというのも、実際に各地で行なわれた法律相談で、そういった被災ローンについての相談が多く寄せられているということが明らかにしたのがきっかけになっています。

こういう形で被災者の声とか被災者が置かれている状況とか、必要な法制度について、法律家が社会に発信をしたり、実際に法律を作ったり、ということを実現するために、法律相談活動が、そうした必要性がわかる立法事実を集める機能を果たしているといえます。

実際に、各地で行なわれた相談を集約した、「東日本大震災無料法律相談事例集」というのがあります。これは４万件くらいの相談を集めて統計を取ったものです。

具体的な相談事例を1,000くらいに絞り、県別や内容で分類して統計を取っています。そうするとこの中で被災ローン関係の相談が何％くらいありますよ、と、それだけ多いのに国は放っておくのですかというような形で活動を繰り広げているわけですね。このように法律相談から立法に繋がっていくということが言えるということになります。

４　復興支援・住宅再建

１　まちづくりと法

最後に「災害関連法の問題点」ということに入ります。

東日本大震災から３年以上経過していても、残念ながら復興はほとんど進んでいません。どうして進まないのかというと、例えば建築業者が足りないとか資材が足りないとか、法律ではどうにもならないことが多数存在しています。ですが、法的な面から問題点に少しふれます。その中で「まちづくりと法」についてもお話します。東日本大震災の場合、福島を除けば津波被害が一番深刻です。

浸水地域に住んでいた方々をどうするのかということがとても大きな問題になるわけです。その中で例えば「土地区画整理事業」とか「防災集団移転促進事業」といった復興事業のメニューはたくさん用意されています。

この二つに限ってお話しますと、「土地区画整理事業」というのは、要す

るに浸水した土地について区画整理を行なって、その地域に土地を持っていた人に関しては換地（土地の交換）をして、もう一度浸水地域を整備しなおすというものですね。

交換する土地の場所というのは、その事業地域そのものの場合と、別の場所の土地と交換する場合とが考えられます。「現地交換」という場合には、その対象の土地を、例えば盛土（もりど）などして安全に使えるように直して、区画整理をして、換地するという形で進めます。別の土地と交換という場合には、大体が高台だと思いますけれど、別の土地を用意して、その土地と浸水した土地を交換するというような形で進めます。

「防災集団移転促進事業」というのは、浸水した地域の被災者に対して自治体が移転先の土地を用意して、そこを売ったり貸したりすることで新たに町を形成するという事業ですね。なので、その地域の人達は完全に別の所に移ることになりますが、浸水した地域の土地については自治体が別に買い上げて利用するという形になります。

ところが、こうした事業を進めようとすると移転先の高台が必要になってきますね。土地区画整理で高台に移転しようとしても移転先が必要、防災集団移転でやろうとしても、やはり移転先の土地が必要ということになります。

また、現地で土地区画整理をしようとしても、その地域はまだ安全ではありません。いつ津波が来るか分からないが、今は防潮堤も何も無いので津波が来たらダイレクトに波が来るという状態になります。そうすると、例えばその地域に住むためには前提として防潮堤、あるいは高台に逃げるための道路が必要になる。そうなると移転先の土地、あるいは住むために必要な防潮堤あるいは道路のため土地が無ければ復興事業は進まないということになります。

実はこうした復興事業用地がなかなか確保できないということが、復興事業がなかなか進まない一つの原因でした。

何でそれができないのかというと、移転先の用地の所有者の権利が問題です。土地の所有者には、憲法で財産権が保障されています。そのために、移転先の用地を準備するには、十分に権利者と交渉を行なって買い取りをしな

ければなりません。復興のためとはいえ、強制的に土地を使えるようにするとかいうようなことはなかなかできないのです。土地収用というものがありますから、公共のためには一般人が持っている土地でも、それを強制的に買い上げ、それを公共のために使うということは可能です。ただその制度というのは憲法上非常に厳しい要件が課せられているわけです。

　そういったところを受けて、岩手県と岩手弁護士会が共同で研究を進めて、その土地収用手続きの緩和について国に要望を出し続けていました。当初国は憲法に反すると言って全く動きませんでしたけれど、民主党とか生活の党の議員さんが動き出したことで、急に与党、自民党も動き出して、先々月復興特区法が改正されてこの土地収用が非常に利用しやすくなりました。他にも更に直さなきゃならないことがたくさんありますが、とりあえずこれで少しは復興が進むと期待をしています。

　以上が「住」の問題が進まないという話です。災害救助法のところで衣食住の話をしましたが、復興でも同じで「住」だけあってもだめで、「衣食」も必要になるわけです。

　普通、生活で衣食を支えるのはお金ですね。収入が無きゃいけません。復興を進めようと思ったら住む所があるだけじゃだめで、そこで生活していくための資金を稼ぐということも必要です。これは法律の問題ではないかもしれませんが、今被災地域ではなかなか仕事がありません。この状況をどうにかしないと復興は進みません。

　今一応、建築関係の仕事はたくさんありますが、逆に被災地にどういう人達が居るかというと、高齢者が非常に多いわけです。高齢者の方が働きたいと思っても建築現場では無理でしょう。今被災地の有効求人倍率というのはそんなに悪くありません。人数だけで数えますから、仕事をしたい人達と働く人を求めている仕事の割合というのはそんなに悪くないです。だけど実情を見てみると高齢者がいて高齢者が働きたくても、たくさんある仕事は建築現場だけっていう状況では働きたいのに働けません。人と仕事のミスマッチが生じている状況になっているわけです。

　だから、この点をクリアしないと復興などまるで成り立たないですし、あるいは仕事が欲しい若者はどんどん被災地から流出してしまうので、ますま

す復興が止まってしまうという状況です。法律面だけではなく事実面でもどうにかしていかなくてはなりません。それに加えて最初に紹介した災害関連の法律にもたくさん問題があるわけです。

あれらは当然ながら復興のためには非常に重要な法律なわけです。「災害救助法」というのは復興を進める元になる応急対応のものですし「弔慰金」「支援金」などは、まさに生活再建そのものに関わってきています。だけどそれらにも色々問題があるということですね。

2 災害関連法の問題点
(1) 災害救助法

「災害救助法」に関していえば、例えば避難所には非常に問題があります。避難所に行ったことある方いますか。例えば体育館で、たくさんの方々が雑魚寝しているような状況です。女性も一緒です。着替えとかするのも女性は男性がいる中でしなければならない。報告はされていないですが、女性に対する性的な被害というのもかなりあったようです。このようなことからすると、もう少しプライバシーに配慮して弱者保護を考える必要が出てきます。

それから仮設住宅の問題です。これも現状は2年で後は1年毎に延長しますよということになっています。ところが東日本大震災クラスの災害がおきると2年ではどうにもなりません。2年以内で仮設住宅を出て新しい住居に住みますなんてことはできるわけがないので、元々の2年の設定がおかしいわけです。ところがこれはずっと2年でやっています。これは建築基準法上の問題なので動かせないと言って1年毎に延長するというやり方をするわけです。

阪神・淡路大震災の時も5年はかかっていました。東日本大震災の場合はもっとかかると思います。1年毎の延長で5年やるなら、最初から5年にならないものかと思います。最近、福島の被災者について仮設住宅の延長が決まったというニュースが流れましたけれど、被災者にしてみればいつ打ち切られるか分からないのです。ある日突然次の日からあなたは仮設住宅を使えないと言われるかも知れない。そうなったら困るので、その意味でも長めの設定が必要だということです。

それから、すぐ出ていくという前提でプレハブの建築なのですが、プレハ

ブというのは暑いし寒いし、壁が薄くてプライバシーが無いし、非常に大変です。中に住んでいる方は周りを気にしながら、本当になるべく音を出さないようにして生きてきているというような状況がありますから、この建て方にも問題はあります。

　住田の木造建築というのが注目されていますが、これはこれで別な問題があります。本来のモデルと違うので、県とか国とかがお金を出せる仮設住宅じゃないということで、例えば修理したいという話をしても、元々県の施策にのった仮設住宅じゃなく住田町が勝手に建てたのだから、県はお金出せませんという対応をされるわけです。

　そうなると、住田町だけではそれほど財源がありませんから、直したくても直せないという話が出て「どうするの。」という状況がまだ残っています。木造だって結局プレハブよりは壁が厚いのですが、普通の家に比べればかなり薄いですから、結露とかがものすごいわけですね。そういった不備をどうにか直さなきゃいけないというところもあります。

　それから「応急修理」の問題。さっき52万円と言いました。52万円で直せると思いますか。絶対無理です。それから、直す範囲も居室、台所、便所に限られている。例えば津波がおきた時に、壁を張り替えなきゃいけないと言った時に、どう考えたって、壁紙は全部張り替えなきゃないですね。ところが、応急救助の観点からいくと壁紙は建築の構造上必要な部分じゃない、おしゃれ部分ですね。「応急修理」で、おしゃれ部分は対象になりません。壁が壊れてそこを直すなら「応急修理」になりますが、壁紙張り替えるだけなら使えません。壁が壊れていてそれと一緒に壁紙も変えるのなら、その限度の範囲内でいいですよということです。

　このように非常に使いづらい状況にあるし、52万円じゃ絶対に足りないわけです。

　実際どうしてるかというと、全体の工事の中で「応急修理」になりそうな所だけ抜き出して、そこだけ申請をしてそこの部分にだけ52万円直接業者に実際に支払って、足りない部分は被災者が自分で払うという格好で対応しているのです。こんなおかしな話はないでしょう。

　全体を通じてこの「災害救助法」というのは現物支給が前提になっていま

す。法律上明示されていませんが運用上そうなっています。昔は流通が発達していなかったので、個人が物を揃えるのはなかなか難しい。だから力のある自治体や国が物を準備して物を提供してあげましょうという考え方でした。しかし、今の時代はそんなことありません。お金だけあれば個人が自由に物は揃えることができます。お金の手当てだけでよいのです。しかし、法律の運用は、「現物支給が前提です」ということでお金の支給は絶対許さない。

　それではどうなるかというと、先ほどの応急修理の場合、現物支給の観点で工事業者は市町村と提携した指定業者だけになっています。自治体の動きが遅れて指定業者の指定が進まないうちに、被災者の方が知り合いの業者に頼んで直してもらったとします。後で「ここを直したので応急修理としてお金出して下さい。」と申請に行くと、「指定業者じゃないからだめです。」という話になります。現物支給の弊害です。東日本大震災の場合にはこういう問題がたくさん発生したので、後から指定するというスタイルで、なんとか出せるようにしたこともありましたが、こういったところが法的に全く整備されない問題というのがあります。

（2）弔慰金の問題

　それから「弔慰金」に関してはさっきお話したとおり、「災害関連死」という問題があります。各市町村に審査委員会を置きますが置けない場合には都道府県に委託ができます。

　岩手県の場合には、沿岸で独自に置いているのは山田町だけで、あとは全て県に委託しています。そうなると、被災地から遠く離れた所で適切な判断ができるかどうかという疑問がありますし、実際多くの不満が出ています。「災害関連死」かどうかということについても判断基準が不明確で、今後検討が進められるべき課題だということになります。

　それから「災害障害見舞金」。これもさっき言ったとおり、対象の障害の程度が高すぎます。片目を失った方と両目を失った方、両目を失った方はもちろん大変でしょうけれども、片目を失った方だってかなり大変ですよね。それなのに、片目の場合は法律上そんなに重い障害には当たっていないので、両目でなければ対象になりませんよというような取り扱いがされていま

す。ここもどうにかしていかなければなりません。

　それから「災害援護資金」。はじめに東日本大震災でだいぶ運用が緩和されましたという話をしましたが、実際は免除の要件がどうなるか不明確なのです。

　これは国が大幅にお金を出してくれます。国から自治体がお金を貰ってそれを貸すのですね。最終的には自治体が貸した方からお金を返して貰って、それを国に返すということになっています。そうなると自治体が貸した方から回収できない場合にどうなるかというと、国には返さなきゃいけないので自治体（市町村）が自分で返さなきゃいけなくなるわけです。制度上国が免除してくれれば自治体も返さなくていいのですが、国が免除してくれないと、自治体は、自分たちが回収できず国には返さなければならないという状況になり、一人に貸したお金が回収できないとなると、結局住民から集めた税金で返すことになるから、そんなことなかなかできません。だから貸付そのものについて慎重にならざるを得なくなります。本来、困窮して困っている方が使えるように貸し出すための制度が、回収ができなさそうだから貸せないという話になってきてしまいます。こんな法の不備はないですね。結局、これを借りられれば家を建てたり、他に使えたりするのに、借りられないので家も建てられないという状況が出てきてしまいます。

（３）被災者生活再建支援金

　「被災者生活再建支援金」に関してもそもそも額が小さいという問題です。基礎支援金と加算支援金を合わせても、家建てる場合で300万円しか貰えません。300万円で家は建ちません。だから他の資金集めて建てなければなりません。これに関しては前述したように国は個人が財産を確保するのに、お金を出せないという方針があるので、金額を上げることに猛反対しているし、逆に今減らそうという議論すらあります。

　それから現状だと「生活再建支援金」の対象は市町村毎です。同一市町村内で５戸以上の被災がなければ使えません。なので、竜巻災害や暴風雨災害の時にはどうなるかというと、局地的な災害の場合には使えません。ひどい場合には、町の境目で豪雨が起きて、隣の町では５戸以上浸水して全壊になったので、その町は「支援金」が使えるのに、うちの町は、１戸の被災なの

で「支援金」は使えないという事態が生じます。ですから市町村単位の話ではなくて災害全体で使えるような方向で改正していかなくてはどうしようもないと言わざるを得ません。

(4) 被災ローン対策の問題

「被災ローン対策」の問題にしても、債権者全員の同意が必要だということになっているので、結局全く強制力がありません。債権者の側で一社でも「うちは免除しません。」と言えばもう使えません。そこのところにはもっと法的な拘束力を付けていかないと、全然被災者が助からないという状況になってしまいます。

5 おわりに

今後、確実に大きな災害は起こってきます。東海大地震や南海トラフ地震と言われています。これらになぜ名前が付いているか分かりますか。東日本大震災や阪神・淡路大震災も地震が起きた後に名前が付けられています。どこもそうですよね。アメリカで大きな台風が来た時もそうでした。

しかし、東海大地震だとか南海トラフ地震だとか首都直下地震だとかのこれらに関しては全部名前が付いています。なぜかというと絶対来るからです。来るのが確実だから名前が付いています。「南海トラフ」では、東京から九州まで広範囲の深刻な被害が予測されています。今日話したような問題にきちんと対処しておかないと大変なことになります。

それから日本は沿岸各地に多数原発があります。ということは何か来たら再び原子力災害が起こる可能性があります。被災から学んで次の被災に備える必要があるのです。

今すでに私達が住んでいるこの東北地域以外は平時の姿に戻っています。

関西ではとっくに東日本大震災は終わったのでしょうという雰囲気もあります。しかし、そうじゃない。「おかしいところはまだまだたくさんあって、直していかなければならない。」ということを発信していくということが私たち被災地の使命・責任です。

みなさんも岩手で学んだ身として、ぜひこれからの社会に発信していって

ほしいと思います。そのために今日、私達が今考えている問題点などについてお話をしました。ご清聴ありがとうございました。

第7章　釜石市における法的支援活動及び津波災害に関する裁判例の検討

瀧上　明

1　はじめに

　みなさんこんにちは。岩手弁護士会所属のたきうえと申します。釜石で法律事務所を開いております。

　私は釜石市の弁護士ということで、釜石市鵜住居防災センター事件の調査委員会のメンバーに入っておりまして、その委員会では松岡勝実先生とご一緒させていただきました。

　私は、この3年間釜石におりまして、震災復興のお手伝いをさせていただきました。今回は、私の3年間の活動と、あわせて、津波災害に関する裁判例の紹介と検討をさせていただきます。また、釜石市鵜住居防災センター事件についても触れさせていただきます[1]。

　お手元の資料を確認して下さい。まず、「講演メモ」（資料1）、「仮設住宅に入居された皆さんへ」（資料2）、「仮設住宅アンケート集計結果（自由記載欄は省略）」（資料3）「震災復興をめざすいわてはまゆり法律事務所　弁護士　瀧上　明　の相談件数の推移」（資料4）、があります。そして「東日本大震災の津波災害に関する裁判例（損害論については省略）」（資料5）があります（いずれの資料も章末に掲載）。

---

[1] 本稿は、筆者が、平成26年5月20日に岩手大学で法学を学ぶ学生を主対象として行われた講演を加筆・修正したものである。言及する法律、判例はその時点のものである。

2 釜石市における3年間の法的支援活動について

1 私について

　前半は、私が携わった震災復興の支援活動について話をさせていただきます。お手元の資料1「講演メモ」をご覧下さい。

　まず、簡単に私自身について紹介します。

　弁護士になったのが平成17年10月。平成18年11月に、釜石ひまわり基金法律事務所に赴任しました。これは何かと言いますと、日弁連が司法過疎対策のために過疎地に法律事務所を作っているわけです。岩手には、今6つか7つくらいあります。釜石にもあります。日弁連が釜石に赴任する弁護士の募集をかけまして、私が応募して初代所長になりました。

　そして、釜石ひまわり基金法律事務所の所長を4年間いたしました。その後退任しまして、釜石を引っ越したのが、平成23年2月20日です。日付を聞かれたらわかるとおり震災の2～3週間前ですが、釜石を出て東京の池袋に引っ越しました。そして、その年の4月に、東京弁護士会の弁護士法人東京パブリック法律事務所というところに入りました。おそらく皆さんは聞いたことが無いと思いますが、ここは東京弁護士会が設立した公設の法律事務所です。この事務所に入った時にはすでに震災が起こっていて、被災地が大変な状況になっている事は分かっていました。ですので、入ってすぐですが、再び釜石に戻るか？　という話が出たわけです。

　それで、結局は平成23年の6月にその事務所を辞めまして、釜石に戻ってきました。そして、新しい事務所を釜石に作りました。名前を「震災復興をめざす岩手はまゆり法律事務所」といいます。これは私の個人の事務所です。弁護士会とか日弁連の基金とか関係ない、完全に私個人が作った事務所です。今、開設から3年間が経過しました。

2 岩手の被災地と司法過疎

　みなさん岩手の方なので分かるかと思いますが、岩手は非常に弁護士が少ないです。特に沿岸の方は少ないです。岩手県の沿岸は南北200km位あり

ますが、今でも沿岸に弁護士は8人か9人しかいません。私も入れてそのくらいです。そういった司法過疎状況なのに、今回の震災が起こったのですね。だから、いろんな法律問題が発生するのは目に見えていたわけですが、それに対して弁護士が8人とか9人で、やっていけるのかな？　と考えたのです。それで、私はまた釜石に戻って法律事務所を作ったというわけです。

講演メモに「事務所の名前の由来」と書いていますけれど、新潟県中越地震があった際、日弁連がひまわり基金の事務所を開設したのです。この事務所が「震災復興をめざす中越ひまわり基金法律事務所」という名前でした。それでこの名前を拝借しました。

次に「釜石地区の被災状況」ですが、これはみなさんご存知と思いますので割愛させていただきますけれども、特に大槌町ですね、1割くらいの方が亡くなられたり行方不明だったりしています。私はよく大槌にも行きますが、本当にどなたに聞いても、身内の方が亡くなられたとか、知人、友人の方が亡くなられたとか、あるいは行方知れずだとか、そんな話ばかりでした。私が釜石に戻ってきた当時は、そんな非常に深刻な状況にあったということです。

3　私の震災対応活動について——仮設住宅巡回無料相談

次に、本題といいますか、私がやってきた活動についてです。この「講演メモ」にあるとおり、いろんな事をしてきたわけですが、今回はその中である程度まとまった成果が挙げられたものについて話します。

1つは、仮設住宅の巡回無料相談をやりました。これはどういうものかといいますと、釜石と大槌に、仮設団地が大体100ヵ所あります。そこを全部回って法律相談をしましょうということを、岩手に来て最初にやりました。

第1回は、平成23年8月に始めて11月で終わっています。3ヶ月くらいかけました。釜石にいるもう1人の弁護士と、2人で分担してやりました。どうしてこんなことをやったのかというと、被災者の生の声を聞いて、どういう法的ニーズがあるか、あるいは被災者がどういった生活状況にあるかということを直に知るためです。

この時期は震災が起こって間もない時期で、ちょうど被災者が仮設住宅に

移ったばかりの頃でした。釜石に関していうと、避難所が無くなったのが平成23年8月10日ですので、既にみなさん仮設住宅に移っていました。震災のショックとか、あるいは、これからの生活の不安とかを訴えられる方が非常に多かったですね。やはり、身内、友人、知人の方を亡くしたり、あるいは仮設住宅に入ったりして、これから新しい生活を始めていかなくてはならない時期だったので、不安や、行政に対する不満をおっしゃる方が非常に多かった。

この仮設住宅の巡回相談は2回やっておりまして、平成24年にも実施しています。この時は、100カ所ではなく、少し場所を間引いてやりました。

4　私の震災対応活動について――仮設住宅アンケート

次に仮設住宅のアンケートですが、これは少し時間をかけてお話ししようかと思います。

アンケート用紙は、皆さんにお配りした「仮設住宅に入居された皆さんへ」（資料2）という紙です。これは平成23年の7月に作りましたから、事務所を開設してすぐにこのアンケートに取り組んだのです。

仮設住宅巡回相談だけだと被災者の生の声は聞けるのですが、全体的な傾向は分からないので、このアンケート用紙を仮設住宅に配って、全体的な傾向を捉えようと思ったわけです。

第1回の仮設住宅巡回相談と合わせてやりましたので、平成23年8月から11月末あたりまでの間で取ったアンケートです。具体的には、釜石大槌の100カ所の仮設住宅に約4000戸あるのですが、4000部印刷して、全戸に戸別配布しました。配ってくれたのは市役所の方です。

このアンケート用紙を、料金後払い郵便封筒に入れて配布しました。封筒には私の事務所の住所が最初から印刷されていて、記入後封筒に入れて投函してもらえれば、私の事務所に届くようにしたんです。内容は、お手元の資料をご覧のとおり、法律に関することです。これは他にはなかなか無いデータなので、調査項目を説明します。

問1は、回答者の年齢などの一般的な話。

問2は、相談の際に行政に不満を訴える方が多かったので、どのような傾

向の不満があるのかを知るための問いです。

　問3は私が関心を持っていた問題で、阪神大震災の時はこの悪徳商法の被害が非常に多かったので、この問いを入れました。どういう事かというと、今回の震災の被災者は高齢者の方が多いですね。また、現金をたくさん持っています。義援金とか支援金とか。また、仮設住宅に入ったばかりの方が多いので、地域社会から切り離されて情報が入ってこない方が多いです。ということで、消費者被害が起こりやすいのではないかという事で、問3に1項目作って入れました。この結果は後で申します。

　問4．借金について。これはもう1つ私の関心があったことです。どういう事かといいますと、今回の震災で家を失った人が非常に多いですね。また、ある方は経営していた会社も流れちゃったとかですね。そうするとですね、住宅ローン、あるいは借金を負っている方が多いのではないかという事で、その実態を知るために、この問いを作りました。

　問5．これは何かと言いますと、1つは、どういった法律的問題に関心があるかを知るためで、問5の5にあたります。もう1つは、司法アクセス障害の問題。岩手の人は弁護士に相談しに来ない人が多いです。それはどういったことが原因なのかということを知るために設けました。問5の4あたりです。

　これを先ほど言ったように、1枚の紙の裏表でやったんですけれども、すごく大変でした。本当はもっと知りたい事がたくさんあったんですけれども、紙を多くすると答える人が減るんじゃないかと思いまして。やっぱりお年寄りが多いですから、字を小さくするわけにもいかないですし、長い文章にすると、これも答える人が減るんじゃないかと思いまして、ある程度字を大きくした上で、一枚の紙に収めました。

　これを4,000部配って出てきた結果が、この集計結果です。

　これを見ていただきたいんですが、これは他にあまり例の無いデータなので、貴重なデータです。弁護士会では私が配ったんですけれども、こういった学生の皆さんにデータを渡すのは初めてじゃないかと思います。

　アンケート用紙が返ってきたのは、888通です。4,000通中888通だから、22％くらいです。

問1の3を見ていただくと、いわゆるお年よりが多いですね。60〜79歳が54.9％います。私が実際に相談を受けているのも、50代、60代、あるいは70代の方が多いです。というわけでお年寄りが多い。問1の4は、同居人数は何人ですか。1人ないし2人という回答が67％超ですね。ちなみに、これとは別のアンケート調査で聞いた結果では、独居高齢者世帯が1割強いるらしいです。こういった方々は、実際に今起きていることですけれども、孤独死とかの問題もあるということです。また、複数が同居していても、同居者もお年寄りということが多いですね。次に、問1の6。これもけっこう大事な質問です。近所づきあいが有るか無いかです。ほとんど、あるいは全く無い方が、約41％います。このアンケートをした時期が、仮設住宅が始まったばかりだったんで41％もいたということですが、災害の時に気をつけなければいけないことに、コミュニティの維持というのがあります。皆さんも聞いたことがあると思います。災害が起こりますと、被災者はまず避難所に行きます。次に仮設住宅に行きます。仮設住宅が終了すると、災害公営住宅に行ったり自分で家を建てたりしますよね。その度に転居するわけです。そうすると、コミュニティの維持、平たく言うと近所づきあいが非常に難しくなります。そういったことを知るための数字です。

　問2．これは行政への不満です。問2の1．仮設住宅の満足度は「普通」が半数近くですが、「悪い」と回答している人がちょっと多いですね。33パーセント強。問2の3．行政制度で知りたい事はというと、お金の事ですね。生活支援金とか義援金とか弔慰金、そういったお金の話です。問2の2の仮設住宅の良い点または悪い点というのは割愛させていただきます。

　行政への不満で最も多かったのは、先が見えないということでした。これからのまちづくりであるとか、家を建てられるのかとかですね。住宅に関する不安、そういった事が多かったですね。

　問3．これは非常にびっくりしたデータでした。というのは、消費者被害というのがほとんど起こっていません。非常に意外です。あとで、私の3年間の法律相談件数のデータも見てもらいますが、消費者被害というのはほとんど起こっていません。警察によると闇金なんかが若干増えているというデータが有るようですが、実際に弁護士が受ける消費者被害相談としては、私

だけじゃなく他の弁護士も、ほとんどありません。なぜか理由はよく分かりません。理由を掘り下げていくこともできますが、無いなら無いで良かったですねという事です。

　問4．これは借金についてですが、けっこう関心を持って見ました。住宅ローンが残っている人が3割位。問4の2で、借金の額が300万円以上、これは多くの人が住宅ローンだと思いますけれども、半数近くいます。問4の4を見て下さい。沿岸部は収入の少ない方が多い。1ヶ月に10万円未満とか10万～20万円という世帯収入の人が非常に多いです。そういった中で、このような住宅ローンを返していかなくちゃならないということですね。問4の5．現在借金の返済をしていますか？　ということですけれども、していない人がけっこういます。これは、震災後半年くらいはローンの返済を止めていいですよという銀行が多かったので、こういう結果になったと思います。ただ、今はみなさん払っています。問4の6は非常に重要ですが、自力で完済できそうに無い人が4割位いたという話です。これが非常に大きな問題として出てくるのではないかということで、注意しました。住宅ローンを抱えていて、かつ完済できそうに無い人が、被災者全体の7％位いることが分かりました。ですので、住宅ローン問題というのがけっこう出てくるのではないかと予想しました。この住宅ローン問題がどういう展開を見せるかというのは、後でお話しします。

　次に問5．ですが、問5の3をちょっと見てもらえますか？　法律事務所での相談については、このaとb．無料なら相談したい人が42.6％、有料でも相談したい人が3.5％、合わせて46％ですね。これは法的問題の関心が非常に高いということを示しています。それともう1つ。無料なら相談したいという人が非常に多いですね。つまり、やっぱりお金出したくない人が非常に多いということです。ちなみに、今回の震災では特例法ができまして、震災時に岩手に住んでいた人は、法律相談が無料になっています。税金から法律相談費用を出しています。無料なので震災後の相談者は増えました。

　問5の4は飛ばして、問5の5を見てください。どういう問題に関心がありますか？　ということを聞きました。d．相続問題が多いですね。あとは不動産問題。みなさんもどこかで聞かれた事があるかと思いますが、不動産

の所有者の名義が亡くなった方のままになっているというのが非常に多いです。今、土地を自治体が買い上げしていますよね。基本的に任意で買い上げをする。そうすると売主、つまり登記名義人は生きている人でないといけない。しかし、2代も3代も登記名義を変えていない人が多い。そうすると登記名義人が亡くなっているので、自治体は土地を買えない。そこでどうするかというと、ご遺族に遺産分割をしてもらって、生きている誰かに相続してもらってから買わなくちゃいけない。そういう問題が非常にたくさん起こっています。なんでこういう事になるかといいますと、沿岸は土地が安いですから、名義人が亡くなっても、相続登記せずに放っておくわけです。わざわざ登記変更しない人が多い。都会の方だと土地が高いですから、相続すれば財産になりますからちゃんと登記名義を変更するのですが、沿岸の方は土地が非常に安いですから、何十万円とか、何百万円の土地とかが多いですから、登記名義を亡くなった人から変えていないのですね。それが今になって問題になっています。このような原因で、不動産の問題が多いということです。

あと関心が高かったことに、税金問題というのがあります。特例で税金の免除とかがありますから、そういうことに関心のある人が多かったですね。

次に問5の4に戻ります。被災者には今言ったような法的問題があったのですが、それを弁護士に相談する時に障害となったものは何ですか？　ということです。こういうことを率直に聞いたデータというのは、なかなか無かったです。

これで分かったのですが、「費用が高い」が40％強。まずはお金の問題ですね。沿岸は、元々お金を持っている方は少ないですし、今回特に震災があってお金が出て行くことが多いですから、なるべく節約したいわけです。

あとは、「敷居が高い」が約20％、続いて、「自分の周りで弁護士を利用した事のある人がいない」が18％いました。弁護士に相談したらどれくらいお金がかかるか分からない、実際に弁護士に相談した事のある人が身近にいないので、弁護士に相談するととんでもなくお金がかかると思っているのですね。あとは、選択肢には入れませんでしたが、そもそも何が法的問題なのか分からないと言う人が多かった。私が被災者に実際に聞いてみたら、そうい

う人がたくさんいました。あとは、何か弁護士って怖いんじゃないか、とかね。そういう感じでやっぱり付き合いづらい、そういう印象を持っている人が多かったです。

　あとは、地味だけれど大事なのは「事務所の場所が遠い」、これがあります。釜石と大槌を合わせると、11％あります。そして、釜石の人よりも、大槌の人の方が、この回答をした人が多いです。パーセントで言うと倍くらい違います。これはどういう事かというと、釜石には法律事務所がありますけれども大槌には無いわけです。そうすると、大槌の仮設住宅から釜石の法律事務所に来て相談しようとすると、車の無い人はバスに乗って来るわけですが、バスで来るには1時間以上かかるわけです。とすると、「遠いので、もういいや」という人が増えるという話になります。これは、司法過疎の問題に直結しています。身近に弁護士がいるということが非常に大事だということが、データとしてはっきり出てきた。このことがはっきり分かったことでも、このアンケートを取って良かったなぁと思っています。

　このアンケートには、最後の問5の6に自由記載欄というのがあるのですが、これは非常に分量が多いですので、全部カットしております。中にはかなり生々しい声がありました。多かったのは、やはりこれからの生活の不安ですね。震災後間もない平成23年の秋くらいにこのアンケートを実施したので、非常に興味深いデータが得られたと思っています。

5　私の震災対応活動について――法律相談の傾向の推移

　今までお話ししたのは、私が岩手に来た当初の状況だったわけですけれども、時間が推移していく中でどのように変化していったかをデータにしたのが、資料4の「震災復興をめざすいわてはまゆり法律事務所　弁護士　瀧上明　の相談件数の推移、平成26年4月23日」です。

　これは、この2年半くらいですかね、私が事務所を開設してから去年末までに受けた法律相談の内容について、統計を取ったものです。これも非常に興味深いのですが、全部説明していくと時間が無くなるので、簡単にかいつまんでお話をします。なお、ほとんど釜石と大槌の人からの相談です。ただ、岩手県の他の地域でも、傾向にあまり違いはなのではないかと思いま

す。

　まず、9番「住宅・車・船等のローン、リース」。この横軸を右方向見てもらうと分かりますが、2011年の8月、9月に相談が多いです。これはどういう事かというと、皆さんご存知ですかね、「個人版私的整理ガイドライン」というのができました。これは何かというと、主に住宅ローン債務者の救済のためにできました。震災発生当事は新しい法律を作ろうという意見もありましたが、実際に新しい法律を作るのは大変だということで、ガイドラインという形で、主に銀行業界が音頭を取ってこれを作りました。それで施行されたのが平成23年の8月22日で、新聞とかテレビのニュースとかで報道されました。それで、この制度はどういうものですか？　と相談しに来た人が多かったということです。それで、2011年の8月、9月に相談件数が増加したのですが、そのあと激減しております。この辺の事情については、お手元の資料4の「網かけのマスについて当職の感想等」に書いてあるとおりです。実際のところですね、このガイドラインというのはあまり使われませんでした。このガイドラインができた当初は、全国で一万件くらいの利用が見込まれていましたが、実際には1,300件くらいでした。なぜこんなに少なかったかというと、住宅ローン債務者を銀行がリスケジュールした。つまり返済条件の変更です。これを銀行と債務者の間でどんどん進めたためです。このリスケジュールが進んでいったのが、震災の大体半年後くらいからです。銀行は、ガイドラインという制度があることを被災者に教えなかったのですね。銀行の勧めるままにリスケジュールした人が多かったということです。

　結局、今現在どういう人が多いかというと、例えば震災前は月10万円払っていたけれど、震災後は銀行とリスケジュールして5万円にしましたと。ただ返済期間は倍になっていますと、そういう状況の人が多いです。返済できていればいいじゃないかという見方もあるかもしれませんが、もしガイドラインを使っていたら借金が無くなっていた人も大勢いたはずです。銀行は、リスケジュールする際には借金を1円もまけませんから。ただ返済期間を延ばすだけですから。

　あと興味深いのは、15の「離婚・親族」ですかね。これは資料の下の方の欄を見て下さい。多くは離婚です。相談者のほとんどが女性です。そもそ

も、一般的に離婚相談は女性が多い。つまり、妻側が離婚したいという相談が多いのです。

　「震災離婚」という言葉があります。どういう事かというと、震災前は仲が悪くなかったと、でも震災があって生活状況が悪くなってですね、例えば旦那さんが震災で会社が無くなったりクビになったりということがあって、だんだん仲が悪くなって離婚に至るというようなことがあるんです。阪神大震災の時にはけっこう聞かれたんですけどね。ただ、今回の震災では、今のところ岩手ではそれほど聞かれていないです。今岩手で離婚した人は、震災前から仲が悪かった人ですね。私が非常に印象的だったのは「震災があって自分の人生を見つめ直しました」と。「なんでこんな仲の悪い人と一緒に暮らさなきゃないのか」と、そういうことで離婚の相談に来ましたという女性がけっこういました。震災があって「きずな」とかあちこちで言われていますけれども「震災があって色々考えてみたら、なんでこんなに仲の悪い人と一緒に暮らさなきゃならないのか、これからの一生をずっと一緒に生きていくのは嫌だ」とかですね、そういって相談に来る女性が多かったです。それが非常に印象深かった点ですね。

　次は、17「消費者被害」、消費者問題ですね。これ、見てもらったら分かるように、無かったです。これはこれで非常に良かったなと思いました。

　次は、22の「原子力発電所事故等」、これもゼロになっています。これ、本当に宮城あるいは福島と岩手では全然違います。福島の弁護士さんに聞くと、原発賠償ばっかりだそうです。宮城に行くと、原発賠償と津波災害の相談と両方あります。そして岩手に来ると津波災害の話ばっかりです。原発の話はほとんどありません。これは非常に興味深いといいますか、地域性が顕著に出ています。これは私だけではなく、他の先生もそう言っています。

　全体を見てもらったら分かるように、時間によって相談内容に変化があります。これは非常に大事なことで、相談内容というのは、つまり法律問題というのは、復興のステージが移り変わっていくことによって、移り変わっていくということです。借金問題なんかは特に顕著ですけれども、そういったことを肌で感じ取れるのも、地元の弁護士ならではといいますか、ここに来たからこそ感じることができたということじゃないかなと思います。

6　私の震災対応活動について——まとめ

　時間の関係で、私の活動についてまとめみたいなものを話させていただきます。法律家に限らないことだと思いますが、災害対応で一番大事なのは現場です。「現場主義」というのが一番大事じゃないかと私はこの3年間やってきて、そう思いました。どこにニーズがあるかというと、それは被災者の中にしかないわけですね。被災者の生々しい声、あるいは希望、ですね。そういうことを知るためにはやっぱり被災者に接していなければいけない。

　やっぱり、現場に行って、現場に即して物事を考えていくというのが一番大事なのじゃないかということを、3年間の活動を通じて実感いたしました。これがその一応まとめみたいなところです。これで前半の話は終わりです。

③　津波災害の裁判例の検討

1　概説

　それでは後半の話に移ります。後半はですね、津波災害の裁判例について検討します。

　今回の震災では、いろんな法的問題が発生しております。それらの中で、なぜ津波災害の話をするのかというと、最初にふれたように松岡先生と私が「鵜住居防災センター事件」の調査委員会に関わったので、これに関連する事例をお話しようということです。

　細かい資料で非常に恐縮ですが、皆さんのお手元にA3の2枚の紙がありますので、これを見てください。これを一目見て理解するのは難しいと思いますので、説明いたします。

　ここでは、訴訟になっている事件として3つ取り上げました。全部仙台地裁の事件です。「日和幼稚園事件」「七十七銀行女川支店事件」「山元町立東保育所事件」と、この3つの事件を取り上げます。他にも訴訟になっている事件はありますが、既に判決が出ていて、報道された有名な事件はこの3つなので、これらを取り上げます。

　岩手の方では判決が出た事件があるとは聞いてないのですが、実際に今訴

訟になって係属している事件はあります。

　私がこの3つの事件を取り上げたのは、先ほど話したようにある程度詳しい報道があるということと、皆さん最高裁のホームページを見た事ありますか？　そこにこの3つとも載っているので判決文全文を読むことができます。判決文全文が手に入るということで、この3件を取り上げました。

　これらの事件、いったいどういう事件かご存知でしょうか？

　個別の事件について話す前に、一般的な注意をさせていただきます。

　この資料5の表題のところに、「東日本大震災の津波災害に関する裁判例（損害論については省略）」と書いてあります。この（損害論については省略）の意味がわかりますか？

　こういった損害賠償の訴訟ですと、実質的な内容というのは2つに分かれます。責任論と損害論。わかりますか？　責任論というのは「この人に法的な責任を負わせてもいいか」という議論。損害論というのは、「その法的な責任をお金に評価する」議論です。みなさんが授業で習うのは、大体が責任論だと思います。実際の訴訟では損害論、お金に直結するところも大事ですが、損害論の方は今回の講演の本題から外れるので、カットさせていただきます。ということで、この資料では責任論についてだけ書いています。

　あともうひとつ注意ですが、評釈のところは私の個人的な意見なので、他の先生に聞かれたら他の意見があるかもしれませんので、その点には注意して読んで下さい。興味ある方はですね、先ほど話しましたように最高裁のホームページに全文がありますのでそちらもご覧下さい。まあ、1つの判決に80ページくらいあったりしますけれども、興味ある方はそちらもお読みになればと思います。

2　私立日和幼稚園訴訟の概要

　では、それぞれがどういう事件かということをお話します。

　まず、「私立日和幼稚園事件」。平成25年9月17日に判決が出ています。「判決事項の要旨」から読んでいきます。

　東日本大震災の地震発生後、高台にある幼稚園から眼下の海沿いの地域に向けて幼稚園送迎バスを出発させ、園児4名が津波に被災して死亡するに至

った事案について、被告幼稚園長には情報収集義務違反の懈怠があり、被告幼稚園経営法人と共に損害賠償責任があるとされました。

次に「事実の経緯」というのを見てください。平成23年3月11日午後2時46分頃地震が発生しました。園長は午後3時頃幼稚園に待機していたバスに、海沿いに向けたコースを通って送迎予定の園児のみならず、いったん同バスが幼稚園に戻ってきた後に、内陸側へ向けて送迎される予定の本件被災園児5名も一緒に乗せ、高台にある本件幼稚園から海沿いに向けて本件バスを出発させた。本件バスの運転手は、海側を通り、途中、本件被災園児ら5名を除く7名の園児らを順次保護者に引き渡した。午後3時45分頃、宮城県石巻市南浜地区に津波が到達し、本件バスは避難したが、渋滞に巻き込まれている最中に後方から本件津波に襲われて横転し、流された。運転手のみが九死に一生を得たものの、同バスに取り残された本件園児ら5名が死亡した、という事件です。

ちょっと図に描かないと分かりにくいかと思いますが、判決文には図がついています。日和山っていう山があって、幼稚園があるのですね。山からあまり離れていないところに海があります。幼稚園からですね、園長が海側を通るルートでバスを出発させたんですね。その時に津波が来ました。バスは逃げようとしましたが、結局逃げ切れずに被災したという事件です。

この園長が山側に住んでいる園児も一緒に乗せて、このバスを出発させてしまったんです。もちろん海側に住んでいる園児も一緒にバスに乗っていたわけですけれども、山側に住んでいた園児まで、バスに乗せられていたために亡くなっちゃったという事件です。この事件の訴訟では、請求認容されました。みなさんまだ債権各論の不法行為を習っていないという事なので、あまり細かい議論はしないですけれども、これが請求認容されたのが「すごいな」という感じでした。

この裁判で一番の争点になったのは、海側のルートに津波が来るということを予見できたかどうか、ということです。どういうことかといいますと、今回非常に大きな地震が来て非常に大きな津波が来ましたけれども、それをどの程度予見できたかという話ですね。皆さんお手元の資料5の、「施設の場所・建物の特徴等」という項目を見て下さい。幼稚園の場所は高台です。

バスを送迎した海側のルートっていうのは、低い場所ですが、津波ハザードマップの予測図を見ると、津波浸水地域には入っていないのではないかと。判決文からだけではよく分からないのですが、津波浸水地域には入っていない。なお、バスが被災した場所そのものは、バスが海から山に逃げている途中に津波が来たので海側ルートからは外れているんですが、ここは浸水地域に入っていません。

　それでその園長が海側のルートにバスを発車させた時に、バスが津波にのまれて被災する可能性を予見できたかどうか、ということが問題になったわけです。

　被告の園長側は、「そんな大きな津波が来るとは思っていなかったし、予見できなかったでしょう」と言いました。

　それで、この訴訟の裁判所はどう判断したかといいますと、お手元の資料5の「予見可能性について」という欄を見ていただきますと、「単に本件地震発生前に地震学者がマグニチュード9.0の巨大地震の発生を予想していなかったことをもって、本件地震発生後の津波被災のおそれまで予見困難であったとはいえない」と言っているんです。「本件バスを出発させるに当たっての情報収集義務の前提となる予見可能性の対象は……本件被災現場が津波に襲われることの予見可能性ではなく、本件バスの走行ルートが津波に襲われることの予見可能性で足りる」という判断をしています。

　どういう事かといいますと、この訴訟では、事前に大きな津波が来ることを予見できたとは言っていません。何を問題にしているのかというと、大きな地震が起こりましたと。これだけ大きな地震が起きて、体感して、あるいはラジオ、防災無線などでも情報を得ることができたであろうにも関わらず、バスが海側のルートを通る時に津波に襲われることを予見していなかったと。つまり、これだけ大きな地震が起きたのだから、海側のルートは津波に襲われるのではないかと予見できたはずだ、と判断されたのです。

　津波が起こった後の行動を問題にしているのが特徴的です。理論的ではあると思います。それで、結論としては、これだけ大きな地震が起こりました。情報収集をすれば、海側に津波が来ることを予見出来たでしょう。しかし、情報収集義務を怠った。そうして、園児達の安全を確保する義務を怠っ

た、ということで義務違反を認めたというのがこの訴訟です。

　以上の説明はかなり端折っているので、細かく知りたいという方は最高裁のホームページで生の判決文をあたって下さい。

　資料5の一番下の欄に、私の評釈を付けさせていただきました。本件は園長が海側ルートを通る送迎バスを発車させたために乗車していた園児が被災したという事件であるから、園長が本件バスの海側ルートが津波に襲われるかもしれないと予見できたかを問題とした点は首肯できます。しかしですね、海側ルートは津波浸水予測区域外にあるのではないかと思われます。判決文ではこの点をあまり重視していません。気象庁が6ｍ以上の津波予測情報を出したということを重要な根拠として予見可能性を肯定しました。しかし、津波防災の素人の園長が、この状況で津波が堤防を越えてくることを予見できたと判断するのは、厳しいような気もします。微妙な裁判であったとは思います。

　結論としては、園長が堤防を越えて津波が襲ってくることを予見できなかったので、バスを海側に向けて発車させてしまったことに過失は無いという判断も有り得たのではないかと、私は考えております。ただ、結論の具体的妥当性といいますか、結論としては法的責任を園長側に負わせても良いとも思いますが、理論的な面からは微妙なところがあります。

　この訴訟は、今控訴審に係属しています。被告の園長側が控訴しました。平成26年6月20日に結審予定で、おそらく夏から秋にかけて控訴審判決が出ると思います。どちらが勝ったとしても上告されて最高裁までいくと思いますけれども、そこでどういう判断されるのか新聞とかの報道で見て下さい。

　予見できない被害っていうのは責任を負わせることが出来ないわけです。予見可能性っていうのが、法的責任を負わせる前提になるわけです。なので、この訴訟では、海側のルートが津波に襲われることを予見できたかが問題にされているわけですね。

3　七十七銀行女川支店訴訟の概要

　時間がなくなってきているので、先を急ぎます。

　お手元の資料で、七十七銀行女川支店事件の裁判長の名前を見てくださ

い。日和幼稚園の事件と裁判長が一緒です。判断している人が同じなんですね。しかし、結論としては判断が分かれました。この女川支店事件の方は請求棄却になっています。

この女川支店事件はどういう事件かといいますと、震災が起こっても、行員がずっと銀行に残っていたわけです。銀行は2階建てで、一部3階建てになっています。3階の屋上だと13m位でした。で、そこに逃げれば大丈夫だろうということで、支店長がみんなここに逃げろと言った。しかし、20m位の津波が来てしまってみんな津波に流されてしまったという事件です。この事件は請求が棄却されました。予見できなかったでしょうと判断されました。日和幼稚園の訴訟と結論が分かれたのは何故だろうかということについて、資料の一番下の欄ですが、私の意見を書いています。

4点くらい書いていますが、一番大きかったのは予見可能性だったと思います。日和幼稚園事件では、園長が海側ルート、これは標高0～3mくらいなのですが、これが津波に襲われるか予見できたかが問題になりましたが、本件では支店長が建物の3階屋上、高さ13.3mに避難誘導したことから、この高さが津波に襲われることが予見できたかが問題となったのですね。それは予見できなかったでしょうと。本件の場合は、ある程度高い建物の屋上に逃げて、そこで助からないってことが予見できたかってことですね。それは無理じゃないかという判断がされました。そのため、判断が分かれました。

この事件でも、控訴されています。これも、控訴審判決が出ても上告されると思います。新聞報道されると思いますから、見ていただければと思います。

4 山元町立東保育所訴訟の概要

3つめの事件ですが、山元町立東保育所事件です。これはどういう事件かといいますと、地震が起こりました、それで園児を園庭に集めていました。園庭にいるうちに津波が来ましたという事件です。これも請求が棄却されました。

この事件で重要だったと思われるのは、保育所の場所です。資料5の「施

設の場所・建物の特徴等」の欄を見てください。保育所の場所は、海岸から内陸に1.5km、標高は約3mですが、海岸には7mの堤防があります。そういう状況でした。それで、ここまで津波が来ることは予見できなかったということで請求棄却になりました。これは結論としては良いと思いますが、理論的に詰めていくと何故予見できなかったと言えるのか、なかなか難しい。

なぜかといいますと、この事件の判決文を読みますと、津波ハザードマップ、浸水予測図ではですね、海岸沿い部分しか浸水しないだろうとされていたことがけっこう重要な事情として見られています。しかし、ハザードマップというのは安全を担保する性質のものではありませんね。津波がここまでしか来ないということを断定しているわけではありません。

前提を少し変えれば、ハザードマップの浸水予測区域はいくらでも変わるものなのです。実際に、今回の震災ではハザードマップの浸水予測区域を越えて津波が来た場所はたくさんあったわけで、住民が避難した場所がどんどん津波にやられたということがあったわけです。そのようなハザードマップを、予見可能かどうかの根拠に使うのは慎重になったほうがいいと、私は評釈の部分に書きました。

この3つの事件を見てもらっても分かるとおり、非常に微妙なところがあります。結論としては、請求認容も棄却もどちらの可能性もあるようなものです。

5　釜石市鵜住居防災センター事件の概要

最後は「釜石市鵜住居防災センター事件」に触れます。これは訴訟にはなっていません。

これがどういう事件かというと、皆さん大体ご存知かと思うんですが、釜石市に鵜住居という地区が北の方にあります。そこに平成22年2月に防災センターというのができました。ここは津波の避難場所、つまり、津波が起こった時に逃げ込む場所ではなかった。自治体はそういう指定をしていなかった。しかし、ここで震災発生以前に避難訓練などをしていました。その事もあって、ここを津波の避難場所だと誤解して、東日本大震災の時に逃げ込む人がたくさんいた。

この建物は2階建てでして、2階の天井位まで水が来ました。なので、かなりの人数の方が亡くなったという事件です。これは非常に悲惨な事件でして、内部から34人の生存者が救出され、69人の方が遺体で収容されました。

　しかし、犠牲者がこれだけだったとは限らないのです。なぜかというと、建物の中にいたけれど、津波が来て、ドアとか窓とか壊されて、津波が引いていくときに建物から外に流された人がかなりいるはずなんです。だから、実際の被害者はもっと多いはずです。遺族会の話では241名ということになっています。実際にそれだけいたかどうかということは今となっては分かりませんが、かなり多くの方が犠牲になったということは間違いないという事件です。

　この事件は、防災学的な観点から非常に多くの問題を投げかけた事案です。もし、興味のある方は、釜石市のホームページに松岡先生や私が作成に関わりました報告書が何十ページかあります。PDFでダウンロードできますから見てください。非常に勉強になりますし、興味深い事件だと思います。

　私は弁護士なので、もし私が原告側代理人だったとしたら、何を争点として捉えて訴訟をするかという点をこれからお話しします。お手元の資料では、評釈という欄に書かせていただいております。

　私が難しいと思った点は2つあります。1つは被害者の特定です。さっき言いましたとおり、建物内部からは69人の遺体が収容された。この方たちについては問題ないですし、センターの近くで遺体として発見された方もセンターに逃げ込んだんだろうと推測されるのでいいかもしれませんが、問題は、遺体が見つかっていない人というのがいます。すると、その方はセンターに逃げ込んだかどうか良く分からない。遺体が見つかっていない方の中にも、生存者から「あの人は一緒にここに逃げ込んだ」と証言が取れている人もいます。でも、そういう証言もなくて、遺体も見つかっていない人がいるわけです。そういった事情で、どこからどこまでの方がこの事件の被害者か、よく分からないわけです。そういう方々をどこまで救済できるか、立証の観点からかなり難しい状況です。

　2つめは、今までの3つの事案でも出ていた、予見可能性です。このセン

ターの場所は、津波ハザードマップの浸水予測区域に入っていない地域です。そこの建物の2階の天井まで水が来ることを予見できたかどうかということです。これは非常に難しいと思われます。

そこで私が考えたのは、前に述べた日和幼稚園事件の場合と同じように、地震が発生したあと、かなり大きい津波が来そうですという、地震発生後の時点での予見可能性を問題とすることができるんじゃないかと。それで、津波がくるまである程度時間があったので、センターの職員が、センターに逃げ込んできた人に対して、「ここは危ないので、山の方に逃げてください」などと言えたということで、市の責任を問えないかを理屈として考えました。

ただ、こう考えても、地震から津波まで30分位あって、津波襲来の直前になってセンターに逃げ込んできた人がかなり多いらしいんですね。みなさん、地震が起こった直後というのはあまり逃げ込んでなくて、津波が来る直前になって、または、津波が目に見えるところまで来てからセンターに逃げ込んだ方も多かった。センターにいた市の職員が、「ここ危ないから逃げて下さい」というような事を言えたかどうか、甚だ疑問が残るわけです。

ちなみに、センターから山まで、かなり近いです。歩いて数分の所にあります。市が正規に指定した津波避難場所というのも、山にあるお寺とか神社です。ですが、センターで避難訓練をしていた経験から、センターを避難場所だと誤解して逃げ込んで被災した人が多かったというわけです。

実際に訴訟になったら、難しいと思います。仮に、私が調査委員会の委員ではなかったとして、原告側代理人として事件を受任できたとしても、かなり厳しくて、しかもかなり時間のかかる裁判になるので、その点を依頼者に御理解いただくことになろうかと思います。

ちなみに、防災の観点から重要なポイントというのも書かせていただきました。

ちゃんとした避難場所で避難訓練をしましょうとか。あるいは、住民の避難の意識付けのあり方の問題です。どういうことかというと、本件では、避難場所の意識付けよりも、とにかく避難訓練に参加する人を増やそうとしていた経緯が見えるんですね。だから、山にあって行くのが面倒な正規の避難場所ではなく、街中にあって集まりやすいセンターで避難訓練をしていたと

いうことがありました。やはりこれは良くなかった。

　また、「津波防災施設のあり方」「ハザードマップの理解と利用の仕方」についてです。他の事案でもそうなんですが、ハザードマップの浸水区域を越えて浸水した場所ばかりなんですね。前にも話したように、ハザードマップというのはそれを作る時の条件設定によって浸水区域というのが変わってきます。なので、そのハザードマップの理解と利用の仕方というのも大きなポイントになってくるかと思います。

　あと1つは、気象庁の津波警報のあり方。今回の震災では、6mですと最初言われていましたよね。この数値を聞いて、この建物なら安全だと思っていたら被災したという方も多かったのではないか。さっき話しました女川支店事件とかですね。

　このように、防災上の観点からはいくつかの重要な論点を提起していると思います。資料5は非常に細かいので、あとで見ていただければと思います。これを読んで興味を持ったら、生の判決文をご覧いただければと思います。これで後半の話を終わらせていただきます。

4　最後に

　最後にひとことお話して終わりにします。法律家の役割ということについてです。

　私は今回の震災について思いました。こういった調査委員会に入るということもそうですし、仮設巡回もそうですし、あるいはアンケート、これらは弁護士の本来の仕事ではないわけです。法律相談を受けて事件を受任してといったことが、まあ弁護士の本来の仕事としてあるわけですが、そういう仕事ではない。

　ですけど、もちろんこういうことを弁護士がやってはいけないわけではないですし、こういったことをやれる知識とか経験を持っている人として、弁護士は適任ではないでしょうか。だから、弁護士だからできるってことはたくさんあるし、社会からも期待されているというのではないでしょうか。

　私が、今回の震災を経験して、誰に言われたわけでもないのに新しい事務

所を作ったというのも、弁護士の使命ということが自分の中で大きくありました。弁護士の仕事はこれだから、これだけやっていればいいだろうということではなくて、弁護士としてできること、あるいは社会から期待されているであろうことを自ら進んでやっていくということ、しかも被災者の中に入ってやっていくということ、こういうことが非常に大事だし、これからの弁護士に期待されていることじゃないかなというふうに思いました。

　実際、我々の上の世代の弁護士の先生方を見ると、基本的に受身です。事務所に座っていて外から来るお客、未だに紹介者のある依頼者しか受けないという先生もいますけれども、そういった感じで来たお客を捌（さば）いているだけで仕事をやっている人もかなりいるわけです。別に批判するわけではありませんが。

　このような弁護士のやり方というのは、これからの世の中にはあまり合っていないんじゃないかと思っています。それに、それだけではやはり寂しいだろうと思うわけです。せっかく弁護士になって、やれることはたくさんあるのに、しかも、こういった災害があって、困っている人はたくさんいるわけです。そういう人たちの中に入って、法律的な問題を解決してあげるということは、弁護士冥利に尽きることですし、やりがいのあることです。みなさんの中から弁護士になる方が出てくるかは分かりませんけれど、今回の震災に際してそういったことをやった弁護士がいるということを、頭のどこかで覚えておいて貰えればいいんじゃないかと思います。私の話は以上です。

司会　せっかくの機会ですから質問の時間を若干頂きたいと思いますが、いかがでしょうか。

瀧上　それでは、「予見可能性」について少し補足させてください。過失があったかどうか、過失を認める前提となるのが「予見可能性があったかどうか」ということ。「そのことを予測できたかどうか」ということでありますので、それについては資料を読んでいただければと思います。

質問者 A　最後の話で感慨深かった大川小学校についてお聞きします。鵜

住居地区防災センターの方は［調査委員会の］情報がけっこう伝わってきます。大川小学校の場合は情報がけっこう伝わらなかった。生き残った方の証言とかですね、子ども達とかですね。調査委員会はあったようですが一般的には公開されないようです。行政側の方もですね、あまり全部出してしまうと裁判に影響が出るんじゃないかと守る意識が働いているのかなあ？　と。だからこういうときの情報公開のこととかですね、裁判の勝ち負けというのをどのようにお考えなのかなと。漠然とした質問で申し訳ありません。本当にこういうことは情報公開されなきゃないのに、裁判になってみると勝ち負けになるので、その辺りの配慮がやっぱり裁判を起す側にあるのかどうかですね。それはちょっと微妙なところですけれどお聞きしたいと思いまして。

　瀧上　私も、大川小学校の調査委員会の方を個人的に知っていまして、話を聞いたりしました。
　今回の鵜住居の事件と一番大きな違いは、行政が情報公開したという鵜住居の場合と、情報公開しない大川小学校の場合ですね。
　鵜住居の場合は、市長が職員に指示したらしいのですが、公文書を出してほしいと言ったら全部出してくれました。また、我々があることを聞きたいというと、全力で対応してくれました。本当に、こんなことはないんじゃないかというくらい情報公開されました。それで、この行政側の姿勢が遺族の方の感情の静まりといいますか、そういったものになりまして、訴訟という動きにあんまりなってってないということは確かにあると思います。
　それで大川小の方はですね、やっぱり行政の態度がまずいですね。情報を隠すということが非常に見え隠れしていまして、それが非常に対照的です。それが大川小の遺族の感情を逆なでして、訴訟に至ってしまったということはあると思います。
　ただそれはそれとして、訴訟の流れがどうなるかというのはまた別の話ですね。これはすでに言いましたように、予見可能性が認められるかどうかとかの議論になってきます。それと、大川小の方は、事実を確定するのが難しいですね。まず、生存者がほとんどいないですね。生き残った先生がいますけれども。原告代理人は非常に大変じゃないかと思います。ですから、これ

からどういう流れになっていくのか非常に注目ですが、行政が情報を隠したということはあるけれども、その事が訴訟の結論にダイレクトに影響してくるわけじゃないので。訴訟は訴訟として、今ある証拠から責任が認められるかの議論を組み立てていきます。そうすると、隠した事実というのがどうしても問題となるわけですが、証拠は立証する側が出さなきゃいけないのが基本ですので。

司会 他にございますか。

質問者B 登記の問題で、借地借家に住んでいた方がずいぶん多いように見受けられますが、その方々の補償が十分なされていないのではないでしょうか。

瀧上 お手元の資料のうち、資料4の相談件数の推移という表を見ていただきたいです。これの4番5番に当たりますが、借家人の方の話をさせていただきますと、「家が壊れているんで出て行ってくれないかと言われているが、出て行かなければならないだろうか」と。大家の方からは、「出て行ってもらえないだろうか」という相談が多いです。あるいは、「家賃を増額したいけど認められますか」とかね。

借地の方はですね、あまり顧みられていません。つまり、借地に建っていた家が流されましたと。直ちに借地権は無くなりません。しかし、自治体がこの借地を買い上げる時にどんな配慮がされているかというと、あんまり何もされていません。県の担当者とか、山田町に職員として入っている弁護士に、借地権者にいくらかのお金を渡すのかということを聞いた事がありますが、それは渡っていないみたいです。あとあと問題になるのではないでしょうか。

借地権割合というのがありましてですね、借地権にも財産価値が認められています。しかしですね、今回、土地の買い上げとかに顧みられているかというと、顧みられていません。借地権の対抗という問題があって、借地権の財産的価値っていうのがあまり議論されていない感じがいたします。

司会者　他にありますか？　なければこれで、ということで。先生どうも本日はありがとうございました。

資料1

平成26年5月20日

講演メモ
震災復興をめざす岩手はまゆり法律事務所
弁護士　瀧上　明

1　当職について
(1) 経歴
　　H17.10　　弁護士登録（兵庫県弁護士会）　修習58期
　　H18.11　　釜石ひまわり基金法律事務所所長
　　H22.11　　退任
　　H23.2.20　釜石から東京に引越
　　H23.4　　 弁護士法人東京パブリック法律事務所に入所
　　H23.6　　 被災地に新事務所を開設するために退所
　　H23.7.11　釜石市中妻町に「震災復興をめざす岩手はまゆり法律事務所」開所
　　現在で開所後約3年間経過
(2) 何故被災地に新事務所を開設したのか
　　→　事件需要の増加予想、これに対応困難な司法過疎状況
　　　　当職が釜石ひまわりを退任した平成22年11月時点で、200km近い岩手県沿岸市町村に弁護士は8ないし9人であった。
(3) 事務所名称の由来
　　「震災復興をめざす中越ひまわり基金法律事務所」の名称を借用。

2　釜石大槌地区の被災状況
　　釜石市　死者888、行方不明者159（H24.2.14時点）
　　　　　ちなみに、震災前の釜石市の登録住民数は約4万人。
　　大槌町　死者802、行方不明者484（H24.2.14時点）
　　　　　ちなみに、震災前の大槌町の登録住民数は約1万5000人。

3　新事務所開設後における被災者支援活動
(1) 仮設住宅巡回無料法律相談
　　目的→被災者の生活状況、生の声を知る
　　第1回：H23.8.26〜9.14（釜石市）、10.18〜11.11（大槌町）
　　　　　釜石大槌の全仮設団地（約100ヶ所）を対象
　　第2回：H24.2.28〜3.16（大槌町）、3.27〜4.6（釜石市）

釜石大槌の談話室のある仮設団地（約40ヶ所）を対象
(2) 仮設住宅アンケート
　　目的→被災者の生活状況、法的ニーズ、弁護士へのアクセス阻害要因の調査
　　別紙にアンケート票、アンケート結果の抜粋を掲載
　　期間：H23.8.19～H23.10.31
(3) 釜石市鵜住居防災センター事件調査委員会
　　期間：H25.4～H26.3
　　調査委員会副委員長として参加
(4) その他公務
　　大槌町義援金配分委員会、行政への法的助言、個人版私的整理ガイドラインの登録専門家など
(4) マスコミ対応、ジャーナリスト対応、NPO対応、他会の弁護士への対応
(5) 雑誌記事執筆（法学セミナー、受験新報他）、論文執筆（弘前大学人文紀要）
(6) その他
　　各種相談会、まちづくり委員会・懇談会等への出席など

4　東日本大震災発生時の避難行動に関する各訴訟と釜石市鵜住居防災センター事件
(1) 現時点で判決が出ている訴訟　→　一覧表参照
　　私立日和幼稚園事件
　　七十七銀行女川支店事件
　　山元町立東（ひがし）保育所事件
　※　なお、一覧表では、各訴訟における損害論は割愛していることに注意
　※　上記3件の判決については、いずれも最高裁判所HPの判例検索で判決文を読むことが出来る。
(2) 釜石市鵜住居防災センター事件との対比　→　一覧表参照
　※　同事件については提訴がなされていないので、一覧表の記載は、調査委員会の最終報告書の記載と瀧上の意見に基づいていることに注意
　※　調査委員会の最終報告書は、釜石市のHPにアップされている。
(3) 参考：気象庁に対する訴訟
　　東日本大震災の発生時、気象庁が出した大津波警報の津波の高さ予想が過小だったため妻（当時59）が高台に避難できずに死亡したなどとして、岩手県陸前高田市の男性（63）が、国と市に計6千万円の損害賠償を求める訴訟を平成26年3月10日付で盛岡地裁に提起した旨の各社報道がある。
　　以上

資料2

仮設住宅に入居された皆さんへ

　このアンケートは、釜石市消費生活センターと釜石市内の法律事務所が、皆さんの状況を知ることにより、今後皆さんに役立つ情報を提供したり、皆さんが抱えておられる問題の解決に役立てるために行います。
　このアンケートの結果は、釜石市・大槌町などの公的機関及び弁護士会による仮設住宅支援以外の目的で使用されることはありませんので、安心してお答え下さい。
(※a、b、c…は○で囲み、かっこ内は文字を書き込んで下さい)

問1.あなたについて
問1-1.あなたが入居している仮設住宅は
　　　　(a.釜石市内　b.大槌町内)
問1-2.あなたの性別は
　　　　(a.男　b.女)
問1-3.あなたの年齢は
　　　　(a.20歳未満　b.20～39歳　c.40～59歳　d.60～79歳　e.80歳以上)
問1-4.同居者は何人ですか
　　　　(a.自分1人　b.2人　c.3人　d.4人以上)
問1-5.同居している方の年代は
　　　　(a.20歳未満(　　)人　b.20～39歳(　　)人　c.40～59歳(　　)人
　　　　 d.60～79歳(　　)人　e.80歳以上(　　)人)
問1-6.現在お住まいの仮設住宅のご近所の方とは
　　　　(a.付き合いがある　b.ほとんどまたは全く無い)

問2.行政に対する意見について
問2-1.仮設住宅の満足度は
　　　　(a.とてもよい　b.よい　c.普通　d.悪い　e.とても悪い)
問2-2.どういうところが良い(または悪い)ですか
　　　　(　　　　　　　　　　　　　　　　　　　　　　　　　　)
問2-3.行政の制度で、知りたいことは何ですか(※複数回答可)
　　　　(a.生活再建支援金の加算支援金　b.義援金　c.弔慰金
　　　　 d.その他(　　　　　　　))

問3.悪徳商法などの被害について
問3-1.震災後、悪徳商法などの被害はありますか
　　　　(a.私が被害にあった　b.他の人の被害を聞いた　c.どちらも無し)
問3-2.どういう被害ですか
　　　　(　　　　　　　　　　　　　　　　　　　　　　　　　　)
問3-3.(問3-1でa.と答えた方へ)その後どうしましたか(※複数回答可)
　　　　(a.公的機関に相談　b.法律専門家に相談　c.自力で交渉　d.その他のことをした(　　　　　　　)　e.特に何もしていない)

問4.借金について（借金のある方のみご記入下さい）
問4-1.主な借入先は(※複数回答可)

(a. 銀行や信金 b. 公庫 c. 漁協や農協 d. その他（　　　　　　）)
問4-2. あなたの世帯の借金の合計額は
(a. 100万円以下　b. 100万円台　c. 200万円台　d. 300万円以上)
問4-3. 住宅ローンが
(a. 残っている　b. 残っていないまたはもともと無い)
問4-4. あなたの世帯の月収の合計額は
(a. 10万円未満　b. 10～20万円台　c. 30～40万円台 d. それ以上)
問4-5. 現在、借金を返済をしていますか
(a. 全ての債権者に返済していない　b. 一部の債権者に返済している　c. 全ての債権者に返済している)
問4-6. 今後も返済を続けられそうですか
(a. 全部を自力で完済できそう　b. 自力で完済できそうにない)
問4-7. 個人向け私的整理のガイドライン（8月22日から実施）を知っていますか
(a. 知っているし利用したい　b. 知っているが利用はしない　c. 知らないが内容によっては利用したい　d. 知らないし利用もしない)

問5. その他

問5-1. 今年8月下旬から10月初めころまでにかけて、釜石大槌地区の仮設住宅で弁護士が無料巡回法律相談をします。このような相談はどの程度あればいいと思いますか。
（1年に（　　）回程度）
問5-2. こうした巡回法律相談は、いつ実施するのがいいですか
(a. 平日昼間　b. 平日夕方　c. 土曜日曜休日　d. その他（　　　　　）)
問5-3. 法律事務所での法律相談については
(a. 無料なら相談したい件がある　b. 有料でも相談したい件がある　c. 相談予定は無い)
問5-4. 弁護士に法律相談や事件処理を依頼することについて障害となるものはありますか（※複数回答可）
(a. 費用が高い　b. 敷居が高い　c. 世間体が悪い　d. 事務所の場所が遠い　e. 自分の周りに弁護士を利用したことのある人がいない　f. 自分で問題を解決したい　g. その他（　　　　　　）)
問5-5. 弁護士などの専門家に聞きたいことはありますか（※複数回答可）
(住宅問題 (a. 借地　b. 借家　c. その他（　　　　　　）) d. 相続問題　e. 離婚問題　不動産問題 (f. 登記　g. 所有権　h. その他（　　　　　　）) 税金問題 (i. 税の軽減や免除　j. その他（　　　　　　）) k. 事業に関する問題　l. 女性特有の問題　高齢者問題 (m. 財産の管理　n. 介護　o. 医療　p. その他（　　　　　　）) q. 障がい者問題　r. その他の分野の問題（　　　　　　　　　　　　）)
問5-6. 現在、特にお困りのことがあれば、法律問題に限らず、何でもお書き下さい。
（　　　　　　　　　　　　　　　　　　　　　　　　　　　　　　　　）

ご回答ありがとうございました。この用紙は、封筒に入れてそのままポストに投函して下さい（**切手は不要です**）。
このアンケートに関する連絡先
→震災復興をめざす岩手はまゆり法律事務所（0193-55-4501）

資料3

仮設住宅アンケート集計結果（自由記載欄は省略）

2011/10/31現在
弁護士　瀧上　明

【問1】あなたについて

問1-1. あなたが入居している仮設住宅は

a. 釜石	632	71.2%
b. 大槌	256	28.8%
合計	888	100.0%

問1-2. あなたの性別は

a. 男性	428	48.5%
b. 女性	454	51.5%
合計	882	100.0%

問1-3. あなたの年齢は

a. 20歳未満	2	0.2%
b. 20～39歳	69	7.8%
c. 40～59歳	283	31.9%
d. 60～79歳	487	54.9%
e. 80歳以上	46	5.2%
合計	887	100.0%

問1-4. 同居者は何人ですか

a. 自分1人	234	26.4%
b. 2人	363	41.0%
c. 3人	138	15.6%
d. 4人以上	151	17.0%
合計	886	100.0%

問1-5. 同居している方の年代は

a. 20歳未満	298	23.8%
b. 20～39歳	198	15.8%
c. 40～59歳	296	23.7%
d. 60～79歳	374	29.9%
e. 80歳以上	84	6.7%
合計	1250	100.0%

問1-6. 近所付き合い

a. 付き合いがある	511	59.1%
b. ほとんどまたは全く無い	353	40.9%
合計	864	100.0%

【問2】行政に対する意見について

問2-1. 仮設住宅の満足度は

a. とてもよい	35	4.1%
b. よい	149	17.3%
c. 普通	391	45.4%
d. 悪い	237	27.5%
e. とても悪い	50	5.8%
合計	862	100.0%

問2-3.	行政制度で知りたいことは何ですか（※複数回答可）	a. 生活再建支援金の加算支援金	472	42.7%
		b. 義援金	373	33.7%
		c. 弔慰金	64	5.8%
		d. その他	197	17.8%
		合　計	1106	100.0%

【問3】悪徳商法などの被害について

問3-1.	震災後、悪徳商法などの被害はありますか	a. 私が被害にあった	11	1.3%
		b. 他の人の被害を聞いた	16	1.9%
		c. どちらも無し	811	96.8%
		合　計	838	100.0%

問3-3.	その後の対処	a. 公的機関に相談	3	20.0%
		b. 法律専門家に相談	0	0.0%
		c. 自力で交渉	2	13.3%
		d. その他のことをした	0	0.0%
		e. 特に何もしていない	10	66.7%
		合　計	15	100.0%

【問4】借金について

問4-1.	主な借入先は（※複数回答可）	a. 銀行や信金	140	41.3%
		b. 公庫	48	14.2%
		c. 漁協や農協	65	19.2%
		d. その他	86	25.4%
		合　計	339	100.0%

問4-2.	あなたの世帯の借金額は	a. 100万円以下	68	25.7%
		b. 100万円台	50	18.9%
		c. 200万円台	23	8.7%
		d. 300万円台以上	124	46.8%
		合　計	265	100.0%

問4-3.	住宅ローンが	a. 残っている	129	30.7%
		b. 残っていないまたはもともと無い	291	69.3%
		合　計	420	100.0%

問4-4.	あなたの世帯の月収の合計額は	a. 10万円未満	135	26.5%
		b. 10～20万円未満	292	57.3%
		c. 30～40万円未満	76	14.9%
		d. それ以上	7	1.4%
		合　計	510	100.0%

問4-5.	現在、借金の返済をしていますか	a. 全ての債権者に返済していない	66	22.0%
		b. 一部の債権者に返済している	79	26.3%
		c. 全ての債権者に返済している	155	51.7%
		合　計	300	100.0%

問4-6.	今後も返済を続けられそうですか	a. 全部を自力で完済出来そう	156	58.0%
		b. 自力で完済できそうにない	107	39.8%
		わからない	6	2.2%
		合　計	269	100.0%

問4-7.	個人向け私的整理ガイドラインを知っていますか	a. 知っているし利用したい	14	3.1%
		b. 知っているが利用はしない	51	11.4%
		c. 知らないが内容によっては利用したい	220	49.2%
		d. 知らないし利用もしない	162	36.2%
		合　計	447	100.0%

【問5】その他

問5-1.	今年8月下旬から10月初めころまでにかけて、釜石大槌地区の仮設住宅で弁護士が無料法律相談をします。このような相談はどの程度あればいいと思いますか	1	34	6.3%
		1～2	4	0.7%
		2	110	20.3%
		2～3	17	3.1%
		3	87	16.1%
		3～4	4	0.7%
		4	61	11.3%
		4～5	9	1.7%
		5	21	3.9%
		5～6	8	1.5%
		6	62	11.5%
		6～8	1	0.2%
		6～12	1	0.2%
		10	10	1.8%
		12	85	15.7%
		12～24	1	0.2%
		20～30	1	0.2%
		24	11	2.0%
		30	1	0.2%
		36	1	0.2%
		48	2	0.4%
		50	2	0.4%
		数回	7	1.3%
		希望があったときのみ	1	0.2%
		合　計	541	100.0%

問5-2.	こうした巡回法律相談はいつ実施するのがいいですか	a. 平日昼間	167	28.6%
		b. 平日夕方	54	9.2%
		c. 土曜日日曜日	336	57.5%
		d. その他	27	4.6%
		合　計	584	100.0%

問5-3.	法律事務所での相談については	a. 無料なら相談したい件がある	264	42.6%
		b. 有料でも相談したい件がある	22	3.5%
		c. 相談予定はない	333	53.7%
		相談中	1	0.2%
		合　計	620	100.0%
問5-4	弁護士に法律相談や事件処理を依頼することについて障害となるものはありますか（※複数回答可）	a. 費用が高い	347	41.9%
		b. 敷居が高い	160	19.3%
		c. 世間体が悪い	29	3.5%
		d. 事務所の場所が遠い	93	11.2%
		e. 自分の周りに弁護士を利用した事のある人がいない	151	18.2%
		f. 自分で問題を解決したい	27	3.3%
		g. その他	22	2.7%
		合　計	829	100.0%
問5-5.	弁護士などの専門家に聞きたいことはありますか（※複数回答可）	a. 住宅問題（借地）	40	5.3%
		b. 住宅問題（借家）	42	5.6%
		c. 住宅問題（その他）	33	4.4%
		d. 相続問題	82	10.9%
		e. 離婚問題	21	2.8%
		f. 不動産問題（登記）	132	17.6%
		g. 不動産問題（所有権）	97	12.9%
		h. 不動産問題（その他）	9	1.2%
		i. 税金問題（税の軽減や免除）	117	15.6%
		j. 税金問題（その他）	1	0.1%
		k. 事業に関する問題	19	2.5%
		l. 女性特有の問題	4	0.5%
		m. 高齢者問題（財産の管理）	26	3.5%
		n. 高齢者問題（介護）	48	6.4%
		o. 高齢者問題（医療）	44	5.9%
		p. 高齢者問題（その他）	5	0.7%
		q. 障害者問題	20	2.7%
		r. その他の分野の問題	10	1.3%
		合　計	750	100.0%

震災復興をめざす岩手はまゆり法律事務所

岩手弁護士会所属　弁護士　瀧上　明

N	2011年7月	8月	9月	10月	11月	12月	2012年1月	2月	3月	4月	5月	6月	7月	8月
	14	67	48	25	22	9		9	15	26	27	14	15	13	13
1　不動産所有権（滅失問題含む）		1	1		2				1	1	2			
2　車・船等の所有権（滅失問題含む）														
3　預金・株等の流動資産														
4　不動産賃貸借（借地）		1	2							1	1		1	
5　不動産賃貸借（借家）			3		2				2	2				
6　工作物責任・相隣関係（妨害排除・予防・損害賠償）			2			1					1			
7　境界					1									
8　債権回収（貸金、売掛、請負等）			1								1			
9　住宅・車・船等のローン、リース	2	15	14	5		1				4		3	1	2	1
10　その他の借入金返済	5	6	7	1	3			5	1	1	5	3	4	1
11　保険			2	1									1	
12　震災関連法令	3	7	5	1	1	2				2	2	1		
13　税金			1	1						1				
14　新たな融資														
15　離婚・親族			6	1	7	2			2		1		3	1	
16　遺言・相続		1	18	11	11	9	2		2	3	9	5	3	2	5	6
17　消費者被害										1			1		
18　労働問題														
19　外国人														
20　危険負担・商事・会社関係			1						1	1				
21　刑事														
22　原子力発電所事故等														
23　その他		1	2	2		2				2	3	7	2	4	2	4
24　震災以外														
（参考）個人版私的整理ガイドライン登録専門家配点案件				2		1	2			2		4	1	2	2	3	2

注意
※　2011年7月11日～2013年12月31日までのデータである。事務所相談の他、仮設相談者の大多数は、釜石市ないし大槌町の住民である。
※　1人で複数の相談があった場合は複数の相談案件としてカウントするが、実際事件の分類は、「日本弁護士連合会　東日本大震災　無料法律相談　情報分析
※　1～24までの相談案件498件に、「個人版私的整理ガイドライン登録専門家配点
※　1～24までの相談案件498件に、国選事件、破産管財人、相続財産管理人とい
※　月別相談件数（Nの数字）は、当職が仮設巡回相談をしている時期かそうでな
※　「24　震災以外」は、欄は設けたものの、実際のところ何処かで含め用しないこととした。実際は、年月の経過に伴い、震災と関係性の希薄な相談

網かけのマスについて当職の感想等

「7　境界」の相談はほとんど無かった。住宅再建において現地再建の場所が少
「8　債権回収（貸金、売掛、請負等）」については、事業者間の売掛金等回収
「10　その他の借入金返済」において事業者の整理が少ない事も、同様の事情と
「9　住宅・車・船等のローン、リース」について、2011年8月9月の相談が非問題は、その後に相談件数が急減したことである。今考えれば、震災後半年がまた、2012年9月～2013年4月ころにガイドラインの登録専門家配点案件が急増これを機に、地元地銀が自行の住宅ローン債務者にガイドラインの制度を案内
「12　震災関連法令」は、感覚的にはもっと多かったはずである。当職の相談手なお、り災証明に関する相談は、震災直後は多かったと思われるが、当事務所
「15　離婚・親族」の多くは離婚相談であるが、いわゆる「震災離婚」（震災前かった。多くは、震災前から仲が悪く、震災を機に別居したとか、震災によりまた、成年後見の相談も相当数あり、地域の高齢化を感じさせた。
「17　消費者被害」の相談がほとんど無かったことは、最も意外な点であった。から切り離され情報に疎くなる人が多くなると思われたことから、消費者被害これ自体は良いことであるが、何故であったかは未だによく分からない。
「22　原子力発電所事故等」の相談がほぼ皆無であることは、福島県や宮城県と

4 最後に

平成26年4月23日

弁護士 瀧上明 の相談件数の推移

9月	10月	11月	12月	2013年1月	2月	3月	4月	5月	6月	7月	8月	9月	10月	11月	12月	合計	備考
9	5	11	8		6	15	18	12	6	12	5	12	14	10	23	13	7	498	
		1				1	1									13	登記関係等
																0	
																0	
				1												8	
1			1		1	1					1		1			16	立退請求、賃料増額請求等
					1			1							1	7	
												1		1		3	
			1	1			3		1	1		1				11	個人間が多く、事業者間は少ない
4	2			1	2	6	1			1	2	1	2	3	1	74	ほぼ全て住宅ローン
	1	1	2		3			3	4		3	1				61	消費者破産、任意整理等 事業者整理は少ない
		1			1			1								8	
1		1		1	2	1	3		2							38	支援金・義援金、住宅関係等 り災証明に関する相談は少ない
						1	1		3							8	土地譲渡所得税等
																0	
	1	2	2			2	1		2	1		2	1	2	50	離婚が大部分、あとは成年後見等
1		4			1		2			3	4	3	5	5	2	117	死亡被災者の相続というより、自治体の土地買取絡みの相談が多い
												1				3	
	1							1		2					7	退職金請求等
																0	
																3	
																0	
																0	
2	1	2	1		1	4	7	2	1	4	2	2	3	6	2	71	不法行為等
																0	
5	6	2			5	1	5	6	2				1		2	56	

住宅での相談、法テラスや市役所等の法律相談担当の際の相談なども含んでいる。

にはほとんど無かったので、上記の相談件数は相談実人数とほぼ同数である。
結果」における分類と同様である。
案件」の配点56件は含まれていない。
った裁判所依頼事件は含まれていない。
いか、また、相談担当が多く回ってきている月かによって変動が大きいので、必ずしも地域の相談需要を反映しない。
ればいいのか不透明であるし、ここに分類すると相談内容に基づいた分類が出来なくなってしまうので、カウントには利が増える傾向にある。

なく、高台移転や区画整理の場所が多いことが影響しているとみられる。
案件は少なかった。事業者間では、事実上債権放棄がされている例が多いと思われる。
思われる。(また、各種補助金等により、整理すべき事業者が存続してしまっている可能性もある)。
常に多いのは、個人版私的整理ガイドライン施行(2011年8月22日)がマスコミで報道されたためである。
経過して、金融機関がリスケジュールを精力的に行ったことが影響していたとみられる。
したのは、2012年7月24日に金融庁監督局長が銀行協会等にガイドライン活用の促進を求める通達を出したことが影響している。
する手紙を送る等、金融機関の態度ががらりと変わった。
控えにメモを取っていなかった件が多かったためと思われる。
開設の頃には少なくなっており、近時では皆無である。
は夫婦仲が悪くなかったが、震災による家計・生活状況の悪化により夫婦仲が悪化して離婚にいたるもの)は特にみられない人生を見つめ直して離婚を決意したというものである。

当事務所開設前は、被災者には高齢者が多いこと、支援金義援金等多額の現金が懐にある事、仮設住宅入居により地域社会の多発を想定していた。この点、県内沿岸の他の弁護士の相談や、市役所への相談などでもあまり聞かれないようである。

岩手県とが最も大きく異なる点であると思われる。(当職も、具体的な事件の相談は、2014年に入るまでなかった)

東日本大震災の津波災害に関する裁判例

平成26年5月20日　弁護士　瀧上　明

事件の通称	私立日和幼稚園事件	七十七銀行女川支店事件
判示事項の要旨 (最高裁HPから)	東日本大震災の地震発生後、高台にある幼稚園から眼下の海沿いの地域に向けて幼稚園送迎バスを出発させ、園児4名が津波に被災して死亡するに至った事案について、被告幼稚園長には情報収集義務違反の懈怠があり、被告幼稚園経営法人と共に損害賠償責任があると判断された事例	東日本大震災の地震発生後、勤務先の銀行の支店屋上に避難して津波に流された行員ら3名の遺族が銀行に対して安全配慮義務違反を理由として損害賠償を請求した事案について、その請求が棄却された事例
判決日	平成25年9月17日	平成26年2月25日
係属部	仙台地方裁判所第1民事部（合議）	仙台地方裁判所第1民事部（合議）
事件番号	平成23年（ワ）第1274号	平成24年（ワ）第1118号
裁判長	齋木教朗	齋木教朗
原告	死亡した園児4名の両親 （合計8名）	死亡した行員3名の遺族 （合計6名）
被告	幼稚園を設置した法人 幼稚園の園長（合計2名）	七十七銀行（1名）
原告らの請求の根拠	（被告法人に対し） 安全配慮義務違反の債務不履行及び民法715条1項の不法行為による損害賠償請求権 （被告園長に対し） 民法709条の不法行為による損害賠償請求権	被告の安全配慮義務違反の債務不履行又は不法行為（民法709条、715条1項）による損害賠償請求権
判決	請求認容	請求棄却
控訴	被告らが控訴　控訴審は平成26年6月20日結審予定	原告らが判決日同日に控訴
事実の経緯	平成23年3月11日午後2時46分頃、地震発生。被告園長は、午後3時頃、本件幼稚園に待機していたバスに、海側に向けたコースを通って送迎予定の園児のみならず、いったん同バスが幼稚園に戻ってきた後に内陸側へ向けて送迎する予定の本件被災園児ら5名も一緒に乗せ、高台にある本件幼稚園から海側に向けて本件バスを出発させた。 本件バスの運転手は、海側を通り、途中、本件被災園児ら5名を除く7名の園児らを、順次保護者に引き渡した。 午後3時45分頃、宮城県石巻市南浜地区に津波が到達し、本件バスは、渋滞に巻き込まれている最中に後方から本件津波に襲われて横転し、流された。運転手のみが九死に一生を得たものの、同バスに取り残されていた本件被災園児ら5名が死亡した。 (以上、判決文から抜粋要約)	平成23年3月11日午後2時46分頃、地震発生。同時刻、支店長は外出していたが、午後2時55分頃支店に戻り、すぐに行員に対し、避難すること、屋上の鍵を開けることを指示。（なお、支店長は、家に帰りたいと言った一部行員に帰宅を許可している） 結局、行員13名が屋上に避難。屋上に避難した支店長は、行員に対し、ラジオでの情報収集を指示。行員らは、ラジオで「鮎川に3時10分に到達」、「予想される津波の高さは6ｍ」との放送を聞いている。その後も、行員らはワンセグ放送などで情報収集を続けた。 その後、次第に水嵩が増してきたため、支店長と行員らは建物3階の屋上まで移った。しかし、結局津波の高さは20ｍ程度に達したため、3階の屋上にいた支店長、行員らは全員津波に流された。なお、同支店から近い自治体の指定避難場所である堀切山に避難していれば、行員らは助かっていた。 (以上、判決文から抜粋要約)

4 最後に　205

(損害論については省略)　　　　　　資料5

山元町立東保育所事件	釜石市鵜住居防災センター事件
町である被告が設置し運営する保育所において保育を受けていた原告らの子らが東日本大震災の地震発生後の津波により死亡したことについて、主位的に被告の保育委託契約の債務不履行を主張し、予備的に同契約の付随義務である安全配慮義務の違反又は国家賠償法上の違法及び過失を主張して損害賠償等を請求した事案において、被告の職員には、当該保育所に津波が到達することの予見可能性がなく、適切な時期に避難指示をしなかったことや津波が当該保育所の目前に迫った状況における避難の在り方について過失はなかったなどとして、その請求が棄却された事例	平成22年2月1日に開所した鉄筋2階建ての「釜石市鵜住居地区防災センター」に多数の周辺住民らが避難して被災した事例。 なお、同センターは市が指定している津波の避難場所ではない。 津波は2階天井付近に達し、津波が引いた後、内部から34人の生存者が救出され、69人が遺体で収容された。 (最終報告書より抜粋要約)
平成26年3月24日	
仙台地方裁判所第2民事部(合議)	
平成23年(ワ)第1753号	
山田真紀	
死亡した園児2名の親 (合計3名)	
山元町(1名)	
(主位的請求)被告の保育委託契約の債務不履行 (予備的請求1)同契約の付随義務である安全配慮義務の違反 (予備的請求2)国家賠償法上の違法及び過失 以上に基づく損害賠償請求権(民放415条)又は国家賠償法1条(1項)	
請求棄却	
原告らが平成26年4月4日控訴	
平成23年3月11日午後2時46分頃、地震発生。保育士らは、園児らを園庭に集まらせていた。午後3時頃から、園庭で園児の保護者に園児を引き渡すなどしていた。 午後3時25分から30分頃、保育士の一人が、町の災害対策本部総務部長(町の総務課長)から現状待機の指示を受けた。 午後4時頃、F保育所の南東約80メートル先に津波が押し寄せてきているのが発見された。その際保育所には13人の園児と14人の保育士らがいた。保育士らは、園児らを保育所駐車場に駐車していた車に分乗させて避難したが、津波により、3人の園児が死亡した。(以上、判決文から抜粋要約)	H22.2.1　防災センター開所 H22.2.29　チリ地震発生防災センターに34人が避難 H22.5.23釜石市津波避難訓練 防災センターに68人が訓練参加 H22.8.8　自主防災会防災訓練 防災センターに130人が訓練参加 H23.3.3　釜石市津波避難訓練 防災センターに101人が訓練参加 H23.3.9　三陸沖の地震発生防災センターに4人が避難 　以上の通り、同センターは津波避難場所であるかのような扱いを受けていたが、市からは、防災センターは津波避難場所ではないという趣旨の住民への告知はなかった。 H23.3.11　東日本大震災 遺族連絡会によると、平成26年1月17日現在、防災センターへの避難者数は241名(生存者34名を含む)と推計されている。 (以上、最終報告書より抜粋要約)

施設の場所・建物の特徴等	（幼稚園の場所） 標高約23mの高台にある（判決文から）。海岸線からは約1km。東日本大震災により浸水はしていない。 （バス送迎ルート（海側ルート）） 標高0～3mの低地であって、堤防から約200mないし600m前後の地域（判決文から）。なお、津波ハザードマップの予測浸水域には入っていないとみられる。	（七十七銀行女川支店の場所） 海岸から約100m。標高0.3m。 （同支店の建物） 鉄筋コンクリート造3階建（1階及び2階各431.15m²、3階33.17m²）であり、2階屋上床面までの高さが約10m、2階屋上外壁までの高さが10.95m、2階屋上の一部にある3階電気室屋上（広さ33.17m²。2階から上る梯子が固定されている）までの高さが13.35m、同屋上外壁最上部までの高さが13.95m。 なお、自治体の指定避難場所ではない。 （以上、判決文から抜粋）
安全配慮義務があること	被告法人が、原告らとの間の在園契約から生じる付随義務として、本件被災園児が本件幼稚園において過ごす間、本件被災園児らの生命・身体を保護する義務を負っていたこと、被告園長も、一般不法行為法上、同様の義務を負っていたことは、いずれも当事者間に争いがない。 そして、特に幼稚園児は3歳から6歳と幼く、自然災害発生時において危険を予見する能力及び危険を回避する能力が未発達の状態にあり、園長及び教諭らを信頼してその指導に従うほかには自らの生命身体を守る手だてがないのであるから、被告法人の履行補助者である本件幼稚園の園長及び教諭ら職員としては、園児らの上記信頼に応えて、できる限り園児の安全に係る自然災害等の情報を収集し、自然災害発生の危険性を具体的に予見し、その予見に基づいて被害の発生を未然に防止し、危険を回避する最善の措置を執り、在園中又は送迎中の園児を保護すべき注意義務を負うものというべきである。 （以上、判決文から抜粋）	被告は、行員に対しては労働契約に伴い、労働者がその生命、身体などの安全を確保しつつ労働することができるよう、必要な配慮をすべき義務があったといえる（労働契約法5条）。 また、被告は、同様に七十七スタッフサービス株式会社（当時）と労働者派遣契約を締結して被告女川支店に派遣されていた派遣社員に対しても業務上の指揮命令権を行使してその労務を管理していたのであるから、信義則上、同様の不法行為法上の安全配慮義務を負っていたというべきである。 （以上、判決文から抜粋）
その具体的内容	園長としては、午後3時2分過ぎ頃に本件バスを高台から出発させるに当たり、たとえ本件地震発生時までにはいわゆる千年に一度の巨大地震の発生を予想し得なかったとしても、約3分間にわたって続いた震度6弱の巨大地震を実際に体感したのであるから、本件バスを海沿いの低地帯に向けて発車させて走行させれば、その途中で津波により被災する危険性があることを考慮し、ラジオ放送（ラジカセと予備の乾電池は職員室にあった。）によりどこが震源地であって、津波警報が発令されているかどうかなどの情報を積極的に収集し、サイレン音の後にも繰り返される防災行政無線の放送内容によく耳を傾けてその内容を正確に把握すべき注意義務があったというべきである。 （以上、判決文から抜粋）	（震災前の義務） 設置する建物の高さについて：建物の高さを予想される津波の高さを常に上回るように設計して建築すべき義務が使用者にあるとまではいえない。 安全教育を施した者を管理責任者とする配置義務：判決は、この義務の存在自体は認めているようであるが、本件では被告はその義務を果たしていると判断した。 避難訓練等実施義務：上と同じ。 （震災発生後の義務） 情報収集義務：上と同じ。 町指定避難場所（堀切山）に避難させる義務：本件建物は津波避難ビルに指定されてはいないが、それに見合うだけの適格性があること、時間的に切迫していたこと、本件支店建物を超える津波の予測は困難であったこと、素人としては気象庁の発表を信じざるをえないこと等を挙げ、義務の存在を否定。 （以上、判決文から抜粋要約）

4 最後に　207

（東保育所の場所） 海岸から内陸に約1.5km。保育所の標高は約3m。海岸からの地形はほぼ平坦。 なお、保育所に近い海岸には7.2mの堤防があるが、町内の一部海岸には堤防未整備部分もある。この付近は、いわゆるリアス式海岸ではない。 なお、同保育所の場所は津波ハザードマップの予測浸水域には入っていない。 （同保育所の建物） 1階建て。付近の最終的な浸水深は約2.4m。 （以上、判決文から抜粋要約）	（防災センターの位置） 標高：4.3m、最寄りの海岸線までの距離：約1.2km なお、市が発表した津波浸水予測域の外に位置する （防災センターの建物） 鉄筋コンクリート造2階建延べ床面積：1612.12m^2（1階：893.11m^2、2階：728.01m^2） 1階　消防署鵜住居出張所、消防団第6分団第1部屯所、鵜住居地区生活応援センター 2階　鵜住居地区防災センター、消防団第6分団本部 ※　2階の防災センター部分には、避難室、第1研修室（和室）、第2研修室、防災備蓄倉庫等がある。 （以上、最終報告書より抜粋要約）
一般論としては述べていないが、当然の前提となっていると思われる。	（参考：災害対策基本法5条1項）市町村は、基本理念にのっとり、基礎的な地方公共団体として、当該市町村の地域並びに当該市町村の住民の生命、身体及び財産を災害から保護するため、関係機関及び他の地方公共団体の協力を得て、当該市町村の地域に係る防災に関する計画を作成し、及び法令に基づきこれを実施する責務を有する。 もし本件が訴訟となっても、市の住民に対する安全確保の義務の存在自体が争点となることは考えにくいであろう。
・町の総務課長において、保育所の園児の避難方法についての指示を求められた際に避難を要する旨の指示をすべき義務があったのに、それをせず、かえって、現状待機という本件指示をしたこと　→　保育所への津波襲来の予見可能性がなかったため、義務違反はない。 ・本件保育士らにおいて、園児らを避難させるべき義務があったのに、本件地震発生後1時間15分以上も園児らを園庭に待機させたこと　→　上と同じ ・本件保育士らにおいて、避難の際に少なくとも1人の保育士が1人の園児を誘導するなどの適切な方法で避難すべき義務があったのにその義務を履行しなかったこと又は保育所の所長において、避難に際して適切な避難方法がとられるように指示すべき義務があったのにその義務を履行しなかったこと　→　切迫した状況の中、このような義務は認められない （以上、判決文から抜粋要約）	（震災前の義務） ・正規の指定避難場所で避難訓練を実施する義務？ 　本件では、指定避難場所ではない防災センターで避難訓練が行われていたことにより、防災センターを避難場所と誤解し、震災の際に避難してきた住民がいるとみられる。 ・　指定避難場所ではないことを住民に告知する義務？ 　通常、自治体は指定避難場所の告知はするが、ここは指定避難場所ではないという告知はしない。 （震災発生後の義務） ・指定避難場所ではない防災センターに住民を受け入れない義務？、あるいは、正規の避難場所へ誘導する義務？ 　防災センターの近隣には正規の津波避難場所が2ヶ所あったところ、いずれも防災センターからは歩いてせいぜい数分程度の場所にある。 （以上、瀧上の検討）

義務違反	園長は、巨大地震の発生を体感した後にも津波の発生を心配せず、ラジオや防災行政無線により津波警報等の情報を積極的に収集しようともせず、本来は海側ルートへ行くはずのない本件バスの陸側ルートを送迎される本件被災園児ら5名を海側ルートを送迎する同バスに同乗させ、海岸堤防から約200ないし600mの範囲内付近に広がる標高0ないし3m程度の低地帯である門脇町・南浜町地区に向けて同バスを高台から発車させるよう指示したというのであるから、被告園長には情報収集義務の懈怠があったというべきである。 （以上、判決文から抜粋）	
予見可能性について	単に本件地震発生前に地震学者がマグニチュード9.0の巨大地震の発生を予想していなかったことをもって、本件地震発生後の津波被災のおそれまで予見困難であったとはいえない。 本件バスを出発させるに当たっての情報収集義務の前提となる予見可能性の対象は…本件被災現場が津波に襲われることの予見可能性ではなく、本件バスの走行ルートが津波に襲われることの予見可能性で足りる （以上、判決文から抜粋）	上記高さを有する本件屋上への緊急的一時避難を否定して支店長について安全配慮義務違反があったというためには、緊迫した当該状況の下においても、約13.35mの高さを有する本件屋上（塔屋も含む。）への避難では不十分であることを示すに足りる程度に危険な津波発生の具体的な予見可能性があったことを必要とすべき （以上、判決文から抜粋）
ハザードマップ（津波浸水予測図）について	「津波ハザードマップ」を紹介する石巻市のホームページにおいては、宮城県沖地震（連動型）に伴い津波が発生した場合の市内の予想浸水区域及び各地域の避難場所を示したものであって、浸水の着色のない地域においても、状況によっては浸水するおそれがあるので、注意してほしいこと、津波に対してはできるだけ早く安全な高台に避難することが大切であること、強い揺れを感じたら、すぐにテレビやラジオなどで津波情報や警報を確認し、市からの避難勧告や避難指示が出された時には、直ちに避難してほしいことが注記されていたというのである。 （以上、判決文から抜粋）	特段の指摘は無い。

4 最後に　209

ここで予見すべき危険性は、避難を指示するとの選択肢を採用する義務を基礎付ける程度のものでなければならない 山元町での津波浸水予測域ないし津波浸水予測区域は、東西の幅がおおむね200メートル以下の海岸線に沿った帯状の区域にとどまっており、…宮城県沖地震（連動）や昭和三陸地震の各想定における津波の高さを超える津波が到達することを予見しても、それによる浸水範囲が内陸に広範囲に拡大することを予測し得たと直ちにいうことはできないと解される 海岸線から1.5キロメートルの地点にあったF保育所に津波が到達し得る危険性を予見することはできなかった （以上、判決文から抜粋要約）	・震災前の時点での予見可能性を問題とする場合、防災センターに避難しても危険なくらいの巨大津波の発生が予見できたかがポイントとなる。→　防災センターは津波予測浸水域の外であり、必ずしも津波防災のプロではない市の職員に予見可能性を認めるのは難しいのではないか？（但し、この場所は明治三陸津波の浸水域と言われている） ・震災発生後の時点での予見可能性を問題とする場合、地震発生直後に市やセンターの職員が収集可能であった情報から防災センターに避難することが危険であると予見できたかがポイントとなる。→　防災センターの職員が知り得たことが確認出来る気象庁の発表は津波「6ｍ」までであるところ、もし6ｍの津波しか来ていなければセンターへの避難者は助かっていたであろうことを考えると、予見可能性を認めることは難しいか？ （以上、瀧上の検討）
保育所があった花釜区を含む新浜区以北における津波浸水予測域は、海岸線付近に限定されており、保育所があったＪＲ常磐線以西の地域において浸水が予測される地域はなかった。…海岸線に沿った帯状の津波浸水予測域の東西の幅（海岸線からの距離）は、おおむね200メートル以下であった。 （以上、判決文から抜粋要約）	防災センターは明治三陸地震津波の浸水域にぎりぎり含まれるものの、市発表の津波予測浸水域から外れていた。なお、このこのハザードマップは、県が作成し、市に配付していたものであるが、その際、「予想される津波よりも大きな津波が発生する場合が考えられることから、更に避難できる場所が望ましい」と注意はされている。 （以上、最終報告書より抜粋要約）

評釈（瀧上の個人的意見）	本件は、園長が海側ルートを通る送迎バスを発車させたために、乗車していた園児が被災したという事件である。したがって、園長が海側ルートが津波に襲われるかも知れないと予見できたかを問題とした点は首肯しうる。 しかし、本件バスの海側ルートは、石巻市が発表した津波浸水予測域の外にあるとみられる。判決はこの点をさほど重視せず、今回の地震の大きさや、気象庁が6m以上の津波予測を出したことを重要な根拠として予見可能性を肯定している。しかし、津波防災の素人である園長が、地震の震度やマグニチュード、津波の高さ予測を知って、津波が堤防を越えて浸水してくることまで予測できたと言えるかは、かなり微妙ではないだろうか。 結論的には、園長には津波が堤防を越えて浸水してくることまでは予見できなかったので、バスを海側に向けて発車させたことに過失はないという判断もあり得たのではないだろうか。 （但し、個人的には、園長や法人の責任を認めた結論の具体的妥当性はあると思っている。）	（日和幼稚園事件と結論が割れたのは何故か） ・安全配慮義務の内容：日和幼稚園事件では、義務を負う相手が未熟な幼稚園児であることから、要求される安全配慮義務の程度が高いと判断しているとみられる。 ・予見可能性：日和幼稚園では、園長が海側ルートへバスを発車させた関係上、海側ルート（標高0～3m）が津波に襲われることが予見できたかが問題となった。これに対し、本件では、支店長が建物屋上（3階屋上までだと高さ約13.35m）への避難を指示したことから、3階屋上を越える津波に襲われることを予見できたかが問題となった。 ・発災時の情報収集：日和幼稚園の園長は、大地震が発生しているにも関わらず、情報収集を怠り、漫然とバスを発車させている。これに対し、本件支店長は、行員にラジオの情報に注意させるなど、情報収集を行わせている。 ・発災前の態勢：日和幼稚園では、いちおう地震発生時のマニュアルはあるが、周知徹底されていなかったようである。これに対し、本件銀行では、マニュアルや訓練が相当程度徹底されていたとみられる。

4 最後に

本判決においては、保育所への津波襲来の予見可能性を否定したことの根拠として、本件保育所の場所は津波浸水予測域から距離があることが重視されているとみられる。

しかし、この判決の結論についてはひとまずおくとしても、津波浸水予測図を予見可能性の範囲を限定する根拠として用いる論法は、注意が必要と考える。

津波浸水予測図はあくまで、比較的可能性の高そうな仮想のパラメータを計算式に代入したときに得られる計算結果を示したものにすぎず、あり得る範囲でパラメータを変化させれば、結果は変わるものである。そうした意味では、あくまで目安の一つに過ぎず、何ら安全を担保する性質のものではないし、そもそも、安全を担保する根拠として行政職員や住民に提示されたものでもなかったはずである。そうだとすれば、津波浸水予測図が予見可能性の範囲を限定する根拠となるかについては、注意深く検討すべきである。

なお、この点については、本判決においても、「津波に関するハザードマップは、過去の経験や最新の科学技術に基づいて作成されるものであるが、浸水が予想される区域や地震から津波が来るまでの時間などは、あくまで想定されている地震が発生した場合の津波を表したものであるから、想定よりも大きな津波が来て、浸水区域がハザードマップに記された範囲よりも広範囲になったり、想定よりも早く津波が来たりする可能性があることにも注意する必要がある。」とは述べられている。しかし、結局は、このような海岸線から遠い場所にまで津波が来ることは予見できないとの結論に落ち着いている。

(本事件が提訴された場合に予想される主要争点)
・被害者の特定防災センター内部から遺体の収容された69人については問題無いと思われる。しかし、実際には、センターに避難し被災したものの水流により外部に流された被害者もおり、こうした被害者をどの程度特定できるかが問題となる。
・予見可能性：どの点の義務違反を主張するかによって、予見可能性の内容が変わってくることに注意（上記を参照）。原告代理人の立場では、併せて主張することになる。

なお、震災発生後における「指定避難場所ではない防災センターに住民を受け入れない義務、あるいは、正規の避難場所へ誘導する義務」を問題とする場合、実際にそれが可能であったかは問題となるであろう（住民の多くは、地震発生からかなり時間が経過し、津波が襲来する直前にセンターに避難してきた旨の生存者の供述がある）。
・なお、本件では、市の情報公開が十分になされていることから、主張を組み立てる資料は十分に得られると思われる（この点は、石巻市の大川小学校事件（仙台地裁訴訟係属中）とはかなり事情が異なる）。

(防災の観点からの重要なポイント)
上記の他にも、避難訓練のあり方、住民の避難への意識付けのあり方、津波避難場所・防災施設のあり方、ハザードマップの理解・利用の仕方、気象庁の津波警報のあり方等々、本件は防災上いくつもの重大な論点を提起していることにも注意して欲しい。

第 8 章　災害廃棄物の処理責任の所在について
——東日本大震災津波の際の岩手県の取組みを通じて——

千葉　実

1　はじめに——本稿のねらい等

1　問題関心等

　災害廃棄物の処理責任が市町村に所在することは実務の中で定着している。1995年に発生した阪神・淡路大震災の際に、災害廃棄物に注目が集まり、その処理責任の内容や所在についても多くの議論がなされたが[1]、かかる整理に特段の変化はなかった。しかし、2011年の東日本大震災津波[2]により、きわめて膨大な量であるのに加えて処理困難な状態で発生した災害廃棄物の迅速処理が求められたことから、この論点が再び注目を集めている[3]。

1　災害廃棄物に関する法制度についての先駆的な研究としては、北村喜宣「災害復旧と廃棄物処理—阪神・淡路大震災の事後対応を中心にして」『産業廃棄物への法政策対応』(第一法規・1998年) 70頁以下 (初出：ジュリスト1070号 (1995年)) がある。ただし、同論文は、処理責任の所在の合理性そのものよりも、その根拠が財源措置によることの説得力のなさを追及しているものと思われる。

　　技術的部分を含む処理全般についての体系的な研究としては、廃棄物資源循環学会 (監)・島岡隆行＝山本耕平 (編)『災害廃棄物』(中央法規出版・2009年) がある。その中で、島岡隆行「地球温暖化に伴う異常気象と災害廃棄物」3頁以下・17〜18頁は、災害廃棄物についての研究はまだまだ不足していることを指摘する。

2　「東日本大震災に対処するための特別の財政援助及び助成に関する法律 (平成23年5月2日法律第40号)」や「東日本大震災により生じた災害廃棄物の処理に関する特別措置法 (平成23年8月18日法律第99号)」のように、「東日本大震災」が国内の公式の名称となっているものと解されるが、津波被害が大きいため、岩手県では「東日本大震災津波」と称している。本稿では、原則として後者の呼称を用いる。

3　東日本大震災津波により発生した災害廃棄物の処理について論じたものとしては、荒木修「震災と廃棄物—災害廃棄物行政の現状と課題」ジュリスト1427号 (2011年) 40頁以下、田口正己『災害廃棄物・放射性廃棄物問題〜もう1つの大震災・原発事故〜』(本の泉社・2012年)、北村喜宣「災害廃棄物処理法制の課題—2つの特措法から考える」都市問題103巻5号 (2012年) 44頁以下 (以下、「①論文」という。) や同「東日本大震災と廃棄物対策」環境法政策学会 (編)『原発事故の環境法への影響』(商事法務・2013年) 127頁以下 (以下、「②論文」という。)、廃棄物資源循環学会 (編)『災害廃棄物分別・処理実務マニュアル—東日本大震災を踏まえて』(ぎょ

一方で、東日本大震災津波という想定を超える巨大災害で発生した災害廃棄物の処理においては、市町村の能力をはるかに超えていることは明らかであるうえ行政庁自体が壊滅的に被災したところがあった。それにもかかわらず、その処理責任は市町村にあるという整理を国は変えようとしなかったし、自治体側も当然の前提であるかのように処理にあたってきた。

果たして、これでよかったのだろうか。災害廃棄物の処理責任はどの主体が担うのが最も適当なのだろうか。そして、その主体は適切で効率的かつ効果的な処理を実現する上でも合理的か。市町村も程度の大小はあれど自ら被災し、東日本大震災津波では行政機能が著しく低下したところもあったのに、かかる市町村にまで、なぜ一律に処理責任が求められるのか。

本稿は、そのうち、主に環境法学及び行政法学の見地から、本来どの主体が災害廃棄物の処理責任を有すべきなのか、その上でどの機関が処理主体となるかは「自動的」に定まるものなのか、時間を要しても関係機関等の間で調整のうえ決するものなのかを考察する[4]。未曾有の「巨大災害」であった東日本大震災津波における岩手県の災害廃棄物処理の取組みを通じて議論するが、最終的には、今後起こりうる災害—東日本大震災津波のような巨大災害はもちろん例年全国各地で見られる豪雨など比較的「小規模」なものも含めて—に伴い発生するであろう全ての災害廃棄物の処理に資することを目的とする。

うせい・2012年）、環境新聞編集部（編）『東日本大震災災害廃棄物処理にどう臨むかⅠⅡⅢ』（環境新聞社・2012年、2013年、2014年）、熊本一規＝辻芳徳『がれき処理・除染はこれでよいのか』（緑風出版・2012年）、畑明郎「原発事故が問いかけるもの—震災がれき広域処理の問題」人権と部落問題838号（2013年）20頁以下、大迫政浩「災害廃棄物処理の速やかな処理を目指して」いんだすと28巻1号（2013年）37頁以下、特集「被災3県の復興と災害廃棄物処理・リサイクル」いんだすと28巻3号（2013年）1頁以下、特集「大規模災害と廃棄物処理〜東日本大震災を教訓として〜」いんだすと29巻5号（2014年）1頁以下などがある。法制度については、北村①論文及び②論文が深く掘り下げており示唆に富む。

4 2015年7月に、東日本大震災津波クラスの場合の災害廃棄物処理は国が代行すること等を内容とする廃棄物処理法及び災害対策基本法の改正が行われた。結論としては完全には一致していないが、本稿と同様の視点に立っているものと思われる。2014年夏から岩手県が環境省に具体的な法制度整備を提案してきたところであり、相当程度その内容が反映されたものと評価できよう。

2　本稿の構成と論述の方法等

　以下では、災害廃棄物をめぐる現行法の法体系を概観するとともに、主に岩手県における取組みを通して問題の所在を明らかにし（**2**）、その処理責任はどの主体にあるのが適切なのかを論じた後（**3**）、全体を振り返り、今後の課題を確認する（**4**）。

　なお、本稿の議論は、岩手県の取組みや業務上知り得た事実やそれに加えて提言も盛り込んだ記録誌『東日本大震災津波により発生した災害廃棄物の岩手県における処理の記録』[5]に基づいているが、岩手県職員として災害廃棄物処理に携わった私の経験をもとに同誌よりかなり踏み込んでいる。したがって、本稿における意見に関する部分は、すべて私見であり、岩手県としての公式の見解ではないことを予めお断りしておく。

2　問題の所在等

1　災害廃棄物の処理責任に関する法体系
(1)　「一般法」である廃棄物処理法

　廃棄物及びその処理に関する「一般法」である廃棄物処理法は、「廃棄物」から「産業廃棄物」を除いた全てが「一般廃棄物」であり（2条2項）、一般廃棄物の処理責任は市町村が有するとしている（4条及び6条の2第1項）。すなわち、事業由来ではないため災害廃棄物は一般廃棄物であり、その処理責任は市町村にあるということになる（以上、表1）[6]。災害廃棄物の処理に要する費用への国庫補助を定める同法22条も、「国は、政令で定めるところにより、市町村に対し、災害その他の事由により特に必要となつた廃棄物の処理を行うために要する費用の一部を補助することができる」とし、財政措置から見ても市町村に処理責任があることが前提となっているものと解される。この点について、北村喜宣は、「『性状や発生由来のゆえに一般廃棄物』というのではなく、『市町村が補助を受けて処理を行うから一般廃棄物』という整理である」と喝破する[7]。

5　岩手県公式HP等で公表。
6　北村①論文45頁、②論文128頁。

表1　災害廃棄物の廃棄物処理法上の位置づけ

廃棄物の区分	一般廃棄物			産業廃棄物
	災害廃棄物	生活系廃棄物	事業系一般廃棄物	
処理責任の所在	市町村（法§4、6の2）			排出者事業者（法§11）
清潔保持義務	市町村民（国民）（法§2の3）、土地建物占有者（法§5）			

　ただし、同法は、市町村の住民でもある国民に、「その生じた廃棄物をなるべく自ら処分すること等」を求めており（2条の3）、一般廃棄物についても処理責任を分担させている。その中の「生活系廃棄物（生活ごみ）」について見ても、発生後から当該廃棄物を全てのステージにおいて市町村が処理するわけではなく—各家庭のリビングで発生したごみをゴミ箱に入れたり回収袋に入れ、ごみステーションなど収集・運搬のための集積場に排出するのは住民自身であろう—、かかる拠点に集積され「市町村が収集・運搬が可能となった時点から、市町村に処理責任が移行する」と解される。さらに、同法5条1項は「土地又は建物の占有者（占有者がない場合には、管理者とする。…）は、その占有し、又は管理する土地又は建物の清潔を保つように努めなければならない」としている。土地又は建物の占有者（以下、「土地建物占有者」という。）は少なくともかかる清潔保持義務に付随する範囲では廃棄物の処理責任を有すると解される。実際、土地建物占有者は、「その土地又は建物内の一般廃棄物のうち、生活環境の保全上支障のない方法で容易に処分することができる一般廃棄物については、なるべく自ら処分するように努めるとともに、自ら処分しない一般廃棄物については、その一般廃棄物処理計画に従い当該一般廃棄物を適正に分別し、保管する等市町村が行う一般廃棄物の収集、運搬及び処分に協力しなければならない」とされている（6条の2第4項）。ただし、かかる義務の一つの知事や市町村長への通報の要件は「他の者によつて不適正に処理された廃棄物と認められるものを発見したとき」であり（5条2項）、災害廃棄物は「原因者」がいないので通報義務

7　北村①論文45頁、②論文128頁。この整理は、北村・前註1論文75〜76頁での議論が出発点であると思われる。

の対象にはならないものと解される。

　このように、廃棄物処理法上の一般廃棄物の処理責任は雑多な要素を含んでおり、発生から処理の各過程におけるその具体的な内容も必ずしも明確ではないように思われる。災害廃棄物―そもそも「何をもって」あるいは「どの時点から」災害廃棄物なのか自体、大きな論点である[8]―が現在の整理のとおり一般廃棄物であるとすれば、住民等も処理責任を分担し、撤去までは自分たちで行なうのが原則で、収集・運搬が可能となった時点から市町村に処理責任が移行すると解される。ただし、災害廃棄物の場合、発生現場からの撤去そのものが困難である場合が少なくなく、必要に応じ市町村―東日本大震災津波の際は場合によっては県も―が、その段階から対応している。

（2）　「特別法」であるその他の法令

　廃棄物処理法の他に災害廃棄物について規定する法令は「特別法」であるが、そのうち処理に関する実体的な規定を有するものは5つある。制定ないし改正の時系列に従って概観すると、一つめである「東日本大震災に対処するための特別の財政援助及び助成に関する法律（平成23年5月2日法律第40号）」は廃棄物処理法22条に基づく災害廃棄物の処理に関する補助額を嵩上げしている（139条）。同法は災害廃棄物の処理責任の所在については規定していないものの、廃棄物処理法の特別法である以上、市町村が処理責任を有することを前提としているものと解される。

　二つめの「廃棄物の処理及び清掃に関する法律施行規則（昭和46年9月23日厚生省令第35号）」は2011年7月8日に改正され、東日本大震災津波により発生した災害廃棄物処理に関する再委託等に関する特例を定めている（2条12号、2条の3第8号）。これも一般廃棄物である災害廃棄物の処理の特例であり、市町村の処理責任を前提にしているものと解される。

　三つめの「東日本大震災により生じた災害廃棄物の処理に関する特別措置

---

[8]　災害廃棄物の明確な定義がないことは夙に指摘されている（島岡・前註1論文9頁）。「廃棄物」であるか否かは総合判断説との関係が論点となろうし、とりわけ「災害廃棄物」であるかどうか、該当する時点はいつになるかが論点となろう。私は、大枠としては、災害廃棄物とは「災害に起因して発生した」「廃棄物」のことであり、災害に起因して発生した廃棄物であることが判明した時点から（その時点から遡ることもあろうが）そのように取り扱うものと考えている。ただし、この論点については、多くの検討すべき事項が含まれていると思われるので、十分に吟味し別稿を期す。

法（平成23年8月18日法律第99号）」（以下、「災害廃棄物特措法」という。）は、「東日本大震災により生じた災害廃棄物の処理が喫緊の課題となっていることに鑑み、国が被害を受けた市町村に代わって災害廃棄物を処理するための特例を定め、あわせて、国が講ずべきその他の措置について定め」ている（1条）。そこではまず、災害廃棄物処理における国の責務として、「主体的に」自治体を支援すること、処理に関する基本的な方針及び処理の内容及び実施時期等を明らかにした工程表を策定すること、これに基づき必要な措置を計画的かつ広域的に講ずることを規定している（3条）。その上で国による災害廃棄物の処理の代行が定められている（4条)[9]。制度上限定はないものの、実際には東京電力株式会社第一原子力発電所（以下、「福島第一原発」という。）の爆発に伴なう放射性物質の影響を大きく受け災害廃棄物の処理が滞っている福島県についてのみ運用されている[10]。さらに、費用負担等について国が財政上の措置等を講ずることが定められている（5条）。その他、災害廃棄物の処理に関して[11]国が講ずべき措置が定められている（6条）。

　四つめの「災害対策基本法（昭和36年11月15日法律第223号）」は2013年6月21日及び2015年7月17日に改正され、86条の5で廃棄物処理の特例として、「著しく異常かつ激甚な非常災害であつて、当該災害による生活環境の悪化を防止することが特に必要と認められるものが発生した場合には、当該災害を政令で指定するものと」し（1項）、環境大臣は、当該「指定があつたときは、期間を限り、廃棄物の処理を迅速に行わなければならない地域を廃棄物処理特例地域として指定することができ」（4項）、「廃棄物処理特例地域において適用する廃棄物の収集、運搬及び処分…に関する基準並びに廃棄物の収集、運搬又は処分を市町村以外の者に委託する場合の基準を定め」（5項）、「廃棄物処理特例地域において地方公共団体の委託を受けて廃棄物の収集、運搬又は処分を業として行う者は、廃棄物処理法…の規定にかかわら

9　衆議院法制局職員である近藤怜「東日本大震災により生じた災害廃棄物の処理に関する特別措置法」法令解説資料総覧357号（2011年）21頁以下・23頁によると、同法3条は「国にガレキの処理を責任をもって行わせるよう、国の責務を規定」したとしている。
10　北村①論文48〜49頁及び②論文130頁参照。
11　近藤・前註9論文25頁によると、政府は「災害廃棄物の広域処理について受入れ自治体との調整について国が前面に立って責任を持つこと」を発言している。

ず、これらの規定による許可を受けないで、当該委託に係る廃棄物の収集、運搬又は処分を業として行うことができる」（4項）とした。同法では廃棄物処理特例地域としてゾーニングした中における「廃棄物」の処理の特例について定めており、一般廃棄物も産業廃棄物も含んでいる。また、環境大臣は、廃棄物処理特例地域内の市町村の長から要請があり、かつ、その実施体制等を勘案して、指定を受けた災害により生じた廃棄物（指定災害廃棄物）を円滑かつ迅速に処理するため必要があると認めるときは、当該市町村に代わって自ら当該市町村の指定災害廃棄物の収集、運搬及び処分を行うことができる（9項）とした。しかし、廃棄物処理法の特例すなわち特別法であるので、災害廃棄物は一般廃棄物であり、市町村が処理責任を有することを前提にしていると解さざるを得まい。

　五つめである「首都直下地震対策特別措置法（平成25年11月29日法律第88号）」は、緊急対策区域である都県の知事が作成する地方緊急対策実施計画に盛り込む事項として「災害廃棄物の一時的な保管場所の確保に関する事項」（21条2項3号ヌ）並びに国及び自治体の広域的な連携協力体制の構築の努力義務（38条1項）及びそのための国の財政措置等の努力義務（同条2項）を定めている。同法は災害廃棄物の処理責任の所在については、国なのか自治体しかも都道府県なのか市町村なのかは定めていない。しかし、現行の法体系との関係から処理責任の所在は市町村であることを前提にしていると言わざるを得まい。

2　東日本大震災津波における岩手県の取組みとそこから見える現行法の限界等

　東日本大震災津波により岩手県において発生した災害廃棄物の量は618万トンにのぼり[12]、同県全体で排出される一般廃棄物（発災した2010年度で約45万トン[13]）の約14年分にあたる。同県沿岸はリアス式海岸により平坦地が少なく、そこに、膨大な量の災害廃棄物が「密集」して発生した。市町村によ

12　岩手県・前註5誌4頁を参照。
13　岩手県「平成22年度一般廃棄物処理事業の概要」岩手県HP1頁参照。データには災害廃棄物は含まれていない。

っては、そこで排出される一般廃棄物の数十年はおろか数百年分に相当する場合もあった[14]。今回発生した災害廃棄物は、「広範囲にわたり」、「瞬時に」かつ「膨大な量が」発生し、「津波によるものが大きく」、「完全な混合状態で」「水分も塩分を多く含んでいる場合が多く」、福島第一原発の爆発に伴ない大量に発生した「放射性物質による影響が懸念」された[15]。

　岩手県においても、国（環境省が中心。以下、同様。）及び県内被災市町村と「災害廃棄物は一般廃棄物であり市町村が処理責任を有する」という共通認識のもと[16]で処理に着手した。しかし、陸前高田市及び大槌町は市や町の行政庁本体が被災し、多くの職員を失い[17]、電線や通信回線の不通どころか書類等や多くのパソコン本体を文字どおり流失し、サーバーも損壊するなど、しばらくの間は行政能力も著しく低下した。程度の差はあれ、岩手県の沿岸12市町村は発災からしばらくの間は災害廃棄物処理に全く手が回らない状況であった。実際に、国も交え、岩手県知事及び関係市町村の首長が一堂に会し議論することになる岩手県災害廃棄物処理対策協議会の第1回目を開催できたのも発災から2週間以上経過した2011年3月29日であり、その場でも、被災の甚大さから、市町村自らの処理では全く足りないことで認識を一にした。なお、同協議会では、県や市町村側から、「リサイクルなど悠長なことを言っていられない。迅速な処理が必要。」、「国において広域的な処理体制の構築が必要。」との発言がなされている[18]。それらを受け、後述するように沿岸12市町村は地方自治法に基づき岩手県に事務委託を行ない、結果的に同県が処理責任を有するのと同様の状況となった。国も、早い段階から広域処理の実現に向け主体的に取り組んでいたが、同年8月18日に災害廃棄物特措法を制定し、国が講ずべき措置として災害廃棄物の広域処理の協力要

14　被災が甚大だった大槌町や陸前高田市について、岩手県「平成22年度市町村別データ」岩手県HPによると、2010年の一般廃棄物の排出量は大槌町で約5千トン、陸前高田市で約6千トンである。一方、岩手県・前註7誌163頁によると、災害廃棄物の発生量は大槌町で約66万トンであるので平時に同町で発生する一般廃棄物の132年分に、陸前高田市における災害廃棄物の発生量は約202万トンであるので平時の一般廃棄物の337年分に相当する。

15　岩手県・前註5誌11頁参照。

16　岩手県・前註5誌参照。

17　陸前高田市では職員68人と全体の23％、大槌町では当時の町長を含む職員33人と全体の24％を失った。地方公務員月報平成25年5月号36頁参照。

18　岩手県・前註5誌27頁参照。

請を行なうことを明確化した。前述のように事実上は福島県限定の運用であるが、同法に市町村の処理を国が代行するという特例が盛り込まれたことは注目に値する。しかし、岩手県においては、あくまで処理主体は市町村であり、そこから事務委託を受けた県が当事者であって、国が当事者となることはなかった。その結果、原子力や放射能についての知識に乏しい被災自治体である岩手県や県内市町村が県内処理や広域処理の実現に向けた説明や交渉を行なわざるを得ず、停滞した[19]。

　また、災害廃棄物の内容は、図のとおりである。すなわち、最も多いのがコンクリートがら225万t（全体の36.4%）、次いで津波堆積土184万t（29.8%）、不燃系廃棄物114万t（18.4%）とこれらを合計した不燃物が523万t（84.6%）を占める。次いで、可燃物60万t（9.7%）、金属くず18万t（2.9%）、柱材・角材8万t（1.3%）、雑多なものすべてを含むその他9万t（1.5%）である。2010年に排出された岩手県全体の一般廃棄物45万tのうち、事業系廃棄物は14万tと3割に過ぎないのに対し、生活系廃棄物は31万tで7割と大半を占めている。この傾向は、少なくとも10年前から変わっていない[20]。しかも、今般の災害廃棄物の大半を占める不燃物は、コンクリートがらはコンクリート建物の建材や家屋の基礎等であり、不燃系廃棄物や津波堆積土の大半は土砂であり、平時には建設や解体現場等から産業廃棄物として排出されるものが中心である。次に多い可燃物も壁材等が含まれ、金属くず[21]は屋根のトタンによるものと思われる。柱材・角材は被災した木造家屋等からのものと思われ、内容としては平時に建設現場等から排出される産業廃棄物と同様であろう[22]。「その他」の大半は漁具・漁網であるが、平時には産業廃棄物そのものである。このように、災害廃棄物は一般廃棄物と整理されているが、少なくとも東日本大震災津波により岩手県で発生したものについては、性状としては産業廃棄物「的」であるものも多かった。したがって、産業廃棄物処理施設で処理することが現実的な場合も相当程度あったのに、「災害

19　岩手県・前註5誌108、137〜139頁参照。
20　岩手県・前註13資料参照。
21　金属くずにも整理し得た廃自動車も多かったが、自動車リサイクル法のルートで処理したため産業廃棄物であり、災害廃棄物でカウントしていない。
22　大迫・前註3論文41頁も同旨。

222　第8章　災害廃棄物の処理責任の所在について

津波堆積土 184万t (29.8%)	コンクリートがら 225万t (36.4%)	不燃系廃棄物 114万t (18.4%)	可燃物 60万t (9.7%)		
不燃物 523万t (84.6%)				柱材・角材 8万t (1.3%)	金属くず 18万t (2.9%)	その他 9万t (1.5%)

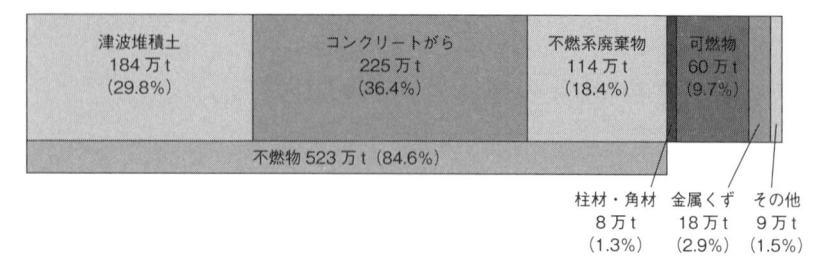

図　災害廃棄物の発生量及び処理量（出典：岩手県・前註7書4頁の図）

廃棄物＝一般廃棄物」という実務上の整理に従い一般廃棄物処理施設での処理を中心とせざるを得なく、選択肢は狭く限定され、広域はおろか県内の処理でさえなかなか進まなかった。すなわち、災害廃棄物を──しかもとりわけ迅速に──処理するのであれば、廃棄物の区分論はともかく、性状や状況等に応じ一般廃棄物処理施設と産業廃棄物処理施設いずれでも処理できる「なんでもあり」の状態にすることが必要なのである。

　もっとも、国も機敏に対応し、2011年3月31日には環境省令を改正し、東日本大震災津波により発生した災害廃棄物のうち、産業廃棄物処理施設において産業廃棄物と同様の性状を有する一般廃棄物を処理する場合に必要な、都道府県知事への届出の期間を短縮する特例措置を講じ、同5月9日にも環境省令を制定し、コンクリートくず等を安定型産業廃棄物最終処分場で処理する場合については特例届出の対象とする措置を講じ、早期に「なんでもあり」に近い状態を創出した。また、前述したように2013年に改正された災害対策基本法により、環境大臣が廃棄物処理特例地域を指定した場合には同様の特例措置[23]を講ずることとしている。しかし、前者は東日本大震災津波に限定した特別措置であるし、後者も環境大臣が「特例措置を講じれば」の話である。発災後、自動的に、ないしは即座に「スイッチが切り替わる」わけではないのである。

　加えて、膨大な量であり処理が困難であることが早晩に見込まれたこと、市町村によっては行政庁自身が被災し行政能力が大きく低下したところもあ

23　関係者の談話によると、環境省としては東日本大震災津波レベルでの特例措置をイメージしている模様である。

ったし、公共・民間を問わず処理施設自体が大きく被災したところもあること等から、地方自治法252条の14第1項に基づき沿岸の被災した12市町村[24]は「災害廃棄物処理」に関する事務を岩手県に委託し、同県が事務を実施した。

3 災害廃棄物の処理責任の所在
——土地所有者等と行政（国・県・市町村）

1 検討の前提——議論の土俵は廃棄物処理法なのか別の法なのか

　本稿の問題意識は、今後に備え、未曽有の巨大災害であった東日本大震災津波における岩手県の災害廃棄物処理の取組みの中で実際に支障となったものを解消しておきたいということに端を発している。したがって、通常の災害対応は置いておいて、巨大災害についてのみに限定し、特別措置法等を想定した「別の土俵」で検討することも可能である。しかし、特別措置法は、発災後に自動的ないしは即座に成立するものではない。自動的に既存の法制度から「スイッチが切り替わる」わけではないのである。文字どおり、「特別」に検討・議論し「措置」するには一定の時間や手続の履践が必要となり、本格的な処理の着手までに相当な時間や労力をロスすることになりかねない。

　また、日本は「災害列島」と呼ばれるように[25]、例年、中小規模—何をもって規模の大小を決するかも議論はあろうが—の災害が全国各地で発生しており、大規模なものも数年単位で発生している。

　したがって、本稿では全て規模及び全ての段階での災害廃棄物を対象とするため、「平時」の廃棄物の処理ないし「管理」の制度を災害下においても切れ目なく活用できるように、廃棄物処理法の「土俵」で議論する[26]。

24　北から、①洋野町②久慈市③野田村④普代村⑤岩泉町⑥田野畑村⑦宮古市⑧山田町⑨大槌町⑩釜石市⑪大船渡市⑫陸前高田市である。岩手県・前註5誌29〜32頁参照。
25　例えば、国土交通省もHPにおいて、前年度の災害を振り返る『災害列島』を掲載している。
26　もちろん、かかる前提を踏まえた上であれば、必要に応じ特別措置法等を検討することを否定するものではない。

2 現行法における処理責任の所在の不合理さ
(1) 具体的な処理責任の所在の根拠
① 土地建物占有者の処理責任等

　前述したように、土地建物内に災害廃棄物が発生した際には、当該土地建物占有者には清潔保持義務に伴ない一定の処理責任が生じる。しかし、その処理責任の具体的な内容は規定上明らかではない。また、土地建物占有者の能力等を上回る災害廃棄物の処理が求められる際には、当該処理責任が行政に移行することは漠然ないし抽象的にはイメージできるものの、その要件や時点等の具体的な基準も明らかではない。これらの論点もきわめて重要であるが、更なる検討は別稿を期すこととし、本稿では行政に処理責任が移行した後の議論を優先させる。

② 市町村の処理責任と法原理との整合性

　現行法上は――いかなる事態であろうとも――一般廃棄物である災害廃棄物の処理責任は一律に市町村が有すると整理されている。このことは、実定法の規定上の解釈としては理解できる。しかし、法原理とりわけ環境法上の原理と整合するものであろうか。

　処理責任の所在について拠るべき環境法上の原理は、「汚染者負担（支払）原則（PPP = Polluter Pays Principle）」[27]ないしは「原因者負担原則」[28]である。廃棄物処理法も、産業廃棄物については「事業者は、…自ら処理しなければならない」としており（11条1項）、汚染者支払原則と整合する。むしろ同原則そのものである。一方、一般廃棄物についての処理責任が市町村に所在することの淵源は、廃棄物処理法の前身である清掃法が「汚物の処分」を市町村事務に、そしてその前身の汚物掃除法が「汚物の掃除」を市の事務にしていたという歴史的経緯にあり、伝染病予防という公共政策的観点から重視されたことも大きな理由であると指摘されており[29]、必ずしも汚染者支払原

27　汚染者負担原則については、大塚直「環境対策の費用負担」髙橋信隆ほか（編）『環境保全の法と理論』（北海道大学出版会・2014年）41頁以下が詳しい。なお、同論文42頁において、わが国の汚染者負担原則は「事後的費用にも適用され」ること、「効率性の原則というよりむしろ公害対策の正義と公平の原則として捉えられた」独特のものであることが指摘されている。北村喜宣『環境法［第3版］』（弘文堂・2015年）57～62頁も同様。
28　北村・前註27書57頁は、PPP原則は「汚染者支払原則」であり、原因者負担原則もほぼ同義であるが、厳密には区別するべきであると指摘する。

則から導出されたものではないと解される。ただし、事業活動から生じるが産業廃棄物には分類されない事業系のごみ（いわゆる「事業系一般廃棄物」）[30]と住民の日常生活から生じる生活系一般廃棄物については、同原則による説明が可能である。事業系一般廃棄物の取扱いは市町村により区々であるが、料金を支払うことなく市町村が回収し処理する場合がある。一方、事業者が処理施設に自ら搬入し料金を支払って処理を委ねる場合でも、市町村への処理責任への移行の「時点」が異なるだけで、最終的には市町村が当該責任を有することに変わりはないと説明できよう。原因者は当該市町村の構成員である事業者である。生活系廃棄物についても、排出したのは住民であり、その住民が負担している税金[31]—市町村税もあれば補助金等の原資となる県税や国税も含む—を大きな原資として、当該住民が構成員である市町村が、いわば個々の住民になりかわって処理しているのであるから、汚染者支払原則と整合しているものと解される[32]。

　しかし、災害廃棄物は発生原因が災害—自然災害が中心—であり[33]、排出者ないし原因者が存在しないので、汚染者支払原則での整理は不可能である。災害廃棄物は、現行の実務のとおりに一般廃棄物であるとしても、事業

29　北村・前註27書452頁参照。勢一智子「一般廃棄物・資源循環法制の現状と課題」高橋ほか・前註27書292頁以下・294頁も同旨であり、295頁で市町村による処理は、「行政サービス」ないしは「生活必需サービス」による「公衆衛生の維持を主な目的とする」と指摘する。

30　北村・前註27書452頁は、事業系一般廃棄物は「事業活動起因の廃棄物である以上、汚染者支払原則（PPP）が適用される」とする。なお、大塚直『環境法〈第3版〉』（有斐閣・2010年）458頁は、事業系一般廃棄物を「市町村が処理責任を有する一般廃棄物に含めていることが批判されている」とする。

31　藤波博「ここがポイント！自治体のごみ処理実務第7回　一般廃棄物はなぜ市町村が処理するのか」月刊廃棄物2014年10月号26頁も同旨。

32　この点について言及する文献はほとんど見当たらない。そのなかで、浅野直人＝柳憲一郎（編）『演習ノート環境法』（法学書院・2010年）124頁〔原島良成執筆〕は、一般廃棄物についても法は積極的にPPPを否定しているのではなく、「限定的にではあるが…、やはり基本はPPPである」とする。

33　災害には自然災害といわゆる「人災」があると解される。災害対策基本法2条1項が定義する災害には、地震や津波などの「異常な自然現象」に加え「大規模な火事若しくは爆発その他」を加えているが、自然災害中心で、人災は例外的なものに限られているように思われる。東日本大震災津波により際に発生した東京電力福島第一原発の爆発やそれにより大量に発生した放射性物質の飛散は「人災」による部分も多いと思われるが、「大規模な爆発」によるものではあるし、これと整合するよう立法したと解される災害廃棄物特措法において、災害廃棄物を「東日本大震災…により生じた廃棄物」と定義しているが（2条）、これも立法措置がなされたがゆえの例外と言えるのではなかろうか。

系一般廃棄物及び生活系一般廃棄物とはきわめて「異質」な存在である。イメージとしては、表2のとおりである。

このように、汚染者支払原則で説明できる事業系一般廃棄物及び生活系一般廃棄物と、同原則で説明できない災害廃棄物が一般廃棄物という「一つの入れ物」に押し込められているのである[34]。同じ法原理ではないものを一緒に論じられるわけがない。一般廃棄物に含まれる範囲があまりに広過ぎるのではなかろうか。「廃棄物から産業廃棄物を除いたもの全て」いわば廃棄物概念の「余りもの全て」を一般廃棄物に追いやっているのである[35]。このように、一般廃棄物のなかに雑多な内容がまさに「ごちゃ混ぜ」になっており、整理が必要なのではなかろうか。

(2) 一般廃棄物であるがゆえに市町村の処理責任という不合理

東日本大震災津波の際、岩手県の沿岸市町村では自治体職員が被災し、処理施設も被害を受けたところが多かった。とりわけ、発災直後は、人命救助や遺体の収容、避難所の開設、支援物資の配給等の「それぞれが最優先する」膨大な業務が爆発的に発生し、とても現地の市町村のみで全てに対応しきれるわけはなかったが、しばらくはそういう状態が続いた[36]。市町村の能

表2　現行法上の処理責任に着目した災害廃棄物の位置づけ

廃棄物の区分	一般廃棄物			産業廃棄物
	災害廃棄物	生活系廃棄物	事業系一般廃棄物	
原因者	なし	市町村民等	排出事業者	
処理責任の所在	市町村	市町村（原因者が構成員（または処理料金を税金として負担））		排出事業者
	清潔保持義務	市町村民（国民）（法§2の3）、土地建物占有者（法§5）		

34　大塚・前註30書458頁は、「市町村が処理責任を負う『家庭系（生活系）廃棄物』、事業者が処理責任を負う『事業系廃棄物』、製造者が引取り・処理責任を負う『製品廃棄物』の3分類への転換が検討されるべき」としている。これは廃棄物全体の区分と思われる。これに「災害廃棄物」を加えれば、廃棄物全体を4つのジャンルに区分するということになろう。

35　この区分方法について、私はいつも、小学校時代からインプットされ続けた「国家作用のうち立法と司法を除いたものが行政」という、一見わかりやすく実はきわめてあいまいで定義とも言えない「三権における行政の定義」を連想する。同様の思考であり、「一般廃棄物がよくわからない。」との感慨も同時に湧いてくるのである。

36　岩手県・前註5誌13～14頁参照。なお、私は、被災市町村等の「応急」業務の一つの区切りと

力すなわち「身の丈」をはるかに超えていたのである。それなのに、現行法上は災害廃棄物の処理を一律に市町村に課しているため、被災市町村はその責任に苛まれた。これはあまりにも不合理でないか。

そこまでのレベルではない例年ないしは数年に数回生じる自然災害により生じる廃棄物は災害廃棄物であっても、当該市町村自身は発生「原因者」ではない。それどころか、被災現場を所管しており、被災住民とも距離が近く、当該市町村は「被災者そのもの」ともいえる存在であり、一般的な意味での「責任」──災害廃棄物の処理だけでなく全ての業務の対応について──を問われるいわれはないはずである[37]。その市町村に「問答無用」で災害廃棄物の処理まで強いるのは理不尽ではなかろうか。

3 処理責任の所在等の見直しの提案──「災害廃棄物」という区分の追加と最終的な処理責任の所在

以上の現行法の問題点を克服するために、廃棄物処理法上に廃棄物の区分として一般廃棄物と産業廃棄物に加えて「災害廃棄物」という区分を設け、その処理責任は「国」とすることを提案する（表3）。その理由は以下のとおりである。

(1) 「災害廃棄物」という区分の追加

① 「処理責任の所在」の視点から

これまで見てきたように、現行法の生活系一般廃棄物の処理責任を市町村に負わせ、事業系一般廃棄物についても事業者責任とミックスしながらであれば市町村に処理責任を負わせることは、環境法の原理である汚染者支払原

なり、次のステージである「復旧」ないし「復興」に移行する時点は、住民の生活のファンダメンタルな要素である「衣・食・住」、そのうちでも結果的に最後になる「住」の目途が立った時点だと感じている。東日本大震災津波の際の岩手県のその時点は、被災住民の避難所から仮設住宅への「転居」が本格化した2011年9月頃であり、発災後半年経った時点ではないかと考えている。千葉実「震災時における政策法務の有効性と取組み①総論」政策法務研究会（編）『自治体法務サポート　政策法務の理論と実践』（第一法規・加除式）1801頁以下・1803〜1804頁参照。

37　もちろん、自治体には所管する地域の「（都道府）県土」ないしは「市町村土」の保全義務はあるし、当該自治体の営造物が損壊して災害廃棄物となった場合には土地建物占有者の清潔保持義務を問われよう。しかし、未曾有の正に天変地異で、しかも当該自治体自身が大きくダメージを受けている場合、とりわけ壊滅状態に陥った際まで、かかる一般的かつ抽象的な義務やそれに付随する責任まで問われるかは、私は大いに疑問を感じる。

表3　処理責任を適切に配分した場合の災害廃棄物の位置づけ

廃棄物の区分	災害廃棄物	一般廃棄物		産業廃棄物
		生活系廃棄物	事業系一般廃棄物	
原因者	なし	市町村民等		排出事業者
処理責任の所在	国	市町村（原因者が構成員（または処理料金を税金として負担））		排出事業者
清潔保持義務		市町村民（国民）（法§2の3）、土地建物占有者（法§5）		

則に適合するものであり、適切と解せられる。

一方で、災害廃棄物については、発生「原因者」は存在しないので、その処理責任はかかる原理で説明しきれない。しかも、東日本大震災津波レベルの「巨大災害」はもちろん、「中小規模」あるいは特別な措置を講ずるまでもないが「大規模」な災害により発生する災害廃棄物についても同様であり、法体系と整合したうえで妥当な形でそれらにも切れ目なく対応する必要がある。

このように災害廃棄物は汚染者支払原則に馴染まないし、災害の規模以前に事柄の性格としてまずは整理すべきであることから、私は一般法である廃棄物処理法において、一般廃棄物と産業廃棄物の区分[38]に加えて、「災害廃棄物」との区分を追加すべきであると考える[39]。

　② 処理の「実効性」及び「効率性」そして「現実性」の視点から

「災害廃棄物」として区分すべきという提案は、以下により処理の実効性及び効率性そして現実性にも適うものであると思われる。

前述したように（2 2）、東日本大震災津波で発生した災害廃棄物の多くは性状としては建設・解体現場から排出される産業廃棄物に類似していた。以前からも、災害廃棄物は「性状」が産業廃棄物に近いこと、一般廃棄物処理施設だけでなく産廃処理施設も有効に活用すべきこと、一般廃棄物ではないが産業廃棄物でもないことから新たな区分を設けるべきことが指摘されてきた[40]。これは、一般廃棄物であるか産業廃棄物であるかにより処理する施

38　この区分自体の見直しの必要性も古くて新しい論点である。
39　岩手県・前註5誌37、158頁参照。

設もそれぞれ一般廃棄物処理施設ないしは産業廃棄物処理施設に原則として限定される現行法の不合理と「適切な処理」の要請を昇華させようとする議論であるが、今般の岩手県の取組みに照らしても適切であったと解せられる。

これに加え、災害廃棄物の処理は、復旧・復興という視点から、そして廃棄物処理法１条の「生活環境の保全と公衆衛生の向上」という目的から、「とりわけ迅速な処理」が求められる[41]。とすると、性状により一般廃棄物処理施設と産業廃棄物処理施設いずれでも、あるいは並行して処理できる「なんでもあり」の状態にすることが必要である。しかも、時間的ロスなく処理をするには、災害廃棄物発生後、そのような制度に自動的ないし即座に「スイッチが切り替わる」ようでなければならない[42]。

以上から、処理の実効性、迅速性の面からも、災害廃棄物を新たに、「一般法」である廃棄物処理法の中で「区分」する必要があろう。

(2) 最終的な処理責任の所在は国

① 都道府県は不適当

廃棄物処理法上、「災害廃棄物」と区分した場合に、いずれの行政主体に処理責任を負わせるのが適当であろうか。市町村とすることが適当でないことは確認してきたので、まず都道府県について検討する。

ア （都道府）県が処理責任を負うメリット

今般の処理において、沿岸12市町村から事務委託を受けた岩手県が、事実上処理責任を負ったようなものであった。そのこと自体は現実的な対応とし

---

[40] 最近では、英保次郎「阪神・淡路大震災のがれき処理の視点から」環境技術会誌144号（2011年）37頁以下・41頁参照。

[41] うず高く積まれていた災害廃棄物が、住宅や商店街等を含めた生活再建のためのまちづくり、その前提である防潮堤の再構築等ファンダメンタルな社会基盤の再構築という「復旧・復興事業の支障」となっていたことに異論はなかろう。また、膨大な災害廃棄物の余儀ない長期間の「保管」による自然発火や飛散、何より日常的に視覚的に現実を突きつけられる被災地住民の無力感や憔悴感という「生活環境保全上の支障」に、可燃物とりわけ水産廃棄物の腐敗による悪臭や害虫発生という「公衆衛生上の支障」、可燃物の自然発火や崩落の危険等という「防災上の支障」であったことも同様であろう。したがって、「ことさら迅速な処理」が求められることは疑いない。ただし、今般の処理期間（期限）は３年と設定されたが、かかる期間が適当であったかは別の話である。この点についても別稿での検討を期したい。

[42] 岩手県・前註５誌37頁及び158頁も「廃棄物処理法の特例措置を講ずるまでもなく」としているのは同旨である。

ては適当であったし、あの状況下ではこれしかなかったと思われる。以下、市町村または国と比較して県が主体となって良かった点（メリット）を分析する。

　　（ア）　市町村と比較した際のメリット

　市町村に比べて――事務委託によるものであったにせよ――県が処理主体となったことのメリットは次の三つであった。

　一つめは、県は国との調整に慣れており非常にスムーズであったことである。財源確保においても各種特例措置においても、これまでにないほど日常的に――実際には岩手県庁に常駐した同省現地支援チームを通じてだが――環境省本省と調整を繰り返した[43]。これまでも当然に岩手県と環境省は協議等の経験があり、双方の意思決定システムや職員の専門性に加え、他分野（国は他省庁、県は他部局や市町村等）との連携度等もやはり相互に相当程度理解しており、そのことがスムーズに進んだ大きな要因と思われる。政令市等は別として、市町村は通常は国との調整等は都道府県を介して行なうので、直接の交渉等は慣れておらず、ここまでスムーズに進められたかは疑問である。

　二つめは、広域自治体である他都道府県等との調整のチャンネルを有していたことである[44]。広域処理において、岩手県は受入れ市町村や民間業者と直接調整した場合もあったが、通常は受入れ都府県と、または当該都府県を介して受入れ市町村等と調整を行なった[45]。そこでは国との場合と同様に相互理解が重要である。知事同士が全国知事会等を通じつながりがあったこと、全国担当者会議等を通じて事務レベルでも知合いが多かったということも実際には非常に大きかった。

　三つめは、県内全域を見渡して各市町村等の処理施設の状況を把握しており、当該市町村等との交渉を進め易かったことである。災害廃棄物の処理は被災市町村内、次いで当該都道府県内、それでも間に合わない場合は他都道府県の協力を得るという順に推移する。実際、岩手県においても被災市町村内では施設も損壊し処理は難しかったことから県内内陸市町村が処理の中心

43　岩手県・前註5誌27頁参照。
44　千葉実「震災における自治体等の取組み①――東日本大震災・大津波を経験して――」ガバナンス2011年11月号104頁以下・105参照。
45　岩手県・前註5誌136頁「表15・5　広域処理の流れ」を参照。

とならざるを得なかった。県内の処理施設を把握しており、日常的に全市町村とつながりがある県が行なったので、交渉もスムーズであった。

　四つめは、化学職と土木職等の専門職員を有していることである。岩手県の場合、試験及び職種区分で総合化学職と総合土木職等があるが、市町村では—実際には専攻等が考慮されることはあるにせよ—試験及び職種は「事務」と「技術」にしか区分されていない場合が大半である。これほど「広範囲にわたり」、「瞬時に」かつ「膨大な量が」発生した災害廃棄物である以上、知見や技術だけでなく資材や作業員等の調達力—腕力—もある大手の土木・建設業者（ゼネコン）の力が必要であり、委託した場合にはかかる業者を使いこなす必要がある。また、巨額を投じ、仮設ではあるにせよ大掛かりな処理施設（破砕・選別、焼却）を設置して行なう事業である以上、膨大な設計・積算が必要であり、業者決定においても厳格な競争入札なり企画提案方式なりの手続の履践が不可欠であるし、しっかりとした施工監理も必要であった。これらを十全に行うには、委託者である自治体側の担当職員としては、これらの業務に関する一定の経験と習熟を兼ね備えた土木職が不可欠であった[46]。また、実際の処理にあたっても、施設の設置には知事等の許可が必要であり迅速な設置には担当職員が関係法令や手続に習熟していること、処理・処分には廃棄物処理を行なった経験を有すること、とりわけ今回発生した災害廃棄物は、「津波によるものが大きく」、「完全な混合状態で」「水分も塩分を多く含んでいる場合が多く」不法投棄された廃棄物に類似し、その原状回復等に当たって経験が有用であったことから、やはりこれらの業務に関する一定の経験と習熟を兼ね備えた化学職の職員が不可欠であった。

　五つめは、相対的には組織にスケールメリットがあり、災害廃棄物処理に専念できる体制を組めたことである。被災市町村は住民の人命救助や遺体の収容、避難所の開設、支援物資の配給等の膨大な業務が爆発的に発生しているところ、県はかかる市町村のサポートが中心であるし、もとより部局間の役割分担ができていたので、災害廃棄物処理を含む各業務に専念する体制を採れたことも大きかった。

46　岩手県・前註5誌34頁参照。

六つめは、広域的自治体である県は、被災地域ないしは被災住民と「一定の距離」があったことである。相対的ではあるが、市町村は空間的にも狭く、職員も住民も相互に密接な関係にある。したがって、住民間の利害調整は平時でも大変であるのに、かかる災害からの復旧・復興におけるそれが極めて困難であることは容易に理解できよう。また、処理の「迅速性」を最優先するものの、その「適切性」にも相当な配慮が求められる。県の場合は、かかる地域や住民とは一定の距離があるので[47]、全県のバランスを見ながら処理を行なうことができた。

　（イ）　国と比較した際のメリット

続いて、国と比較すると、県が行なった場合のメリットは次の三つであった。

一つめは、被災現場に目が行き届くとともに、地域特性を熟知していたことである。当然ではあるが、県は国よりはるかに現場に近く頻繁に現地を確認することができる。また、当該地域特性や事情は「皮膚感覚」で実感しているので、それに応じた効果的及び効率的な処理も可能であった。

二つめは、産業廃棄物行政の実務を所管しており、一般廃棄物の処理も直接担当はしないが市町村への助言や処理施設の設置許可等を通じ実務レベルで接していることである。都道府県は産業廃棄物については処理業者や処理施設設置者の指導監督を通じ処理実務に精通しているが、とりわけ岩手県の場合は出資している一般財団法人クリーンいわて事業団への出向等を通じ自ら廃棄物を処理する経験を有する職員がいること、（ア）で述べたように、都道府県は不法投棄事案の原状回復を経験する機会は少なくないが、とりわけ岩手県は青森県境産業廃棄物不法投棄事件[48]とそこからの原状回復を経験

47　平時の際の都道府県と市町村に関するが、私は主体間相互の「適切な距離」も重要であるとの議論を示したことがあるが（千葉実「都道府県から市町村への権限移譲―事務処理特例制度―の現状とこれから」北村喜宣ほか（編）『自治体政策法務―地域特性に適合した法環境の創造』（有斐閣・2011年）（初出：ジュリスト1407号（2010年））555頁以下・568頁参照。）、自治体と住民の距離も重要であると考えている。原島良成「市民協働の政策法務」北村ほか・前掲書（初出：ジュリスト1404号（2010年））513頁以下・515～517頁、板垣勝彦「災害公営住宅と被災者の生活復興（二）―過去の大規模災害から学ぶ法政策」自治研究90巻5号（2014年）56頁以下・63頁も参照。今回の経験を踏まえると、有事の際もかかる「適切な距離」は同様あるいは、より重要であるように思われる。

48　本県の当初の一連の取組みについては、津軽石昭彦＝千葉実『自治体法務サポート　政策法務ナレッジ　青森・岩手県境産業廃棄物不法投棄事件』（第一法規・2003年）参照。

していることが大きかった。

　三つめは、アで述べたように、災害廃棄物の処理の中心は県内内陸市町村とならざるを得なかったが、接点を日常的に有しているのは県であって国ではない。

　四つめは、他分野との横断的な連携が行ない易く、意思決定も迅速であったことである。国の省庁間に比べ（都道府）県の部局間は「垣根が低く」、知事のもとに相互調整を行なうことは相対的にはそれほど難しくない。意思決定も市町村ほどではないが、国より組織がコンパクトであるゆえ、はるかに迅速であると言えよう。

　　イ　（都道府）県が処理責任を負うデメリット

　東日本大震災津波における災害廃棄物の処理では、国も被災地である岩手県に寄り添い、ほぼ全てと言っていい事項について自ら主体的に調整に取り組むとともに献身的なサポートも行なった。しかし、いくら国の強力なサポート等があっても、県だけでは、如何ともし難いものがあったことも事実である。ただし、これまで見てきたように、処理責任を市町村に担わせる選択肢はないことから、国が処理責任を負う場合とだけデメリットの比較を行なう。

　一つめは、廃棄物処理施設確保の範囲を県外に拡げ難いことである。設置に要する時間やコストを勘案すれば既存施設のフル活用が原則であり、それには広い範囲の施設の把握が必要だが、県では限界がある。また、候補施設が見つかっても、処理における放射性物質による影響の懸念の払拭が困難であった。東日本大震災津波特有ではあろうが福島第一原発の爆発に伴なう放射性物質の飛散による影響が災害廃棄物についても懸念されたが、これまで原子力政策や放射能対策は国が独占しており、自治体に知見は無いに等しく、受入れを検討している地域の住民への説明が県に求められても、説得的なそれは正に無理難題であった[49]。加えて、県は搬出したい「当事者」であった。これでは、その客観性や信憑性も疑われるのも致し方なかろう。

　二つめは、災害廃棄物処理におけるリサイクル優先とコスト節減の徹底も

49　岩手県・前註5誌137頁参照。

難しいことである。処理する地域の生活環境の保全等も重要だが、被災地側としては、何より迅速さを優先させ、処理の「適切性」とりわけリサイクル優先やコストの節減も当然に重視するものの、結果的に軽んじていると批判されがちである[50]。これも県は「当事者」となる場合が多いからである。前述した被災した地区や住民との「距離」の問題でもあろう。

　三つめは、財源の確保である。巨額を要する場合、市町村はもちろん県単独ではほぼ不可能である。今回の場合もそうであったように、市町村ひいては県が行なう場合でも国は必死に財源保障に努めると思われる。しかし、自らが当事者になる場合と否とでは当然に対応に違いはあろう。しかも、補助では――しかも事務委託を介在させると――制約が多過ぎ、柔軟性に欠けることが多い[51]。

　四つめは、ファンダメンタルな社会制度との調整は国でないと難しいことである。被災して使用できないことは一目瞭然とは言え損壊家屋の解体・撤去や廃自動車の処理等には資本主義国家の根幹である「私有財産」制度との調整等が必要となる。しかも、住民が近く、自動車に至ってはナンバー等から所有者の割出しが容易であること等から現場とりわけ市町村では自らの責任による処理に躊躇したが[52]、無理もないことである。かかる調整等は制度を所管する国しかできないであろう。

　以上を見て共通するのは、(都道府)県では「県外での対応に限界がある」こと、「被災地ないしは被災住民との距離が近い」こと、「国の役割に大きく入り込む部分が多い」ことが、対応を困難にしたり、不可能にしていると思われることである。

ウ　小括

　以上のように、(都道府)県が処理責任を負うことはメリットとデメリットの双方がある。市町村が負う場合に比べるとメリットの方が多く見込まれ

---

[50] 北村①論文51〜52頁及び②論文133〜134頁参照。
[51] 被災した県施設の解体で、災害廃棄物の処理も県が受託しているのに、県自ら解体してはならず、そうしないと補助対象とはならないとの取扱いであったため、被災市町村の手を煩わせることとなったが、全く理解に苦しむ。施工監理業務の委託も多額を要したが事務費の上限があり苦心した。岩手県・前註5誌41〜42頁参照。
[52] 岩手県・前註5誌66、129〜130頁参照。

るが、国が負う場合と比較するとデメリットの方が多く、そして大きく、結論として、私は、(都道府)県に処理責任を負わせるべきではないと考える。

② 国が処理責任を負うことが適当

処理責任の主体は、消去法で残るは国しかない。しかし、国で本当に良いのだろうか。まずは、上記と同様に国が処理責任を負うメリットを検討する。また、国が負う場合もデメリットが予想されるので、これらをどれほど克服できるかについても検討する。

　ア　国が処理責任を負うメリット

国が処理責任を負うメリットは都道府県が負う場合のデメリットの裏腹の関係にあるので、①イに対応させて検討する。

一つめの「廃棄物処理施設確保の範囲」については、国が行えば格段に広がるであろう。また、「処理における放射性物質による影響の懸念の払拭」については、これまで独占的に原子力政策や放射能対策を所管していたのは国であることから、そもそも国しか担えないことは明らかである。そうなれば、国が「広域処理の当事者」になるが、大所・高所からの一定の客観性を備えた判断が期待できるので、都道府県が行なうより、はるかに信憑性は高まるであろう。国は、東日本大震災津波では出足は遅かったと言わざるを得ないが、積極的に説明責任を負った。しかし、時宜を失していたこと、当時の政府の福島第一原発爆発への対応や情報公開の不透明さ等により国民の信用が失墜していたと言わざるを得ない状況下であったことから、思ったようには説明は奏功しなかった。この点は大いなる課題であろう。

二つめの「災害廃棄物処理におけるリサイクル優先とコストの節減の徹底」についてであるが、災害廃棄物を処理する地域（場合によっては県外）の生活環境の保全も必要であるし、被災地域及び住民から「一定の距離」があるため、多様な利益の冷静な調整等が期待できる国が最も適当と考えられる。行政は多様な利益の調整を経た上での公益の実現が求められる。それには利害関係者とは「一定の距離」を保ち、公平・中立な第三者の目が不可欠であろう。その点、前述したように国が処理責任を負えば広域処理の「当事者」にはなるものの、被災地域等から最も離れているので、処理の「迅速性」を優先させても「適切性」と両立するようにするであろうし、これに加

えて一層のリサイクルの優先と「コストの節減」にも最大限努めることが期待されよう。

三つめの「財源の確保」についてであるが、前述のように、自らの責任となれば今以上に国は必死に財源保障に努めると思われる。

四つめの「ファンダメンタルな社会制度との調整」についてであるが、これも前述したように、かかる調整等は制度を所管する国しかできないであろう。

以上より、これらに共通する「被災地ないしは被災住民との距離」からは最も適当であり、「自治体との役割分担」については、正に国の役割であると思われる。

加えて、災害廃棄物は特有の発生過程から処理困難なものとなる場合が少なくないが、かかる処理困難なものを受け入れられる処理施設は国内でも限定的である。すると、当然に全国の調整が必要なのである。

　　イ　国が処理責任を負うデメリット

国が処理責任を負うデメリットは都道府県が負う場合の国に対するメリットの裏腹の関係にあるので、①ア(イ)に対応して検討する。

一つめの「被災現場との近接性と地域特性の熟知度」で国が自治体に劣るのは如何ともし難い。ただし、国自らが頻繁に現場に足を運んだり常駐したり、自治体と連携することで相当カバーできると思われる。実際、今回の処理において岩手県でも環境省の現地支援チームは積極的かつ頻繁に被災地—とりわけ独自に処理した部分も大きい釜石市や大船渡市、陸前高田市など—に出向き、むしろ岩手県側に情報を提供してくれ、非常に助かったものである。

二つめの「産業廃棄物行政の経験と一般廃棄物処理の近接性」であるが、産業廃棄物行政や実際の処理の経験で国が都道府県に劣るのはやむを得ない。しかし、一般廃棄物処理への近接性は都道府県とは相対的ないしは程度の違いでしかない。むしろ、災害廃棄物処理の実務上、ある意味もっとも参考となる不法投棄事件の原状回復の全国の事案に国は多く立ち会っており、広い知見と間接的ではあるが経験を有しているものと思われ、大いに期待できよう。

三つめは「県内処理施設の状況の把握と交渉の難易度」である。現場の近接度についての都道府県との違いは絶対的なものであるが、それ以外は相対的なものでしかなかろう。当道府県を介してではあるが、国も全国すべての処理施設の状況を把握しており、むしろ他県の状況も相当把握していることから交渉を有利に進めることも期待できよう。

　四つめの「他分野との横断的な連携の難易度と意思決定の迅速性」であるが、これは深刻であるように思われる。ただし、少なくとも東日本大震災津波の場合に至っては、とりわけ応急時には国も窓口を一本化するとともに被災自治体からの相談に対するレスポンスも「未曽有」に迅速であった[53]。その後も、処理の過程で生じた課題に対する反応もきわめて速かった。このように、巨大災害であれば、政府間・省庁間で緊密な連携を取り、意思決定も迅速とすることが十分可能であることが実証されている。

　　ウ　小括

　以上のように、国が処理責任を負ってもメリットとデメリットの双方があるが、メリットの方が多く、そして大きく、デメリットは相当克服できることから、結論として、私は、国に処理責任を負わせるべきと考える。

4　おわりに
——「今後起こり得る災害への備え」に向けて

　災害廃棄物の処理は何より迅速性が求められ、性状として一般廃棄物に近いものもあれば産業廃棄物に近いものもある。それぞれに応じ、一般廃棄物処理施設と産業廃棄物処理施設いずれでも処理できるようにし、既存の施設を最大限活用すべきである。それは、東日本大震災津波クラスの巨大災害だけでなく、例年全国各地で発生する中小規模の自然災害により発生する災害廃棄物にも妥当する。したがって、廃棄物処理法上、一般廃棄物または産業廃棄物とは別の「災害廃棄物」という区分を設け、その性状に応じて、いずれの施設で処理するかを決することができるようすべきことを提案した。災害廃棄物の処理責任は、自治体（行政庁）も被災すること、処理の迅速性や

53　千葉・前註36論文1807頁参照。

適切性をより実現できることから、国が負うのが最適と考えた。

　本稿では巨大災害はもちろん、中小規模の災害により発生する災害廃棄物すべてを「射程」に入れ、処理責任を国に負わせることを主張したが、これには議論があろう。かかる「射程」について、より議論を深める必要があるし、本文中にも触れたが、いつから、どのような要件ないし基準で災害廃棄物と「認定」するかも大きな論点として残っている。また、処理責任を国に負わせるにしても、そもそも局地的に発生する場合が多い災害廃棄物の処理をマネジメントまでならともかく実際のオペレーションまで完全に一元的に国が担うことは現実的ではない。何より、現在、実際に処理施設を有するのは民間に加え自治体である。この処理責任を十全に全うする仕組みを検討する必要があるが、別稿を期したい。

第9章　岩手県における原発事故損害賠償の概況

菊池優太

1　はじめに

　生業を廃することを余儀なくされる。東日本大震災により、岩手県においてそのような事態に陥ることになった業者は数多い。このように聞けば、おそらく、津波によって壊滅的な被害を受けた沿岸部の光景が浮かんでくることと思う。そのことは何ら間違いではなく、むしろ想起されるべきことである。しかし、「原発事故によって」そのような事態がここ岩手県においてさえも起こっていることはあまり知られていない。

　象徴的な例として、しいたけにまつわる状況を紹介したい。

　岩手県はしいたけ王国と言われるほどしいたけの生産が盛んな県である。全国有数の生産地であり、また、全国品評会において最高賞を受賞するなどその品質においても高い評価を得ていたものである。しかし、現在、原発事故（福島第一原子力発電所事故）の影響によって、そのブランドばかりか業そのものが脅かされている状況にある。事故後、放射性物質が降り注いだのではないかとの不安は的中し、放射性物質の基準値を超えるものが続発した結果、生産者らは出荷自粛や出荷制限、汚染されたほだ木の処分等新たな問題に追われることとなった。特に事故の影響を受けやすい露地栽培の原木しいたけについては、2012年4月には県南部の市町を中心に国の出荷制限指示がなされ、2014年3月末現在13市町においてこれが継続中である。生産者の意欲は減退し、このような市町の一つである一関市において2013年1月に行った原木しいたけ生産者への調査によれば、生産者の高齢化も影響してか、同市の生産者の約7割（338戸中240戸）が「生産を再開しない」と回答するに至った。これら生産者が被った損害は、東京電力によって賠償がされるべき

ものであるが、東電からの賠償金を「退職金」として廃業する生産者が後を絶たないなどとも評されている状況にあり、岩手県のしいたけ生産はかつてない危機に瀕しているといえる。また、出荷制限がかからないものであっても、岩手県内の各種しいたけについては、風評被害の影響と思われる価格下落や取引不調などが生じ、市場価格の低迷はなおも続いていると考えられており、決して明るい状況にはない。

　このしいたけの例のように、ここ岩手県においても、原発事故による少なからぬ深刻な被害が生じている。勿論、しいたけのみならず、そして必ずしも営業上の損害に限らず各種分野で大小様々な影響が生じており、一般県民に対する影響への懸念も大きいところであるが、本稿では、岩手県における民間の損害及びその賠償の概況について述べたいと思う。

　また、岩手県は、自治体の損害として、原発事故の対応に要した費用等についての損害賠償請求を東京電力に対して行っていたが、2014年1月、地方自治体による大規模な申立てとしては先駆的なものとして、県内市町村等と共同で原子力損害賠償紛争解決センター（以下「原発ADR」という。）に対して、和解仲介の申立てを行った。ここに至るまでの損害賠償請求過程における取組みや、原発ADRでの審理において問題になった点、2015年1月に成立した和解内容など自治体の損害賠償の概況について、併せて述べたいと思う。

　最後に、筆者について。筆者は、2009年に第二東京弁護士会に登録した後、弁護士として活動していたが、2013年1月より岩手県の任期付職員として採用された者である。東日本大震災以降、被災地においては、業務上生じる新たな法的課題に対応すべく、法曹有資格者を任期付職員として採用する自治体が増加しているところであるが、筆者もその一例であるといえる。筆者の業務内容は、庁内における法的な問題を有する案件の対応や復興事業における用地取得に関するものなど様々であるが、岩手県における原子力損害の賠償問題についても関与しており、本稿ではその一端を取り上げたい[1]。なお、本稿における見解は、筆者個人のものであることを申し添える[2]。

1　本稿は、2014年6月、岩手大学において筆者が講演した内容を基に作成したものである。
2　なお、個別に引用しないが、本稿における岩手県に関するデータの多くは、岩手県総務部総務室編『岩手県放射線影響対策報告書』（2014年）によっている。

2　岩手県における民間損害とその賠償の状況

1　農林水産業関係
(1) 損害の類型・概要

　農林水産業における主な損害は、放射性物質による食品の汚染が一定値を超えたことを主な原因としてとられる出荷制限指示又は出荷自粛要請によるものと、このような措置はとられていない食品における風評被害によるものとに大別される。

　出荷制限指示は、食品衛生法上の基準値（2011年度は暫定規制値）を超えた品目について、国の原子力災害対策本部が策定した「検査計画、出荷制限等の品目・区域の設定・解除の考え方」に基づき、原子力災害対策特別措置法（以下「原災法」という。）第20条第2項の規定に基づいて採られる措置である。すなわち、国によって明確に出荷が禁じられることになる。

　また、出荷自粛要請は、国によってこの出荷制限指示が発出されるまでの間に、自治体（岩手県）によって採られる措置である。出荷制限指示は、基準値が超過したものについて採られるものであるが、それのみで直ちに出されるわけではなく生産地域の広がり等を考慮して行うものとされており、検査による発覚から指示の発出までにはタイムラグがあることになる。その間、食品検査によって基準値が超過した品目を認識した自治体において、自主的、先行的に採られる措置が出荷自粛要請である。出荷制限指示のように明確な法律上の根拠を伴う措置ではないが、食品衛生法上の基準値超過品目を流通させることは、各種行政処分の対象や罰則の適用を受けうることになるので（同法第54条、第72条等）、いずれにせよ基準値を超えた品目を流通させることはできない建前である。

　これらに対して、風評被害は、一般的な用語としては確立した定義があるわけではないが、少なくとも後述する中間指針等において想定されている賠償区分としては、これらの明示的な措置が採られていない品目や地域について生じるものと整理される損害である。すなわち、検査において基準値を超えているという事実はなく、出荷自体をなしえないものではない品目につい

て、放射性物質による汚染の懸念などから生じる出荷控え、買い控え、取引停止、価格下落などの被害を総称するものである。基準値以下という点では品質に安全性が確認されているものにおいても生じてしまう損害である。

　岩手県においては、2011年度より、上記国の「考え方」を受けて策定された「県産農林水産物の放射性物質濃度の検査計画」に基づいて穀類、野菜、果実、畜産物、特用林産物、水産物など主要な農林水産物の検査を行っているほか、食品衛生法に基づく収去検査、各市町村、産地直売所、各卸売市場等での自主的な検査が行われている。基準値超過件数／検査件数は、2012年度は260件／25,016件（1.03％。超過品目は原木しいたけ118件等）であったが、2013年度は17件／26,815件（0.06％。野生鳥獣肉10件、野生山菜6件等）、2014年度（11月まで）は7件／17,735件（0.04％。野生鳥獣肉6件、野生山菜1件）という状況である。

（2）損害賠償の仕組みの概要

　岩手県における農林水産業関係の損害賠償の状況について述べる前に、原発事故における賠償の仕組みの概要についてここで簡単に触れておきたい。

　権利・利益侵害において侵害者に損害賠償債務を負わせる不法行為制度は、その原則的なものが民法に定められているが、原子力損害に関しては、特別法として「原子力損害の賠償に関する法律」（以下「原賠法」という。）が定められている。同法は、原子力損害賠償制度の基本的な内容を定めているものであるが、民法の原則と異なる責任のあり方として、無過失（・無限）責任（3条1項本文）と責任集中（4条1項）がまず重要である。同法にいう原子炉の運転等による原子力損害の賠償については、通常の不法行為責任において必要とされる過失が不要とされており、要件・立証負担が緩和されている（なお、民法の適用が排除されるかは論点であり、東京電力の過失責任を明らかにすべく、民法709条を主張する訴訟も提起されている。特に効果（慰謝料額等）の点で過失の程度は重要な問題となりうる。）。また、原子力事業者以外の者は責任を負わない旨が規定されており（この点の批判も存在するところである。なお、いずれにせよ関係業者等の免責に主眼があり、国の国賠責任は免責されないという見解が多数かと思われる。）、本件では、請求者からみれば基本的に東京電力（のみ）が相手方として設定されることになる[3]。もっとも、

同法においては、ほかにも国の援助や措置（第16条、第17条）などの基本的仕組みが定められており、賠償原資を国が援助する仕組みが存する（これにより責任の所在が曖昧になっているとの指摘もある。)[4]。

また、賠償実務においては、原子力損害賠償紛争審査会（原賠審）の設置（18条）が重要である。同審査会は、原子力損害の賠償に関して紛争が生じた場合における和解の仲介（第2項第1号）、当該紛争の当事者による自主的な解決に資する一般的な指針の策定（同第2号）などを行うものとされているが、前者（和解の仲介）の機能を果たすものとしての原発ADRはこの審査会の中に置かれており、後者（指針の策定）の役割の結果として、原則的に賠償の対象とされるべき損害などを定めた中間指針等[5]が策定されている状況にある。

そして、この中間指針が実際の賠償範囲についての大きな影響力を持っている。中間指針においては、「本件事故と相当因果関係のある損害、すなわち社会通念上当該事故から当該損害が生じるのが合理的かつ相当であると判断される範囲のもの」が賠償対象となると考える旨を述べており（第2・1）、相当因果関係によって賠償範囲が定められるという立場（説）をとっている。この立場によれば相当因果関係の認められる損害については遍く賠償の対象になることになるが、中間指針は、その中でも相当因果関係が最低限認められる範囲を明示したものということができる。

農林水産物に関する指針上のルールを概観したい。原賠審は、2011年4月28日にいわゆる第一次指針を、同年5月31日に第二次指針を（同年6月20日に第二次指針追補を）示しており、第一次指針において出荷制限指示等について、第二次指針において風評被害について既に触れていたものであるが、同年8月5日に示された中間指針は、これらを踏まえたものであり、第一次指針等の内容については「必要な範囲でこの中間指針で取り込んでいること

---

[3] 原賠法3条1項ただし書きの「異常に巨大な天災地変」という要件は、同法上は、東電が賠償責任を負うか、同社が免責され同法第17条の政府による「被災者の救助」しか行われないかの分岐点となるが、（国賠法上の違法性との関連ではあるが）この要件について論じるものとして、東京地判平成24・7・19判時2172号57頁がある。

[4] 東京電力の2014年12月24日付のプレスリリースによれば、原子力損害賠償・廃炉等支援機構から東京電力に対して、同日までに4兆4,582億円が支払われているとされる。

[5] 中間指針及びその追補等は、文部科学省のウェブサイトで参照可能である。

から、今後の損害の範囲等については、本中間指針をもってこれに代えることとする」とされる総括的な扱いのものであるので、中間指針の記載を参照する。

中間指針においては、出荷制限指示等について、「第5　政府等による農林水産物等の出荷制限指示等に係る損害について」として一つの項を設けており、その対象となる損害について、「農林水産物（加工品を含む。以下第5において同じ。）及び食品の出荷、作付けその他の生産・製造及び流通に関する制限又は農林水産物及び食品に関する検査について、政府が本件事故に関し行う指示等（地方公共団体が本件事故に関し合理的理由に基づき行うもの及び生産者団体が政府又は地方公共団体の関与の下で本件事故に関し合理的理由に基づき行うものを含む。）に伴う損害を対象とする。」と述べている。そのうえで、備考において、ここにいう指示等について、原災法に基づく指示等が含まれること、「地方公共団体が行うもの」には、暫定規制値を超える放射性物質の検出があったことを理由とする県の出荷自粛要請が含まれることが確認されている。損害項目としては、大きな分類としては、営業損害、就労不能等に伴う損害、検査費用が賠償すべきものとして挙げられている（個別的損害項目を積み上げる考え方であることがわかる。）。したがって、指針においては、出荷制限指示等及び出荷自粛要請によって生じたこれらの損害は原則として賠償すべきものとされたことになる。

風評被害については、どうか。中間指針においては、パンデクテン方式のように「第7　いわゆる風評被害について」において一般的基準がまず設けられており、「報道等により広く知られた事実によって、商品又はサービスに関する放射性物質による汚染の危険性を懸念した消費者又は取引先により当該商品又はサービスの買い控え、取引停止等をされたために生じた被害を意味するものとする」とされ、相当因果関係については、「その一般的な基準としては、消費者又は取引先が、商品又はサービスについて、本件事故による放射性物質による汚染の危険性を懸念し、敬遠したくなる心理が、平均的・一般的な人を基準として合理性を有していると認められる場合」に肯定されるものとした。そのうえで、原則として本件事故と相当因果関係のある損害として、各論的に一定の範囲の類型（原則的賠償類型）を明示してい

る。本稿との関係では、「2　農林漁業・食品産業の風評被害」と「3　観光業の風評被害」が重要であるが、この点は、後述する。

(3) 岩手県における被害・賠償の状況等
　① 出荷制限指示・出荷自粛要請

　2014年3月31日現在、岩手県について出荷制限指示がなされている品目は、牛肉、原木しいたけ（露地栽培）、シカ等の野生鳥獣肉類、コシアブラ（野生）等の野生山菜類等19品目、出荷自粛要請がなされている品目は、乾しいたけ（2011年度及び2012年度産のもの）、コゴミ（野生）等の山菜類等11品目に及んでいる（各々の対象地域は県全域のものと特定の市町のものがある。）。

　岩手県産食品につき2011年度の検査開始から2014年12月までの状況として、米、麦、大豆、野菜、果実、豚肉、鶏肉、鶏卵、牛乳などの主要品目から基準値を超過するものは検出されていない。これらの主要産物に出荷制限指示等がされているわけではないが、冒頭に述べた原木しいたけ（露地栽培）や牛肉などは出荷制限指示等の対象となっている状況である。

　なお、牛肉は2011年8月1日に出荷制限指示が出されたが、同月25日に一部解除がなされている。牛肉における一部解除の意味は、全頭検査のうえ基準値超過がなければ出荷が可能であるということであるが、2012年度以降は、一頭も基準値を超過するものは出ていない。岩手には前沢牛などブランド牛肉が多い。出荷制限指示を受けていると聞くと穏やかではないが、事実上出荷されないということは起こっておらず、むしろこれにより積極的に安全性が確認されているともいいうる。

　② 風評被害

　2011年8月5日に示された中間指針においては、既述のように、風評被害についての一般的基準を述べたうえで、原則として賠償すべき損害と認められるものの類型を個別に明示しているところ、岩手県については牛肉に関するものが認められていたのみであった（第7・2）が、岩手県の実態としては、より広く風評被害が発生していることが明らかであった。しかし、中間指針に記載がないことを理由とする賠償拒否事例が散見されるなどしており、そのような理由は正当ではないにせよ、指針上のルールが整備されていない状況での個別交渉は困難を極めることが予想された。岩手県において

は、このような状況を踏まえ、自治体における総体的な支援が必要であるという認識のもと、2012年9月、宮城県と共同で、国及び東京電力に対して、後述するような風評被害の実態を説明したうえ、指針上の明確化を要望するなどの活動を行っている。

このような活動がきっかけの一つとなり、その後2013年1月30日に示された中間指針第三次追補において、岩手県における風評被害の賠償範囲は大きく拡大されるに至った。具体的には、新たに、農産物（茶及び畜産物を除き、食用に限る。）、林産物（食用に限る。）、牛乳・乳製品、水産物（食用及び餌料用に限る。）、家畜の飼料及び薪・木炭、家畜排せつ物を原料とする堆肥及びこれらを主な原材料とする加工品が原則的賠償類型に組み込まれている。

ただし、これには期間がついており、原則的賠償類型に含まれるのは、「中間指針策定以降に」（すなわち、2011年8月5日以降に）生じた被害についてのものであるとされている。これは、第三次追補が、中間指針策定以降の暫定規制値の設定、新基準値への移行や出荷制限指示等の状況を踏まえられたものであり、また、「中間指針策定後の農林漁業・食品産業における取引価格及び取引数量の動向、具体的な買い控え、取引停止の事例等に関する調査を行った結果」によるものとされているので、これ自体は直ちに不合理なものではないと考えられる。

しかし、岩手県においては、例えば、2011年5月の段階で、牧草から飼料の暫定規制値を超える放射性物質が検出されており、その後、牧草の利用自粛要請などを行い、6月には県に放射線影響対応本部が設置され、7月には稲わらの利用自粛を行い、同月20日には汚染稲わらが給与されていた牛肉から暫定規制値を超える放射性物質が検出されるなど、岩手県への原発事故の影響については、より早期から相当程度に不安視されていた状況であった。たしかに、品目ごとの検査結果という具体的な情報がないなかではあるが、岩手県における産物について抽象的な汚染の危険性は認識されており、放射線の健康影響への未知性ともあいまって、中間指針策定以前から広く風評被害が生じていることがむしろ実態であるように思われる。しかし、東京電力においては、第三次追補の策定後も、「中間指針策定以降に」とされていることをとらえ、中間指針策定以前の被害については請求者に相当因果関係の

立証を求めるという運用がみられた。この立証は個々の被害者にとって大きな負担となっており、事実上門前払いの結果にもなりかねないことから、岩手県においては、東京電力に対し、過度に厳格な運用を行わないよう要望や公開質問の項目とするなどの対応を行っている。また、農産物について風評被害の原則的な終期を2013年3月まで（上記第三次追補が出た直後の時期である。）と扱い、これ以降は個別の立証を求めるという運用もみられるようであり、同様の懸念が生じているところである。

　岩手県において風評被害として認識された事例をいくつか述べたい。出荷制限解除後も被害が続くものや、出荷制限指示等の対象となっていない地域や品目に被害が拡大している状況がみられる。

　牛肉は、放射性物質の検出が確認された2011年7月以降、岩手県産牛肉の枝肉単価は低下し、同年8月の出荷制限及びその一部解除後の同年10月単価では、2010年比で3割低下したとされる。また、釜石海域のクロソイは、基準値を超過する放射性物質が検出されたことにより2012年6月1日付で出荷自粛要請がされたが、その後の検査で基準値以下の状況が継続してみられたため、同年7月1日には解除されている。しかし、その後もクロソイの取引価格の低下が続いており（例えば、2006年から2010年までの各年8月の平均単価732円／kgに対し、2012年8月の平均単価は241円とされている。）、牛肉と同様に出荷制限解除後も影響を受けていると考えられる。また、釜石魚市場では、クロソイに限らず、ソイ類全般の取引価格が長期間低迷したとされ、基準値超過品目以外の周辺品目への被害の拡大がみられる。原木しいたけについては、2012年4月、5月に複数の市町において出荷制限指示が相次ぎ、このことが報道されたことなども相まってか、出荷制限指示が出されている市町以外の市町村においても、放射性物質の検査要請、受注減少、価格低下等の被害が生じていることが確認されている。乾しいたけについては、2012年2月に一部の市町村で当時の暫定規制値を超えたことをきっかけに全県的に出荷量、価格とも落ち込みを見せ、2013年度は原発事故前に比べて約2割まで下落したとされる。また、菌床しいたけについては、基準値を超えたことはないが、顧客減少、販売額低下が多数確認されており、周辺品目として影響を受けたものと思われる。顧客に放射性物質検査を求められる事例も頻発して

いた。

　また、より顕著に被害拡大がみられる例として、小麦については、県内いずれの地域においても出荷制限指示等の対象になったことのない品目であるが、取引停止等の事例がみられ、その理由は「岩手産であること」であった。同様の理由による取引停止や価格減少については、他の穀物、野菜、果樹などの複数の品目について確認されている。また、牛乳・乳製品も出荷制限指示等がされていないことは同様であるが（ただし、牧草からは基準値超過が見られていた。）、「消費者は東日本の生産物を購入しない」との理由で店頭から排除された事例があるということであった。このような事例は、出荷制限指示等がされていない地域かつ品目という領域にも影響が及んでいることを示しており、潜在的には岩手産の品目全てに風評被害が生じうることを想定させるものである。

　なお、当初の中間指針においても、ある産物について出荷制限指示等が出された地域における同一類型の産物や地域外における当該産物を敬遠することについて合理性がある旨はコメントされていた（地域外であっても「岩手県産」など対象地域を包括した形で産地表示がされることもありうるので、合理的であると思われる。）。そして、先述した第三次追補は、専門委員調査によって上述したような幅広い風評被害が発生している実態が確認されるなどして、少なくとも都道府県単位での広がりが認められるものについて、「岩手」等の単位で定められるに至ったものであった。

　最後に、自治体（岩手県）の取組みとしては、岩手の産物が第三次追補において広く風評被害の原則的賠償類型とされたことを受けて、2013年度には、市町村や対象事業者等への説明会を開催したうえ、個別の取組みとして、農林水産業者や産直等を対象に、東京電力側に出席を求めたうえでの相談会を県内各地で延べ30回以上開催し、産直施設への訪問相談を20件以上あっせんするなどして、個別の賠償支援を行っている。

　③　**農林水産物の加工業及び食品製造業の風評被害**

　原料たる農林水産物の被害の延長にある加工食品等に係る損害は、中間指針において、原則の賠償類型に含まれる個々の産物を「主たる原材料」とするものについて、同じく原則的賠償類型として認められている。これに含ま

れる食品は、中間指針において「当該農林水産物の原材料に占める重量の割合が概ね50％以上であることを目安とする。」と述べられている（第7－2備考4）。第三次追補における対象（原材料）の拡大により、加工食品等の賠償の範囲も広がりを見せたことになる。

　このように50％以上とされている理由は、指針自体には記載されていないが、風評被害のある原材料を50％以上使用している加工品であれば放射性物質による汚染を懸念し、50％以下なら懸念しないなどという心理に合理性が見出されたわけではないと思われる。この点、原賠審の委員による解説によれば、このような取扱いとなったのは食品表示基準に基づいているとされている[6]。すなわち、「加工食品品質表示基準」（平成12年3月31日農林水産省告示第513号）により、業者は容器又は包装に「原料原産地名」を表示しなければならないが、これは主な原材料の原産地を記載することとされ、主な原材料とは、原材料に占める重量の割合が50％以上のものとされている。そして、その原産地表示の方法については、「国産」等の表示のほかに可能なものとして、農産物、畜産物、水産物において「都道府県その他一般に知られている地名」が挙げられている。これにより、50％以上の原材料を使用した食品は都道府県の表示（「岩手県産」等）がされうることとリンクし、都道府県単位で指定される農林水産物の風評被害の賠償類型ともリンクしてくることになる。

　このような趣旨に鑑みるならば、原則的賠償類型にあるものを主たる原材料とする商品については、その割合がいくらであるかは決定的な問題ではなく50％でも80％でも同様の取扱いとなるべきものと思われる。しかし、岩手県においては、交渉過程において、原則的賠償類型に含まれる地域以外の地域から仕入れたものが原材料に含まれている場合、その割合分（例えば岩手県産分が70％、西日本産分が30％使われている加工食品における30％分）について逸失利益の賠償額を減額するという話がされた例があるようである。事案の詳細や帰趨は定かではないが、原材料を産地ごとに区別することなく混合して製造していたのであれば、上述した趣旨にそぐわない対応であることは

6　中島肇『原発賠償　中間指針の考え方』70頁（商事法務、2013年）

勿論、合理性を見出し難い対応であるだろう。なお念のため、50％未満であっても、風評被害が発生している場合には、賠償がなされるべきものであることは当然であり、中間指針に記載がないことのみをもって賠償を拒否するのではなく、産地表示その他の実態を含めた検討がされるべきである。

　④　賠償状況

　農林水産業の実際の賠償実務においては、業界団体ごとに立ち上げられている損害賠償対策岩手県協議会が大きな役割を果たしており、組織的に農林水産業者の賠償を支援している。岩手県については、①JAグループ、②森林組合系、③JFグループ、④内水面漁業系統の主に4つの協議会が東京電力と団体的な交渉を行っている。

　それぞれの2014年3月末現在における賠償実績の概況であるが、①においては、牛肉やしいたけの風評被害や汚染牧草の代替牧草購入費、ほだ木の処分等の損害について、約298億円を請求し、約261億円が賠償されている（支払率87.5％）。②においては、しいたけの風評被害やほだ木の処分等の損害について、約10億9,228万円を請求し、約10億8,789万円が賠償されている（支払率99.6％）。③においては、魚類の水揚げ減少や休漁等の損害について、約5億8,512万円を請求し、約5億8,502万円が賠償されている（支払率99.98％）。④においては、検査費用や遊漁料収入の減少等の損害について、約2,879万円の請求に対し、全額が賠償されている（支払率100％）。交渉上の詳細な経緯は定かではないが（交渉の結果、賠償を認める範囲や請求額の調整がされているのか等）、上記の実績からみれば、これらの協議会が担っている損害賠償実務は相当の成果が上がっているように思われる。

　なお、岩手県の農林水産業者においては、多くはこのような団体的な賠償交渉による解決が図られているものと思われるが、必ずしもこれらで完結しているわけではない。団体に属さないもののほか、産直組合などにおける損害がその一例であり、個別に損害賠償請求を行う必要が生じているところである。規模の小さいところなどでは賠償事務に割く人員の不足や負担などが聞かれるところであり、既述のように、産直施設への訪問相談などの支援が行われている。

2　観光業の風評被害
(1) 岩手県における被害の概況

　岩手県への来客数の落ち込みに伴い、観光業も大きな風評被害を受けた業種である。まず、全国的な影響として外国人観光客の減少が挙げられるが、当然ながら岩手県も例外ではない。特に原発事故直後には各国から日本渡航に関する自粛勧告が出されるなどされ、海外からの観光客の宿泊等のキャンセルが多く生じたが、依然として影響は続いている。外国人観光客の入込数で見ると、2010年には100,887人であったが、2011年は28,737人（平成22年比71.5％減）、2012年は46,841人（同53.6％減）、2013年は66,119人（同34.5％減）となっており、回復傾向にあるものの、以前の水準には至っていない。

　また、中学・高校生の修学旅行についても、影響の大きい分野であり、保護者の懸念等が理由として想定される。全体的な状況としては、平成22年が191,836人であったところ、2011年は130,985人（平成22年比31.7％減）、2012年は201,518人（同5.0％増）、2013年は182,523人（同4.9％減）と回復傾向にあるものの、震災前に約4割を占めていた北海道からの修学旅行客は、2011年はほぼ皆減、2012年は78.4％減（平成22年比）、2013年（1月〜9月）は42.8％減（同）となっており、関東以西からの修学旅行客についても、回復途上である。東北からの旅行客の増加が全体の回復を支えている状況といえ、地域別にみると以前の水準に戻っていない状況が見られる。

　なお、上記のような類型ごとの問題点はあるものの、近時においては、少なくとも観光客の入込数の総数としては、ほぼ震災前の水準に戻ってきているとされている（2013年9月までの状況において。）。これには様々な原因があろうが、岩手県久慈市を主要なロケ地として2013年4月から9月にかけて放映されたNHKの連続テレビ小説「あまちゃん」の効果は大きいだろう（実際、地域ごとに見た場合、県北地域の増加傾向が大きいようである。）。もっとも、引き続き動向には注視する必要があると思われる。

　全体的な概況としては、以上のとおりであるが、宿泊施設等のキャンセルなどの被害は勿論、来客数減少の影響は、観光客が売上に寄与する多様な業種に波及していたものと推測される。

（2）損害賠償スキーム

　中間指針においては、外国人観光客に関しては、国内全域において、2011年5月末日までの間の通常解約率を上回る解約による減収等が原則的賠償類型と認められたが、観光業一般の損害が原則的賠償類型と認められたのは、福島県、茨城県、栃木県及び群馬県の四県のみであった。岩手県についての風評被害が原則的に賠償の対象となるべきことが示されたのは、原発ADRの総括委員会の2012年8月24日決定による総括基準（原子力損害賠償紛争解決センター総括委員会運営規程第6条第1項第2号参照）においてであった。

　この総括基準は、①福島以外の東北5県及び千葉県の観光業において本件事故後に発生した減収等の損害については少なくともその7割が、未成年者主体の団体旅行に関する減収等の損害については10割が、本件事故によるものとして原則的賠償の対象となる、②これよりも低い割合を主張する者はその旨を証明しなければならない（原発事故の寄与度について東京電力側に立証責任を負わせる。）、という内容である。この理由として、東北各県は、特に他の地方（とりわけ関東地方以西）からは東北地方として一体化して把握される傾向にあり、本件事故後は、他の地方からの旅行者には東北地方全体を回避する傾向がみられたこと、減収等への原発事故の寄与度は震災を考慮しても7割を下回らず、特に未成年者主体の団体旅行（修学旅行等）の中止は、他の地方の保護者の意向が大きく影響しており、10割とみて差し支えないことが説明されている。被害の実態が考慮されており、多くの業者にとって負担となる立証責任を原則として東京電力に負わせたことは、高く評価しうる内容であった。

　もっとも、その後に東京電力によって示された賠償スキームは、この総括基準の趣旨を十分に汲んだ内容といえるか、疑問の残るものであった。

　観光業の賠償については、団体的な交渉主体の一つとして全国旅館ホテル生活衛生同業組合連合会東北ブロック協議会（以下「協議会」という。）が東京電力と賠償についての交渉を行っていたが、中間指針にしたがって対応するという方針を示す東京電力との交渉は、岩手県を含めた東北各県が上記のように中間指針記載の原則的賠償類型に含まれていないことから、なかなか妥結には至っていなかった。これが進展を見せたのは上述の総括基準が示さ

れたことが寄与したと思われるが、2012年9月7日、協議会は、東京電力から提示された賠償スキームについて東京電力と合意に至り、これを受け、東京電力は、2012年10月18日に当該賠償スキームを公表した。その概要は、次のようなものである。

① 逸失利益の算定式は、売上高×利益率×（売上減少率－原発事故以外の要因による売上減少率）×東北地方以外からの来訪割合

② 賠償対象期間は、2011年3月11日から2012年2月29日まで（2012年3月1日以降は賠償対象外）。

①については、各項目の詳論はしないが、「東北地方以外からの来訪割合」という項目が設けられ、これが一律50％とされるものとなっているので、結局において、算定された減収等のうち5割を賠償対象とするということにほぼ等しく、総括基準（7割）を下回るものである（別途原発事故以外の要因による売上減少率をも考慮しており、さらに引き下げる要素となっている。）。また、個別の減少要因（特に総括基準が明示している未成年者主体の団体旅行）が考慮されず、きめ細かい賠償が実現される内容となっていないようである。②については、風評被害の終期が一律に扱われる結果となったが、風評被害がそれ以降発生しないとは容易に断定できるものではなく、このことの合理性は定かではない。

このように複数の問題点を指摘しうるような内容であるが、協議会が合意に至ったことには、交渉上の様々な考慮があるものと思われ（例えば、当初の賠償案の対象期間はより短期であったようである。）、また、原発ADRを利用した場合は組合員が個別に交渉することとなり、賠償の実現に時間がかかることなどから「総合的に考えて（5割で）合意した」などとされている。賠償問題を早く片付けて営業に集中したいという思いもよく聞かれるが、苦渋の選択という側面もあったことが推測される。

なお、協議会の交渉の結果合意に至ったこの賠償スキームについては、協議会の構成員（岩手県では、岩手県旅館ホテル生活衛生同業組合）とその個々の加入組合員を拘束するわけではなく、このスキームによれば支障なく和解が可能であるというものに過ぎず、判断は個々の組合員に委ねられている。

（3）観光業における賠償の概況、問題点等

　岩手県内の観光業の賠償状況については、岩手県が東京電力から聴取した結果によれば、2014年3月現在、請求実績が145件・約20億6300万円であり、支払実績が126件・約14億800万円であるとされている。既述した賠償スキームの合意をきっかけとして、交渉が進展したことが推測される。

　なお、任意交渉過程においては、風評被害の終期に納得がいかないなど賠償スキームをそのまま受け入れない請求者に対しては、当該賠償スキームに定められた内容分についても賠償には応じないなどの東京電力の対応が見られたようである。原発ADRにおける和解では、和解対象期間外の損害についての清算条項を設けないことが通常であることなどに鑑みても、妥当性に疑問のある対応である。実際、原発ADRにおいて公表されている和解事例によれば、「岩手県の観光地で旅館を経営する申立人について、原発事故の風評被害による宿泊客の減少等に伴う逸失利益が賠償された事例」（和解事例455）において、2012年10月末日までの損害が認定されており、賠償スキームに定められた期間を超える和解が成立している。このように原発ADRの活用によって風評被害の期間の厳密な認定がなされる可能性があるが、交渉過程においても、2012年2月までは一部和解を行い、3月以降の損害も実状を真摯に検討するなどの対応が望ましい。

　なお、「観光業」と一括りに論じてきたが、観光客を対象としている業態は多様であり、中間指針においても、いわゆる「観光業」については、「ホテル、旅館、旅行業等の宿泊関連産業から、レジャー施設、旅客船等の観光産業やバス、タクシー等の交通産業、文化・社会教育施設、観光地での飲食業や小売業等までも含み得るが、これらの業種に関して観光客が売上に寄与している程度は様々である」ことが考慮事項として述べられている。このことと関係する問題として、観光客が売上の一定割合を占めるものの、典型的な観光業ではない業態において賠償を拒否する例などが見られており、被害実態に即した対応が期待されるところであった。

3　中間指針に記載のない損害について

　念のため強調しておくべきこととして、中間指針に記載のない事項につい

ての損害の問題がある。全国的な問題であると思われるが、東京電力においては、中間指針に記載がない損害については、そのことを理由として賠償を拒否する実態がみられ、岩手県においてもそのような例が散見されていた。このためか、中間指針に記載のない損害は賠償対象とならないという誤解が一般にありうることが指摘されているが、これはそのとおり全くの誤解である。

　賠償に関しては、原賠法や民法等の法令によってその範囲が規律されるのが原則であり、指針はその一つの考え方を示すものに過ぎない。このような原理自体からも明らかであるが、中間指針自体がその旨を周到に明記しており、「中間指針に明記されない個別の損害が賠償されないということのないよう留意されることが必要である。東京電力株式会社に対しては、中間指針で明記された損害についてはもちろん、明記されなかった原子力損害も含め、多数の被害者への賠償が可能となるような体制を早急に整えた上で、迅速、公平かつ適正な賠償を行うことを期待する」ことや、「中間指針で対象とされなかったものが直ちに賠償の対象とならないというものではなく、個別具体的な事情に応じて相当因果関係のある損害と認められることがあり得る」こと等が述べられている。また、原賠審においてもそのような前提で議論がされており、その後も複数の中間指針の追補で同様の趣旨が記載されている。岩手県においても、第三次追補に明示されていない類型であるブロイラー業者の風評損害について、そのことを理由として賠償対象外とされていた例などが見られたため、2013年6月に実施した東京電力に対する公開質問においてその姿勢を改めるべき旨を問い質すなどしている。

　この点との関係で、中間指針の記載の有無が交渉における論点となるようなことがあれば、本末転倒であり誤解も助長するように思われる。例えば、当該品目が第三次追補における「農産物」や「水産物」にあたるのか、ブロイラー業者はどれかにあたらないか、といったことである。先述した典型的観光業ではない業者の風評被害の事例においては、その業態が「観光業」といえるかどうかが論点とされていたようであるが、遠回りな議論をするのではなく、端的に相当因果関係があるか否か、中間指針の記載との関係では風評被害の一般的基準（第7の1）に照らして賠償範囲になるのではないか、

ということについて真摯な検討がされるべきであると思われる。

4　消滅時効問題の帰趨

　特に民間損害との関係では、消滅時効も大きな問題となっていた。原発事故による東京電力への損害賠償請求権については、一般には、民法724条が適用され、時効期間は「損害及び加害者を知った時から三年間」となるという解釈がされていたが、このような解釈では、2014年3月以降、順次時効期間を経過するものが生じうる。原発事故の被害は、広範囲なものであり終息の見通しがつかないことなどから被害全容を把握することも困難であり、また、避難生活を送る者などもいる。かような状況において、短期消滅時効の期間内に被害者において訴訟提起等の時効中断措置をとらない限り賠償を受けられない事態が生じ得ることは、大きな不正義であると思われた。東京電力においても、消滅時効の援用を行わないことの宣明はされなかった。

　一応の時効期間の経過まであと一年あまりという2013年当初頃には、この問題が相当に顕在化しており、日弁連が短期消滅時効を適用しないこととする立法措置を求めることなどを趣旨とする内容の濃い意見書を複数回にわたって出すなど各所から様々な声が挙がっていた。

　岩手県においても、東京電力に請求が可能であるということ自体が認識されていない例や、東京電力における賠償拒否の回答をもってそれが公的に確定したかのように誤解されている例などが散見され、時効期間は重要な問題と認識されていた。かような状況を踏まえ、岩手県は、東京電力に対して消滅時効の援用を行わない旨繰り返し要請を行ったほか、同年6月に実施した公開質問において、消滅時効を援用しないことを総合特別事業計画に明記すべき旨、民法146条（「時効の利益は、あらかじめ放棄することができない。」）は援用しないことを表明できないとする事実上の理由とはならない旨などを問い質している。また、国に対して短期消滅時効を排除する立法措置を求めることなどについての要望書を提出する等した。

　各所の活動の結果として、この問題については、2013年5月29日に①「東日本大震災に係る原子力損害賠償紛争についての原子力損害賠償紛争審査会による和解仲介手続の利用に係る時効の中断の特例に関する法律（平成二十

五年法律第三十二号）」（いわゆる原賠 ADR 時効中断特例法）が、同年12月4日に②「東日本大震災における原子力発電所の事故により生じた原子力損害に係る早期かつ確実な賠償を実現するための措置及び当該原子力損害に係る賠償請求権の消滅時効等の特例に関する法律（平成二十五年法律第九十七号）」（いわゆる原賠時効特例法）がそれぞれ成立し、一定の解決が図られている状況にある。①は原発 ADR への申立てに実質的な時効中断効を付与するものであり（和解の仲介の打切り後1か月以内に訴訟提起をする必要がある。）、一定の前進がみられたが、原発 ADR へのアクセスのハードルが相当程度ありうること（存在自体を知らない被害者も想定される。）や、時効期間自体は変わらないこと等から大きな問題解決にはならず、なお短期消滅時効撤廃を求める声が続き、②において、本件事故にかかる賠償請求権について、時効期間を10年間に延長するに至った（除斥期間の起算点についても損害発生時に改められた。）[7]。他の公害、災害事案等に類例のないこのような立法に結実したのは関係者の尽力の賜物であろう。これにより、早くとも平成33年3月までは消滅時効にかからない状況となっている。実態に応じて再延長することについては躊躇されてはならないと感じるが、まずはこれまでに各所が賠償を推し進める努力を行うことが必要であろう。

5　小括

　岩手県の民間事業者も原発事故の大きな影響を被っているものといえ、各業者はそれぞれの営業努力において、苦境を乗り越えようとしていたものと思われる。取扱う商品の変更や販路開拓などそのような過程における工夫が奏功することがあるが、そのことと既存の商品、取引先における損害とは厳密に区別して認定されるべきであろう。東京電力への直接請求段階における不満として、損害回避のための努力が報われないという声が聞こえていたが、原発 ADR の公表事例において、「岩手県において東北、関東地方向けに牛乳販売業を営む申立会社について、東北地方での売上げは原発事故前より増加しているものの、これは営業努力によるものとして控除せず、関東地

---

[7] 立法過程の論点などについては、水上貴央「福島第一原発事故損害賠償の時効延長立法―立法事実と法的論点」法律時報86巻4号（2014年）103頁に詳しい。

方での風評被害による売上減少分の逸失利益が賠償された事例。」があり（和解事例572）、申立会社による立証努力もあったものと思われるが、売上の総体の増加のみから直ちに損害性を否定することなく、実態を考慮した厳密な認定が行われた例であろうと思われる。

なお、原発 ADR の岩手県の利用状況であるが、原発 ADR の活動状況報告書によれば、岩手県が住所地（事故時）である申立件数は、2011年は1件（総件数521件）、2012年は16件（同4542件）、2013年は25件（同4091件）という状況であった。利用総件数の8割以上は住所地（事故時）が福島県のものであり、岩手県では直接請求における団体的な交渉もされているところであるので一概に少ないとはいえないであろうが、漏れのない賠償支援を意識する必要があると思われる。なお、岩手弁護士会は、原発被災者弁護団を立ち上げ、県内各地での無料法律相談を実施する等、県内被害者の賠償アクセスを容易にする支援活動に努めている。

いずれにせよ、震災や原発事故の影響のなか懸命な努力を行っている全ての事業者、関係者に敬意を表したい。

3 岩手県における自治体損害とその賠償の状況

1 自治体の取組みと損害賠償の概要

民間の被害や賠償状況を先行してみてきたが、自治体における取組みや損害賠償の状況を概説したい。

岩手県においても放射性物質の影響対策の必要性は原発事故後早くから認識されており、2011年5月、県内で採取された牧草から放射性セシウムが検出されるなどして以降、県民の不安や被害の拡大防止、被害の除去等の適切な対応を行うべく、知事を本部長とする原発放射線影響対策本部を設置するなどしたうえ、様々な対策を行っている。その取組みは多岐にわたり、放射線影響対策特命チームの設置、各種放射線対応方針等の策定、県内各箇所における空間線量率の測定、農林水産物・流通食品・給食等の食品の放射性物質濃度の測定、風評被害の払拭対応、県民への放射線影響の研修、除染の実施、放射線影響に関する健康相談の実施、子どもの放射線健康影響調査の実

施など、枚挙に暇がないほどに上っている。

　いずれも重要な取組みであるが、例えば、風評被害対策は既述したような民間の損害と密接に関わるものとして、岩手県では、農林水産物の安全性確保のための取組みや生産者の真摯な姿をPRするポスターを作成するなどしており、商工業の分野でも、首都圏での物産展への出展や各種イベントを行うなど、情報発信に努めている。また、これに加えて広報誌の発刊や放射線に関するセミナーの開催など、一般県民の理解促進や普及啓発にも力を入れている。そして、このような対策は、岩手県のみならず県内の市町村においてもそれぞれ行っており、まさに全県的な課題として取り組まれている状況にある。

　以上の取組みの実施には、当然ながら相当の費用を要することになる。例えば、空間線量検査や食品検査の実施・拡充のための機器の購入、これらの測定業務の委託料、風評被害対策のポスターや広報誌の作成費用、牧草地の除染事業の費用、そしてほとんどの業務についての人件費等が生じる。岩手県においては、これらの損害をおおまかに、機器購入費、広報経費、測定経費、除染経費、人件費及びその他の損害と6つの項目に分類して整理しているが、岩手県及び県内の市町村、広域連合及び一部事務組合は、連携して、これらの費用（損害）について、東京電力に対して請求を行ってきた。2012年1月に最初の請求を行って以降、概ね年度毎に2回、2014年2月までに5回に及ぶ請求を行っており、その総額は約79億円に及んでいる（2011年度及び2012年度分については、約47億円。）。現状では、このような請求は今後も相当期間継続して行われることが想定される。

　岩手県は、初回の請求を行ってから東京電力と断続的に交渉を続けてきていたが、民間の賠償を優先せざるを得ないという説明のもと（この説明自体は不合理ではないが）、当初はなかなか進展が見られなかった。2013年1月以降になって、東京電力も自治体の請求についての全体的な賠償案を順次提示するに至ってきたが、その提案も、県及び市町村の判断で実施した放射線影響対策については政府の指示等に基づくものではないこと等を理由に基本的に賠償対象外とするなど、自治体として受け入れがたいものであった。例えば、食品検査については、食品衛生法に基づく食品検査及び学校給食検査の

ほかに、岩手県においては独自に住民要請に基づく検査（持込検査、野生きのこ・山菜検査等）を行っていたがこれらは基本的に賠償対象外であるとされ、健康影響調査や空間線量検査等についても類似の対応がみられていた。岩手県は、かような態度の改善を図るため、2013年6月には東京電力の対応についての疑義に対する公開質問を実施する等して交渉の進展を期するなどしていた。

　岩手県においてはその後も強く賠償を求めて交渉を行っていたが、結果として、交渉過程において、2011年度及び2012年度の請求分については、約40億円の支払いを受けるに至っている。もっとも、これらは、牧草地再生対策事業及び利用自粛牧草等処理円滑化事業及び公共牧場利用自粛対策事業（いずれも補助金関係）に関するものがその大半を占めており、人件費など争いの大きい費目については、原発ADRにおける和解の仲介に委ねる方針となった。

2　原発ADRの申立ての概要

　2014年1月、岩手県及び県内市町村等は、原発ADRへの申立てを行った。以下では先行して審理された県のものについて主に述べる。

　2011年度及び2012年度の損害のうち、任意に賠償を受けられなかったものについて、交渉においてこれ以上の進展を期することに困難性を感じるに至り、申立てを行っている。岩手県分の申立ての概要について述べると、損害項目のおおまかな分類としては、農林業系副産物焼却処理等円滑化事業費（市町村への補助金）、農産物等の売り払い収入の減（畜産研究所における肉牛等の売払収入）、地域経営推進費（肉用牛飼料確保対策等）、放射性物質除去・低減技術実証事業（除染技術等の公募・実証試験）、いわてグラフ（広報誌）製作費、道路空間放射線量測定（通学路を中心とした道路の測定）、空間線量測定機器購入（県管理道路測定器）、職員人件費（放射線影響対策に従事した職員の人件費）である。これらの申立総額は約6億3千万円であるが、職員人件費が約5億1700万円でこの8割以上を占めている。

　自治体や一部事務組合において原発ADRへの申立てを行っている例は複数存在するが（原発ADR公表事例921など。）、岩手県及び県内市町村の申立

ては、全般的な損害について岩手県内の自治体が連携のうえ集団で申立てを行ったという点において稀なものであったといえる。

なお、自治体の原発 ADR への申立てに際しての法務的な論点として議決の要否があるが（地方自治法96条第１項第12号の「あつせん、調停」の解釈）、岩手県においては必要であると整理して、2013年度の12月議会における議決のもと申立てを行っている。

3　審理における論点など

原発 ADR においては、まず市町村等に先立ち、岩手県の申立て分を先行して審理して後続に活かすという方式が採られることになった。審理において論点となった点について、いくつか述べたい。

（１）東京電力の基本的見解（「地方公共団体の本来業務」）

審理において端的に示された、東京電力の自治体損害についての基本的な考え方について述べたい。

前提として、自治体の賠償における中間指針の定めを確認的に概観すると以下の①〜⑤のような内容である。①地方公共団体等が所有する財物の価値の喪失又は減少等に関する損害、②地方公共団体等が民間事業者と同様の立場で行う事業に関する損害、③地方公共団体等が被害者支援等のために、加害者が負担すべき費用を代わって負担した場合については、賠償の対象となる。④地方公共団体等が被ったそれ以外の損害についても、個別具体的な事情に応じて賠償すべき損害と認められることがあり得る。⑤本件事故に起因する地方公共団体等の税収の減少については、特段の事情がある場合を除き、賠償すべき損害とは認められない。

中間指針に沿って考えた場合、自治体の業務経費の扱いについてはあまり明確ではなく、原発 ADR において申立ての対象とされた損害の多くは④に該当するものであると思われる。むしろ、④に該当するものであったから、直接請求の段階では主に中間指針に則り対応している東京電力との合意が難しい費目であったともいいうる。そして、④についていかに考えるかであるが、中間指針 Q & A の問143においては、「避難を余儀なくされた市町村の移転費用や住民避難に要した経費、県外等に避難した住民への行政サービス

提供のための追加的経費、がれき処理、火葬場作業等の人件費等については、賠償の対象となるのか。」という問いに対して、「ご指摘の費用等については、相当因果関係の有無に加えて、地方公共団体等の本来業務に含まれるか否かといった事情等により賠償対象となるか否かが異なるものと考えられ、個別具体的な事情に応じては、賠償すべき損害と認められることもあり得ると思われます。」といった回答がされているところであった。

　東京電力においては、この回答の考え方について、地方公共団体の本来業務を実施するための費用は原則として地方公共団体が負担するべきであるとの考え方が背景にあるとしたうえ、概ね以下のような見解を述べた。「原発事故の対応業務は、災害対策基本法第2条第1号にいう「災害」に含まれ（「災害」の内容として同法施行令において「放射性物質の大量の放出」が定められている。）、同法において自治体の責務が定められていることや原災法において地方公共団体の責務が定められていること（第5条等）などから、自治体の本来業務である。なお、これらの法律においては、（本件事故後に制定された）いわゆる放射性物質汚染対処特措法第44条におけるような原子力事業者への求償規定がないことから求償できるものではないと解するのが素直である。以上のような考え方に立つが、政府指示に基づくもの等一定の範囲の損害については、地方公共団体の要望や実状を踏まえて、本来業務であっても、「本来業務による支出は賠償の対象外」という考えに拘らず、出来る限り柔軟な対応を採る。」

　これは賠償対象でないと考えるものについて柔軟に賠償するという論旨に見え、必ずしも一貫性がある主張とは思われないが、要するに、基本的な考え方としては、原発事故の対応業務は自治体が本来行うべきことであり、その費用も原則として自治体の負担であり、東京電力に対して求償、賠償の請求をなしうるものではないという前提に立っている。

　東京電力が柔軟な対応を採ることを宣明し、この見解に固執した態度を示しているわけではないこともあって、この主張の当否自体が審理において大きな争点となったわけではないが（原発ADRにおいても端的に相当因果関係の有無を判断したものと思われる。）、放射性物質汚染対処特措法関係の求償費用（除染等費用）以外については等しく負担の義務がないという趣旨の基本

的見解を示したものといえ、原則として全ての損害についての賠償を求めている岩手県は勿論、おそらくは多くの自治体の考え方に反するものであると思われる[8]。この見解の当否自体は措くとして、結局において適正範囲の賠償を行う意向を有しているのであれば、このような基本的見解を示すことの必要性には疑問の残るところである。

（2）勤務時間内人件費の損害性

　審理において最も重要であったのは、勤務時間内人件費の損害性についてであったといえる。既述のとおり、申立て額の8割以上が原発事故対応業務に要した職員人件費であったが、これについては、勤務時間外のもの（超過勤務手当）と勤務時間内のものとがあり、後者が全体の9割近くを占めていた。

　この点、原子力損害の賠償における争点の多くは、民間損害のところでも述べたように相当因果関係の有無についてである。しかし、この点について問題となったことは、人件費を要した当該業務の相当因果関係の有無以前に、勤務時間内人件費については損害性がないのではないか、というものであった。すなわち、従前から任用している職員の勤務時間内人件費は、（超過勤務手当等と異なって）事故やその対応の有無に関わらず支払われるはずのものであり、自治体が新たな負担を強いられたものではない、ということである。東京電力においては、任意交渉の段階からこのような趣旨の主張を行っており、賠償の対象となるのは、相当因果関係がある業務を行った場合で、かつ、追加的な負担（超過勤務手当等）が発生した場合に限るとしていた。そして、勤務時間内人件費については、後者の追加的負担がそもそも発生していないというものである。

　たしかに、これは全く理由のない考え方ではなく、差額説（及び個別損害項目積み上げ方式）からは当然の帰結といえるかもしれない。しかし、これは自治体としては必ずしも当然の理屈としては受け入れられないものでもあった。損害がないといっても、自治体において相当の事故対応業務を行っていたことは事実である。当該事故対応の時間分の給与は当該事故対応のため

8　なお、自然公物への汚染についてその管理権者たる地方自治体と汚染者との負担の範囲について論じるものとして、最判昭和57・7・13民集36巻6号970頁がある。

に支払われたと評価しうるものと考えることも可能ではないか。また、当該業務を委託した場合の委託費用は少なくとも損害性が否定されることはないと思われるが、これと不均衡が生じるようにも感じられる。東京電力がなすべきことを肩代わりして行っているという側面もあり、東京電力において負担が全く生じない結果となることも違和感があった。しかし、審理においては、民間損害において勤務時間内人件費の賠償を認めたと思われる裁判例や原発 ADR において自ら実施した除染の労賃が賠償されたと思われる事例（すなわち追加的な金銭的支出は生じていないが賠償されたもの。）なども示したが、本件において勤務時間内人件費の損害性を直ちにそれとして肯定されるには至らなかった。

　このような帰結となることについて、自治体においてやや特殊なことが、逸失利益を観念しにくいことである。民間の場合には、人件費が経費として算定されている逸失利益の賠償を受けることで、実質的に人件費相当の賠償を受けうると考えることが可能であるが、売上を上げるわけではない自治体の場合には、事故対応業務に従事したことによる他業務の行政事務の遅延やサービスの低下を抽象的に観念しうるものの、それを金銭的な損害と評価することには一定の困難があった。自治体の機能に与える影響についての何らかの新たな損害概念を定立して主張することなどはなおさら困難であろうと思われた。

　なお、このような主張に拘らずとも、勤務時間内人件費については、「勤務時間内に事故対応業務を行ったことで勤務時間外に通常業務を実施せざるを得ず、超過勤務手当が増加した」（押出し時間外）という考え方が可能であり、そう主張すればよいではないかと感じられるかもしれない。たしかに、そのような考え方は無理が少なく、本件では実際にそのような（予備的な）主張をもとに損害の算定が行われた。しかし、このような主張ではこの人的（部局的）、時間的な範囲についての因果関係の立証が新たに重い問題となりうるという点もあるが、実際に業務を行う自治体からすれば、勤務時間内人件費そのものが端的に損害と認められるべきであると感じるところであった。

　結局、既述のように、岩手県の人件費分の損害額については、押出し時間外の趣旨を汲むスキームによって算定されることとなり、原発 ADR におけ

る算定方法の工夫やそれに対する当方の立証などもあって、人件費申立額全体の約3割（約1億4千万円）が和解案において認められるに至った。平年よりも原発事故後の超過勤務手当の総額が増額した要因における原発事故対応業務の寄与度を考えるという手法であったが、理屈としては無理が少なく、（希望的に善解すれば）上述したような自治体の実態を汲み取ろうとするものでもあり、和解の仲介ならではの柔軟な認定であったと評価しうるのではないかと思われる。

原発事故後、岩手県を含め放射性物質対策関係業務について、勤務時間内に相当の人員、時間を割いている自治体は多いと思われる（専任の部署を新たに設けているところも少なくないと思われる。）。この人件費の算定をいかに行っていくかは、今後岩手県の市町村の審理や他自治体においても同様に論点になりうる課題であると思われる。

（3）その他の損害について

人件費以外の損害については、相当因果関係の有無が問題となったが、原発ADRの和解案においては、これらがかなり広く認められるに至った。申立額との比率でいうと、約98％（約1億1500万円）に上る。詳論はしないが、例えば、広報誌の放射線影響に関する臨時号作成に要した費用、風評被害対策の広告費用、除染を効率的に行うためにトラクタに搭載するGPSの購入費用、放射線関係の書籍代、放射線対策関係会議の会議室使用料などが認められている。自治体の取組みについて広く賠償対象と認められるべきことが示された和解案であり、今後の参考となりうるものであったといえる。

4　和解成立と今後の見込み

結局、最終的な和解案は2014年10月に示されたが、岩手県においては2014年12月議会において、これを受諾することが決議され、申立て分について2015年1月に合意に至った。申立て額全体との比率でみれば合意額は約40％（約2億5600万円）であるが、既述のとおり認められなかったのは主に人件費の部分であり、訴訟における立証負担等の総合的な考慮により受諾の判断がされている。なお、2011年度及び2012年度における直接請求と原発ADRとの双方の請求額全体の比率では、合意に至った額は約92％に上っている（約

43億7000万円)。

　原発 ADR には、問題点やその限界が指摘されることも多いが（慰謝料等の算定や東京電力における和解案拒否など)、少なくとも岩手県の原発 ADR 申立てにおいては、自治体の対応業務の必要性等について和解ならではの実態を考慮した柔軟な認定がされ、自治体損害について一定の効果があったと評価しうる一つの事例ではないかと思われる。

　なお、筆者も相当程度関与しており、顧問弁護士等への相談も適時行っているものの、原発 ADR の対応や主張立証の検討は、まずは基本的に担当職員において行っている。代理人を選任しないことを推奨するものではないが、人選や予算等がハードルとなる場合には、マンパワーさえ確保できれば、自治体自ら追行することも検討されてよいと思われる。

　市町村についての審理が継続中であるが (2015年1月現在)、岩手県分の2011年度及び2012年度の損害賠償については、一定の解決をみた。2013年度以降の損害についての対応は今後の課題であるが、今回の和解内容を踏まえた交渉が進むことが期待される[9]。岩手県内における自治体損害の円滑な賠償進展とともに、原発事故の収束を望む。

4　おわりに

　岩手県においては、東日本大震災津波における被害が大きく、まだまだ復興途上にある。また、原発事故については、当然ながら福島県における被害が最も深刻で大規模なものであり、賠償実務上も重要であることは疑いがない。あえてこのような見方をすれば、岩手県における原発事故の影響という問題は、隙間的なものであるようにも感じられるかもしれない。しかし、被害を受けている当事者にとってそのような位置づけに大きな意味はなく、切実なものであることに変わりはない。また、そのようなものであるからこ

9　脱稿後、市町村等の審理は順次進行し、35団体中29団体について和解が成立している。また、岩手県の平成25年度及び26年度の損害については、今後の交渉次第では原発 ADR への再度の申立ても想定される（いずれも2015年11月現在)。風評被害の動向に対する評価の異なりから、その対策事業（PR 事業等）における費用が一つの争点となっているが、当該事業自体が風評被害及び民間からの損害賠償請求を抑止する性質のものであることも考慮されるべきであろう。

そ、震災全般において生じる風化や無関心の問題を顕著に受けうる分野でもあるのではないかとも感じる。本稿がわずかばかりでもこの分野に焦点を当てられていれば望外のことである。

　なお、しいたけについては、近時行われた生産者の集会では、風評被害対策や出荷制限地域の解除に向けた複数の取組みが紹介され、「生産者と関係者が一丸となってしいたけ王国・岩手の名に恥じないよう希望と意欲を持って産地再生に取り組む」ことが採択されている。県北部の生産者が2013年、2014年の全国椎茸品評会において最高賞などを受賞し、出荷制限がかかる県南部の生産者へのエールとなっているなどという明るい報せもある。自治体も各種支援を行っているところである。冒頭では被害の側面を強調したが、名産地としての灯を絶やさぬよう意欲ある生産者らは気概をもって様々な努力を続けており、着実に前に進んでいる。決して希望が途絶えているわけではないことを付言したい。

　岩手県は、太平洋沿岸部において茨城県以北で唯一原発のない県であった。しかし、本件事故により、その被害の広範性が明らかとなり、近隣の原発の影響を大いに受け得ることを当事者として体験している。2014年4月、函館市が「市民の安全を守り、生活支援の役割を担っている有機的な組織体である地方自治体の存立を維持する権利（地方自治体の人格権ともいうべき地方自治権）」などに基づく大間原発の原子炉設置許可の無効確認や稼働運転の差止などを求める自治体が原告となる類例のない訴訟を提起したという現実があるが、これは岩手県においても全く他人事ではない。また、大飯原発の差止訴訟における近時の判決[10]は、当該原発における安全技術及び設備について、「万全ではないのではないかという疑いが残るというにとどまらず、むしろ、確たる根拠のない楽観的な見通しのもとに初めて成り立ち得る脆弱なものであると認めざるを得ない」などと強い指摘のもと差止めを認めていることにも思いを至らせる必要がある。震災全般に言えることであるが、岩手県は、原発事故の被災県の一つとしても、今後の備えや対応について、今回の経験をもとに考え、伝えていくべき責任があるだろう。

10　福井地判平成26・5・21判時2228号72頁。なお、高浜原発の運転差止めの仮処分申立てを認容した福井地決平成27・4・14裁判所 HP 参照（平成26年（ヨ）第31号）も参照。

第10章　東日本大震災後の岩手県沿岸部における法的対応

飯　考行

1　はじめに

　2011年3月の東日本大震災では、地震、津波と原発事故により、犠牲者2万人余り（行方不明者を含む）、建物の全半壊約40万戸をはじめとする甚大な被害が生じ、数多の被災者が、仮設住宅や避難先での生活を余儀なくされ、衣食住や仕事に深刻な影響を被った。

　震災からの復旧、復興に向けて、行政や士業により様々な対応がなされたものの[1]、自治体により職員および建物自体が被災し、震災復興にかかる業務の量の多さや専門性とあいまって、行政サービスの提供は困難な状態が続いた。また、被災地の多くは、元々司法過疎地と称される法律職や司法関係機関の少ない地域であったため、法律サービスの提供も十分とは言えなかった。

　このような東日本大災害後の行政、法律サービスの窮状にかんがみて、本稿は、岩手県沿岸部における被災自治体の復興事業等の法的施策への取組みと、弁護士等の法律職による支援活動を通じて、被災住民と地域の生活再建、復興の見地から、災害の法的対応のあり方を検討したい。

2　岩手県の津波被害と行政サービス

　東日本大震災による岩手県の被害は、岩手県の集計によれば、死者4,672人、行方不明者1,132人（認定死亡者1,119人を含む）、家屋の全半壊25,706棟

---

[1] 震災対応の概要につき、震災対応セミナー実行委員会編『3.11大震災の記録—中央省庁・被災自治体・各士業等の対応』民事法研究会（2012年）参照。

（住家のみ）、産業被害8,178億円、公共土木施設被害2,573億円に及んだ（2014年4月30日現在）。停電約76万戸、ガス供給停止約9,400戸、断水約18万戸、電話不通約6万6千回線で、避難者はピーク時に5万人余りに及び、震災から3年を経ても、県内の応急仮設住宅に住まう人は32,767人（同年4月30日現在）、県内の在宅被災者は15,849人いた（同年4月3日現在）。

2014年6月末の時点で、がれき処理は完了していたものの、まちづくり整備事業完了率（住宅区画ベース）は4.1％（8,263区画のうち完成は339区画）、災害公営住宅着工率は33.7％（5,946戸のうち2,002戸が着工、完成は12.2％（723戸））、水産物水揚げ量の回復状況は63.9％、仮設住宅入居者数24,531人、仮設住宅入居戸数11,168戸で、東日本大震災の被害の甚大さと復興の遅さを見てとることができる。

沿岸の市町村で人的被害が大きかったのは、犠牲者数別に、陸前高田市（1,556人）、釜石市（888人）、大槌町（803人）、山田町（604人）、宮古市（420人）、大船渡市（340人）、野田村（38人）、田野畑村（14人）、岩泉町（7人）、久慈市（2人）の順である。

陸前高田市では、海沿いの低地に広がる市街地一帯が浸水し、付近で最も高い市役所の屋上付近まで津波が達した。釜石市は、海沿いの市街地に壊滅的な被害があり、市庁舎は小高い場所にあったが地階と1階に浸水し、とりわけ鵜住居地区は見渡す限り津波に襲われた。大槌町は、町役場を含めて被害を受けた。宮古市は、海沿いの地域が浸水したほか、市庁舎も1階が水没し、田老地区では、新堤防が決壊して10mの高さを誇った旧堤防を津波が乗り越え、一帯が洗われた。大船渡市は、市役所は高台で被害を受けなかったが、低地は波に沈んだ。野田村は、村の中心街が海に近く、壊滅的な被害を受け、海岸からやや離れた村役場も床上浸水した。岩手県沿岸部を訪れるたびに、瓦礫は減っていったものの、震災から3年を経ても、目に見える形では復興が進んでおらず、荒涼とした更地が広がるばかりであった。

岩手県の自治体によっては、庁舎と職員が被害を受けた[2]。陸前高田市と

2　佐藤一則「復旧・復興と自治体・自治体職員」岡田知弘・自治体問題研究所編『震災復興と自治体─『人間の復興』へのみち』自治体研究社（2013年）87-108頁、岩手県自治体の震災後の状況と対応につき、自治労連・岩手自治労連編、晴山一穂監修『3・11岩手─自治体職員の証言と記録』大月書店（2014年）参照。

大槌町では、庁舎が津波で損壊し、犠牲となった職員も多く、震災後、別の土地に建設されたプレハブ仮庁舎と近隣の旧小学校校舎で、それぞれ業務が行われた。職員の補充は進められたものの、2010年度と2014年度の職員数を比較すると、人員の割合と他の自治体等からの応援職員の割合の別に、大槌町2.2.倍と51.7％、野田村1.5倍と25.9％、田野畑村1.3倍と25.5％、陸前高田市1.2倍と30.3％、釜石市1.3倍と22.0％、山田町1.3倍と22.7％、宮古市1.1倍と12.6％で、外部に協力を仰いで復興業務を進めざるをえなかった。とりわけ大槌町は、職員のおよそ半数が他の自治体等からの派遣で占められていた。しかし、応援職員の確保はままならず、2012年度から14年度までの各年度で、岩手県市町村の必要人数366、628、748人に対して、派遣決定数は321、596、703人にとどまり、充足率は87.7％、94.9％、94.0％と、震災復興の行政ニーズを十分に満たせない低迷が続いた。

　震災後、復興に向けて岩手県沿岸部市町村の業務量が増えたことは疑いない。2010年度と2014年度の当初予算額を比較すると、歳出合計と投資的経費（普通建設事業費と災害復旧事業費）の別に、陸前高田市は11.4倍と40.2倍、大槌町8.9倍と62.9倍、山田町6.7倍と35.8倍、釜石市6.6倍と81.7倍、大船渡市3.4倍と10.8倍、田野畑村4.5倍と16.6倍、野田村3.2倍と15.1倍、宮古市1.7倍と4.0倍などとなる。近年は過疎化が進んでいた地域に、震災後、復興まちづくりに向けた土地区画整理、盛り土、宅地造成、堤防建設、災害公営住居の建築その他のため、莫大な予算が投じられたことが分かる。

　岩手県を含む東北地方の被災自治体は、震災復興に関する法規執行を含む諸施策について、東日本大震災前に必ずしも専門的な知見を持っていた訳ではない。例えば野田村は、土地区画整理事業を行った経験もなかった。そのため、被災自治体の多くは、従前からの職員の少なさ又は減少の中、外部からの職員派遣を得て、災害復興の法、行政にかかる施策を試行錯誤しながら執行することになった。とりわけ庁舎自体が被災した自治体は、住民の生活再建と地域復興に向けた情報提供その他のサービス提供が困難な状態を余儀なくされた。

　また、東日本大震災後の復興施策は、政府と関係省庁、復興庁、県で枠組みが決められたものが多く、被災住民の見方は必ずしも十分に反映されなか

った。そのため、被災自治体により、国や県の施策に対して、必要があれば、各自治体の地域事情等により意見を述べ、地元に合うように修正する一方、被災住民からは復興の計画や遅れの批判を受けるという、中央と地元の間での板挟み状態に置かれた。

3 野田村の場合

　筆者は、東日本大震災前から、青森県の弘前市に居住しており、東北地方、とりわけ司法・弁護士過疎地と称される、住民人口に比して裁判所や弁護士等の法律サービス提供機関や職の少ない地域を、法社会学調査のために訪問していた。岩手県の太平洋沿岸部も、宮古、釜石、大船渡などへ足を運んでおり、地元の市役所、裁判所、法律事務所や司法書士事務所でお話を伺っていた。
　東日本大震災当日は、裁判員裁判傍聴のため、青森地方裁判所のロビーで判決言渡しを待っていた。地震の揺れは感じたものの、さほど大きいとは思わず（青森市は震度4であった）、しばらくして法廷に入ると、電気がいつもより暗く、記者が僅かしかいないことに気づいた。後から思えば、停電のため非常灯で、メディアは被災状況等の取材に追われていたためであった。
　青森駅は閉鎖されており、駅前のタクシー待ちの列に並んだ。津波が来る恐れがあるので近くのビルへ退避するよう、呼び掛ける放送が流れていた。まさか津波が来るとは信じられなかったため、退避しなかったし、周囲の人にも動く気配はなかった。震源地が近ければ、自分自身が犠牲になっていたかもしれない。夕暮れ時にさしかかり、相乗りしたタクシーからの車窓の風景は真っ暗で、辺り一帯が停電していることが分かった。なんとか自宅へ辿りついたものの、やはり電気はストップしており、携帯電話もつながらなかった。
　東北地方を中心とする太平洋沿岸部が津波の甚大な被害を受け、福島原発が危険な状態にあることを知ったのは、弘前市で停電が回復した翌12日午後のことであった。勤務していた弘前大学で、教員有志が市と協議し、岩手県北部の野田村へボランティアバスを出す話を耳にし、4月12日にボランティ

アとして参加した。野田村は、高さ15.5mの津波で、海岸近くにあった村の中心部の建物のほとんどが流されていた。3月末までに行方不明者の捜索が終わり、瓦礫撤去が比較的早期に進んでいたものの、一帯に広がる更地に残骸は残り、建物は壊れたままであった。

野田村の人口は、震災当時4,849人であったが、2013年末に4,560人へ減少した。世帯数も1,674世帯から1,652世帯へ減り、2013年末の時点で仮設住宅に149世帯、みなし仮設住宅に62世帯が入居していた。犠牲者は37人（うち村民28人）、家屋被害は514戸（全壊311戸、大規模半壊136戸、半壊32戸、一部損壊35戸）であった。

弘前その他の地域から参集したボランティアは、社会福祉協議会に設置の災害ボランティアセンターを通じて、個人宅等での瓦礫撤去や体育館での支援物資の仕分けなどに従事した。野田村の県外ボランティア受入れは8月末に停止されたが、弘前からのボランティアバスはその後も運行を続け、野田村の物心両面の被害の大きさに直面しながら、ボランティアとして微力ながら支援と交流を続けた[3]。

被災した野田村の方々は、一見するとお元気だったが、仮設住宅へりんごを配り、集会場での催しを告知する目的などで赴くと、寂しい笑顔で「あの波に飲まれていればよかった」と話す方もいた。以前の広い一軒家での生活から狭いプレハブの部屋へ居住環境が変わり、人により、近隣者や親族が亡くなり、村外へ移転しまたは離れ離れになり、今後の衣食住と職の先行きも不透明で、物心両面において多大な被害を受けていることが伝わってきた。村内の人間関係にも震災の影響があり、家を流された人と残った人、仮設住宅に入居した人と民間賃貸住宅などのみなし仮設住宅に住む人（後者には支援の手が届きにくい）、仮設住宅入居後にとどまる人と土地と家を購入するなどして退去する人、災害公営住宅へ転出した人と近隣住民などの間で、それぞれ溝が生じつつある悲しい状況を見聞したこともあった。

野田村の主な復興事業は、県事業に、決壊した海岸防潮堤の復旧（10.3mから14mへの嵩上げ、2012-2015年度（水門を含む））、県営災害公営住宅事業

---

[3] 弘前大学人文学部ボランティアセンター編『チーム・オール弘前の一年—岩手県野田村の復興支援・交流活動の記録』弘前大学出版会（2012年）参照。

(2ヶ所で26戸、2013年と2014年に入居)と県道付け替え（2012-2015年度）があった。村事業としては、津波被害を軽減するための海岸沿いの都市公園事業（2012-2015年度）、災害公営住宅整備事業（2012-2015年度）、防災集団移転促進事業（2011-2015年度、3ヶ所、計画区画数98戸（自主再建住宅38戸、災害公営住宅60戸））、住宅建設のための造成工事を含む土地区画整理事業（2012-2016年度、計画戸数135戸）、漁場整備や住宅再建（9戸の宅地嵩上げ）のための漁業集落防災機能強化事業（2012-2014年度）が行われた。村内の集団移転候補地の一つと土地区画整理の対象地は広く、居住を希望して仮設住宅等で3年以上待ち続ける村民は比較的多くいた。

　野田村の被害は大きかったものの、村自体がコンパクトなため、他の被災市町村に比して、復興事業はこれでも早期に進んだ方である。復興に要する期間には、工事作業はもとより、復興計画の策定や業者との対応にあたる行政職員の執務体制などが影響する。野田村の職員に幸い犠牲者はいなかったが、復興事業等の業務量増大により、他の自治体から職員の応援を受けた。2014年の派遣職員は計21名で、内訳は、岩手県6人、東京3人（ともに任期付き職員を含む）のほか、岩手、青森県内の市町村の職員であった。部署別には、復興むらづくり推進課に12人が配属されており、最も多かった。復興むらづくり推進課の人員は2014年4月時点で18人いたことから、3分の2を応援職員が占めて、上記の復興事業を推進していたことになる。

　野田村には、震災前から弁護士も司法書士もおらず、近隣に裁判所はなく、震災後の法律相談の場は、隣の久慈市か、外部からの時折の巡回相談に限られていた。東日本大震災後、法手続は、生活再建に向けた支援制度などの情報、借金、家や車のローン、相続、土地の権利関係、建物や事業の再建、購入その他のトラブルに関わるが、多くの村民は、十分な法知識を持たずに、知人や町役場に相談する程度で、生活再建に取り組んでいる様子がうかがわれた。他方、弘前から弁護士を同行しても、相談は寄せられなかった。本来、震災後の生活再建と復興に向けた潜在的な法的ニーズがあると思われるところ、顕在化しにくい背景には、住民が、日頃から何が法で解決しうるのかを必ずしも認識しておらず、信頼できる法律専門家が近くにいないため、外部の弁護士が単発的に赴いても相談しにくいためかと思われた。

野田村に限らず、岩手県沿岸部は、主に津波の被害により、尊い人命が失われ、住家を含む建物が倒壊、破損し、被災者は、仮設住宅等へ移り、または被災地域内外へ避難して、十分とは言えない行政サービスと、弁護士・司法が不在または住民に比して過小な司法過疎状態の中、ボランティアなどの支援を受けながら生活再建に努めてきた。ほとんどの被災地で、土地区画整理や高台移転は遅々として進まず、震災から3年を経ても、瓦礫が取り除かれただけの荒れ地が一面に広がる状態が続いていた。

4　司法過疎と法律サービス

1　被災地の司法過疎と対策

　東日本大震災で津波被害を受けた岩手県沿岸部は、野田村をはじめ、震災以前より、司法過疎地、すなわち弁護士などの法律専門家や裁判所などの司法関係機関が過度にまばらな地域として知られていた[4]。1990年代には、広大な岩手県沿岸部に常駐する弁護士が、釜石市と大船渡市に1名ずつしかいない時期もあった（うち1名は後に高齢のため亡くなり、1名は東日本大震災で法律事務所が被災し盛岡市へ移住している）。沿岸部から県庁所在地の盛岡市までは遠く、釜石市から車で3時間程度かかり、冬場は道路が凍結するためさらに時間を要する。1992年からは、弁護士会で刑事当番弁護士制度が全国展開し、逮捕された被疑者の要望により1回無料で接見に赴く制度が始まった。岩手県沿岸部もその例外ではなかった。岩手弁護士会は、市町村と連携して無料法律相談を定例開催し、盛岡市の弁護士を派遣するなどして対応したが、沿岸部で開業する弁護士を求める声は高まっていた。

　岩手県沿岸部の弁護士事情が変わり始めたのは、2000年代のことである。弁護士の全国組織である日本弁護士連合会で、2000年より、ひまわり基金法律事務所と称する、弁護士過疎対策のために弁護士会の支援で設置される事務所が展開された。同事務所は、弁護士が任期付きで勤務し、収益が一定額に満たない場合は弁護士会から補助が出るなどの利点がある。

4　飯考行「北東北の弁護士業務と法的ニーズの間」法社会学67号（2007年）91-108頁参照。

岩手県沿岸部では、宮古市と釜石市にひまわり基金法律事務所が開設され、内陸に設置された北上市、遠野市、二戸市、花巻市の同事務所ともども、同時期のいわゆる過払い金バブル（借金で法定利率以上に払い過ぎた利息を業者から取り戻すことが判例で容易になり、借金をした人からの過払い分の返還請求が頻発した現象）も手伝って、多くの事件が舞い込んで多忙となり、いわゆる弁護士過疎地にも法的ニーズがあることを知らしめた。その後、ひまわり基金法律事務所は久慈市に開設されたほか、国の日本司法支援センター（法テラス）地域事務所が宮古市に、内陸の弁護士法人の従たる事務所が大船渡市に、それぞれ開設された。

弁護士過疎対策が進行したことで、東日本大震災前の10年間ほどで、沿岸部の弁護士は幸いにもある程度増加していた。しかし、2000年に宮古市で開業した1名のほかは、いわゆる一般の法律事務所の弁護士ではなく、ひまわり基金法律事務所、法テラス、弁護士法人の任期付の若手弁護士で、各法律事務所の弁護士は基本的に1名のみであった。東日本大震災後、陸前高田市にひまわり基金法律事務所が開設され、釜石市に同市の元ひまわり基金法律事務所の弁護士、宮古市に同市の元法テラス地域事務所の弁護士がそれぞれ開業したものの、岩手県沿岸部の弁護士は10名にとどまっていた（久慈市1名（ひまわり）、宮古市4名（一般、ひまわり、法テラス、元法テラス）、釜石市2名（ひまわり、元ひまわり（2014年途中まで））、大船渡市2名（弁護士法人の従たる事務所）、陸前高田市1名（ひまわり））。

宮古市の一般弁護士1名を除いて、いずれも30歳前後のほぼ県外から数年の任期で赴任した若手で、女性は釜石ひまわり基金法律事務所の1名（2013年末に引継赴任）のみであった。弁護士過疎対策により、最低限の人数にしろ、公益活動に熱心な若手弁護士たちが沿岸部へ送り込まれていたことは、結果的に東日本大震災の法的対応に資することになる。

沿岸部の弁護士たちは、東日本大震災後、全国の弁護士有志で立ち上げられた災害弁護士メーリングリストで情報共有をはかりながら、事務所での法律業務対応に加えて、行政等に震災法令に関する情報を提供し、避難所や仮設住宅へ出向いて法律相談を行った[5]。岩手弁護士会は、他の弁護士会と連携をとり、沿岸部への巡回法律相談を数多く敢行し、Ａ3判一枚紙の「岩手

弁護士会ニュース」と称する広報誌を作成して、避難所や仮設住宅へ配布し、生活再建に向けた法令情報等を被災住民に届けた[6]。岩手県沿岸部の弁護士が、自ら被災者の法的対応にあたるほか、手の回らない部分を県内および県外の弁護士有志と連携するハブの役割を果たしたことは、注目に値する。

　他方、日本司法書士会連合会は、2000年代より司法過疎地開業支援事業を展開しており、司法書士過疎地で開業を希望する会員の財政面の支援を行ってきた。その支援を受けた司法書士は、2014年7月現在で個人64人、法人4を数え、岩手県でも二戸市、花巻市、住田町、大船渡市に赴任し、東日本大震災後、被災沿岸部で法律・登記の相談や代理業務がなされた。また、災害復興支援事務所が2014年末までに8ヶ所で設立され、岩手県には陸前高田市、大槌町と宮古市に置かれて、近隣の仮設住宅への巡回法律相談の拠点になった。

　法テラスでは、震災特例法（東日本大震災の被災者に対する援助のための日本司法支援センターの特例に関する法律）により、2012年4月より、震災時に岩手県を含む被災地に居住していた人は、同一案件で3回まで無料法律相談が可能となった。法テラス岩手地方事務所（盛岡市）と前述の宮古地域事務所にスタッフ弁護士がいるほか、被災地出張所が2014年末までに7ヶ所に設置されている。被災地出張所は、法律職は常駐しないが近隣地域から日替わりで通っており、事務職員は元地元自治体職員等で、被災者の相談業務や仮設住宅等への宣伝活動に尽力した。岩手県では大槌町（法テラス大槌、2012年3月開所）と大船渡市（法テラス気仙、2013年3月開所）に所在し、法テラス大槌の2012年度の法律相談は537件、よろず相談（法律相談以外の相談）は498件と、比較的多数に上った[7]。

5　小口幸人「震災直後、弁護士がしたこと―その1＜避難所での相談活動＞」東北復興新聞ウェブ版（http://www.rise-tohoku.jp/?p=9361）（2015年1月末最終訪問）参照。
6　飯考行・瀧上明「東日本大震災後の岩手県沿岸部における弁護士と法の役割―釜石・大槌地区仮設住宅アンケート調査結果を交えて」弘前大学人文社会論叢人文学篇27号（2012年）11-35頁参照。
7　日本司法支援センター（法テラス）編著『法テラス白書 平成24年度版』（2013年）26-27頁。

2　ある法律事務所の震災後の業務状況[8]

　岩手県沿岸部のある法律事務所（弁護士1名）の2014年前後の業務データによれば、事務所での法律相談は各月10数件で（同一案件の2回目以降の相談を除く）、一般民事事件（家事事件を含む）7割、債務整理事件3割程度となっている。その他に、法テラスと被災者相談支援センターの相談を毎月1、2回程度担当しており、そちらでも月に新規に数件の相談を受けている。一時期は、手持ち事件が90件を超えて多忙となり、事件処理が追いつかず、新規相談を受けないこともあったという。

　相談ルート（相談者が相談に来るきっかけ）は、一般民事事件は、知人の紹介、電話帳で知った、司法書士の紹介のほか、先に市役所、警察署や裁判所などの公の機関へ相談して、市役所職員や保健所相談員に連れられて来るパターンが多い。債務整理の相談は、岩手県を中心に展開する信用生協など他機関からの紹介が、半数近くを占めている。刑事事件は、震災で留置施設が被災し、被疑者の身柄が遠方に移される運用のため、ほとんどない。相談者の9割以上は、前述の法テラスの震災特例法を利用していた。

　一般民事事件の事務所相談案件は、7割近くが紛争の背景事情に震災が関係している。すなわち、震災で亡くなった方の遺産分割事件や、津波で破損した不動産の賃貸借契約のトラブルなどである。2014年に入って、行政による土地の買い上げが影響する事件も増えたという。例えば、遺産分割事件で、遺産の中に行政から買上げが予定されている土地が含まれるが遺産分割方法の協議がまとまらないケースや、行政による買い上げが予定される土地に抵当権が設定されているために買い上げ手続が進まないケースなどである（行政の用地買い上げに際して担保権設定登記を抹消しなければならない運用があるため）。

　地域特有の事情として、市から離れた地域では相続登記を行う習慣がなく（長男が相続することが当然視されている関係もある）、行政からの土地買い上げの打診があって初めて相続登記について親族間で話し合われるケースもある。行政からの土地買い上げ以外には、被災した自宅のリフォームや新築に

　8　照会に応じて詳細な業務データ等をご提供いただいた当該弁護士に感謝申し上げたい。

関するトラブルや、借家の賃貸借にまつわるトラブルが増加傾向にある。沿岸部では、復興事業がなかなか進んでおらず、地形上、山が多くて平らな土地が少なく、自宅再建や公営住宅への入居のめどの立たない世帯が多く、住宅不足は深刻な問題となっており、貸主が借主に退去を迫るケースも見られる。

　債務整理事件では、破産申立てが増えつつあるが、震災特例としてルール化された私的整理ガイドライン（いわゆる被災減免ローン制度）の利用件数は、要件を満たさない場合が多く、伸び悩んでいる。その他に、親を震災で亡くした子どもの成育環境や、震災による失業や自宅再建の遅れのストレスが弱者に向くことで起きる DV、児童虐待や高齢者虐待などの問題が生じつつある。しかし、岩手県沿岸部に児童相談所と児童養護施設は各 1 ヶ所のみで、DV 被害を受けた女性用シェルターも少なく、法律職のみならず司法関係機関の過疎が問題となっている。

3　震災の法的対応への司法過疎の影響

　東日本大震災の甚大な被害の復旧、復興に際して、法的課題は山積しており、法的ニーズは高いものと想定される。上記の法律事務所には比較的多くの事件の相談や依頼があり、他の沿岸部の司法書士からも相続登記業務の多さなどが報告されている[9]。また、前述の法テラス震災特例制度とあいまって、法律扶助相談の件数は伸びている[10]。2010年度と2013年度を比較して、岩手県全体で2,520件から9,973件へ（4.0倍）、町村別には、沿岸部の北から、久慈市で57件から190件へ（3.3倍）、野田村で 7 件から22件へ（3.1倍）、田野畑村で 8 件から20件へ（2.5倍）、岩泉町で40件から63件へ（1.6倍）、宮古市で164件から515件へ（3.1倍）、山田町で57件から220件へ（3.9倍）、大槌町で18件から369件へ（20.5倍）、大船渡市で31件から701件へ（22.6倍）、陸前高田市

9　石川陽一「大槌町司法書士相談センターにおける被災者支援」市民と法90号（2014年）57-64頁。同論文では、相談内容の時の経過に伴う変化が紹介されている。石川司法書士が標題センターへ赴任した2012年当初は、相談の 9 割以上が相続登記に関するものであったが（防災集団移転促進事業区域に関連する土地の買取り絡み）、徐々に減り、2014年に入り、自宅再建を目的とする売買や贈与による所有権移転登記手続に関する相談が半分を占めるという。高台移転が本格化してくれば、担保権設定の相談も増える観測も示されている。

10　「日本司法支援センター岩手地方事務所実績報告」（2014年 4 月10日付資料）による。

で20件から418件へ（20.9倍）、それぞれ増加しており、被害の大きかった地域ほど相談件数が大幅に伸びる傾向にある。

　他方、被災地で寄せられる法律相談や事件依頼は、数少ない沿岸部の弁護士や司法書士で対応できる量にとどまっている。震災後の法的ニーズが顕在化しにくい一因は、前述の法律事務所の業務報告からもうかがわれるように、沿岸部で長らく続いた司法過疎にあろう。

　釜石市と大槌町の仮設住宅で行われた瀧上による2011年後半のアンケート調査結果によれば[11]、弁護士に相談したい件があると回答した人は半数近く（46.1％）いたものの、実際に瀧上弁護士が仮設住宅で無料法律相談会を催したところ、実際の相談者はさほど多くなかったという。同調査結果によれば、弁護士アクセスの障害として、「費用が高い」（41.9％）、「敷居が高い」（19.3％）、「自分の周りに弁護士を利用したことがある人がない」（18.2％）などが多く挙げられた。これらの３つの障害はおそらく相互に関連しており、弁護士に依頼した経験が地域で周囲の人を含めて少ないために、弁護士の敷居が高く感じられて、費用も高くかかるという憶測を含むイメージを、回答者すなわち被災した釜石市と大槌町の住民が抱いているのではなかろうか。瀧上によれば、実際に法律相談をしていても、どういったことを弁護士に相談したらよいか分からないという声が被災者からしばしば聞かれたとのことである。従来から弁護士はもとより法そのものが身近でなかったため、震災後も司法アクセスが容易ではない地域事情がうかがわれる。

　岩手県沿岸部の弁護士は、司法過疎に起因する弁護士アクセスのしにくさを念頭において、法律事務所で事件を待つのみでなく、仮設住宅や行政や法テラスでの法律相談へ赴いていた[12]。陸前高田市の弁護士は、自治体、NPO、弁護士有志と連携して、地域の仮設住宅を、毎週、夜に順次訪問し、弁護士自ら一軒一軒に法律相談会の告知チラシを手渡しして回り、仮設住宅の集会場で、紙芝居仕立てで生活再建に資する法制度について解説し、その後、集った入居者と一緒にお茶を飲む（お茶っこする）取組みを続けている。チラシを手渡しすることで、弁護士がどのような人間かを身近に知ってもら

11　飯・瀧上・前掲注（６）35頁参照。
12　飯考行「法律専門家と被災地支援」総合法律支援論叢２号（2013年）105-124頁。

い、法制度を理解しやすいようにイラストを交えて解説した後、お茶を飲みながら一緒に世間話をする中で、「それは法律問題ですよ」という悩みごとがしばしば語られるという。行政や民間と連携して、弁護士・司法・法アクセスの軽減をはかる貴重な取り組みであり、被災地、被災者の下に赴いて、信頼関係を作り、潜在的な法的ニーズを引き出す工夫が、被災地で法律職に求められることが分かる。

5 災害の法的対応のあり方

　弁護士や司法書士などの法律職は、東日本大震災後、それぞれの専門性を活かして震災復興を支援してきた。とりわけ弁護士により、阪神・淡路大震災の法実務を経験した関西の弁護士や、ひまわり基金法律事務所や法テラスで勤務した公益志向の弁護士を中心に、出張や電話での被災法律相談（震災後の1年半で約4万件）が行われ[13]、相談対応に伴って紛争予防、精神的支援、パニック防止、情報提供や、立法事実収集の機能が発揮された[14]。災害弔慰金の兄弟姉妹の受給は、遠野ひまわり基金法律事務所（当時）の弁護士が釜石市で行った法律相談を契機に、立法活動を経て災害弔慰金の支給等に関する法律の改正により実現したものである[15]。

　沿岸部の弁護士によっては、市町村の復興計画策定委員会、災害弔慰金支給審査委員会や震災後に生じた事故の検証委員会などに委員として参加して、法的知見を提供した。被災自治体で勤務する法律職も現れ、総務省のスキームで、岩手県庁を先駆けに、後に山田町にも弁護士が職員に就いている[16]。司法書士も、復興庁の用地取得加速に向けた派遣事業として、大槌町

13　震災法律相談の県別内訳と分析につき、岡本正『災害復興法学』慶應義塾大学出版会（2014年）3-43頁参照。
14　永井幸寿「災害時における弁護士の役割」NBL820号（2005年）51-61頁、同「東日本大震災での弁護士会の被災者支援活動」NBL974号（2012年）12-20頁参照。
15　日本弁護士連合会編著『弁護士白書2014年版』（2014年）40頁、岡本・前掲注（13）98-105頁参照。
16　復興財源（震災復興特別交付税）を活用した総務省のスキーム（東日本大震災に係る被災地方公共団体に対する人的支援について」（総務省自治行政局公務員部長通知））による。2014年末現在、被災3県の11の自治体で弁護士各1人が勤務する。

に2名が勤務し、被災自治体による震災復興の内部からの法的支援を行っている。

弁護士の自治体勤務には、住民の生活再建サポート、まちづくりや復興のための土地を自治体が確保する仕事のサポートのほか、原子力損害賠償対応、中央省庁等との交渉や、弁護士会との連携などの役割が期待されている。岩手県では、弁護士職員を交えた県庁と弁護士会の提言をきっかけに、まちづくりを加速するための土地収用手続や都市計画の規制緩和を認める法改正（2014年6月の東日本大震災復興特別区域法改正）に結びついた[17]。

以上のように、東日本大震災後の岩手県沿岸部では、弁護士過疎対策で増員されていた弁護士等を中心に、法的支援が展開された。その特徴は、法律相談の無料化、電話・訪問相談、弁護士間の連携、弁護士以外の人材の活用と連携にあった。以上の法律職の実践にかんがみて、災害の法的対応においては、従来の業務姿勢にとらわれることのない、依頼者たる被災者と被災地の視点への留意が求められよう[18]。

民間の弁護士等の法律職は、災害対応にある程度健闘してきたように映り、災害対応の法実務には、災害関連の立法と法学ともども[19]、一層の進展が期待される。災害の緊急時を見据えた平時からの司法アクセスの推進とともに、被災者・地の生活再建と復興を重視した整合性ある立法や、生存権をはじめとする人権保障の見地からの災害法の検討と構築は[20]、災害の法的対応における重要な課題である[21]。

岩手県沿岸部では、2000年代から弁護士、司法書士過疎対策が進められ、行政、福祉との連携など、法律業務を住民により身近なものにする努力が重

17　岡本正「復興の支えに「法律家」の力―被災地の県庁や市町村役場で活躍する弁護士たち」東北復興新聞ウェブ版（http://www.rise-tohoku.jp/?p=9277）（2015年1月末最終訪問）参照。
18　飯考行「災害に対応しうる地域司法のあり方―公設法律事務所の役割と課題を中心に」鹿児島大学法学論集48巻1号（2013年）51-62頁参照。
19　災害法制の概要と課題につき、津久井進『大災害と法』岩波書店（2012年）、山崎栄一『自然災害と被災者支援』日本評論社（2013年）参照。
20　渡辺洋三「現代と災害」法律時報49巻4号臨時増刊『現代と災害』（1977年）2-5頁、池田恒男「震災対策・復興法制の展開軸と震災法学の課題―現代技術主義法学批判と国家原論としての「市民社会」の復権を求めて」甲斐道太郎編著『大震災と法』同文館（2000年）3-143頁参照。
21　飯考行「災害に対応しうる法、司法、法学のあり方―東日本大震災を通じて」法の科学44号（2013年）18-28頁参照。

ねられてきた。本稿で検討した岩手県の東日本大震災後の法的対応も、その延長線上に位置するものと考えられる。

　ひまわり基金法律事務所と法テラス法律事務所は、収益が上がらなくても運営できるメリットがあり、岩手県沿岸部では、引き続き法律サービス提供の中心であり続けることが予想される。ただし、弁護士は任期付き勤務のため、赴任する弁護士が震災対応に習熟しても、経験の引き継ぎの点で難点がある。また、これまで、地域住民への法律サービスの提供に熱意ある弁護士ばかりであったように見受けられるが、引き続き優れた人材を獲得することも課題になる。

　震災以前より続く過疎化、高齢化の進行の中で、東日本大震災の経験を糧にして、地域住民の生活再建と生活の質（QOL）の向上に資する法律サービスを、岩手県で自治体、関連団体や法律職の連携の下にいかにして提供しうるかが問われている。

　＊本研究は、JSPS 科研費24330005、25300013、15K03250の助成を受けたものである。

第Ⅲ部

災害復興の制度論：
東日本と神戸、
そして未来への教訓

第11章 「人間の復興」の制度論
―― 2つの大震災から学ぶ災害復興基本法への宿題 ――

金子由芳

1 はじめに――法に対する不信を越えて

　東日本大震災発生から5年目にさしかかり、長期化する復興過程において、被災者も自治体行政も、復興まちづくりに関与する大学研究者も、法に対する不信を口にする。法に則って手続を踏んできただけである、それがなぜ行政と住民の確執を深め、失望した被災者の人口流出を招くのか。
　このような法に対する失望を、法の立案・実施に携わる関係者は受けとめる必要がある。災害における法のそもそもの意味が、問い直されていると考えられる。2005年神戸における世界防災会議を受けて国連総会が承認した「兵庫行動枠組み」は第一プライオリティにおいて、防災に資する法整備を強調し、その後発展途上諸国においても災害対策基本法の整備が相次いだ。しかし災害において法が果たすべき役割について、同枠組みに明確な定義があるわけではない。日本法に関しても、1961年「災害対策基本法」は防災関係の諸法をぶらさげる総括法として登場したが、それらを総合する基本理念を明らかにしたわけではない[1]。
　災害法を論じるにあたって、まずは「災害」の射程が問題である。自然災害のみを対象とするか、人為的被害をも含むのか。この違いは、災害法の目的を純然たる人道支援とみるか、社会的コスト負担の文脈で考えるかの差異を生む。人道支援はおりおりの国家裁量により最小化されかねないとすれば、あえて「災害」の定義に人災を含ましめることにより社会的コスト負担の制度枠組みを具体的に構築する意義があるかもしれない。日本の「災害対

---
[1] 生田2010, p.11.

策基本法」2条1号が異常規模の天災と人災の双方を対象に、防災計画や財源確保を図っているのはこの例と考えられる。ではさらに人為的被害は、事故に留まるか、騒擾・内乱・テロ等の危機管理を含むのか。9.11テロ以降の米国で国土安全保障省が設置され連邦緊急事態管理庁（FEMA）がその傘下に位置付けられた例はこの典型である。「災害」定義の後者への拡大は、災害法を緊急事態法へと変質させ、人道目的を政治的意図で歪める。災害対策の効率化を根拠に、日本国憲法が有しない包括的な国家緊急権の発動根拠を主張する昨今の右翼的議論が、その例と考えられる。本稿においては災害法をあくまで、不慮の天災・事故による損害の社会的リスク負担の制度枠組みとして考える。

　第二に、災害法は公法と私法の交錯体系である。一義的には、災害管理サイクルの諸段階に応じて、行政対応に根拠を与える公法体系としての側面が濃厚である。日本の災害対策基本法の構成においても、災害予防から始まり、発災後の災害応急対策、災害復旧について定めている。さらに明文化はされていないものの、被災地の再建から次なる予防へと連なる災害管理サイクルのミッシング・リンクを完結させるために、「災害復興」が重要な一領域と考えられている。災害復興はことに、災害時と平時とを時間的に跨いで生起し、また被災地と非被災地とを空間的に跨いで進行する、変化する法現象であり、都市計画法を筆頭とする平時の公法体系と、迅速を旨とする災害特例法の原理が一触即発で衝突しかねない不穏な時空間性をはらんでいる。そしてこれら一連の公法体系は、みずからの内部的原理に矛盾を抱えつつも、つねに被災者の私権との接点で作動する。とくに長期化する復興過程において、次なる予防へ向けた安全対策や地域活性化をめざす"Build Back Better"を旗頭に、災害前からの被災者の私権の現有秩序が大きく改変されていこうとするとき、公法と私法は真っ向から対決せざるを得ない。被災者の私権の保全と正当補償を主張していくために、公法・私法の手続的かつ規範的架橋が不可欠となる。

　本稿では、災害における法の意味を問い直したいという意図に発し、以下 2 ではまず、災害法の時間的・空間的な軸について検討する。 3 ではとくに法原理・法政策の動揺がことさら強く見いだされる災害復興段階につい

て、公法と私法の交接点に主な関心を向けながら、東日本大震災被災地における筆者の継続的調査の結果に依拠しつつ、阪神・淡路大震災との対比を通じて、4つの論点を掘り下げる。4は結びである。

2 災害法の歴史軸と比較軸

1 災害法の歴史軸：国家の役割の変遷

表1では、近代日本の災害法制の展開を、災害管理サイクルに応じて応急対策・災害救助・復興・予防の段階毎にまとめているが、そこでは災害における国家の役割の変遷を見て取ることが可能であろう。一見して、災害法制は前近代の徳政令の精神を受け継ぐかのように、被災者ニーズに柔軟に応じるアドホックな災害救助の根拠法として開始している。しかし明治後期の近代法整備から以降は、国家による被災者支援は基金方式で頭打ちされ、むしろ民間保険等の自助・共助の問題とされ、他方で復興まちづくりや国土保全目的のインフラ整備の根拠法が大きな歩みを開始し、今日に至る。さながら近代災害法制とは、国家独占資本主義を体現するかのように、被災者に対しては19世紀的な個人主義・自由主義に依拠して市場経済の補完機能を出るものではないが、反面、経済開発の礎をなすインフラ開発・都市建設には惜しみない財政投入を強化する、一連の開発国家型国策体系であったと考えられる。

それに対してせめてもの風穴を開ける一つの潮流は、戦後、1947年「災害救助法」に発する公的な被災者支援の拡張の文脈であり、応急支援としての狭義の災害救助を超えて、被災者の生活再建を可能ならしめる中長期的支援をも導く、およそ国家による被災者支援の基本法としての位置づけが与えられてきたと考えられる[2]。しかし同法は国家が被災者の生活再建をどのような射程で支援するべきか、理念を明らかにしてはおらず、災害救助会計の運用上はあくまで狭義の災害救助にとどめられている。それを超える生活再建支援ニーズについては、「弔慰金法」「被災者生活再建支援法」などの個別立法や、アドホックな運用措置により展開され、体系性が明らかではない。東

---

2 生田2007, p.10.

日本大震災後の長期化する復興過程においても、多くの支援措置が入り乱れながらも、いずれの支援をも受けられない深刻な隘路を生じるなど、制度設計の混乱が見いだされた[3]。

　もう一つの潮流として、近年の都市計画法制全般における民主化の流れを受けて、復興まちづくりの手続過程が行政主導手続から住民参加型手続へとわずかずつ変化を重ねてきた道のりが存在する。1968年「都市計画法」本体が改正を重ね、公告・縦覧・公聴会にとどまらず、条例による地区計画や都市計画の住民提案制度、また上位のマスタープランの参加型策定などの参加契機が増したことが、復興の基本計画における住民参加を導く基盤となりうる。阪神・淡路大震災後の復興においても、都市計画法16条2項を受けた神戸市地区計画・まちづくり条例がいわゆる二段階都市計画決定方式の決め手となったことは知られており、その後の各自治体の震災対策条例等の模索をも導いている。また個々の復興事業についても、たとえば「災害は区画整理の母」とまで言わしめ近代日本の災害復興の主要手段でありつづけてきた土地区画整理法について、現行法は借地権者等の意思決定参加や利害関係者異議などの住民参加契機を盛り込んでいる。このような潮流を追い風として、住民主体の災害復興・事前復興の手続保障を旨とする「災害復興基本法」を定立することは時代の要請であると考えられる。しかしながら、東日本大震災後の復興過程では2011年12月に特例法としての「東日本大震災復興特別区域法」が登場し、行政部内の協議会の迅速一括決定・公示により都市計画決定等の法的効果を一斉に生ぜしめるいわゆる「特区方式」を採用し、また類似の規制緩和型手続が平時の事前防災対策を定める「津波防災地域づくり法」に、さらに恒久的な復興手続法として成立した2013年「大規模災害復興法」に踏襲された。同法の理念規定（3条）は「生活の再建及び経済の復興を図る」としつつも「安全な地域づくりを円滑かつ迅速に推進することを基本理念」としている。円滑・迅速性の強調が、阪神・淡路大震災で浮上した住民主体の復興手続論の後退をもたらしたと見受けられる。

　このように、東日本大震災後の日本の災害法制の現状は、災害における国

3　金子2012b, 2015b.

表1　近代日本の災害法制史

	応急対策	被災者支援	復旧復興・防災まちづくり	予防・国土保全
明治初期		1871年窮民一時救助規則 1880年備荒儲蓄法		
明治後期		1899年罹災救助基金法	1888東京市区改正条例、他	1896河川法、1897砂防法、1897森林法
関東大震災		1924火災保険助成金勅令 1924借地借家臨時処理法	1919旧都市計画法 1922特別都市計画法	
戦後	1948消防法 1947消防組織法 1961災害対策基本法	1947災害救助法 1947農業災害補償法 1946罹災都市借地借家臨時処理法 1962激甚災害法 1964地震保険法 1964漁業災害補償法 1972弔慰金法	1951公共土木施設災害復旧事業国庫負担法 1954土地区画整理事業法 1968都市計画法、1969都市再開発法等 1980防災集団移転法	1950年国土総合開発法 1956年海岸法、1957年地滑りなど防止法、1960治山治水緊急措置法、1964河川法、1969急傾斜地崩壊防止法、1973活動火山対策特措法、1978年大規模地震対策特措法
阪神淡路大震災以降	1995災対法改正（首相指揮権、自衛隊発動根拠、他）	1998被災者生活再建支援法	1995被災市街地復興特措法	1995地震防災対策特措法、2000土砂災害防止法、2003特定都市河川浸水被害対策法、
東日本大震災以降	2013災対法改正（水平支援、避難行動要支援者、他）	1949罹災法廃止 2013大規模災害借地借家特措法	2011東日本大震災復興特区法、2013大規模災害復興法	2011津波防災地域づくり法

（筆者による整理）

家の役割を再考させるものとなっている。被災者支援における国家の位置づけは迷走し、被災者支援という名の産業支援に陥りかねない。住民疎外型の復興手続過程は結局のところ、円滑迅速な防災インフラ整備・住宅開発に終わるおそれがある。被害者の生活再建はむしろ法に阻害されている。そのような災害法制の姿は、近代化過程の後発国家的な制度文化を引きずる政府主導型の意思決定構造ゆえに、新たな市民社会型の制度体系に脱皮してゆくことのできない、日本法のもどかしい現状を代表するかのようである。

2　災害法の比較軸：復興の開発化を超えて

　災害多発地域であるアジア発展途上諸国に対しては、国連の「兵庫行動枠組み」もさることながら、世界銀行が災害後ニーズ調査（PDNA）を目玉とする災害復興フレームワーク（DRF）を推進し、防災インフラ開発を新たな開発領域として認知する動きがある。そこでは"Build Back Better"なるスローガンが強調され、被災者の生活再建中心の復興観に対して、産業・インフラ開発優位型の復興観を導く運用となっている。復興の目標について

は、阪神・淡路大震災後の兵庫県による復興計画にみるように、行政主導の都市開発・インフラ整備を推進する「創造的復興」を強調する立場と、これに対し、個々の被災者の生活再建と地域再生をめざす「人間の復興」を追求する立場が対峙した。東日本大震災後にも同様の議論が再燃したが[4]、しかし2011年6月の復興構想会議による『復興への提言～悲惨のなかの希望』が日本再生論を強調したことを受けて、「東日本大震災復興基本法」が成立し、同年7月公表の国の「復興基本方針」がまさに「創造的復興」論を彷彿とさせるハードインフラ型防災志向を打ち出し、同年12月の「東日本大震災復興特別区域法」による復興推進計画・復興整備計画の枠組みに受け継がれていったと考えられる。

　こうした開発優位の復興観は、「復興の開発化」ともいうべき論点を浮上させていよう。2005年「兵庫行動枠組み」(第4プライオリティ (ii) 他) では「減災政策と開発政策の両立」が掲げられており、同枠組みを受けて近年各国で進められた災害対策基本法整備に際しても、「減災と開発の両立」は必ずと言ってよく規定される傾向にある。しかしそこにおける「開発」の定義が問題である。発展途上国にとって「経済開発」が唯是と考えられた時代は過ぎ去り、2000年代のミレニアム開発目標が教育・ジェンダー・保健衛生といった人権・人道的課題を前面に掲げ、2015年からの新ミレニアム目標に基本的に引き継がれた点にみるように、「開発」はもはや功利主義的な社会的総余剰の拡大（効率性）としてではなく、個々の国民の幸福追求権の総和として再構成されつつある。国際開発金融機関が推進する「復興」とは果たして、この新たな「開発」の文脈と調和しているのか、あるいは逆に新たな「開発」定義の背後で旧態依然たる経済開発志向を継続するための大義名分として機能する恐れはないのか。

　このように発展途上諸国が直面しつづけてきた新旧の「開発」定義の違いは、「復興」定義をめぐる「創造的復興」と「人間の復興」との対立とパラレルな関係に立つ。とくに地方自治体の担う地方型災害復興は、発展途上国さながらに財源逼迫状況下で産業誘致や外部援助（補助金）に翻弄されざる

4　森2013他。

を得ない点で、アジア諸国の問題状況と重なり合う[5]。

　国際的比較においては、こうした「復興」定義の相違を照射する論点抽出が求められていると考えられる。なかでも、復興の価値的方向性を定める復興計画の立案決定過程に対する被災者の参加手続、個々の被災者の自立的な生活再建基盤をなす私的財産権の保全、自助では立ちいかない被災者の生活再建に対する公的支援制度、異議申し立て・紛争解決制度、などに着眼していくことが必要と考えられる。

3　各論的論点——阪神・淡路大震災と東日本大震災からの学び

　都市型災害としての阪神・淡路大震災との対比で、地方型災害としての東日本大震災における復興過程の問題を検討するとき、そこに表れる論点はアジア諸国との国際比較において汎用性を有すると考えられる。以下では復興意思決定の参加手続、復興過程の私権の保全、復興過程の公的支援、紛争解決制度の問題群に言及する。

1　復興計画の変容——参加の実質化・形骸化

　災害復興過程における「復興計画」の意義は再考に値する。立法の明文規定がないため、「復興計画」の法的性格は定かでなく、異なる立場が入り乱れている。復興の概括方針を提示する行政ガイドラインとしての意味しか有しないのか、一連の都市計画決定効果を束ねる強化された行政計画であるのか、あるいは法的内容よりも復興まちづくりの住民参加を促す手続プロセスとしての意義があるのか。

　内閣府の復興事例集によれば、「復興計画」が本格的に登場するのは1991年雲仙・普賢岳噴火後の復興過程であり、長引く復興への住民理解と協力を取り付けること、また生活再建・防災まちづくり・地域活性化といった復興の内容面を明確化し相互関係を効率化する、行政ガイドラインとしての目的が示唆されていた[6]。しかし1995年阪神・淡路大震災後の「復興基本計画」

5　金子2013b.
6　内閣府2010, p.72-73.

においては、新たに、行政意思決定過程における住民参加手続としての性格が顕著に立ち現われた。震災2か月間の建築規制（建築基準法84条）中に強行された都市計画決定が行政の横暴だとする批判を浴びるなか、有識者による「復興計画検討委員会」が立ち上がり、「復興計画ガイドライン」に基づき住民意見を募集し、6月末までに十年間で9兆円規模の「復興基本計画」として決定・公表をみた。都市計画の面では神戸市長によるいわゆる「二段階都市計画決定方式」の提案により、1981年制定「神戸市地区計画及びまちづくり協定等に関する条例」を活用した「まちづくり協議会」を設置し、各地区で各論的検討が進められていった。こうした復興計画の展開は内容論より以上に、復興過程における行政と住民の確執を解消し合意を架橋する手続プロセスとしての意義が見いだされる。その後「復興計画」は国の防災基本計画第二編3章1節に自治体の責務として明記され、中越地震等を経て、内閣府「復興対策マニュアル」（平成22年）等が整備され、東日本大震災の被災各地でも実施された。

　しかし東日本被災地の各自治体が採用した復興計画は、逆に2011年東日本大震災復興特別区域法（以下「復興特区法」）により強化された一連の行政主導枠組みとしての性格を示した。震災1か月を経て国土交通省の直轄調査費により、各自治体はそれぞれ異なる復興コンサルに復興計画策定や復興交付金事業の実施手続を発注していった。これらコンサルは、阪神・淡路大震災当時の神戸の都市計画決定が「復興基本計画」に先んじたために激しい住民批判を浴びた教訓に逆説的に学び、東日本では「復興基本計画」を先行し、そのうえで復興特区法（46条）の規定に従い、都市計画決定効果を束ねる「復興整備計画」を公表していくという手続順序を、共通して採用した。また国土交通省の合意形成ガイダンス[7]に依拠して住民説明会等の住民合意手続を再三アピールした。しかしながら阪神・淡路大震災後の「まちづくり協議会」が条例で一定の提案権や市長との協定について定め、曲りなりにも公法手続における住民参加の糸口であったことと対照的に、東日本の住民合意プロセスにおいては実質的な情報開示はなく、行政決定に持ち込むための手

7　国交省2012.

続ステップが淡々と踏まれる実態であった。被災各地では震災3か月前後で既存の自治会や新規の住民団体が立ち上がり、住民提案を行う動きは顕著であったが、コンサル主導の復興計画策定においてそれらの提案が顧慮されることはなかった。背景に、復興予算の国庫全額負担を享受するべく、国の意向に沿った「復興基本計画」「復興整備計画」の策定が急がれた事情が覗われる[8]。

　2013年制定の大規模災害復興法は、こうした東日本大震災後の行政主導手続を踏襲・強化するものとなった。同法の想定する「復興計画」（10条）とは、都市計画の特例手続である。市街地開発事業・集団移転促進事業・津波防護施設・漁港漁場整備事業・地籍調査事業などの「復興整備事業」の青写真であり（同2項4号）、これは東日本大震災被災地で採用された「復興基本計画」と「復興整備計画」を一本化して都市計画決定や各種許認可の効果を一斉に確得する規制緩和・迅速化手続に他ならない。しかも東日本被災地の「復興基本計画」や「復興推進計画」でまだしも正面で扱われていた被災者の生活再建・地域振興の要素は、大規模災害復興法の「復興計画」においてはわずか一文で触れられるのみである（同5号）。

　「復興計画」の策定手続は、国の復興基本方針と都道府県の復興方針に即して、内閣府の定めに従い、被災市町村が作成する（10条1項）。阪神・淡路大震災当時の復興基本計画が神戸市の自治的発案であったこととは対照的な、中央集権ボトムアップ構造である。「復興計画」の協議組織として「復興協議会」を設けるが（11条）、これは被災市町村の首長が都道府県知事や関係省庁とともに構成する行政部内の協議組織であり、民活事業者等の利害関係者の参加を想定するが、積極的な住民参加の場ではない（同3項）。復興協議会の傘下で「復興計画」に盛り込まれた復興整備事業が一括審議されたのち、「復興計画」は行政処分として告示されることなく、単に一方的に「公表」される（10条6号）。この公表の法的効果は甚大で、被災者の生活再建に直結する多数の行政決定効果を一括して発揮する。すなわち「復興計画」に含められた土地利用基本計画変更・都市計画決定・農業振興地域変

8　金子2012a、2013a。

更・保安林解除・漁港区域変更等、被災者の生活再建に直結する多様な行政決定が「復興整備事業」の名のもとに一括され、各根拠法規の定める正規の審理手続を介することなく「復興計画」の「公表」により一斉に効果を生じる（12条9項、14条他）。縦覧・意見書などの住民参加手続は採用されず、単に公聴会の開催その他の住民の意見を反映させるために必要な措置を講ずるとある（10条5項）。

　このように、阪神・淡路大震災を契機に住民参加手続としての性格を帯びた「復興計画」概念は、東日本大震災を経て、行政主導の手続枠組みとして変容する傾向が見いだされる。この傾向は、海外の動向においても見いだされ、世界銀行が近年推進する「災害復興フレームワーク（Disaster Recovery Framework）」においてはPost-Disaster Needs Assessment（PDNA）と称して地方末端の復興ニーズを吸い上げる手続を強調し、筆者の観察によれば、住民度外視で、行政部門内部の財源陳情メカニズムとして機能している[9]。

2　創造的復興か人間の復興か——復興における私的財産権の帰趨

　復興の目標が、行政主導の都市開発・インフラ整備を推進する「創造的復興」なのか、それとも個々の被災者の生活再建と地域の再生をめざす「人間の復興」であるべきか。2011年末制定の復興特区法が導入した「復興推進計画」や「復興整備計画」は、まさに「創造的復興」の枠組みであるといえる。「復興推進計画」とは産業集積の形成による雇用創出や住宅供給等の地域経済活性化へ向けた事業に国庫補助を行うものであり（法2条）、一方「復興整備計画」は震災により土地利用変化や被災者の移転・避難の余儀ない地域で新たな土地利用方針に基づき都市計画事業を行うもので（法46条）、法文上は二者が分離並行して規定されているが、現実の実施は被災地の同一地域で行われるものであるから、二者があいまって復興の帰趨を決めてゆく。その決定手続がいずれも住民疎外型の、行政部内の協議会方式であったことは上述のとおりである。

　筆者の被災地における観察に基づくかぎり、「復興整備計画」における土

9　金子2015a.

地利用方針が、「復興推進計画」のめざす「創造的復興」志向によって既定され、被災者の生活再建基盤をおびやかす問題が見いだされる。

　第一に「復興整備計画」の目玉である防災集団移転事業のありかたが、「復興推進計画」のめざす住宅開発活性化目的に導かれ、復興一体事業と連結した集住化型のコンパクト・シティ形成に向けて誘導される問題が見受けられる。たとえば防災集団移転における職住切り離し型の運用である。防災集団移転では移転促進地域指定に前後して建築基準法39条の災害危険区域指定が実施され、これによる永久的な居住禁止措置の損失補償として、いわゆる復旧価格による元地の買い上げが実施される。この際、震災前の防災集団移転施行規則では宅地のみならず職住一体の移転を見込んだ農地買い上げが原則であったところ、震災後の規則改正で宅地のみの買上げも国庫補助対象とされたことから、多くの事例で宅地買上げしか行われず農地・商店等の一体型移転が避けられたとみられる。ただし被災者の声を受けて後日、住宅店舗一体型の移転を柔軟化していった自治体も少なくないとする調査報告もある（兵庫県弁護士会2015、表-13）。地方型経済ならではの職住一体型の生活基盤が、防災集団移転事業によって分離される傾向があったとすれば、被災者の生活再建に対する弊害は否定できない。災害危険区域に該当した被災者は、生業を捨てて元地を売却しその対価を用いて安全地へ住居を移転するか、逆に生業を継続するために元地買上げによる移転を断念するか、まさに安全と生業との二者択一を迫られることとなったと考えられる。ことに漁業・農業集落においては「復興整備計画」が旧集落の消滅を前提に遠隔地への集住化型移転を主眼とし、これが「復興推進計画」による漁港閉鎖・集約化と並行し、元地で生業を営む選択肢を封じられるケースにも少なからず遭遇する。こうした小集落のケースでは、集約化による集落消滅を前提に、ハードインフラ型防災の実験場と化す例が見いだされ、元地買い上げ価格が低廉化する。これに対して、移転先のコンパクト・シティでは土地価格は格段に高く手が届かない。結果として住宅移転による安全も得られず、生業も断念せざるを得ないという不幸な状況が見いだされる。筆者が訪問を重ねているある地域では、防潮堤建設のために江戸時代に遡る漁業集落の入会海岸が接収され、漁港集約化のため船泊も閉鎖され、また集落の真ん中を横切って

高さ10メートル余の二線堤の建設が決まり、次なる津波に際してはこの防潮堤と二線堤との間に津波プールを形成し遺体・遺物捜索の迅速化に資するとの住民説明が行われた。津波プールの予定地域の公的買上げは雑種地同然の廉価となり、価格数倍の高台造成地への移転を諦めた世帯は少なくない。このような現象の背景には、防集団地の宅地買収・造成費が基本的にコストアップ方式で決定され、国庫補助を超える分は基本的に被災者に価格転嫁されるという、あたかも民活型開発事業における公有地払下げと同然の行政運用がある。公共土木事業である点が異ならないとはいえ、災害復興における被災者支援と、開発事業との政策目的の違いを再認識し、運用を改善する必要がある。そのためにも「人間の復興」論は不可欠である。

　第二に、「災害は区画整理の母」なる言い回しでも知られるように、日本の災害復興史において中核をなしてきた区画整理事業の問題がある。「復興推進計画」による産業集積・地域経済活性化の推進地域と一体的に、「復興整備計画」による区画整理事業や復興拠点整備事業が組み合わされ、産業誘致目的の高い減歩率や遠距離の換地が既成事実化する傾向が見いだされる。区画整理の対象地域の多くは震災前から職住一体型の零細商店主が軒を連ねる商業地域であり、防災集団移転による住宅と店舗との分離を回避して、元地での区画整理が想定されていると見受けられる。しかし浸水地に特区方式の産業招聘を図らんとする「復興推進計画」のために、区画整理地域が活用され、公共用地確保のために徒な減歩を強いられる傾向も見いだされる。筆者が訪問を重ねているある宮古市鍬ヶ崎では、「復興推進計画」を受けた新たな水産加工団地建設のために幅員17メートルの産業道路が必要であるとして、区画整理による無償の減歩率が20～30％余ときわめて高率となり、これに反対して流出する世帯数は3分の2に上った。減歩補償金は流出者の所有地先行取得に費消され、残存世帯の減歩はあくまで警察目的規制として無償であると行政側は言う（判例は別異）。高い減歩率は「神戸の経験」で確立した区画整理慣行であるとする行政・コンサルのまことしやかな説明が行われていた。震災で肉親や資産を失いながら、残されたわずかな土地さえ2～3割を無償で徴用されねばならない被災者の運命は過酷である。

　第三に、「復興推進計画」の経済活性化志向が前面に出るとき、資産性の

明白な登記済所有権が公的買上げ・補償等の対象となる反面、国土調査未了地の所有権や借地権、入会権などの非流動的カテゴリーの私権が「復興整備計画」において捨象されてゆく問題がある。国土調査未了地はたとえば岩手県宮古・山田・大槌などの被災自治体で6〜7割に達し、とくに古くからの中心街・居住地ほど土地利用の歴史性を反映して紛争が予想されることから、自治体が財源負担を嫌忌して地籍確定が遅れてきたとみられる。このような土地では防災集団移転事業に先立って復興交付金による地籍確定事業が先んじ、国土調査時と異なり現実利用よりも公図・書証を重んじる運用から、所有権者ですら売却・移転を躊躇する向きが聞かれる。ましてや借地権者の待遇は問題含みであり、罹災都市借地借家臨時処理法の不適用・廃止に伴い、自治体の運用において（借家人の優先借地権のみならず）借地上建物の登記を欠く借地権の保護が等閑視され、防災集団移転事業や区画整理事業において手続参加を得られない。筆者が訪問を重ねているある災害危険区域では、複数の借地権者が存在する広大な所有地を不在地主が行政側に売却し、売却益を借地権者らに還元することなく連絡を絶ち、借地権者らは行政交渉を拒絶され、借地権割合に応じた売却益を防災集団移転に生かさんとする望みを絶たれている[10]。

3　復興過程における国家の生活再建支援——生業支援の射程

都市型災害ともいうべき阪神・淡路大震災において、被災者の住宅再建における国家の役割がテーマとなり、1998年「被災者生活再建支援法」の立法へつながった。その過程で論点とされたのは、被災者の生活再建における国家の役割の射程である。一方で、公金は憲法原理である公共性原則にしたがって個々の被災者の資産形成に振り向けることはできないとする、いわゆる「個人補償論」が唱えられ[11]、復興における国の役割は公共インフラ事業に特化して進められるべしとする考え方が前提にある。他方で、憲法13条の幸福追求権や25条の生存権に依拠して、復興過程の被災者支援における国家のより積極的役割を強調する考え方も行われてきた[12]。筆者自身は、生存権の

10　金子2014.
11　阿部1998.

尊重に立ち、個々の被災者に対する補助金が一切許されないとは考えないが、他方でそれが青天井で認められることは被災者の自助努力を阻害すると考える。その限度を画する一線が問題である。

　その一線を画する一つの法概念的な枠組みとして、「損失補償」を重視すべきではないかというのが筆者の考え方である。発災直後の応急段階のベーシック・ニーズに対する災害救助は国家の責務として一律平等に提供されることに対して、その後の長期化する復旧復興過程の生活再建については、やはり原則的には自助の問題である。ただし原則に対する例外として、福祉国家の文脈で災害弱者への手当てが行われるほか、災害発生に関し国家の不法行為責任が問われる局面では「国家賠償」が行われ、またさらに復興事業に伴う私的財産権の公用収用においては「損失補償」が実施されねばならない。米国のハリケーン・カトリーナ後の復興過程では、堤防崩壊に関する国家責任が認定されことから、公金拠出が「国家賠償」の対象範囲に留められて支給格差を生み、別途「支援」の文脈が必要であったとする先行研究がある[13]。筆者の東日本被災地における観察、あるいはアジア諸国の被災地における若干の調査においては、むしろ国家裁量的な「支援」の文脈が支給格差を生みがちであり、むしろ法的義務としての「損失補償」が適切に行われるべきであったという見方を有している[14]。

　日本の制度においては、表２にみるように、狭義の災害救助が終了したのちも、被災者の生活再建に仕向けられる支援措置はじつは多様に存在する。しかしながら支援根拠の論理体系性を欠いているので、運用が乱れがちであると考えられる。自治体の支援現場では市町村財源の持ち出しを伴う支援制度が節約されるという悪弊（たとえば弔慰金）が見いだされる反面、市町村財源の持ち出しのない措置（たとえば生活再建支援金。また被災事業者の自己負担１/４を伴うものの市町村負担じたいは伴わない中小企業グループ補助金など）が業界支援の意味合いも含んで積極的に支給される傾向などである。現状の課題を徹底的に洗い出し、将来へ向けて抜本的な体系的整理が必要と考

12　小山1999，森2012、本多・大田2013.
13　近藤2009.
14　金子2015a.

③ 各論的論点　301

表2　東日本大震災後の公助の概要

支援フェーズ		支援分野	制度根拠	財源負担
応急段階の災害救助		衣食住・医療教育等 (生命身体・財産の保護)	災害救助法	国：5～9割⇒地方負担分は地方債・交付税95% 県：1～4割⇒1% 市町村：無
Early Recovery (復興過渡期)	立法措置	仮設住宅の提供	災害救助法	同上
		がれき処理	廃棄物処理法	国：5～9割⇒地方負担分は地方債・交付税100% 市町村：1～4割⇒ゼロ負担
		生活再建支援金の基礎支援 (住宅被災世帯への見舞金)	被災者生活再建支援法	国：1/2⇒4/5 県：1/2⇒1/5 市町村：無
		弔慰金 (生計維持者死亡等の見舞金)	弔慰金法	国：1/2⇒地方負担分は特別交付税措置70% 県：1/4⇒17.5% 市町村：1/4⇒17.5%
		農林水産業財政特例： -共同利用施設復旧等 -養殖施設復旧事業	激甚法 (水産庁予算、他)	共同施設〜国：1/3、県：1/3、漁協1/3 個人養殖施設〜国：9/10
	アドホック措置	商工業者の仮設営業： -仮設店舗・工場の提供 -特別融資・二重ローン対策他	アドホック措置 (中小企業庁予算)	国：全額 ↓ [市町村は被災者より賃料徴収]
		緊急雇用支援策： -保険特例・雇用調整助成金 -緊急雇用創出事業の拡充他	アドホック措置 (厚生労働省予算)	国：全額 ↓ [水平支援・民間委託等]
復興段階	立法措置	生活再建支援金の加算支援	生活再建支援法	国：1/2⇒4/5 県：1/2⇒1/5 市町村：無
	アドホック措置	自治体の住宅再建追加支援策	アドホック措置 (復興基金)	国：全額
		商工業者の恒久的事業： -中小企業グループ補助金等 -中小企業特別融資 -二重ローン対策、他	アドホック措置 (中小企業庁予算)	国：1/2 県：1/4⇒中小企業基盤整備機構の高度化支援 市町村：無 [事業者の個人負担1/4]
	復興交付金事業	防災集団移転 嵩上げ区画整理 災害公営住宅、他	東日本大震災復興特区法	国：全額 [ただし津波シミュレーションの2-2ルールによる事業対象地域＝災害危険区域の限定]

(筆者による整理)

えられる。そこでは自助のベースラインとして一定の所得累進性を勘案した災害皆保険制度を基盤に据え、保険制度の枠内で賄い難い大規模災害について公助を発動する、二階層方式の制度設計とすること、またかかる公助の設計においては現行の弔慰金（稼得者死亡世帯）と生活再建支援金（住宅被災世帯）とを統合し、死亡・住宅被災に囚われずあらゆる被災カテゴリーを平等

に射程におく支援金制度を構築することが求められよう。他方で、東日本大震災であまりにも多用された事業者向け補助金については、市場に対する国家介入の政策理念を再整理する必要があり、省庁縦割りを超えて各種の債務整理スキームや特別融資制度等と連結させ、一連の二重債務対策として一元化することが求められるとともに、その実施体制については熟達した企業審査要員を後背地ではなく被災地前線に投入し実現性を強化せねばならない。平成の徳政令の再検証が問われているのである。

4 大学関係者・法曹の役割──結びに代えて

　東日本大震災の復興過程において、筆者は3.11後に岩手県沿岸部の被災地に飛び込み観察を続けてきたが、このような自らの被災地とのかかわりについて振り返って思うことがある。当初は、被災住宅や農地・漁場の清掃ボランティアとしてもっぱら汗を流すことで被災者の心中に近づき、長期化する復興過程では三味線弾きとして仮設住宅サロンを流し歩き、被災者に交じって住民説明会に潜り込み、ときには自治体行政に乗り込んで首長や復興担当者に談判し、ともかくも災害法という目に見えぬ現象の後ろ髪なりともつかみ取ろうと、手段を選ばぬ接近を試みた。研究者としての尊厳を脱ぎ捨てた泥まみれの調査姿勢であったといえる。しかしそれが一部の被災者のかたがたに受け入れられ、本音で語っていただけたのではないかとも思っている。

　日本の災害法制、なかでも復興事業を根拠づける公法体系が牽引する災害復興法制は、ともすれば行政サイドが一方的に意思決定し、完結する制度枠組みである。学者や法曹による復興支援が行政サイドに寄り添って進められる限り、それは「創造的復興」の支援に終わる。災害法制の歴史軸のなかで将来を展望するとき、また比較軸のなかでアジア横断的な視座を持ち込むとき、開発国家モデルを超えて、被災者を中核に据えた市民社会型の災害復興法制の登場が待たれている。大学研究者や法曹は、被災者の側に寄り添うことによってこそ、行政主導的制度文化にがんじがらめに染め上げられた日本法の束縛を解き放ち、新しい制度文化の芽生えをリアルタイムで支えていく

ことができ、また、帰納法的な研究対象ともなしうるはずである。

〈参考文献〉
阿部泰隆（1995）『大震災の法と政策』日本評論社.
生田長人（2010）『防災の法と仕組み』東信堂.
池田恒男（2000）「震災対策・復興法制の展開軸と復興法学の課題」、甲斐道太郎編『大震災と法』2000.
金子由芳（2012a）「地方分権化における災害復興のガバナンス―東日本大震災からの教訓」『都市安全研究報告』No.16, p. 239-252.
金子由芳（2012b）「産業経済復興と生業支援」『日本災害復興学会誌復興（5号）』Vol.4, No.1, pp.29-36.
金子由芳（2013a）「被災者に届かぬ復興予算―「人間の復興」の阻害要因」『日本災害復興学会誌復興（6号）』pp.9-16.
金子由芳（2013b）「災害復興における参加の手続保障―日本・タイ・インドネシアの比較検討」『国際協力研究』22巻2号.
金子由芳（2014）「災害復興における国家と私権のゆくえ―東日本大震災とアジア」『法文化叢書』12号.
金子由芳（2015a）「アジアの災害復興における私権補償と司法アクセス」『国際協力研究』22巻2号.
金子由芳（2015b）「災害復興基本法への提言―2つの大震災の教訓から」、震災復興プラットフォーム編『神戸発震災復興学』ミネルヴァ書房（近刊）.
小山剛（1999）「震災と国家の責務」『公法研究』61号.
国土交通省（2012）「東日本大震災の被災地における復興まちづくりの進め方（合意形成ガイダンス）」国土交通省都市局・住宅局.
近藤民代（2009）「米国ハリケーン・カトリーナ災害のニューオーリンズ市における地区ごとの復興格差」『都市計画別冊：都市計画論文集』.
内閣府（2010）「災害復興対策事例集」内閣府.
兵庫県弁護士会東日本大震災復興支援本部（2015）「被災自治体アンケート調査報告書（中間報告）」.
本多滝夫・大田直史（2013）「復興のデザイン―創造的復興と人間の復興との相克」法律時報84巻6号.
森英樹（2012）『3.11と憲法』日本評論社.
IRP/ UNDP/ ISDR（2010）*Guidance Note on Recovery*, IRP.

第12章　阪神・淡路大震災からの復興の教訓

本荘雄一

1　はじめに

　1995年1月17日未明に阪神間の都市部を襲った阪神・淡路大震災の発生後、神戸市職員として、復興業務に携わりました。まず、ボランティア受入の窓口業務を担当しました。次いで、1月末からは、当時、「神戸市第4次基本計画」の策定作業に従事していたことから、「神戸市復興計画」の策定に係わることになりました。当年6月末に、復興計画を確定公表した後は、復興計画の計画期間である10年間、復興計画の進行管理業務を担当しました。

　その進行管理の業務で、1999年度と2003年度に市民とともに実施した「復興の総括・検証」を通して、様々な教訓を学びました。それらは、大規模災害において、行政能力には限界があり、市民一人ひとりが自己責任で自律し、支え合っていく必要があるという教訓に集約することができました[1]。それを煎じ詰めれば、「自律と連帯」という価値規範であるといえます。この教訓を踏まえて、今後の神戸の都市づくりを進める上で、自律した市民が連帯する市民社会の構築が重要であると提言されました。

　16年後の2011年3月11日に発生した東日本大震災からの復興の取り組みが現在進められていますが、その過程における行政と市民社会とのやりとり取りは、阪神・淡路大震災と比べて異なっていると指摘されています[2]。また、阪神・淡路大震災から20年が経過した今、当該被災地において震災を経験していない市民や行政職員が増加しています。神戸市では、震災以降に転入したり、生まれたりした市民や、震災以降に入所した職員が、それぞれ約4割近くになっています。それに伴って、前述の阪神・淡路大震災からの復興過程で得られた教訓が風化してきているのではないかと危惧されます。この

ような状況を踏まえて、本小稿は、阪神・淡路大震災からの復興を進める上での鍵概念になると提言された「自律と連帯」という価値規範が、「復興の総括・検証」においてどのように導き出されたのか、その経緯を改めて整理し、記録として残すことを目的としています。なお、本小稿での意見については、あくまでも著者個人の考えです。また、本稿中に記載している肩書は当時のものです。

2 神戸市復興計画の概要とマネジメント

1 復興計画の概要

　阪神・淡路大震災発生の1週間後の1995年1月26日に、当時の笹山幸俊神戸市長は、復興の基本方針について、「速やかな神戸の都市基盤の復旧を図り市民生活と都市機能を回復させ、安全で市民が安心して暮らすことの出来る防災モデル都市を築く」と表明しました。神戸市長は「復興のまちづくり」の目標として、「単に震災前の姿に戻すにとどまることなく、震災の経験や教訓を生かし、より安全で快適な、にぎわいと魅力あふれるまちをめざす」ということを掲げました。これは、「復興のまちづくり」が単に元に戻る「復旧」ではないことを明確に打ち出したものです。

　また、その目標の実現のために、復興計画を速やかに策定することを発表しました。2013年に成立した「大規模災害復興法」が、市町村による復興計画の策定を初めて位置づけた法律であって、阪神・淡路大震災の発生時には、復興計画の策定に関する法律はありませんでした[3]。しかし、神戸市は、市民に自らのまちを復興する希望と方向性を与えるとともに、国の財政的支援を得るため復興事業を明確にする必要があることなどから、独自に行政計画として復興計画を策定することとしました。以上のような市長による復興の基本方針を受けて、神戸市は、100人の委員からなる「神戸市復興計画審議会」での諮問・答申を経て、発災から5か月後の1995年6月末に、10年間を計画期間とした復興計画を確定・公表しました。

　「神戸市復興計画」の構造は、図1のとおり、「社会基盤の復旧」、「住宅再建」、「都市計画」、「経済の活性化」、「中小企業対策」、「生活再建」、そして

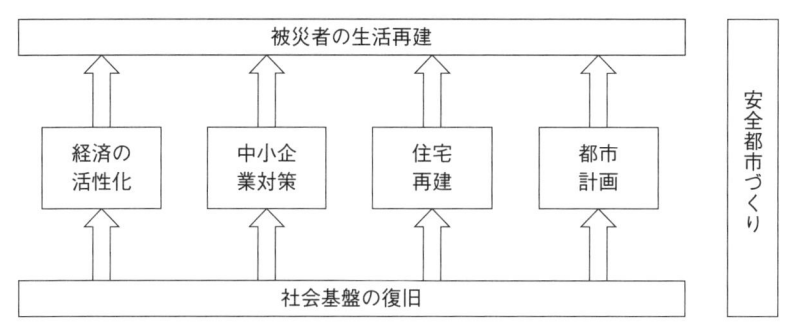

図1 神戸市復興計画基本構造
資料）神戸市（2011）、阪神・淡路大震災の概要及び復興報告書[4]

「安全都市づくり」に大別されます[4]。復興の究極の目的は、被災者が震災前のように、自律した生活を取り戻す「生活再建」であるとして、「生活再建」を最上段に位置づけています。「生活再建」のためには、個人においては住まいと働く場が確保され、また、地域においては、破壊されたまちを安全で快適なまちとして再建する「都市計画」および「中小企業対策」を主とした被災した「経済の活性化」が必要になるとして、それぞれを2段目に位置づけています。「生活再建」、「住宅再建」、「都市計画」、「経済の再建」を進める上で、「社会基盤の復旧」が基礎になるとして、「社会基盤の復旧」を最も根底部分に位置づけています。震災からの復興にあたり、同時に考慮すべき分野として、安心して暮らせる「安全都市づくり」を位置づけています。

2　復興計画のマネジメント

　言うまでもなく、大規模災害からの復興においては、時間の経過とともに解決すべき課題の重点が移っていきます。阪神・淡路大震災からの10年間を振り返ってみますと、表1のとおり、災害救助から始まり、応急対応、復旧へ、そして、本格的復興へと進む中で、ハード面の回復からソフト面の充実へと課題の重点が移っていきました。

　時々の社会経済情勢や震災からの復興状況、市民意識などに伴って変化する諸課題に、柔軟かつ弾力的に対応して、被災地の復興を着実に進めていくためには、復興の進捗状況を継続的に評価し、復興計画に記載されたビジョ

表1 震災発生以降の全般的状況の推移

震災からの時間	全般的状況
緊急対応・応急復旧期　地震発生〜3日後	救助活動 　―人命最優先―
〜1月末頃	避難生活の開始、救助活動 　―応援部隊の活躍―
〜3月末頃	仮設住宅、自力再建着手、復旧活動 　―個人資産への関心―
復興前期　4月頃〜	問題の収斂 　―自立再建と自立困難の二極化―
〜2年目頃	修正・改善 　―雇用・経済の問題、 　　　　市民生活の正常化―
3〜5年目	新しい動き、一般施策の再開、 仮設住宅の解消、経済の8割復興 　―震災以外にも原因が？、 　　　構造的な課題を改めて認識―
復興後期　〜10年	復興前期までの復興 　特別施策の一般施策化

資料）神戸市復興・活性化推進懇話会（2004）、平成15年度復興の総括・検証報告書[1]

ンの実現を可能にするように施策の見直しを実施していくことが必要であると指摘されています[5]。

　このような考え方に基づいて、神戸市は、「神戸市復興計画」の実行にあたって、日本で1990年代半ばから導入され始めた行政評価システムにおけるPDCAサイクルの考え方[6]を採用しました（図2参照）。「神戸市復興計画」において、施策については、前半5か年に実施するものだけを位置づけました。後半5か年に実施する施策については、前半5か年における復興の進捗状況等を踏まえて、検討することとしました。この方針を受けて、震災から5年目の1999年度に、「復興の総括・検証」を行って、前半5か年における復興の進捗状況を把握しました。その結果、明らかになった残された課題を解消するために取り組むべき施策をまとめて、2000年度に「復興計画推進プログラム」を策定しました。また、復興計画の最終年次が目前に迫った2003

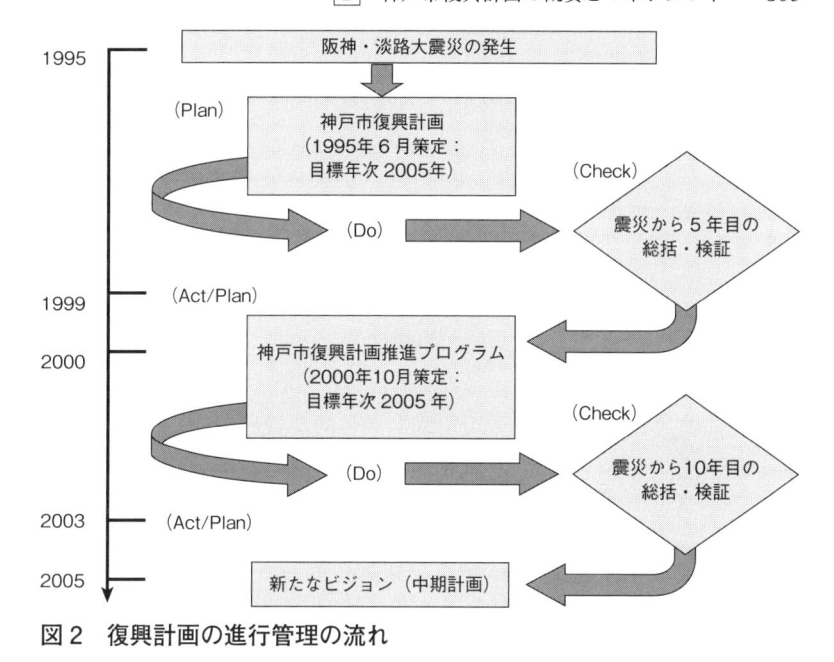

2 神戸市復興計画の概要とマネジメント　309

```
1995 ──┐ ┌──────────────────┐
       │ │  阪神・淡路大震災の発生  │
       │ └──────────┬───────┘
       │   (Plan)   ▼
       │    ┌──────────────┐
       │    │ 神戸市復興計画     │
       │    │ (1995年6月策定：  │
       │    │ 目標年次2005年)   │      (Check)
       │    └──────┬───────┘       ◇
       │         (Do) ──────────→ 震災から5年目の
       │                           総括・検証
1999 ──┤   (Act/Plan)   ←──────────
2000 ──┤    ┌──────────────┐
       │    │ 神戸市復興計画推進プログラム │
       │    │ (2000年10月策定：  │
       │    │ 目標年次2005年)   │      (Check)
       │    └──────┬───────┘       ◇
       │         (Do) ──────────→ 震災から10年目の
       │                           総括・検証
2003 ──┤   (Act/Plan)
2005 ──▼    ┌──────────────┐ ←──
            │ 新たなビジョン（中期計画）│
            └──────────────┘
```

図2　復興計画の進行管理の流れ

年度に、それまでの復興を振り返る2度目の「復興の総括・検証」を実施しました。その結果を基にした提言を踏まえて、残された復興課題や復興の過程で生じた課題の解決を図るとともに、震災と復興過程の経験や教訓を生かした都市づくりの指針とするため、「新たなビジョン（中期計画）」を2005年度に策定しました。

　このような、復興計画の円滑かつ効果的なマネジメントに取り組むための仕組みとして、1996年度に堯天義久元神戸大学学長を座長とする「神戸市復興推進懇話会」を設置しました。同懇話会の設置目的は、復興計画の進捗状況を把握して、課題を明確化し、その課題解決のための方策を市長へ提言することでした。また、同懇話会を継承・発展させて、1998年度に、堯天義久元神戸大学学長に引き続いて座長に就任いただいて、「神戸市復興・活性化推進懇話会」を設置しました。両懇話会ともに、委員については、幅広い分野からの意見を募るという観点から学識経験者と、また市民との協働を促進するという観点から民間団体、市民に委嘱しました。

3　阪神・淡路大震災からの復興の教訓

　前述のとおり、「神戸市復興・活性化推進懇話会」は、復興計画の前半5か年の最終年次である1999年度に、「復興の総括・検証」を実施しました[7]。その目的は、震災から5年目までの復興への取り組みをいったん振り返り、個々の事業の達成状況や残された課題を整理し、後半5か年に向けて有効な施策を検討することでした。総括・検証にあたっては、前述の復興計画の構造に対応させて、生活再建、住宅・都市再建、経済・港湾・文化、安全都市の分野別に検討を進めました。分野別に具体的な検討を行うため、「神戸市復興・活性化推進懇話会」の下部組織として、庁内関係部局と学識経験者から構成される「震災復興総括・検証研究会」（表2参照）を設置しました。また、同時期に、兵庫県が国内外の有識者による国際総合検証を行うということに対して神戸市は、できるかぎり多くの市民の声を聞き、その人たちの認識を検証に反映する住民参加型の草の根の検証を行うこととしました。
　震災から10年目にも、震災から5年目の検証と同様に、幅広く市民各層に対して意見を聞く市民参画型で「復興の総括・検証」を実施しました[1]。5年目の検証で明らかになった課題等を踏まえながら、これまでの復興過程を経て築き上げられた今の段階の神戸を分野別に総括・検証しました。
　本章では、このような2回にわたる「復興の総括・検証」において、分野

表2　震災復興総括・検証研究会

分　野	担当する学識経験者（◎は総括）
全体	◎安田丑作　神戸大学教授 　福島　徹　姫路工業大学教授
生活再建	林　春男　京都大学教授 　立木茂雄　関西学院大学教授
住宅・都市再建	三輪康一　神戸大学助教授
経済・港湾・文化	加藤恵正　神戸商科大学教授
安全都市	沖村　孝　神戸大学教授

資料）震災復興総括・検証検討会（2000）、神戸市震災復興総括・検証報告書（概要版）[7]

ごとに得られた教訓を紹介します。

1 生活再建分野の教訓
(1) 生活再建の7要素

　震災から5年目の生活再建の検証にあたって、当時、「生活再建」と言っても範囲があまりにも広く、漠然としているため、最初に、「生活再建」とは何かを定義する必要があるという課題に直面しました[8]。これは、日本における復興計画の計画内容の歴史的変遷を見ると、都市改造計画を中心とした関東大震災の復興計画から始まり、経済復興に関する内容を持つ伊勢湾台風の時代を経て、1990年代以降に、「生活再建」が復興の課題として取り上げられるようになった新しい課題であったためです[9]。

　「生活再建」を定義するための方法として、検証の指導をお願いした林春男京都大学教授から、演繹的方法ではなく、「生活再建とは被災者にとって何を意味するのか」、「生活再建を進めるうえで役に立つと被災者が考えている要因は何か」を被災者に質問し、その個々の意見の積み重ねを通じて生活再建を定義するという帰納法的方法を採用することを提案されました。具体的には、「自分のこと・周りのことで、できていること・できていないこと」をテーマとしたワークショップを実施して、被災者の意見を直接収取し、そこで提出された意見をTQC（Total Quality Management）手法で整理・分析して、「生活再建」を定義しようというものでした。なお、それまで、神戸市では、ワークショップを全面的に実施した経験がありませんでした。そのため、ワークショップでは、結論がどうなるのかは、やってみないとわからないということに、少し不安を覚えたことをなつかしく思い出します。

　このような林教授の提案を受けて、神戸市は、草の根の検証を行うという方針のもとに、「生活再建」を帰納的方法で定義することとしました。神戸市内で、9行政区毎の市政アドバイザーおよび仮設・復興住宅居住者、市外避難者、ボランティア・NPOを対象者として、対象者別に、計12回のワークショップを開催しました。なお、市政アドバイザーとは、神戸市政についての意見を聞くために、神戸市によって無作為に選ばれた20歳以上の神戸市民のことです。ワークショップには、総勢269名（市政アドバイザー177名、仮

312　第12章　阪神・淡路大震災からの復興の教訓

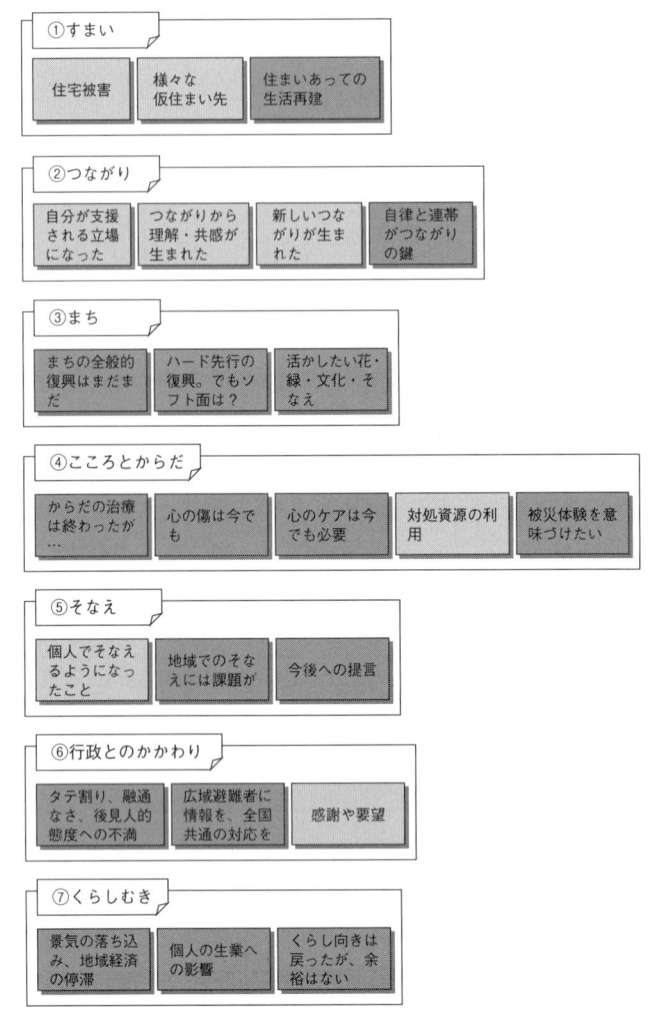

①すまい
- 住宅被害
- 様々な仮住まい先
- 住まいあっての生活再建

②つながり
- 自分が支援される立場になった
- つながりから理解・共感が生まれた
- 新しいつながりが生まれた
- 自律と連帯がつながりの鍵

③まち
- まちの全般的復興はまだまだ
- ハード先行の復興。でもソフト面は？
- 活かしたい花・緑・文化・そなえ

④こころとからだ
- からだの治療は終わったが…
- 心の傷は今でも
- 心のケアは今でも必要
- 対処資源の利用
- 被災体験を意味づけたい

⑤そなえ
- 個人でそなえるようになったこと
- 地域でのそなえには課題が
- 今後への提言

⑥行政とのかかわり
- タテ割り、融通なさ、後見人的態度への不満
- 広域避難者に情報を、全国共通の対応を
- 感謝や要望

⑦くらしむき
- 景気の落ち込み、地域経済の停滞
- 個人の生業への影響
- くらし向きは戻ったが、余裕はない

図3　市民の生活再建の7要素

資料）震災復興総括・検証検討会（2000）、神戸市震災復興総括・検証　生活再建分野報告書[8]

設・復興住宅居住者24名、市外避難者42名、ボランティア・NPO関係者26名）が参加し、1,623枚の意見カードを提出しました。

この意見カードを、生活再建分野で林教授と共に指導をお願いした立木茂雄関西学院大学教授に整理・分類していただいた結果、被災者の生活再建の実感は次の7つの要素に集約されることが分かりました（図3参照）。それは、①すまい、②（人と人との）つながり、③まち、④こころとからだ、⑤そなえ、⑥行政とのかかわり、⑦景気・生業・くらしむきでした。

このうち①すまいと②（人と人との）つながりという2要素だけで、ワークショップで出された意見全体の過半数が占められることがわかりました（図4参照）。特に、注目すべきところは、「つながり」の割合が他の要素と比べ突出して高いことでした。

当時、神戸市に対して被災者への直接的給付の要望が多数出されていたことから、ワークショップを実施する前には、被災者の方が、「生活再建」の

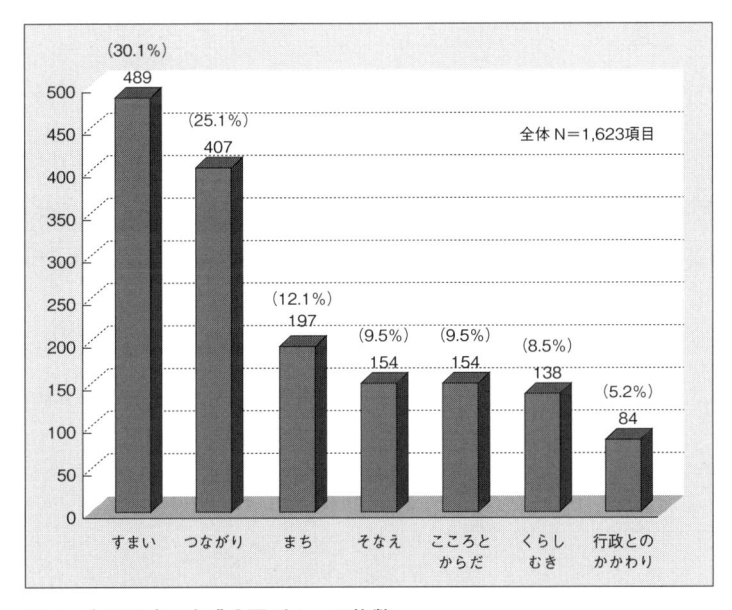

図4 生活再建の実感分野別カード枚数
資料）震災復興総括・検証検討会（2000）、神戸市震災復興総括・検証
生活再建分野報告書[8]

規定要素として、「すまい」と「景気・生業・くらしむき」だけを挙げるだろうと予想していました。前述のとおり、ワークショップで提出された被災者の意見から、「生活再建」は、7つの要素で規定されているということや、その中で「つながり」が重要な要素であることが明らかになったことは、想定外のことでした。また、ワークショップを実施して、ワークショップが、市民と行政との討議・検討システムとして有効であることを実感しました。

なぜ、「つながり」が被災者によって「生活再建」の中で大きな課題として挙げられたのでしょうか。この点について、林教授は、次のように、解釈しています[10]。『震災によって住まいを失った被災者は、避難所→仮設住宅→復興公営住宅というように、短期間のうちに何度も引越しを強いられました。そのたびに、それまでの人間関係は解消され、一から新しい人間関係を作らなくてはなりませんでした。そうした不自然な状況が続く中で、被災者は人とのつながりの大切さをあらためて気づいたのです。それと同時に、今まで以上に、人とのつながりを求めているのです。』このように、震災からの時間の経過に伴う人間関係の変化が人々に大きなストレスになったことから、「生活再建」において、「つながり」の大切さが認識されたと考えられます。

「神戸市復興計画」の最終年次の1年前の2003年度に実施された、2度目の「復興の総括・検証」において、5年目の検証と同様に、「あなたにとっ

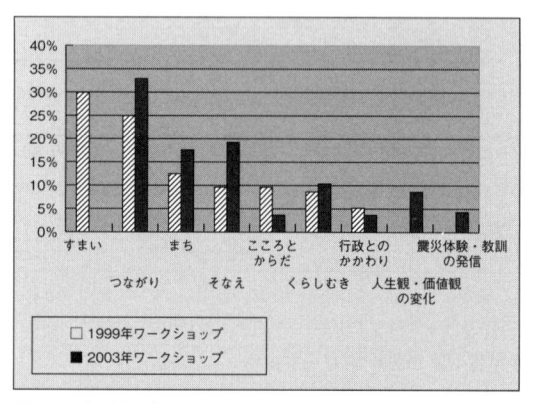

図5 生活再建の分野別カード枚数の割合

て震災復興とは？」というテーマで、行政区ごとに草の根検証ワークショップを実施しました[1]。ワークショップには、総数188名の市民が参加し、763枚の意見カードが提出されました。その結果では、前回トップの意見数であった「すまい」が住宅復興に目処が立ったこともあって、出てきませんでした（図5参照）。一方、「つながり」の意見数が群を抜いて多いことが分かりました。

　このように、5年目の検証において、「生活再建」を図るうえで重要性が高いと認識された「人と人とのつながり」が、10年目の検証においても改めて認識されました。

　以上のように、5年目の「復興の総括・検証」において明らかになった、「生活再建」が7つの要素で構成されるという結果は、ワークショップの参加者数が269名であり、被災者総数と比べると少ないことや、参加者の属性が女性や60代以上の高齢者に偏っていたことなどの理由で、神戸全市民の意見を必ずしも反映していないのではないかという疑問を持たれると思います。しかし、その後の調査研究において、ワークショップの結果は、無作為に抽出された大規模標本へのアンケート調査の結果と矛盾していないことが検証されました[11]。このことから、「生活再建」が7つの要素で構成されているという知見（以下、生活再建7要素モデル）は、阪神・淡路大震災において普遍的で法則的な性質を持っていると考えます。

　この「生活再建7要素モデル」は、東日本大震災で被災した宮城県名取市において、プレハブ仮設住宅、みなし仮設住宅、在宅、住宅再建済みという4つの住まい方の違いによる生活再建課題を明らかにするために実施された被災者グループへのワークショップで出された意見カードを整理、分類される際に用いられています[12]。

(2)「自律」と「連帯」

　5年目の「復興の総括・検証」では、「生活再建」において大切さが認識された「つながり」について、さらに、林教授の主導のもと学識経験者や行政等の専門家により、ワークショップで出てきた意見を因果関係に置き換えて、最終目的を導き出す連関図を作成しました。その結果、因果関係の中で、最終目的として現れる「新しい神戸」をつくるという意見は、「一人ひ

とりが自律する」、「みんなで助け合う（共生・連帯）」、「日常的な「つながり」の場でのふるまい方を確立する」の3つに分けられました[8]（図6参照）。

図6で、「こころざしとして」というカードが付いている左2つの内容について、長くなりますが、「神戸市震災復興総括・検証生活再建分野報告書」(2000)[8]から該当部分の記載を抜粋しておきます。『「一人ひとりが自律する」は、まず自分から行動する、つまり、何か人にしてもらうよりも、まず自分から始めると言うものです。次に、まちをつくっていく主役は自分だという主役意識というものもあります。また、さまざまな意味で自助を出発にしていくものもありました。

「みんなで助けあう」は、自律とはいっても一人ひとりは弱く、力にも限界があるので、それをどうやって補い合い、高め合うかという共生、連帯というものです。その中で必ず認識しなければいけないことは、震災の場合に

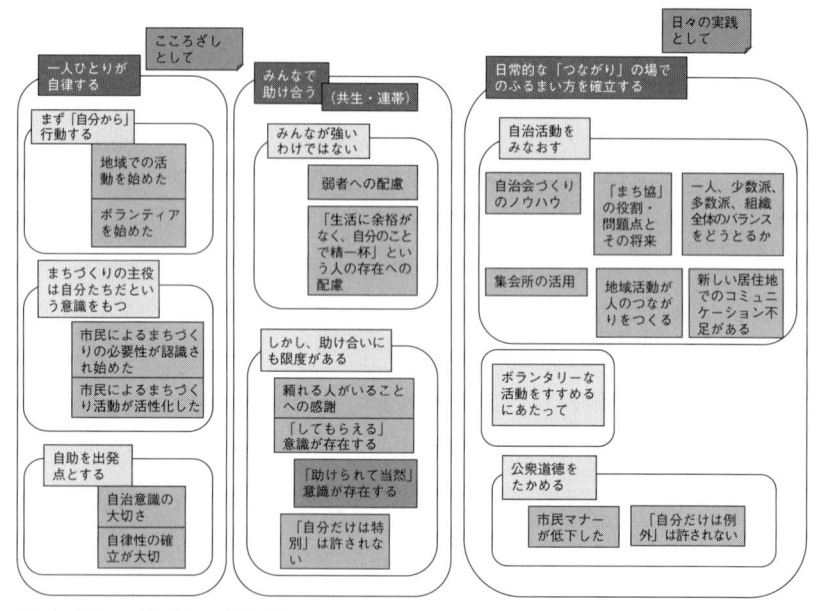

図6　新しい神戸をつくるには
資料）震災復興総括・検証検討会（2000）、神戸市震災復興総括・検証生活再建分野報告書[8]

は、多くの人が様々な形で財産を喪失し、生活に余裕がない層がかなり存在するということを考慮に入れなければならないと言うことです。しかし、助け合いには限界があり、何でも助けてもらえるわけではない、してもらえる意識やしてもらって当然だという意識、自分だけは特別だという意識ではいけないという考え方が出ています。』

　阪神・淡路大震災では、一人ひとりが自己責任で自律し、自分の存在を地域社会の一員として位置づける必要があるという認識が復興過程の中で高まってきました。しかし、一人ひとりの能力には限界もあり、お互いの助け合いや相手への配慮が必要になり、それが人と人との連帯を生むきっかけとなったと考えられます。このように、「生活再建」の分野の検証において、1人ひとりの生活再建を進める上で鍵となる「つながり」は、「自律と連帯」の2つの価値規範に集約されました。

2　住宅・都市再建分野の教訓

　阪神・淡路大震災において、すまいは約8万2千戸が滅失し、まちも壊滅的な打撃を被りました。すまい・まちの復興についての5年目の総括・検証では、戸建住宅を自力再建した方、まちづくり協議会役員などすまい・まちの復興に取り組んだ人の意見を聞くことを重点に実施しました。その意見を基にして得られた様々な教訓を集約したものを紹介します[13]。

（1）住宅再建

　すまいの再建に向けて、戸建再建、共同再建、マンション再建、災害公営住宅への入居、民間賃貸住宅の確保など、それぞれの場面において、多くの困難に直面しました。具体的には、再建資金の確保、法的な制限と手続き、輻輳する土地建物の権利関係、必要な住情報や支援の情報の不足などが挙げられました。特に、再建資金の確保については、東日本大震災の場合と異なって、「被災者生活再建支援法」がまだ制定されていませんでした。そのため、個人の住宅再建への直接的給付が大きく制限されて、基本的には融資や利子補給の優遇措置という形での対応しかできませんでした。

　これらの困難な課題を乗り越えることができるか否かは、市民一人一人の自立再建の取り組みにかかっていたと指摘されています。同時に、すまいの

共同再建やマンションの再建の協同居住やマンション再建は、一人一人の再建努力だけでは、実現が困難でしたが、それぞれに関わる人々の努力によって短期間に成し遂げることができました。また、新しい住まい方の提案である、公営住宅におけるコレクティブハウジングやグループホームが生まれました。さらに、災害公営住宅における入居者のコミュニティ形成のために、ボランティア組織が、イベントやふれあい喫茶などの運営等に、早い段階から取り組みました。

これらの取り組みの成果をもとに、住宅再建を進めるための教訓を集約して、「人と人が支え合うすまいづくり」の重要性が提言されています。

（2）都市再建

大津波被害によって市街地や集落が壊滅した東日本大震災の復興まちづくりと異なって、阪神・淡路大震災の場合には、現地再建が前提となり、その主な事業手法は、土地区画整理事業、市街地再開発事業、地区計画でした。

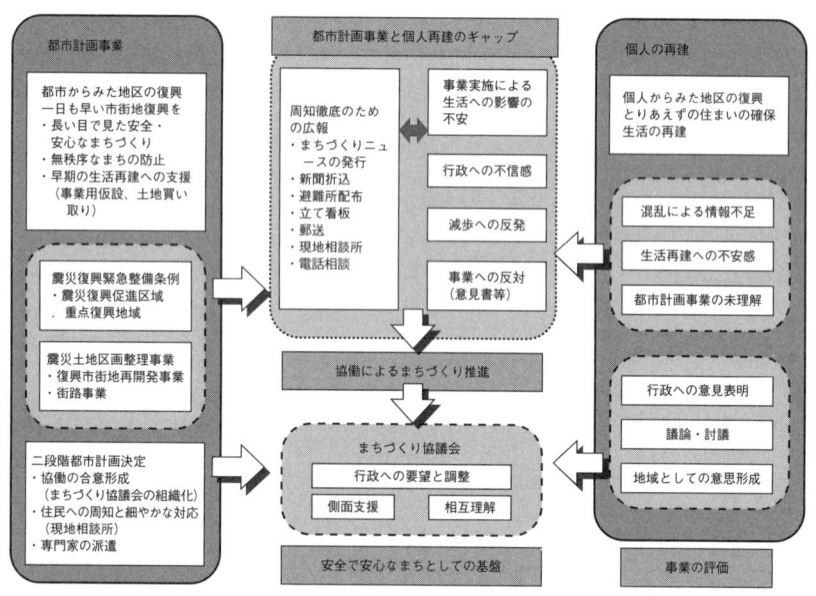

図7　市民まちづくりと都市計画事業
資料）震災復興総括・検証検討会（2000）、神戸市震災復興総括・検証
　　　すまいとまちの復興，総括検証（住宅・都市再建分野）報告書[13]

3 阪神・淡路大震災からの復興の教訓   319

高台・集団移転については議論されませんでした。

阪神・淡路大震災の復興のまちづくりは、区域と事業手法、主な都市計画施設を定めた第1段階の都市計画を震災発生から2ケ月で決めたことに対して、被災地の住民と行政性の間で、対立、反発や意見の食い違いが生じることから始まりました。当面のすまいの確保、生活や事業の再建に組まなければならない個人の再建と、長い目で見た安全で、安心なまちづくり、市街地の復興に取り組まなければならない都市計画事業の実施では、それぞれの取り組みの姿勢にギャップが生じました（図7参照）。

しかし、都市計画で定められた被災地域の住民が参加して、「まちづくり協議会」が結成されたことを契機に、住民と行政との話し合いで、将来のまちの基盤を作っておくことの必要性が徐々に理解され、最初の対立から協働の方向に向かいました。その後、協議会の場にまちづくりコンサルタントなどの専門家も参加して、住民側が自分たちでまちの将来像を考え、整備計画案にまとめ、自治体に提供しました。行政はそれを基本にして細部の施設計画等を作り、第2段階の都市計画の手続きが行われ、復興事業が着手されま

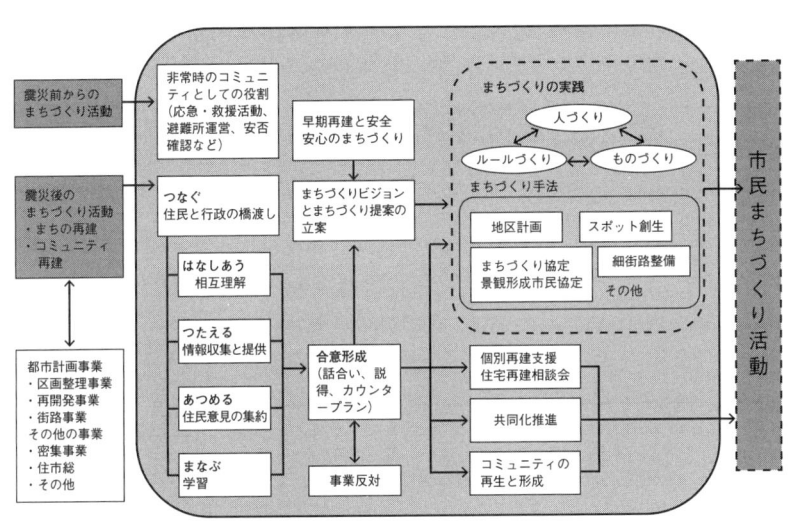

図8　まちづくり協議会の果たした役割
資料）震災復興総括・検証検討会（2000）、神戸市震災復興総括・検証　すまいとまちの復興，総括検証（住宅・都市再建分野）報告書[13]

した（図7参照）。

　復興事業の主役は、「まちづくり協議会」の活動であったといえます。まちづくり協議会が復興まちづくりに果たした役割は、多岐にわたり、図8のように、まとめられました。まちづくり協議会の活動は、震災直後の応急救援活動と、その後の復興まちづくり活動に大別することができます。復興まちづくり活動では、地域の住民と行政の間の橋渡しとしての「つなぐ」役割や、まちづくり計画立案の「つくる」役割、まちづくりについての意見を集め、合意形成を図る「まとめる」役割を担いました。

　このような「まちづくり協議会」の活動を支えたのが、「神戸まちづくり条例」の存在でした。「神戸まちづくり条例」は、1981年に制定され、まちづくりの進め方の手順と市長の責務を定めたものです。この条例は、「住民主体」のまちづくりの手続きや活動の一定の指針となっていました。

　以上のように、復興まちづくりは、まちづくり協議会において、住民が主体となり、行政や、専門家、あるいはボランティアグループなどが住民を支援して進められました。このことから、まちづくり協議会などによる「住民によるまちづくり」の重要性が、教訓として提言されました。

3　経済等分野の教訓

　5年目、10年目の検証では、各種統計資料を用いた数量分析とともに、市民との協働による「草の根検証」をめざし、各界の専門家、事業者へのインタビューや、市民・企業へのアンケート調査を行いました。その結果を基にまとめられた教訓を紹介します[14]。

　被災地経済における復興の進捗状況は、震災特需が終わる震災から2年後の1997年ごろから停滞し、震災から5年後では、概ね震災前の8割程度の水準にとどまっていました。この背景には、①バブル崩壊以降における日本経済の不況、②都市計画事業の進展と連動した小売商業等の復興の遅れ、③震災前からの課題でもあった神戸経済が有していた産業構造転換の遅れの顕在化があると指摘されました。次いで、震災から10年後の復興の進捗状況について、経済関係の主要な統計データで見ますと、引き続いて「8割復興」の状況にありました。しかし、この震災前の8割という状況は、概ね他の大都

市と共通のものであったことから、震災による影響よりも、不況や産業構造などの影響が大きいと考えられました。

こうした課題を踏まえて、今後進むべき方向性について、経済を自律化させて持続的な都市の発展を達成する「自律的復興」が教訓として提言されました。「自律的復興」への展開を図るための重要なポイントとしては、事業者等へのインタビューにおいて、共通して「人づくり」の視点があげられました。それは、「新しいことに挑戦」を続ける「人」が重要であることを示唆しています。その人たちを支援することが行政の役割であると考えられます。

自律的復興を促進するために、規制緩和による市場再生メカニズムの刺激を行うという視点に立って、神戸市は、税の優遇措置や規制緩和を進める「神戸エンタープライズゾーン構想」といういわゆる「経済特区」を提唱し、その実現に向けて、国への要望活動等を行いました。残念ながら、当時の政府は一国一制度に固執し、当構想は十分な形では実現しませんでした。その提案は、東日本大震災において、「復興特別区域法」が成立し、「復興特区」が導入されたことの先駆けであったと思っています。

4 安全都市分野の教訓

震災から5年目の検証では、被災を受けたのは市民であり、貴重な体験をしたのも市民であることから、安全都市の施策の検証を市民の意見をもとに行いました。すなわち、震災の体験に基づき地域の防災を担う活動を行うために結成された「防災福祉コミュニティ」を対象として意見を聞きました。なお、「防災福祉コミュニティ」とは、阪神・淡路大震災後、小学校区の範囲を中心に結成された自主防災組織です。また、ライフライン事業者等へのインタビューも行いました。そこで出された意見をもとに、安全都市に関するキーワードを抽出・分類しました。以下では、そのキーワードごとに教訓をまとめた結果を紹介します[15]。

「防災福祉コミュニティ」等へのアンケート調査やインタビュー等から、「安全都市」について検証すべき「キーワード」は図9のとおりとなっています。このキーワードを、以下の3つの柱に整理しました。それは、①ソフ

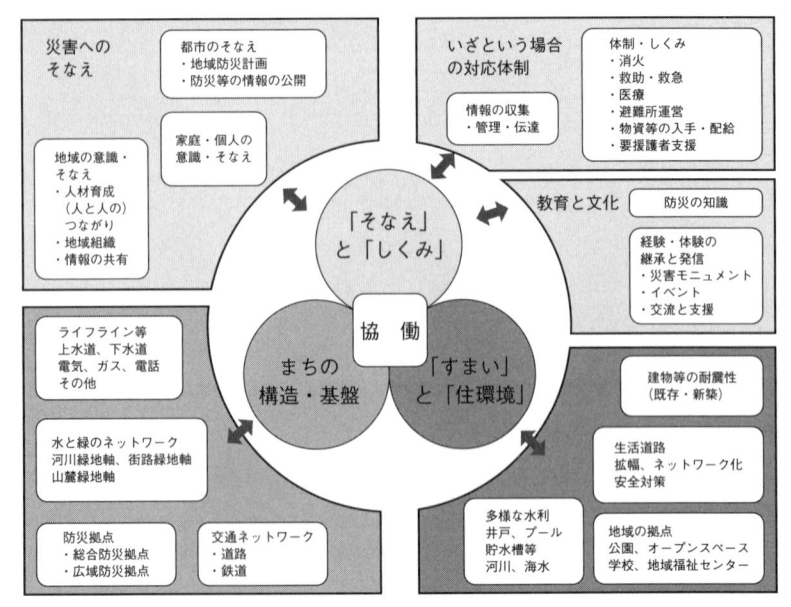

図9 「安全都市」のキーワードとその組み立て
資料）震災復興総括・検証検討会（2000）、神戸市震災復興総括・検証
　　　安全都市分野報告書[15]

ト（災害に対する日常の「そなえ」、いざという場合の対応体制、経験等を継承するための「教育と文化」）、②市民にとっての身近なハード（「すまい」、「住環境」）、③都市の構造をつくるハード（ライフライン等の強化、水と緑のネットワーク整備、防災拠点、交通ネットワークの充実）です。

　キーワードの中で、個人、地域の安全の項目における、「何が大切であるか」、「何をすべきか」に関する教訓を集約すると、「自律と連帯のまちづくりの推進」が重要であるということになりました。それは、まず、緊急時には行政の対応には限界があり、自分の命は自分の守ることが必要であるというものです。そのためには、住宅の耐震化や家具の固定などを行い、すまいの安全確保を図ることが一番大切であると指摘されています。

　また、「自分の安全は自分で守る」と言いながらも、緊急時には、一人一人の力は限られていることから、多くの人が助けあって「地域の安全は地域で守る」ことが必要であるというものです。なお、阪神・淡路大震災におい

て、生き埋めになった8割以上の方が家族や近隣の人々によって助け出されました。この教訓を受けて、前述のとおり、自分たちの地域を自分たちで守るための自主防災組織である「防災福祉コミュニティ」の結成や運営を、神戸市は支援しています。

4 おわりに

　本小稿では、阪神・淡路大震災からの復興を進めるキーワードとして、生活再建、住宅・都市再建、経済等再建、安全都市の分野横断的に、「自律と連帯」という価値規範が導き出された経緯を、1999年度と2003年度に、市民との協働で実施した「草の根による復興の総括・検証」の結果を基に紹介しました。

　このように、「自律と連帯」の重要性が認識されたことは、阪神・淡路大震災は、市民が「公」を担う歴史的転換点になったとともに、市民が行政の限界を知り、市民自らが活動し、支えあうことの重要性を認識する契機になったことを示唆しています。

　今後の課題の一つは、地域でのつながりの希薄化が懸念されている中で[16]、阪神・淡路大震災からの復興の教訓である「自律と連帯」という価値規範を定着させていく取り組みを検討し実施することであると考えています。この検討にあたっては、10年目の総括・検証で提案された「協働と参画のまちづくり」を進めることや、その推進力としての「ソーシャル・キャピタル」を醸成すること[17]が手がかりになると思っています。ここで、「ソーシャル・キャピタル」は、アメリカの政治学者ロバート・パットナムにならい[18]、「社会的なつながりと、そこから生まれる規範・信頼感」であると定義しています。

　今後の課題の二つは、阪神・淡路大震災からの復興のキーワードとして導き出された「自律と連帯」という価値規範が、東日本大震災からの復興過程においてもあてはまる一般性をもったものかを検証することであると考えています。

〈参考文献〉
1) 神戸市復興・活性化推進懇話会（2004）、平成15年度復興の総括・検証報告書。
2) 田中康雄（2014）、ポスト兵庫行動枠組　国際的防災枠組みの変化、日本災害復興学会誌「復興」、第 8 号、pp 3-10。
3) 林春男（2001）、地震災害からの復興過程とその対策計画、地学雑誌、110、pp991-998。
4) 神戸市（2011）、阪神・淡路大震災の概要及び復興報告書。
5) 牧紀男・田中聡・田村圭子他（2008）、総合的な復興評価のあり方に関する検討─阪神・淡路大震災と新潟県中越地震の復興検証─、地域安全学会論文集、No.10、pp225-232。
6) 大住荘四郎（2005）、NPM による経営革新、学陽書房。
7) 震災復興総括・検証研究会（2000）、神戸市震災復興総括・検証報告書（概要版）。
8) 震災復興総括・検証研究会（2000）、神戸市震災復興総括・検証　生活再建分野報告書。
9) 牧紀男・太田敏一・林春男（2007）、どれだけの規模の災害に見舞われたら復興計画が策定されるのか？─復興計画が策定される災害規模と計画内容─、地域安全学会論文集、No.9、pp29-36。
10) 林春男（2003）、いのちを守る地震防災学、岩波書店。
11) 田村圭子・立木茂雄・林春男（2000）、阪神・淡路大震災被災者の生活再建課題とその基本構造の外的妥当性に関する研究、地域安全学会論文集、No.2、pp25-32。
12) 辻岡綾・松本亜沙香・松川杏寧・長谷川由利子・立木茂雄（2013）、分散居住被災者の生活再建過程と課題の検証：宮城県名取市での被災市民ワークショップの分析から、地域安全学会東日本大震災特別論文集、No.2、pp57-60。
13) 震災復興総括・検証研究会（2000）、神戸市震災復興総括・検証　すまいとまちの復興、総括検証（住宅・都市再建分野）報告書。
14) 震災復興総括・検証研究会（2000）、神戸市震災復興総括・検証　経済・港湾・文化分野報告書。
15) 震災復興総括・検証研究会（2000）、神戸市震災復興総括・検証　安全都市分野報告書。
16) 内閣府（2007）、国民生活白書つながりが築く豊かな国民生活。
17) 神戸都市問題研究所（2007）、ソーシャルキャピタル協働政策研究会報告書。

18) パットナム、R.（2001/1994）、哲学する民主主義——伝統と改革の市民的構造、NTT出版。

第 13 章　民法学として学ぶべきこと、臨床法学教育、災害ボランティア
――弘前大学ワークショップに参加して――

吉田邦彦

1　弘前大シンポジウムへの参加

1　野田村との提携

2004年末の大津波で20万人もの犠牲者を出したインドネシア・バンダアチェの被災地調査をご一緒した、飯考行准教授（当時弘前大学、現専修大学）（法社会学）からのお誘いで、弘前大学主催のシンポ「東日本大震災からの地域復興を考える」（2014年3月10日開催）に参加した。前半部分は、神戸・アメリカ・インドネシア・中国（四川省）での災害復興の取り組みを紹介するもので、広い比較法的視点からの分析として盛り沢山であったが、後半部分の「弘前大学ボランティアセンター活動報告」のセクションで、学生主役

（弘前大学学生によるボランティア活動の報告会）

328 第13章 民法学として学ぶべきこと、臨床法学教育、災害ボランティア

（報告する新井亜理紗さん（人文学部））

　の同大学の幅広い災害ボランティアの活動が内容豊かに紹介されて、私は驚嘆してしまった。このセクションに出られただけで、無理をして弘前まで足を運んだ労力は報われた（！）と思った。
　実は、弘前大学と野田村との継続的な支援関係が確立していて、その現況を報告するというのが、その日のメインイベントであったわけである。野田村とは、岩手県県北の久慈市の北に位置する寒村であり（大震災前の人口は、4800人余り。震災による被害は、死者37名、行方不明なし、負傷者17名で、被害を受けた住宅は512棟（全壊309棟、大規模半壊136棟、半壊33棟、一部損壊34棟））、特に市街地の損害がひどかった。もっともこのような震災被害を受けた基礎自治体の類例は他にも少なくないであろう。しかし、――弘前とは車で片道3時間もかかる距離があるにもかかわらず――弘前大学を中心として、市民団体と提携して「チーム・オール弘前」なる団体が結成され（2011年5月）、3年余りも継続的に草の根の「震災ボランティアの提携関係」ができていること、しかもその規模・継続性は、年10数便（毎月1回以上である）で3年間では70便近くになっており、毎回20～30名のボランティア支援者が被災地に向かうから、その人員は延べにして5000人以上に及ぶとのことである。恐らくこうした事例は類例がないであろうし[1]、中国の四川大地震

(2008年5月)などでは、「対口支援」という上からのネットワーク張りによる震災復興の推進が注目されたが、ここではそれが草の根的になされていると言える。

2 震災ボランティアの内容

ボランティアとしてなされた内容は、当初は「瓦礫撤去」から始まり、「物資の仕分け」、「側溝泥あげ」などであったが、だんだんそういう緊急的仕事が終わると、そのボランティア活動は変化し（①62頁）、支援ないし交流の内容は多様化してきていることが注目される（2011年8月末の段階で災害支援の意味でのボランティアは休止ということになり、その後は不定期の支援ということになったが、それでも断続的に継続されたのである）（①176頁）。

支援ないし交流内容を具体的に記すと、「畑仕事（庭・畑の清掃）」、「木の根の掘り起こし」、「引越しの手伝い」、また「雑草取り（草むしり）」と、この辺りまでは狭義の災害復興支援で捉えうるが、さらに、「仮設住宅の見回り・声かけ」、（それに関連した）「リンゴ配布」、さらには、「子どものための託児、学習支援」（学習支援ボランティア（学ボラ）と言っている育児サポート。ペットボトルロケット、紙飛行機作りなどもある）、「押し花教室」「万華鏡作り」「あんよ・せらぴー（またハンド・マッサージ、リンパマッサージ）」「茶話会」等、更には臨時的な「野田小学校におけるクリスマスプレゼント配り」「野田中学仮設集会所でのバレンタイン・チョコ配り」、また「被災者との和佐羅比山登山交流会」等に及んでおり、被災者の視線から、日常生活のニーズにきめ細かく踏み込んで広義の支援活動がなされていることに注目される。その際に注意を要するのは、単なる物理的な復興の域を超えて、被災者の生活の孤立化に配慮し、またその心理的外傷の克服こそが、震災復興にお

---

1 その成果ないし経過報告としては、①弘前大学人文学部ボランティアセンター編・チーム・オール弘前の一年——岩手県野田村の復興支援・交流活動の記録（弘大出版局、2012）、また2年目、3年目の記録として、②弘前大学ボランティアセンター編・チーム・オール弘前の1年——2年目の野田村復興支援・交流活動の記録（弘大ボランティアセンター、2013）、③同編・同名——キラキラの笑顔とともに野田村復興支援・交流活動の記録（同センター、2014）が出され、さらに、李永俊ほか監修・東日本大震災からの復興・思いを支えに（弘大出版会、2014）が刊行された。その他、渥美公秀・災害ボランティア——新しい社会へのグループ・ダイナミックス（弘文堂、2014）47頁以下などでも注目している。

いては重要であり、《精神的支援の重要性》に定位した継続的支援が続けられていることである[2]。

　震災ボランティアの例は探せば、それこそ数限りなくあろうが（神戸震災に始まり、本件の野田村支援においても、西宮を拠点とする「日本災害救援ボランティアネットワーク」（理事長は、渥美公秀教授（大阪大学））が欠かせないし、弘前大の大枠のネットワークとなる「チーム北リアス」の役割[3]も見逃せない）、「弘前はすごい」「こんなにまじめに官民学一緒に支援活動するところは他にはない」と、この方面のエキスパートの山下祐介准教授（首都大学東京。当時は弘前大学）も注目されているところなのである[4]。

3　どこが特徴的か？

　もう一度この弘大プロジェクトのどこが類例のない特徴的なものかを記してみると、第1に、その支援活動の内容が、狭義の災害復興・瓦礫処理・後片付けに止まらない広汎な長期的・継続的支援であり、そこには被災コミュニティ再生の側面を含むということである。そのプロセスそれ自体が貴重であるが（逆に言えば、通常の前者だけという発想の中途半端さに気付かれるべきである）、その支援内容は、同大学の教員、学生の知恵比べのようなたくましさというか、贈与メカニズム・利他主義思考の威力の強靭さを感じさせるものであり、頭が下がる。

　第2は、支援の担い手として、弘前大学の教員・学生の他に、弘前市民（その各種団体）、そして弘前市が連携する「官民学」一体の取り組みになっている。例えば、毎週ほどの定期便（片道3時間のバス）の足がないと話にならないが、それは同市の「被災地支援対策室」等の支援によるものである

2　この点で、弘大ボランティアセンターの熱心な学生参加者により書かれた、藤田雄大「語りがもたらす復興」弘大ボランティアセンター編・前掲書（注1）（②）180頁以下、とくに185-186頁は圧巻であり、参照に値する。

3　この活動については、河村信治他「岩手県野田村における震災復興ボランティア活動報告」八戸工業高等専門学校紀要46号（2011）、同「同（2）」八戸工業高等専門学校紀要47号（2012）参照（連携する八戸高専の取り組みでもある）。

4　弘大人文学部ボランティアセンター編・前掲書（注1）（①）243頁。なお山下准教授のこの方面の業績として、山下祐介ほか・震災ボランティアの社会学（ミネルヴァ書房、2002）、同ほか編・災害ボランティア入門（弘文堂、2008）、同・東北発の震災論――周辺から広域システムを考える（ちくま新書）（筑摩書房、2013）なども参照。

(①17-18頁)。また支援企画の多様な広がり（例えば、ハンドケア・ボランティア）も、多くの市民との連携があったからこそであろう。

　第3は、この災害ボランティアの企画には、少なからず弘前大学の数多くの教員が共同で取り組み、大学のボランティアセンターの発足当初（2011年3月）は人文学部を中心としていたが、その後は全学的なセンターとなっている（2012年10月以降）。しかも大学教育の一環としてなされているのである（その講義「東日本大震災復興論」には、200名収容の大教室に座りきれない程の大人数の学生が詰めかけたとのことで[5]、学生の関心の高さが窺え、ある種の同大学の看板講義の観すらある。そしてその担当教員およびその専門は、李教授（労働経済学）、作道信介教授（社会心理学）、山口恵子准教授（都市社会学）、平野清准教授（刑事法）、日比野愛子准教授（社会心理学）、飯准教授（裁判法、法社会学）と学際的に多岐にわたっているところも興味深い）。このような企画ないし実践は、おそらく国立大学の企画としても、他に類例を見ないものであり、極めて注目すべきものと思われる。

　この点で、（冒頭に触れた）弘前大学シンポでの討論部分で、私は思わず「日本の法学教育が欠落させている、アメリカの臨床法学教育をも想起させるきわめて興味深い取り組みです」と発言したが、その趣旨を次に論じてみよう。

2　臨床法学教育との比較

1　共通性

　私は、本稿を今、第37回アメリカ臨床法学教育学会が開催されている会場のシカゴで書いているが（2014年4月）、そこでのキャッチワードとでも言うべきものは、（ⅰ）「公共利益（public interest）問題の教育」、（ⅱ）「社会正義（social justice）の追求」、（ⅲ）「コミュニティとの関わり（community engagement）」、（ⅳ）「問題解決（problem solving）」、（ⅴ）「目的追求的法律

　5　これについては、李永俊ほか「大学教育としての災害ボランティア」21世紀教育フォーラム7号（2012年）11頁以下参照。その教育効果としても、被災者支援への貢献が5割以上、他方で、災害復興への積極性への転化が8割以上、地域貢献志向への変化が9割弱、ボランティアとしてのやりがい肯定が7割強など、小さくないことが報告されている（18-19頁）。

家活動（cause lawyering）」、（ⅴ）「法律家の幸せ（lawyer's happiness）」、（ⅵ）「共感力（empathy）」、（ⅶ）「共同・協働（collaboration）」、（ⅷ）「思慮深さ（thoughtfulness）」などというものである[6]。

そしてこうした標語を、先の弘大の災害復興ボランティアの取り組みの方向性と比較してみると、その共通性・酷似性がわかるであろう。この法学教育の潮流については、前にも論じたことがあり[7]、アメリカの「臨床法学教育（clinical legal education）」とは、1960年代の公民権運動の先例を受けて、通常の法的サービスを受けられない、社会的弱者に関わる貧困法に光をあてる、ある種の批判的法学運動（その理論的潮流それ自体は、1970年代半ば以降から論議が始まるが、その実践的な反省の動きである）と密接に結びつく形で、アメリカの有力ロースクールのほとんどで、採用されている教育システムなのである。わが国は、10年余り前のアメリカ式ロースクールを法科大学院として導入した（2004年）が、こうした彼地のロースクールの重要部分を学び損ねていると、そこでは警鐘を鳴らしておいたが、日本での臨床法学教育学会の立ち上げ（2007年）の背景の一端もそこにあるのであろう[8]。

それゆえに、東北大震災の大津波で打ちのめされた被災者の目線で、その社会的ニードを敏感に受け止め、ないし忖度して、多面的にその「コミュニティ再生」に支援するという災害ボランティアの精神は見事なまでに、前記臨床法学教育の精神と合致するとも言えよう。すべての資源を失った「社会的弱者」に寄り添い（「共感」し）、その要望の実現に「協力・共同（協働）」するというわけで、それが「社会正義の実現」にも資するというわけだからである。それを行うことにより、協働者の「充実感ないし幸せ」も得られるというメカニズムだからである。

---

6 E.g., Nancy Levit, The Pursuit of Hapiness, and Marc Kadish, Mayer Brown's Pro Bono Commitment, in their key note addresses on April 29th, 2014. もっともこうしたことは以前から言われていることである。

7 吉田邦彦「プエルトリコ・サンファンでの米臨床法学会（及び貧困地区マルティン・ペーニャ訪問）報告」法律時報85巻9号（2013）。

8 もっとも、「臨床法学教育学会」設立の趣意書（2007年7月）では、この点はそれほど鮮明ではないが、例えば、「法律サービスの行き届かなかった人への…質の高い法律サービスを提供することにより、社会貢献する」というところにその趣旨は出ていると思われる。

2 相違点

　そういう意味で、私は弘大の試みには、基本的に諸手を挙げて賛同したいのであるが、敢えて法的視点からどのような課題が残るのかを指摘しておきたい（先のオムニバス講義では、法社会学の飯准教授も含まれていて、彼の法的視角からのリアクションも知りたいところだが、講義それ自体には参加されていないようで（注5論文参照）、それを伺えない）。

　すなわち、「チーム・オール弘前」の継続的営為は、野田村村民の思いの襞の裏まで嗅ぎとる、肌理細かさで、被災者に寄り添い、その多面的なプロジェクトの創出で、貴重な信頼関係を構築していて、脱帽するしかない。枕として強調しておきたいのは、わが国では、一般的になおボランティアないし公共的な場面での無償行為の精神は弱く（それは、いわゆる《身内に対する無償行為》とは対照的なものである）[9]、そういう状況へのアンチテーゼとして、大震災を契機にしてであれ、全学的な取り組みとして、公共的問題への関心誘発を狙う企画が継続的に続けられていることの労は多としたいのである。しかしそれでも、「災害ボランティア」という枠組みゆえの制約はないであろうか（この点で、飯准教授が、「ボランティアは『させてもらう』もので、ニーズが最優先される」とされ（①50頁）、土岐司氏も「泣くものと泣き」「苦しみを分かち合う」ことぐらいしかできないと指摘される（①241頁）のは、そうした限界を示唆するものであろうか）。

　ところで、わが国の災害復興のシステムには、大きな問題が含まれることは既に何度も指摘しているところである[10]。具体的には、仮設住宅レベルでの公費の偏った支出（しかもそれはいずれ廃棄されるもので、浪費の側面もあり、被災者には残らないことが意図される）と、復興住宅（公共住宅）への公費

9　吉田邦彦「贈与法学の基礎理論と今日的課題（1）〜（4・完）」ジュリスト1181〜1184号（2000）〔同・契約法・医事法の関係的展開（有斐閣、2003）所収〕参照。

10　例えば、吉田邦彦「居住福祉法学から見た『弱者包有的災害復興』のあり方（上）（下）――補償問題を中心に」法律時報81巻9号、10号（2009）〔同・都市居住・災害復興・戦争補償と批判的「法の支配」（有斐閣、2011）に所収〕、同「居住福祉法政策の課題及び実践の道筋」学術の動向17巻4号（通巻193号）（2012）、同「居住福祉法学から見た東日本大震災災害復興の諸問題と今後の課題」復興14号（2015）。また、早川和男ほか・災害復興と居住福祉（信山社、2012）「解題」（吉田邦彦執筆）、同「居住福祉法学から見た『釜石災害復興の希望』の道筋と諸課題」復興釜石新聞27号（2011年9月17日）5面も参照。

支出の立ち遅れ、ヨリ一般的には、住宅政策一般が極度に市場主義的であり、「甲斐性の問題」とされ、社会的弱者に配慮した住宅施策が乏しく、その反映として災害復興の領域でも、被災者を前にすぐに「私財の蓄財」の懸念が示されて、住宅、更には事業（生業）への公費の支出が先進国の中で突出的に少なく、弱者包有的な災害復興ができていないという状況である（例外的立法としては、1998年の被災者生活再建支援法であるが、当初の市民原案と異なり、住宅再建には使えなくする使途限定が強く、その限定が外れたのは、ようやく2007年のことだが、最高額は300万円で、仮設住宅への投資額より少なく、被災者支援としては尚お粗末という他はない）。こうした災害復興法の構造的問題に、弘大ボランティア関係者が踏み込もうとされないのは、やはりボランティアの制約ゆえなのだろうか。例えば、仮設住宅には、空き室が多いとか、高台移転・公営住宅入居・区画整理後の住宅建設の滞りという災害復興上の由々しき問題に気づかれながらも（①195頁、②85頁（いずれも飯准教授執筆））、それ以上の深入りはされないところにもそうした限界が見えるように思われる。

　この点で「臨床法学教育」アプローチならばどうなるのであろうか。おそらくは、政治的ボイスが弱い被災者の権利主張を強化すべく、そのアドボカシーとしての支援活動をもっと本格的にするのではないか。例えば、被災住宅補償がなお低すぎるという主張の支援とか、アメリカのカトリーナ災害後になされたような事業支援・生業支援はわが国でもなされてしかるべきだと、野田村の市街地破壊に際して被災者とともに、行政に要求するという具合である[11]。殆どその一歩手前まで来ているという感じもするが、アメリカのようなコミュニティ支援にはならないのは、わが国の伝統的社会（とくに岩手県野田村などは、伝統社会の要素が強い）では、「権利主義的行動様式」は相容れないためなのだろうか（もっとも、災害復興予算の内訳として、――土建国家的な公共工事に流れるのではなく――そのような居住福祉関連の予算が潤

11　それはいわば、神戸大震災の場合には、それを契機に設立された、「公的援助法」実現ネットワーク被災者支援センター（代表中島絢子氏）のようなものであり、被災者生活再建支援法制定を目指す草の根の運動とともに作られたものであるが（詳細は、早川和男ほか・前掲書（注10）の中島論文参照）、こうした動きに神戸大学（法学部）が提携をはかろうとした動きはおよそなく、このことは、わが国における臨床法学教育的要素の欠落を窺わしめる。

沢になれば、被災コミュニティは潤うことになり、災害復興と権利主張は相補的であり、十分に再考に値する）、それとも、行政に対して、物申すことは東北の中山間地では嫌われることなのだろうか。ともかく所与の先例の中でボランティア行動は制約を受けざるを得ないとするならば、そうした限界の打開は今後の課題となるだろう。

③ 今の民法学教育の悪循環と法曹養成の危機

1 今の民法学（とくに所有法）の三分

閑話休題。ところで私は、近時、居住福祉法学（弱者包有的な災害復興法学はその一部）に繋がる所有法学（民法学）を教える際には、意識的に教育対象を3つにグルーピングして教えることにしている。

すなわち、【第1群】とは、基礎問題群とでも言うべきもので、所有法（物権法）の議論の際の前提となる判例法を指しており、伝統的な試験問題で扱われる事項でもあり、例えば、取消・解除と登記、時効と登記、二重譲渡などがそれである。

他方で、【第2群】は、発展的・流動的問題群であり、近時の社会の変化とともに、目下の判例で注目されている問題群である。例えば、マンション法、相隣関係、入会法、物上代位がそうである。マンション法は、近時の実態の増加ゆえにクローズアップされ（しかし伝統的には周縁化され、今でも小六法の類では区分所有法自体が収録されていなかったりするし、その判例の扱いは、今尚手薄であることが多い）、相隣関係法は、都市化の進行ゆえの稠密居住の増大の故か、判例法の展開があり、入会法も、前近代的として克服の対象となるどころか、今尚多面的で重要な機能を営んでいる。そして物上代位は、バブルが弾けて、右肩上がりの高度成長期の状況が一変し、不動産市況が低迷するに及び賃料に対するそれ等が、注目されるに至っている。これらは、ともかく判例として民法の講義の中で扱わざるを得ないし、いつ試験で扱われてもおかしくない。

これに対して、【第3群】は、多くの（伝統的な）民法学者にとっては、視野外の問題群である。しかし現実には、問題解決の社会的ニードは高く、

例えば、ホームレス問題や、ここで扱う災害復興の問題などがそうである。ところが、多くの民法学者の考慮外の問題であるから、彼らが作成する蓋然性が高い司法試験の問題には出そうにない。しかしそれらが、21世紀の重要な所有問題を占めることは間違いないだろう[12]。そして、アメリカの「臨床法学教育」が主として念頭に置く社会的弱者の貧困法、持たざる者の所有法（例えば、貧困者の住宅法、災害法、家庭内暴力、職場における差別問題、（不法）移民者の問題、環境的不正義、そして先住民族の補償問題など）は大体この【第3群】に属して、この問題群に法学教育上の配慮を示そうとしているのと比べると、わが国の法学教育は対蹠的な事態となっていることにも留意が必要だろう。

2 近時のわが学界ないし法学教育の構造的悪循環

① （法学研究面の変化）ところで、上記グルーピングは、わが国の法学界ないし法学教育の悪循環の事情を示すためでもある。わが民法学は元来リアリズム法学の影響を良い形で受けており、民法学を現実の社会の動きに合わせて再構築していこうとする動きに比較的敏感であった。その嚆矢は末弘厳太郎博士であり、彼は第1次世界大戦のために、恩師川名兼四郎博士の概念法学を極めるためのドイツ留学は叶わず、スイスでE・エーアリッヒの「生ける法」(lebendiges Recht) の薫陶を受け、アメリカにわたり、初めてのロースクール教育を受けて、日本に戻り判例研究会を作り（1921年設立）、判例の研究を通じて、民法の「生ける法」との接合に努めた[13]。川島・来栖両博士をはじめとする、アメリカのリアリズム法学の影響を受けた我々の恩師の世代も、こうした営為を随時行うことは、一つのコンセンサスとされてきた。

ところが、(ⅰ) 平井宜雄教授の「第二次法解釈論争」(1989～1991) における利益考量批判[14]の意図せざる帰結としての「概念法学の復権」(1990年代

---

[12] 因みに、吉田邦彦・所有法（物権法）・担保物権法講義録（信山社、2010）は、意識的に、【第1群】～【第3群】のすべてを教科書として叙述に盛り込もうと努力したものである（【第2群】の叙述も、類書よりも詳しくしたつもりである）。読者諸氏のご教示をお願いする次第である。

[13] 末弘博士については、さしあたり、六本佳平ほか・末弘厳太郎と日本の法社会学（東大出版会、2007）参照。

の後半遅くくらいからであろうか)、(ⅱ) 実定法学と基礎法学との分解現象による、民法方法論の停滞、これは民法学の運用の批判的検討の衰退ということであり、その帰結としての実定法学の保守化、(ⅲ) 法科大学院発足による繁忙化ゆえの民法学の創造的再構築の営為の衰退、(ⅳ) 民法、とくに債権法のこれまでとは異なる改正作業と称しての判例・学説の後ろ向きの整理の作業の前面化などが複合的に作用して、【第3群】の問題群が提起されて久しいのに、民法学の大方は、これを取り込むことに鈍感で、意識的に無視すると言う、民法分野における「法と社会」との乖離現象が不思議に固定化している。

② (法学教育へのその反映による悪循環) 怖いのは、こうした不健全な学界の事態が、如実に法学教育に反映していることである。わが法科大学院は、アメリカとは対照的に司法試験の予備校化しており、また前述のように、臨床法学教育というアメリカ・ロースクールの良い遺産を学び損ねていることも相俟って、「どのようなことが司法試験に出るか」を目指して、合格者増大を目指す受験教育がなされることになる。

そして司法試験の出題者となる民法研究者が、伝統的枠組みで凝り固まり、新たな社会的要請に対応した民法学に改鋳しようと言う方法論的反省が稀薄ならば、おのずと、先のカテゴリーで、【第1群】に力点が置かれ、せいぜい【第2群】どまり、【第3群】の問題は、社会的重要性とは裏腹に決して出題されることはないであろう (なお、私自身、【第1群】の重要性を否定しないので、それを出題すること自体が悪いというのではない)。そうなると、当然の摂理として、法科大学院教育では【第3群】は射程外に置かれて、法学教育上も「法と社会」の乖離は埋まるどころか、この悪循環は止まらない。かくして、社会的問題の解決能力に疎い、「世間知らず」の法曹養成がなされていくという蓋然性は高いとの危惧は拭えない。

そうした法学教育上、近年の目覚ましい動きとしては、『事例に学ぶ民法』の類の本が目白押しであることである[15]。その題名からは一瞬、プラグマチ

---

14 平井宜雄・法律学基礎論の研究 (有斐閣、2010) (初出、1989、1991)。
15 例えば、瀬川信久ほか・事例研究民事法 (日本評論社、2008) (第2版:民事法1、民事法2)

ックな素材選択の自由度から現実からの還元としての従来の民法学の批判分析ということも予想されるが、その期待は裏切られる。先の範疇と照らし合わせると、そのテーマ選択は、殆どは【第１群】であることが知られ、思考様式は伝統的で、むしろ近時の固定化した民法学のマニュアル化による試験対応という、近時の問題状況の深刻さを裏書きするかのようである。

　その意味で、実務に出て、「法テラス」などのオン・ザ・ジョブ・トレイニングで、例えば、初めて被災者の窮状に関する法的環境を学び、法科大学院で学んだことと、現実問題との乖離を痛感し、そして現実の社会的要請の高い問題の解決に法科大学院教育は必ずしも繋がっていないことを悟らされることも多いのではないか。近時の日弁連の「法科大学院修了を司法試験の要件としない」旨の提言（2012年7月）[16]についての議論が喧しいが、以上の事態に鑑みれば、健全な法曹養成の必要性との関連で、それほど不思議なことではないと言えるだろう。

4　おわりに

　岩手県からの発信として、「弘前大学の野田村への震災復興支援」の現場から大きな示唆を得て、そこから、——震災復興に真に尽力できる法曹養成のためには、わが国の法学教育には構造的問題が孕まれることの認識を前提に——アメリカでの臨床法学教育の共通の精神を学び、それをわが法学教育に導入することが急務であることの提言を試みた。そのためには、はやり理念不在で出発し、司法試験のための受験教育・マニュアル教育の場と化した法科大学院には相当の大手術が必要であろう。困難な道ではあるが、やはり一旦本来の健全な法学教育（それは社会の要請に敏感に対応する健全な法学研究と有機的な法学教育である）に戻り、そのうえで、貧困法教育に目覚めた実務家による実践教育を積み上げていくと言うのが将来の構図になるのではないかと思われる。

　　（2013）、佐久間毅ほか・事例から民法を考える（有斐閣、2014）、松久三四彦ほか・事例で学ぶ民法演習（成文堂、2014）。
16　日弁連「法科大学院制度の改善に関する具体的提言」（2012年7月13日）（http://www.nichibenren.or.jp/library/ja/opinion/report/data/2012/opinion_120713.pdf）

《事項索引》

ア 行

新しい公共……………………………103
安全配慮義務……119, 122, 123, 206, 210
　──違反……………………………204
生ける法………………………………336
一般廃棄物……215-217, 219-222, 224-229,
　　　　　　　　　　　　　232, 236, 237
岩手弁護士会……137, 150, 152, 155-157,
　　　　　　　　　　　161, 169, 275, 276
インド洋大津波…………………………22
鵜住居……………………………………90
　──地区……………………………207
　──地区防災センター……90, 169, 180,
　　　　　　　　186-188, 190, 195, 207
　──防災センター事件……………205
応急仮設住宅………………140, 141, 270
応急修理……………………142, 143, 163, 164
大川小学校……………………190, 191
汚染者負担（支払）原則……224, 225, 227,
　　　　　　　　　　　　　　　　228
女川支店事件…………………………185

カ 行

火災保険……………55, 56, 58, 59, 72, 75
加算支援金……………17, 148, 149, 157, 165
仮設住宅…3, 14, 19, 24, 94, 131, 153, 162,
　　163, 169, 171-174, 194, 196, 198, 200,
　　269, 273, 275, 277, 302, 308, 314, 315,
　　　　　　　　　　　　　329, 334
関東大震災……………23, 56, 57, 75, 155
義援金……………………173, 174, 195, 196
基礎支援金……………17, 147, 148, 157, 165
基本権保護義務…………………………80
行政処分……………………………39, 46, 51
居住福祉法学…………………………335
区画整理……………160, 290, 298, 299, 334

激甚災害に対処するための特別の財政援
　助等に関する法律……………………151
原因者負担原則………………………224
減災………………………3, 6, 7, 11, 105, 292
原子力災害対策特別措置法（原災法）
　…………………………………241, 244
原子力損害の賠償に関する法律（原賠法）
　…………………………………242, 243, 255
原子力損害賠償紛争解決センター
　…………………………………240, 252
原子力損害賠償紛争審査会（原賠審）
　…………………………………243, 249, 255
原子力損害賠償紛争審査会による和解仲
　介手続の利用に係る時効の中断の特例
　に関する法律…………………………256
建築基準法………9, 14, 137, 162, 294, 297
原発 ADR…………243, 253, 254, 257, 258,
　　　　　　　　　　260-262, 264-266
現物支給………………………………163, 164
権利濫用………………………………123, 125
権利濫用法理…………………………115
広域処理………………220, 221, 230, 235
公営住宅………………………………334
公助・共助・自助………………………14
神戸市復興計画………………305-309, 314
個人賠償責任総合補償特約………62, 63, 65
個人版私的整理ガイドライン……150, 158,
　　　　　　　　　　　178, 195, 202, 203
個人補償論……………………………299
個人向け私的整理ガイドライン………200
国家賠償………………………………300
孤独死……………………………………22, 174
コミュニティの維持…………………174

サ 行

災害援護貸付…………………………145
災害援護資金……………………144, 165

災害関係特約……………56, 74, 75, 77
災害関連死…29, 30, 42-49, 51-54, 146, 164
災害救助法………13, 14, 41, 138, 140, 141,
　　　　　　143, 144, 157, 161-163, 289
災害公営住宅………9, 18, 19, 22, 174, 273,
　　　　　　　　　　　　　　274, 318
災害後ニーズ調査………………………291
災害弱者………………………5, 19, 21, 24
災害障害見舞金…………35, 36, 39, 40, 144,
　　　　　　　　　　　145, 157, 164
災害対策基本法………13, 21, 31, 81, 82, 85,
　　88-90, 103, 106, 138-140, 207, 218,
　　　　　　　　　222, 262, 287, 288
災害弔慰金…30, 32-35, 38, 39, 40, 42-46,
　　49, 50-52, 144, 146, 157, 158, 281
災害弔慰金支給法……30, 31, 34-44, 46, 49,
　　　　　　　　　　　　　50, 53
災害弔慰金の支給等に関する法律
　　………………13, 29, 32, 138, 144, 147, 157
災害による死亡………34, 35, 38, 46, 48-53
　　――者………………………………32
災害廃棄物…………213-231, 233, 235-238
　　――特措法………………………220
　　――の処理責任…………………213
災害復興基本法…………………………290
災害復興フレームワーク…………291, 296
災害ボランティア……79, 83, 328, 332, 333
災害リスク軽減……………………………6
産業廃棄物……215, 219, 221, 222, 225-229,
　　　　　　　　　　　232, 236, 237
産業復興機構……………………………150
支援金……18, 147, 148, 162, 165, 166, 173,
　　　　　　　　　　　196, 301, 302
事業継続計画……………………………118
自主防災組織……………86, 102, 106, 108
自助・共助………………………………289
自助・共助・公助……6, 79-81, 89, 102-104
地震・噴火・津波車両全損時一時金特約
　　………………………………………60
地震保険……………58-60, 64, 68, 69, 76

地震免責条項…………55-59, 61-69, 72-76
四川大地震…………………………………16
七十七銀行女川支店……………………180
　　――事件……………………195, 204
　　――訴訟……………………………184
私的整理ガイドライン…………………279
司法アクセス………………………173, 280
司法過疎……170, 171, 177, 269, 275, 277
司法・弁護士過疎………………………272
司法・法アクセス………………………281
市民の安全を守り，生活支援の役割を担
　　っている有機的な組織体である地方自
　　治体の存立を維持する権利…………267
事務委託……………………220, 229, 230
社会福祉協議会……………………144, 273
住宅ローン…………………175, 178, 197
受給権…………………34, 38, 40, 41, 50, 53
首都直下地震……………………54, 166, 219
情報提供…………………………………281
　　――機能……………………………155
処理施設……………………………236, 238
処理責任……214-217, 219, 224, 227, 229,
　　　　　　　　　233-235, 237, 238
処理の「適切性」………………………234
自律と連帯……………………305, 306, 322, 323
「自律」と「連帯」………………………315
信義則………………………115, 121, 123, 133
震災特例制度……………………………279
震災特例法…………………………277, 278
震災ボランティア………………………329
震災離婚…………………………………179
迅速な処理……………………213, 234, 235
生活再建……………………………………13
生活再建7要素モデル…………………315
生活支援金………………………………174
生活の質…………………………………283
精神的支援………………………………281
　　――機能……………………153, 154
生命保険…………………56, 67, 74, 75, 77
善管注意義務……………………………119

事項索引　341

総括基準・・・・・・・・・・・・・・・・・・・・・・・・252, 253
創造的復興・・・・・・・・・・・・・・292, 296, 297, 302
相当因果関係・・・・・48, 52, 73, 243, 244, 255,
　　　　　　　　　　　　　262, 263, 265
ソーシャル・キャピタル・・・・・・・・・・・・・6, 323
損失補償・・・・・・・・・・・・・・・・・・・・・・・・・・・・300

タ 行

大規模災害・・・・111, 112, 118, 119, 121-124,
　　　　　　　　　　127, 129-132
大規模災害からの復興に関する法律
　・・・・・・・・・・・・・・・・・・・・・・・・・・・・・・12, 151
大規模災害復興法・・・・・・・・・・・・290, 295, 306
対口支援・・・・・・・・・・・・・・・・・・・・・・・・・・・329
多重防御・・・・・・・・・・・・・・・・・・・・・・・・・・・・11
地域コミュニティ・・・・79, 82, 86-90, 94-96,
　　　　　　　　　　101, 103, 104
地区防災計画・・・・・・・・・82, 86-89, 97, 106
地方自治法・・・・・・・・・・・・・・・・・・・・・220, 261
中越・・・・・・・・・・・・・・・・・・・・・・・・・・・・・・・151
中越沖地震・・・・・・・・・・・・・・・・・・・・・・・・・151
中間指針・・・・・・241, 243-246, 248-250, 252,
　　　　　　　　　254, 255, 261
弔慰金・・・41, 53, 162, 164, 174, 196, 289, 301
弔慰金の支給に関する法律・・・・・・・・・・・・146
津波対策の推進に関する法律・・・・・・・・・・・10
津波てんでんこ・・・・・・・・・・・・・・・・・・・・・・87
津波ハザードマップ・・・・・・・・・・・・・・・・・207
津波防災地域づくりに関する法律・・・・7, 11
津波防災地域づくり法・・・・・・・・・・・・・・・290
DRR・・・・・・・・・・・・・・・・・・・・・・・・・・・・・7, 21
DMAT・・・・・・・・・・・・・・・・・・・・・・・・・・・・142
堤防・・・・・・・・・・・・・・・・・・・10, 184, 186, 271
適切性・・・・・・・・・・・・・・・・・・・232, 235, 238
遠野市防災基本条例・・・・・・・・・・・・・102, 105
特別措置法・・・・・・・・・・・・・・・・・・・・・・・・・223
特例法・・・・・・・・・・・・・・・・・・・・・・・・・・・・・175
都市計画法・・・・・・・・・・・・・・・・・・・・288, 290
土地区画整理・・・・・・9, 15, 23, 159, 271, 274,
　　　　　　　　　275, 318

ナ 行

南海トラフ地震・・・・・・・・・・・・・・・・・・54, 166
新潟県中越地震・・・・・・・・・・・44, 45, 52, 171
日本司法支援センター・・・・・・・・・・・・・・・276
日本司法書士会連合会・・・・・・・・・・・・・・・277
日本弁護士連合会・・・・・・・137, 150, 170, 275
人間の復興・・・・・・・・・・・・・・21, 292, 296, 298

ハ 行

廃棄物処理施設・・・・・・・・・222, 228, 229, 233,
　　　　　　　　　　235, 237
廃棄物処理法・・・・・・215, 217-219, 223, 224,
　　　　　　　　　　227, 237
配置転換・・・・・・・・・・・・・・・・・・・・・・・・・・・115
配転（配置転換）・・・・・・・・・・・・・・・・124-126
ハザードマップ・・・7, 93, 183, 186, 188, 189,
　　　　　　　　　　208, 211
パニック防止・・・・・・・・・・・・・・・・・・・・・・・281
――機能・・・・・・・・・・・・・・・・・・・・・153, 155
阪神・淡路大震災・・・・・6, 13, 19, 22, 29, 30,
　　38, 40, 42-44, 49, 56, 59, 65, 66, 75,
　　83, 140, 141, 151, 153, 154, 162, 166,
　　173, 289, 290, 292-295, 299, 305-307,
　　　　　　315, 318, 319, 322, 323
PDNA・・・・・・・・・・・・・・・・・・・・・・・・・・・・・296
PDCA・・・・・・・・・・・・・・・・・・・・・・・・・・・・・308
BBB・・・・・・・・・・・・・・・・・・・・・・・・・・・・20, 21
東日本大震災事業者再生支援機構・・・・・・150
東日本大震災における原子力発電所の事
　故により生じた原子力損害に係る早期
　かつ確実な賠償を実現するための措置
　及び当該原子力損害に係る賠償請求権
　の消滅時効等の特例に関する法律・・・・257
東日本大震災により生じた災害廃棄物の
　処理に関する特別措置法・・・・・・・・・・・217
東日本大震災復興基本法・・・8, 12, 13, 24, 292
東日本大震災復興構想会議・・・・・・・・・・・・・・7
東日本大震災復興特別区域法・・・・9, 17, 151,
　　　　　　　　　　282, 290, 292, 294

342　事項索引

東日本大震災無料法律相談事例集……159
被災者生活再建支援金………………165
被災者生活再建支援制度………………157
被災者生活再建支援法……13, 17, 39, 138,
　　　　　147, 289, 299, 317, 334
被災ローン……138, 149, 151, 158, 159, 166
避難所……14, 82, 91, 93, 96-100, 140, 141,
　　　　152, 154, 156, 162, 172, 174, 226,
　　　　　　　　277, 314
ひまわり基金法律事務所……170, 171, 194,
　　　　　275, 276, 281, 283
兵庫行動枠組み………………287, 291, 292
日和幼稚園……………………………180
　——事件………185, 188, 195, 204, 210
　——訴訟………………………………181
Build Back Better……………………288, 291
広島で発生した土砂災害……………89
風評………………………………………250
　——被害……240, 241, 243, 244-255, 258,
　　　　　　259, 265-267
復興加速化……………16, 17, 21, 22, 24
復興基本計画………………293, 294, 295
復興協議会……………………………295
復興計画……5, 274, 281, 293, 295, 305-307
復興公営住宅……………………………314
復興交付金………………………………9, 299
復興住宅……………………………………333
復興推進計画…………………9, 296-298
復興整備計画…………………9, 294-299
復興特別区域法………………………321
復興特区法………………………161, 296
復興の総括・検証………305, 306, 308-310,
　　　　　　314, 315, 323
不利益変更……114-117, 119, 120, 122, 124,
　　　　　125, 127, 130-134
紛争防止機能……………………………153
弁護士アクセス…………………………280
弁護士過疎対策…………………………282
弁護士過疎地……………………………276
法科大学院………………………337, 338

防災基本計画……………………81-83
防災基本条例……………………102, 104
防災集団移転……9, 15, 23, 159, 160, 274,
　　　　　　279, 297-299
防災条例…………………………………85
防災センター……………………92, 93, 211
防災福祉コミュニティ……………321, 323
放射性物質…239, 241, 242, 246, 247, 249,
　　　　　　262, 265
放射性物質汚染対処特措法……………262
法曹養成…………………………………338
防潮堤………7, 10, 16, 160, 273, 297, 298
法的ニーズ……………………274, 276, 279
法テラス……………278, 279, 281, 283, 338
法と社会…………………………………337
北海道南西沖地震………………59, 65-67
ボランティア……3, 84, 86, 109, 144, 272,
　　　　　273, 302, 305, 318, 320, 327

マ　行

まちづくり…10, 13, 17, 24, 102, 103, 195,
　　　　　282, 293, 306, 317, 319, 320, 322
　——協議会……………18, 294, 319, 320
みなし仮設………………………………14
　——住宅………………………273, 315
無償行為…………………………………333

ヤ　行

山元町立東保育所………………………180
　——事件……………………195, 205
　——訴訟………………………………185
用地取得……………………15, 240, 281
予見可能性…183, 185, 187, 188, 190, 191,
　　　　　208, 210, 211
より良い復興……………………………7

ラ　行

罹災証明…………………………………148
罹災都市借地借家臨時処理法…………299
立法事実収集機能………………158, 281

臨床法学教育……*331, 332, 334, 336, 338*
レジリエント………………………*4*
連邦緊急事態管理庁………………*288*
労働条件の不利益変更……*111, 112, 123, 128, 129*

ワ 行

ワーク・ライフ・バランス…*126, 133, 134*

執筆者紹介（執筆順）

松岡　勝実（まつおか　かつみ）
　岩手大学人文社会科学部教授、同大学地域防災研究センター・防災まちづくり部門長

宮本　ともみ（みやもと　ともみ）
　岩手大学人文社会科学部教授

深澤　泰弘（ふかざわ　やすひろ）
　岩手大学人文社会科学部准教授

菊地　洋（きくち　ひろし）
　岩手大学教育学部准教授

河合　塁（かわい　るい）
　岩手大学人文社会科学部准教授、岩手地方労働審議会委員

吉江　暢洋（よしえ　のぶひろ）
　弁護士、岩手弁護士会東日本大震災災害対策本部副本部長、日本弁護士連合会災害復興支援委員会委員

瀧上　明（たきうえ　あきら）
　弁護士、弁護士法人東京パブリック法律事務所、前・震災復興をめざす岩手はまゆり法律事務所　所長

千葉　実（ちば　みのる）
　岩手県立大学地域連携室・特任准教授、前・岩手県環境生活部廃棄物特別対策室特命課長（災害廃棄物処理管理）

菊池　優太（きくち　ゆうた）
　岩手県総務部法務学事課 特命課長（法務指導）、元・第二東京弁護士会会員

飯　考行（いい　たかゆき）
　専修大学法学部准教授

金子　由芳（かねこ　ゆか）
　神戸大学国際協力研究科教授、社会科学系教育研究府・防災リスクマネジメント・ユニット長

本荘　雄一（ほんじょう　ゆういち）
　公益財団法人　神戸都市問題研究所　常務理事・研究部長

吉田　邦彦（よしだ　くにひこ）
　北海道大学大学院法学研究科教授

装丁デザイン・写真　ライフサポート・花巻
写真説明
　陸前高田市「奇跡の一本松」、同市内災害公営住宅

災害復興の法と法曹
―未来への政策的課題―

2016年3月11日　初　版第1刷発行

編　者　松　岡　勝　実
　　　　金　子　由　芳
　　　　飯　　　考　行

発行者　阿　部　成　一

〒162-0041　東京都新宿区早稲田鶴巻町514
発行所　株式会社　成　文　堂
電話 03(3203)9201(代) Fax 03(3203)9206
http://www.seibundoh.co.jp

製版・印刷　㈱シナノ　　　　製本　佐抜製本
☆乱丁・落丁本はおとりかえいたします☆
©2016　K. Matsuoka, Y. Kaneko, T. Ii　Printed in Japan
ISBN978-4-7923-2684-5　C3032

定価(本体3400円+税)